KB145252

the Value Flywheel Effect

가치 플라이휠 효과

비즈니스 가치를
최고의 속도로 달성하는
4가지 딘게

the Value Flywheel Effect

가치 플라이휠 효과

김낙일 · 김원현 · 윤승정 옮김
데이비드 앤더슨 · 마크 맥켄 · 마이클 오라일리 지음

i!i
에이콘

에이콘출판의 기틀을 마련하신 故 정완재 선생님 (1935-2004)

제 파트너 트레사, 제 아이들 사라 & 토마스,
그리고 사랑과 지원을 보내준 모든 가족에게 감사한다.
시간을 내어 '여러분의 생각을 들려준' 모든 엔지니어에게 감사한다.
– 데이브

사랑과 지원을 아끼지 않는 마이리드, 에이오이페와 나의 가족들
그리고 항상 영감을 주는 동료들에게 감사드린다.
영원히 감사하겠다.
– 마이클

멋진 아내 길리안과 훌륭한 아이들 이사벨라와 루시를 위해.
모든 사랑과 지원, 영감에 감사한다.
– 마크

가치 플라이휠 효과

"『가치 플라이휠 효과』는 급변하는 기술 및 비즈니스 환경을 탐색하고 이용하기 위한 일련의 원칙과 업무 방식을 제공하는 시의적절하고 가치가 높은 책이다. 센스메이킹 능력 부족으로 현재의 파괴적 기술 환경에서 점점 더 효과적으로 대응하기에 어려움을 겪는 조직들이 늘어나고 있는 상황에서 『가치 플라이휠 효과』에 담긴 아이디어는 향후 10년 혹은 20년을 위한 일종의 '생존 지침서'라고 할 수 있을 정도다. 『가치 플라이휠 효과』는 조직의 생존과 번영을 돕고자 하는 리더나 실무자라면 반드시 읽어야 하는 책이다."

– 매튜 스켈톤(Matthew Skelton),
『팀 토폴로지』(에이콘출판, 2020) 공동저자

"데이비드, 마크와 마이클이 따로 시간을 내서 리버티 뮤추얼에서 서버리스 혁신 아키텍처를 어떻게 설계하고 적용했는지 설명하는 데 상당한 수고를 해줘 기쁘게 생각한다. 왜 그랬을까? 변화만이 유일한 상수이자 기술 혁신의 속도가 이런 변화를 가속화하기 때문이다. '과거나 현재만 바라보는 사람은 미래를 놓칠 수밖에 없다'는 존 F. 케네디John F. Kennedy의 말처럼, 서버리스 기술을 활용하고 싶다면 이 책을 반드시 읽어야 한다."

– 재퀴 테일러 박사(Dr. Jacqui Taylor),
플라잉바이너리(FlyingBinary)의 최고 경영자이자 공동창업자 및
영국에서 가장 영향력 있는 기술자 15위

"기업의 창조와 혁신의 미래는 속도, 확장성, 지속 가능성에 달려있다. 성장하는 제품, 조직, 문화를 육성하려면 경쟁하는 환경과 성공을 위해 선택할 수 있는 경로를 이해해야 한다. 실제 예시, 사례 연구, 복합적 도메인들에 적용될 수 있는 실용적인 도구들로 가득 찬 『가치 플라이휠 효과』는 여러분의 미래와 원하는 비즈니스를 계획하기 위해 반드시 읽어야 할 책이다."

– 배리 오라일리(Barry O'Reilly),
노바디 스튜디오(Nobody Studios) 공동창업자, 『언러닝』(위즈덤하우스, 2023),
『Lean Enterprise』(O'Reilly Media, 2020)의 저자

"최신 클라우드를 도입하는 모든 수준의 조직이 반드시 읽어야 할 책이며, 타의 추종을 불허하는 생생한 혁신 경험을 바탕으로 한다. 앞으로 몇 년 동안 이 책을 참고할 것이다."

– 벤 엘러비(Ben Ellerby),
알레이오스(Aleios) 창업자, AWS 서버리스 히어로(AWS Serverless Hero)

"클라우드로의 여정은 순수한 기술적인 경로보다는 리더십과 변화 관리의 과정이다. 『가치 플라이휠 효과』는 최신 클라우드 여정에 있는 모든 조직에 훌륭한 토대가 된다. 실제 문제에 어떻게 적용되는지에 따라 변화의 물결을 헤쳐나가는 방법에 대한 훌륭한 통찰력을 얻을 수 있다."

– 시무스 쿠슬리(Seamus Cushley),
바자보이스(Bazaarvoice) 제품 개발 부사장

"목적의 명확성과 결합된 서버리스 아키텍처는 오늘날의 경쟁 환경에서 승리하기 위한 치명적인 조합이다. 『가치 플라이휠 효과』는 이러한 최신 프랙티스를 활용해 엔터프라이즈 클라우드 전환을 탐색하고, 가치 전달을 가속화하는 방법에 대한 강력한 인사이트를 제공한다."

– 드류 퍼멘트(Drew Firment),
A Cloud Guru SVP

『가치 플라이휠 효과』는 조직의 어떤 위치에 있든 문제의 올바른 방향을 끄집어 내는 데 도움이 되는 놀라운 리더십과 혁신 프랙티스를 공유한다. 또한 유용한 지침, 많은 예시와 시도해 볼 만한 새로운 것들을 포함해 와들리 매핑 실습을 위한 훌륭한 지침서가 될 것이다!"

– 벤 모시오르(Ben Mosior),
LearnWardleyMapping.com

『가치 플라이휠 효과』는 최신 클라우드 기능을 최대한 활용하는 현대화 전략에 중점을 두고 혁신을 위한 실용적인 로드맵을 제시한다. 엔지니어와 경영진은 포춘 100대 기업에서 가치 우선 접근 방식을 발전시켜 전통적인 엔터프라이즈 개발을 재창조한 저자의 경험을 바탕으로 실제 기술을 배울 수 있다."

– 샘 덴글러(Sam Dengler),
AWS 수석 디벨로퍼 애드보킷

『가치 플라이휠 효과』는 현재와 미래의 기술 리더들이 꼭 읽어야 할 책이다. 와들리 매핑, 시스템적 사고, 북극성 지표, 서버리스 마인드셋과 같은 도구를 조직의 성공을 위한 하나의 일관된 프레임워크로 완벽하게 엮어낸다."

– 아제이 나이르(Ajay Nair),
아마존 웹 서비스(Amazon Web Services) Director

"저자와 몇 년 동안 함께 일하면서, 리더로서 항상 영감을 받고 도전을 받아 나와 팀들의 엔지니어링 우수성을 최우선 과제로 삼을 수 있도록 했다. 이 책은 저자들이 발견한 '플라이휠'의 영향력을 환상적인 방식으로 설명한다. 이해하기 어렵게 느껴질 수도 있지만, 실제로는 내가 상상했던 것보다 훨씬 더 강력하다고 말할 수 있다. 반드시 읽어야 할 책이다!"

– 존 헤버런(John Heveran),
리버티 뮤추얼 보험(Liberty Mutual Insurance)의
글로벌 리스크 솔루션(Global Risk Solutions) 부문 EVP 겸 CIO

"서버리스의 기술적 '방법'에 대한 리소스는 많지만, 조직에서 소프트웨어 엔지니어링에 서버리스 우선 접근 방식을 선택하는 더 높은 수준의 '이유'에 대한 리소스는 거의 없다. 만약 당신이 고위 기술 의사 결정권자로서 사용자에게 가치를 빠르고 자주 전달하는 동시에 총 소요 비용과 생산 환경을 최소화하고, 엔지니어가 잘 성장하는 자생적 환경을 만드는 데 관심이 있다면 『가치 플라이휠 효과』는 그 목적을 달성하기 위한 전략적 결정을 내리는 데 필요한 프레임워크와 도구를 제공할 것이다."

– 폴 스웨일(Paul Swail),
ServerlessFirst.com의 독립 클라우드 컨설턴트(Independent Cloud Consultant)

"『가치 플라이휠 효과』는 최신 클라우드 시대에 성공적인 소프트웨어 조직을 이끌고자 하는 모든 사람이 반드시 읽어야 할 책이다. 의심할 여지없이 이 책은 팀이 공유된 비전을 만들고, 이를 중심으로 결집하고, 고객 중심 로드맵을 개발해 목표 지표에 의미 있는 영향을 미치고, 탁월한 성과를 달성하기 위해 신중한 전략을 실행하는 데 도움이 되는 가장 실용적인 지침서다. 이 책은 명확한 예시와 실제 사례를 통해 사용된 방법, 이론 및 프랙티스를 가르치고, 이를 실행하는 방법을 알려주는 데 있어 탁월한 균형을 이룬다. 데이브, 마크, 마이클은 각자의 분야에서 대가이며, 이 책은 그들이 공유한 전문 지식을 미래의 기술 리더에게 전달하기 위한 지침서다."

– 제레미 댈리(Jeremy Daly),
AWS 서버리스 히어로,
OffByNone.io의 퍼블리셔 및 Serverless Chats의 호스트

"만약 당신이 소프트웨어를 개발하는 비즈니스에 종사하는 사람이라면 직책에 관계없이 이 책을 꼭 읽어야 한다. 이 책은 우리가 이미 알고 있는 내용을 다시 정리하는 것 이상의 역할을 한다. 모든 최고의 발전이 그러하듯, 이 책은 소프트웨어 딜리버리에 대한 완전히 새로운 관점을 제시하는 매우 영리한 트릭을 구사하면서도 직관적이고 동시에 명백한 느낌을 준다. 이 책에 담긴 아이디어는 얼마나 중요할까? 글쎄, 나는 '가치 플라이휠 철학'을 귀사의 딜리버리 기본으로 삼지 않는다면, 그것을 실행하는 기업이 귀사를 이길 것이라고 말하고 싶다. 간단하다. 그래서 좋다. 그리고 그래서 중요하다."

– 타라 심슨(Tara Simpson),
인스틸 소프트웨어(Instil Software) CEO

추천의 글

2010년, 나는 첫 번째 공개 프레젠테이션에서 넷플릭스^{Netflix}의 동향, 오픈 소스를 사용해서 클라우드로 전환하는 방법, 나중에 마이크로서비스로 알려진 분산 아키텍처, 카오스 테스팅, 개발자들이 어떻게 서비스를 운영하는지를 설명하면서 데브옵스의 특징 중 하나인 상시 운영 방식에 대해 설명했다. 혼란스럽다는 반응과 아무도 모방할 수 없는 이상한 '유니콘' 같다는 일반적인 의견, 그리고 곧 엔터프라이즈 라이선스 제품을 실행하는 데이터센터로 다시 돌아가게 될 것이라는 의견이 뒤섞여 있었다.

하지만 호기심과 흥분을 감추지 못한 몇몇 사람들이 트위터에서 #clouderati라는 그룹과 많은 토론을 벌였다. 그 그룹에서 나는 사이먼 와들리^{Simon Wardley}를 만나 우리가 하고 있는 연구에 대해 자세히 설명했다. 그 대가로 그는 나에게 매핑 기술을 설명해줬다. 맵을 통해 넷플릭스가 맵을 사용하지 않더라도 상황 인식이 뛰어나고, 정책을 적절히 사용하며, 시스템적 사고로 접근하고, 사이먼이 설명한 여러 모범 프랙티스와 잘 부합한다는 것을 이해할 수 있었다.

지난 12년 동안 이 아이디어가 비주류에서 주류로 이동하면서 내 업무의 큰 부분은 넷플릭스와 아마존^{Amazon}에서 개발한 아이디어를 크고 작은 다른 조직과 애플리케이션에 설명하고 적용하는 일이 됐다. 내가 경험한 것 중 가장 잘 정리된 방법론이 이 책이다. 이 책은 와들리 매핑을 사용해 오늘날 최고의 아이디어를 어떻게 취하고, 어떤 상황에서 어떤 정책이나 기법을 사용해야 하는지를 알려준다.

넷플릭스에서 개발한 아이디어는 이전에 나온 아이디어를 종합한 것이다. 우리 중 다수는 수십 년의 경험을 바탕으로 프레드릭 브룩스^{Frederick}
Brooks의『맨먼스 미신』(인사이트, 2015)과 콘웨이의 법칙을 잘 알고 있다. 또한
2006년에 나온 버너 보겔스^{Werner Vogels}의 '실행한 대로 실행하라'라는「ACM
큐」[*] 매거진 기사도 접했고[1], 오픈소스 개발 프랙티스에서 영감을 얻었다. 넷
플릭스 팀은 썬 마이크로시스템즈^{Sun Microsystems}, 제록스 파크^{Xerox PARC} 및 이
베이^{eBay}, 구글^{Google}, 야후^{Yahoo}의 초창기 시절에 개발했던 아이디어를 가져왔
다. 넷플릭스의 최고경영자인 리드 헤이스팅스^{Reed Hastings}는 소프트웨어를
깊이 이해하고 있었으며, 우리가 새롭게 시작해 혁신을 확장하고 지원할 수
있는 아키텍처를 구축하도록 독려했다.

넷플릭스에서 개발한 아이디어를 모방하려는 일부 시도는 이러한 아이
디어가 더 엄격하고 느리게 진화하는 규칙과 모범 프랙티스 패턴이 아니라
원칙과 정책을 사용해 서로를 강화하는 유동적인 방식으로 구성하는 역동
적인 기본 시스템의 산물이라는 점을 놓쳤다. 이로 인해 넷플릭스의 성공을
모방하려는 조직은 종종 '아키텍처 극장'을 만들었고, 실패했다.

이러한 조직 중 상당수는 기술조직이 넷플릭스나 아마존처럼 작동하도
록 '비즈니스'를 어떻게 이끌어낼지에 대한 고민을 하고 있었다. 한 최고정
보책임자는 자신들은 우리처럼 뛰어난 엔지니어가 없어서 넷플릭스를 따라
갈 수 없다고 말했다. 나는 우리가 방금 당신의 조직에서 누군가를 고용했다
고 대답했다.

인재가 문제가 아니다. 문제는 별도의 비즈니스 조직을 두는 것 자체다.
넷플릭스나 아마존의 어느 누구도 '비즈니스'에 대해 이야기하지 않는다. 내
가 근무할 당시 넷플릭스는 단일 제품 조직으로 구성돼 있었다. 제품관리와

---

[*]   ACM 큐(ACM Queue): Association for Computing Machinery에서 창간하고 발행하는 격월 컴퓨터 잡지
    이다. - 옮긴이

개발에 종사하는 모든 사람이 최고제품책임자에게 보고했다. 최고정보책임자나 최고기술책임자는 따로 없었다. 아마존은 수많은 독립적인 서비스 팀으로 구성돼 있으며, 이들 중 누구도 최고정보책임자나 최고기술책임자에게 보고하지 않는다.

2014년 말 AWS 람다^{Lambda}가 출시됐다. 당시 흥미롭다고 생각했고, 2016년 말에 AWS에 입사해서 하루 동안 진행된 AWS re:Invent 해커톤의 심사위원을 맡게 됐다. 모든 팀이 람다를 사용해 서버리스 아키텍처를 구축하는 것을 보고 놀랐고, 하루 만에 제로에서 시작해서 결과물을 만들어낼 수 있다는 것을 보고 또 놀랐다. 나는 마이크로서비스 워크숍에서 이 이야기를 들려주기 시작했고, 일부 청중은 아주 짧은 시간에 저렴한 운영 비용으로 소규모 팀에서 엄청난 양의 기능을 개발해냈다는 유사한 이야기를 들려줬다.

매우 흥미로운 이야기지만, 문제는 서버리스가 마치 거짓말 같은 동화처럼 느껴졌다는 것이다. 실제로 적용했을 때 결과는 몇 배 이상 개선됐지만, 대부분의 사람은 이것을 환상이나 '유니콘' 기업만이 사용할 수 있는 것으로 치부했다.

2010년에 내가 처음 넷플릭스 강연에서 설명했을 때와 마찬가지로, 대부분의 사람들은 당황하거나 무시했지만, 몇몇은 서버리스에 대한 아이디어를 받아들였다. 사이먼 와들리도 이에 주목해서 클라우드의 진화를 예측하고 서버리스가 미래라고 선언했다. 그 사이 AWS는 서버리스를 할 수 없는 이유에 대해 고객이 제기하는 모든 반대를 체계적으로 불식해 나가고 있었고, 나는 '서버리스 우선'이라는 제목의 강연을 통해 조직이 첫 번째 시도로서 서버리스로 모든 것을 구축한 다음 꼭 필요한 경우에만 콘테이너와 특별한 인스턴스 타입을 사용해야 한다는 주장을 하기 시작했다.

당시 수많은 AWS 고객들과 이야기를 나눴는데, 리버티 뮤추얼^{Liberty} ^{Mutual}과 연결됐고 데이비드 앤더슨$^{David\ Anderson}$과 그의 팀을 알게 됐다. 우리는 즉시 연락을 취했고, 몇 년에 걸쳐 정기적인 미팅을 시작했다. 데이비드

와 그의 팀은 서버리스를 비롯한 리버티 뮤추얼로부터 얻은 최신 모범 프랙티스를 정리하고 이런 프랙티스를 적용하는 방법을 파악하기 위해 와들리 맵을 사용하는 체계적인 접근 방식을 취했다.

놀라운 점은 이 오래된 보험 회사가 내가 아는 한 가장 혁신적이고 빠르게 움직이는 개발 조직 중 하나를 구축했다는 점이다. 워낙 빠르고 저렴한 비용으로 개발이 진행되다 보니 제품 팀은 서버리스를 시도하기 전까지 다른 기술 플랫폼을 고려하지 않았다. 일부 사람들이 락인lock-in을 피하기 위해 기본적으로 쿠버네티스를 사용하자고 얘기했을 때, '왜 10배나 더 많은 시간과 비용을 들여야 하는가? 나중에 어떠한 이유로 이식성을 필요로 하면 그때 시간과 비용을 투자하면 되지.'라는 반응이었다. 또한 새로운 아이디어를 생각해내는 속도보다 구축되는 속도가 더 빠르기 때문에 제품 딜리버리의 병목현상이 제품 관리자에게로 옮겨졌다고 말했다. 이들은 서버리스 우선의 이점을 경영 모든 단계에 걸친 회사의 핵심 이점으로 설명했다.

나는 최근에 은퇴하고 아마존을 떠났기 때문에 넷플릭스나 아마존이 어떤 일을 했는지 더 이상 설명할 수 없다. 그러나, 이 훌륭한 책을 통해 앞으로 몇 년 동안 혼란스럽고, 호기심 많은 차세대 독자에게 리버티 뮤추얼에서 어떤 일을 했는지 설명할 데이비드, 마크, 마이클에게 그 바통을 넘겨주게 돼 기쁘다.

– 아드리안 콕크로프트(Adrian Cockcroft),
2022년

추천의 글

모든 개체는 삶이라는 게임에서 성공하기 위해 노력한다. 그러나 성공은 환경이나 다른 개체 또는 두 개체 모두와 어떤 형태로든 경쟁이 존재한다는 것을 전제로 한다. 경쟁(함께 추구하는 행위)은 갈등, 협력, 협업 등 다양한 형태로 나타난다. 이러한 형태에 착수하는 방식은 우리가 살고 있는 시대에 따라 달라진다. 오늘의 경쟁은 어제의 경쟁과 다르다. 오늘의 경쟁은 우리가 사용할 수 있는 기술과 프랙티스와 우리가 살고 있는 시대에 의해 형성된다.

이 책에서는 현시대의 프랙티스와 기술, 그리고 많은 사람들이 4차 산업혁명이라고 부르는 시대의 시작을 탐구한다. 비즈니스와 기술이 어떻게 원활하게 소통할 수 있는지, 서버리스와 같은 기술 변화의 중요성, 환경에 대한 상황 인식이 왜 중요한지 살펴본다.

과거의 경쟁은 종종 물리적 지형도를 통해 설명되는 영토와 관련된 갈등의 한 형태였다. 이런 갈등의 개념은 종종 조직 내부로 확장돼 부서 간 주도권 다툼으로 이어지기도 했다. 오늘날의 경쟁은 우리의 기술적 경이로움을 뒷받침하는 공급망에 대한 것이다. 이 책은 비즈니스를 구성하는 컴포넌트의 지형인 새로운 영역을 매핑하는 방법과 비즈니스와 기술 간에 충돌하지 않는 협업을 통해 이를 달성하는 방법을 설명한다.

또한 이론이나 컨설팅 회사에서 즐겨 사용하는 '파워포인트 전략 덱'이 아닌, 실무 자체의 관점에서 관련 프랙티스들을 살펴보고, 매출 400억 달러의 100년 이상 된 전통적인 보험 회사에서 거의 20억 달러에 매각된 최신 소프트웨어 스타트업에 이르기까지 다양한 여정을 다룬다. 이 다양한 경험이 중요한 이유는 성공을 위한 모방 리스트나 '단번에 끝내는' 연습이 아니라 각자의 상황에 맞게 적용해야 하는 일련의 프랙티스가 존재하기 때문이다. 보험 비즈니스와 교육 비즈니스는 다르지만 두 비즈니스 모두에 적용할 수 있는 프랙티스들이 있다.

그 중심에는 가치 플라이휠 효과(Value Flywheel Effect)라는 개념이 있다. 이는 아마존의 창립자 제프 베조스[Jeff Bezos]가 종이 냅킨에 스케치한 것에서 유래했는데, 짐 콜린스[Jim Collins]의 연구를 참고한 것이다. 4차 산업시대에 살아남고 번영하길 원한다면, 경쟁하고 있는 환경을 이해하고 싶다면, 현대적 프랙티스가 조직을 어떻게 변화시킬지 이해하고 싶다면 이 책을 주의 깊게 읽고 공부할 것을 권한다.

로라와 클라이브도 이에 동의할 것이라고 확신한다.

– 사이먼 와들리(Simon Wardley),
2022년

옮긴이 소개

김낙일(nakil.kim@gmail.com)

컴퓨터공학과 경영공학을 전공한 공학박사로서 산업 현장에서 엔지니어로, 대학교에서는 교수로, ICT 직무훈련 분야에서는 강사로 활동하고 있다. 1996년부터 지금까지 제조, 공공, 금융, 통신, 유통, 포털, 국방, 게임, 콘텐츠 등 다양한 ICT 분야에서 개발자, 프로젝트 관리자, 제품책임자, 컨설턴트, 아키텍처 역할을 수행했다. 마이크로서비스 아키텍처, 디지털트윈 기술, 프로페셔널 제품 책임자, 애자일 팀 코칭 등 프로젝트 관리, 애자일, 소프트웨어공학, 콘텐츠 기술에 관련된 9권의 저서와 번역서를 출간했다.

김원현(digitaltwin.kim@gmail.com)

산림학과 도시학을 전공했고, 독일에서 도시생태와 물순환계획에 관련된 프로젝트를 수행했다. 2004년부터 지금까지 산림, 조경, 건축, 도시, 국토계획, 환경, 수자원, 방재, 시스템 및 플랫폼 개발, AR/VR/XR, 디지털트윈, 메타버스에 이르기까지 국내외 다양한 산업 분야에 대한 지식과 경험을 쌓았다. 최근에는 소프트웨어 엔지니어링 기업 슈타겐의 대표로 자동차, 조선, 철강, 공공 분야 고객들의 디지털 전환을 돕고 있다.

윤승정(sj9416@gmail.com)
컴퓨터공학석사와 경영학박사로서 2000년부터 현재까지 공공, 금융, 유통, 제조 분야에서 경영 및 기술 컨설턴트로서 ICT 기술과 경영을 접목한 인사이트를 제공하기 위해 노력했다. 공공정책, ICT 전략, 제도수립, 수치해석, 통계분석 및 경제적 타당성 분석 분야에서 풍부한 경험을 가진 전문가로 활동했으며, 최근에는 컨설턴트와 프로젝트 관리자의 역할로 제조 및 공공 분야의 인공지능 기반 디지털 전환 프로젝트를 수행하고 있다.

옮긴이의 말

기업이 비즈니스 가치를 최고의 속도로 달성하는 방법에 대해서 아마존을 비롯한 위대한 성공사례를 기반으로 알려주는 책이다. 하지만 독자들에게 이 책은 다소 어려울 수 있다. 경영과 전략 그리고 정보기술에 대한 폭넓고도 깊이 있는 지식을 다루고 있기 때문이다.

지금은 디지털 전환Digital Transformation과 비즈니스 기민함Business Agility의 시대이다. 이 시대에서 생존과 성장을 추구하는 기업이라면 비즈니스 기민함을 위해 가장 효과적이고 효율적인 디지털 전환을 성공시켜야 하는 절대적 과제를 안고 있다.

어떻게 하면 이 과제를 성공적으로 수행할 수 있을까?

이는 차세대 시스템 구축을 통해서도, 그럴듯한 경영전략으로도, 강력한 영업망으로도 해결하기 어려울 수 있다. 다시 말해 개발부서나 경영전략부서, 영업부서 중 어느 하나만의 책임으로 돌릴 수는 없다는 뜻이다.

이 책에서는 그 해법을 4단계의 반복을 통해서 지속적이고 끊임없는 가치를 창출하는 원리, 즉 가치 플라이휠 효과로 설명한다. 이 원리 속에는 풍부한 사례를 바탕으로 시장, 고객, 목표와 목적, 조직, 프로세스, ICT 기술, 조직문화 및 탁월한 워크숍 도구와 기술까지 담겨 있다. 바로 전사적으로 매진해서 해결할 수 있는 방안을 제시하는 것이다.

독자들의 전문분야에 따라 이해하기 쉽기도 하고 어렵기도 할 것이다. 하지만 절대절명의 동시대를 살아내고 있는 기업의 입장에서는 개발 팀만의 애자일 개발과 같은 일부와 특정 부문에 대한 지식이 아니라 전사적 방법론이 필요하다. 이 책은 바로 그런 방법론을 담고 있다.

엄청난 지식으로 꽉 채워진 역작을 탐독하면서 저자들의 지식의 폭과 깊이에 대해서 놀라움을 금치 못했다. 이 위대한 저술의 역자로 독자들의 비즈니스에 기여하는 기회를 가질 수 있음에 깊이 감사하며 저자들의 수고에 경의를 표한다.

감사의 글

2015년에 '가능성의 예술art of the possible'이라는 문서를 작성하면서 건방진 한 줄로 글을 마무리했던 기억이 난다. "…그러므로 책을 쓰겠습니다." 이 여정에 함께 해준 모든 분께 감사드린다.

트레사Treasa, 내 파트너와 난 20년 넘게 비즈니스와 기술의 세계에 대해 수없이 많은 토론을 해왔다. 우리는 비즈니스와 기술이 점점 더 가까워지고 합쳐지는 기회와 도전을 관찰해 왔다. 마크, 마이클, 트레사와 나는 우리의 생각과 아이디어를 담아내기 위해 서버리스 엣지(TehServerlessEdge.com)를 만들기로 했다. 그리고 그것은 블로그, 팟캐스트, 이 책 그리고 여러 모임이 만들어졌다. 파트너십에 대해 정말 감사하게 생각한다. 이들은 내가 함께 일한 사람들 중 가장 통찰력이 뛰어난 사람들이다.

또한 이 책을 써야 한다고, 지금이 바로 그 때라고 정중히 말해준 아드리안 콕크로프트의 지지와 믿음에 감사한다. 사이먼 와들리 역시 시간, 조언, 우정을 아낌없이 베풀어 줬다. 정말 훌륭하고 겸손한 두 사람은 진정한 선구자들이다.

제삼자 검토 초기에 컨셉을 검토해주고 환상적인 피드백을 해준 아드리안, 사이먼, 트레사, 시무스 쿠슬리Seamus Cushley, 아제이 나이어Ajay Nair, 그레고르 호페Gregor Hohpe, 마누엘 페이스Manuel Pais, 샘 뎅글러Sam Dengler, 진 킴Gene Kim 등 많은 이들에게 감사의 말을 전한다.

난 사례 연구가 매우 중요하다고 생각해서, 이 책에 수록된 사례에 대해 매우 기쁘게 생각한다. 매튜 클락Matthew Clark(BBC), 질리언 맥켄Gillian McCann,

브렛 칼돈Brett Caldon, 트로이 캠파노Troy Campano, Workgrid, 피터 스바스키Pete Sbarski, 드류 퍼멘트Drew Firment, 라이언 크루넨버그Ryan Kroonenburg, 샘 크루넨버그Sam Kroonenburg, A Cloud Guru, 존 헤버런John Heveran, 저스틴 스톤Justin Strone, 리즈 폴록Liz Pollock, Liberty Mutual에게 감사의 마음을 전한다. 몇 년 전 말도 안 되는 아이디어에 베팅을 해준 리즈 폴록에게 공을 돌리고 싶다. 선견지명이 있는 PR 팀의 대담한 행동이었다!

저자들과 나는 여러 팀과 함께 수년에 걸쳐 작업을 진행했다. 우리의 기술 전략에 '함께해준' 모든 팀에게 감사한다. 때로는 도약하는 것이 고통스럽고 일만 많아지는 것으로 느껴질 때도 있지만, 많은 엔지니어가 이를 통해 성장하기를 바란다. 특히, '벨파스트 맵퍼스 밋업the Belfast Mappers Meetup'과 마크, 마이크, 벤 스틸Ben Steele, 케이스 아네트Keith Annette 및 맷 콜터Matt Coulter, 그리고 항상 다른 사람들보다 세 발자국 앞서서 '다음에 할 일'을 명확하게 제시해준 질리언 맥켄은 특별히 언급할 필요가 있다. 그리고 개인적으로 나를 도와주고 지지해준 리버티 뮤추얼의 리더들, 존 매캐나John McKenna, 에드 카모디Ed Carmody, 스티브 브랜드Steve Brand, 게리 데그루톨라Gary DeGrutola, 존 헤버런John Heveran, 저스틴 스톤, 브랜다 캠벨Brenda Campbell 코스타스 쿠이루키디스Kostas Kouiroukidis(그는 AWS 계정 담당 임원으로서 팀과 나를 위해 많은 어려운 일을 해결해줬다)에게도 진심으로 감사를 표하고 싶다.

나는 이 프로젝트를 시작하기 훨씬 전부터 데브옵스 엔터프라이즈 서밋DevOps Enterprise Summit 커뮤니티의 일원이었으며, 그 전에는 IT Revolution 책을 즐겨 읽었다. 진 킴과 안나 노악Anna Noak과의 첫 통화를 한 후 얼마나 행복했는지 말로 표현할 수 없을 정도였다. 이미 그들의 열성팬으로서 진 킴, 마거리트 킴Margueritte Kim, 안나 노악, 레아 브라운Leah Brown과 함께 작업하는 것은 멋진 일이었다. 안나와 레아 모두 정말 재능 있는 편집자들이었다. 확장된 IT Revolution 팀과 함께 작업하는 것은 즐거운 일이다.

이 책의 영감의 일부인 '플라이휠 효과' 개념을 창안한 『좋은 기업을 넘어 위대한 기업으로』(김영사, 2021)의 저자 짐 콜린스^{Jim Collins}에게 감사를 표하고 싶다. 다음 세대를 위한 토대를 마련하고 있는 소수의 선구적인 사상가들이 있다. 짐도 그 중 한 명이다. 나는 그의 사이트 JimCollins.com을 시작점으로 적극 추천한다.

모든 일이 그렇듯, 우리는 거장들의 어깨 위에 서 있다. 일일이 열거하기에는 너무 많지만, 몇 가지 영감을 받은 분들을 소개한다. 이 모든 이들에게 감사하다. 에이미 에드먼드슨^{Amy C. Edmondson}, 배리 오라일리^{Barry O'Reilly}, 벤 모시오르^{Ben Mosior}, 카를로타 페레즈 박사^{Dr. Carlota Perez}, 캐롤 드웩^{Carol Dweck}, 댄 노스^{Dan North}, 댄 핑크^{Dan Pink}, 댄 와드^{Dan Ward}, 다이아나 라센^{Diana Larsen}, 에드 캣멀^{Ed Catmull}, 제럴드 와인버그^{Gerald Weinberg}, 그래디 부치^{Grady Booch}, 그레고르 호페, 헨릭 크니버그^{Henrik Kniberg}, 짐 콜린스, 조코 윌링크^{Jocko Willink}, 존 커틀러^{John Cutler}, 조나단 앨런^{Jonathan Allen}, 데이비드 마르케^{L. David Marquet}, 린다 라이징^{Linda Rising}, 마리아나 마추카토^{Mariana Mazzucato}, 마틴 파울러^{Martin Fowler}, 마티 케건^{Marty Cagan}, 매트 윈^{Matt Wynne}, 멜리사 페리^{Melissa Perri}, 닉 튠^{Nick Tune}, 레이 달리오^{Ray Dalio}, 스콧 앰블러^{Scott Ambler}, 세스 고딘^{Seth Godin}, 스티븐 오르반^{Stephen Orban}, 사이먼 시넥^{Simon Sinek}, 테레사 토레스^{Teresa Torres}, 그리고 토마스 블러드^{Thomas Blood} 또한 모든 IT Revolution관련 저자와 데브옵스 엔터프라이즈 서밋 커뮤니티, 특히 『팀 토폴로지』의 니콜 폴스그렌 박사^{Dr. Nicole Forsgren}, 매튜 스켈톤^{Matthew Skelton}, 마누엘 페이스, 제즈 험블^{Jez Humble}, 마크 슈워츠^{Mark Schwartz}, 믹 커스텐 박사^{Dr. Mik Kersten}, 진 킴에게도 감사의 인사를 전한다.

마지막으로 특별한 두 분에게 감사하고 싶다. 첫째, 내가 16살 때 컴퓨터 과학을 가르쳐 주셨던 노먼 다우니^{Norman Downey} 선생님은 "모든 것을 알고 있다는 사람을 내게 알려주면, 나는 그가 바보라는 것을 보여줄 것이다."라고 나와 급우들에게 말해줬다. 컴퓨터 과학에 대한 그의 탁월함, 1960년대 이후 변하지 않았다는 그의 고집스러운 선언, 그리고 어리석음에 대한 그의 단호함은 계속해서 나와 함께했다.

둘째, 1982년 나의 재능을 알아보고 첫 컴퓨터(ZX Spectrum 48K)를 사 주신 아버지 게리Gerry이다. 아버지는 지식에 대한 갈증과 끊임없는 호기심을 나와 공유해줬다. 또한 나의 초등학교 시절 모든 컴퓨터 과학 선생님들과 이야기를 나누고 어떤 선생님이 가장 적합한지 조언해 주셨다. 내가 11살 때 아버지는 "나는 컴퓨터에 대해 아무것도 모르지만 저 사람이 가장 똑똑하니 그에게 배워라. 그래서 너는 뭘 하고 싶니?"라고 말씀하셨다. 아버지는 항상 시간을 내어 '나의 생각이 무엇인지' 물어보셨다.

지은이 소개

데이비드 앤더슨 David Anderson

25년 동안 기술 산업의 최전선에서 일해 왔다. 선도적인 통신회사(쓰리Three, 노키아Nokia, 에릭슨Ericsson)에서 소프트웨어 엔지니어로 시작해서 2007년에 리버티 뮤추얼Liberty Mutual로 옮겨 기술 변화를 주도하고 엔지니어링 표준을 높이는 일을 계속했다. 기술 책임자로서 아키텍처, 소프트웨어 개발, 리더십, 인공지능/분석 및 사이버 보안 등 다양한 기술과 기법을 접할 수 있었다. 2013년에 리버티 뮤추얼에서 퍼블릭 클라우드 도입의 초기 단계에 참여했고, 계속해서 변화를 주도했다. 2016년에 서버리스 우선 전략을 수립해 수백만 달러에 달하는 중요한 비즈니스 성과를 달성하고, 업계를 선도하는 새로운 엔지니어링 표준을 만들고, 우리 세대 아키텍트들이 클라우드 리더가 되도록 선도했다. 또한 와들리 매핑 커뮤니티의 회원으로서 이러한 전략적 접근 방식을 발전시키기 위한 많은 노력과 토론, 세션/연구 그룹에 참여했다.

2021년, 업계 전반에 걸쳐 서버리스 우선 여정 탐색을 위해 리버티 뮤추얼에서 퇴사하고 바자보이스Bazaarvoice의 기술 펠로우로 합류했다. 서버리스 엣지는 이런 생각을 정리하기 위해 만들어졌고, 고객 및 파트너와 협력해서 이 책에 담긴 생각을 증명하기 위해 계속 노력하고 있다. 서버리스 엣지 팀은 X(구 트위터) @serverlessedge와 링크드인 @the-serverless-edge로 활동하고 있으며 X의 @davidand393과 링크드인 @david-anderson-belfast에서도 만날 수 있다.

마크 맥켄^{Mark McCann}

클라우드 설계자이자 리더로서 조직과 팀이 잘 설계되고 지속 가능한 서버리스 우선 솔루션을 통해 비즈니스 가치를 신속하게 제공할 수 있도록 지원하는 데 주력하고 있다. 2000년 졸업생으로 리버티 뮤추얼에 입사해 21년간 경력을 쌓아 수석 아키텍트까지 올랐다. 서버리스 우선, Well-Architected Framework, 엔지니어링 우수성, 가치 창출 시간 개선에 중점을 두고 리버티 뮤추얼의 클라우드 전환과정에 깊이 관여했다. 와들리 매핑을 활용해 사람, 팀과 조직에 상황 인식을 제공하고, 지속 가능한 장기적 가치를 창출하고 발전하도록 지원한다. 아일랜드의 벨파스트에 거주하며, 글로벌리제이션 파트너스^{Globalization Partners}에서 소프트웨어 아키텍트로 근무하고 있고, 서버리스 엣지에 글을 기고하고 있다. X의 @MarkMcCann와 링크드인 @markedwardmccann에서 만날 수 있다.

마이클 오라일리^{Michael O'Reilly}

소프트웨어 아키텍트로서 조직들이 최신 클라우드 기술을 활용해 아이디어를 세계적 수준의 제품으로 개발할 수 있는 능력을 갖추도록 전문적 지원을 하고 있다. 2005년부터 엔터프라이즈 애플리케이션 및 서비스 개발 분야에서 경력을 쌓았다. 리버티 뮤추얼의 이커머스 분야 진출을 주도한 팀의 일원으로, 주요 온라인 보험 상품 세트를 구축했다. 진취적인 사고 방식을 가진 전문가로서 리버티 뮤추얼이 클라우드로 전환하는 과정에서 적극적인 리더가 됐다. 서버리스 우선과 Well-Architected Framework에 따라 지속 가능한 접근 방식과 실무 지침을 통해 팀들과 고위 경영진을 클라우드 제품 개발로 이끄는 데 전문성을 발휘했다. 글로벌리제이션 파트너스의 소프트웨어 아키텍트이자 서버리스 엣지의 기고자로서 조직이 최신 클라우드를 도입하는 것에 지속적으로 도움을 주고 있다. X의 @bigheadoreilly와 링크드인 @michael-o-reilly에서 만날 수 있다.

차례

1부 탐험의 시작

1장   가치 플라이휠 효과   53

2장   와들리 매핑   71

5부 장기적 가치

들어가며

기술 업계에 몸 담은 지 25년이 지난 지금, 나는 내가 미치게 만들었던 모든 사람들(대부분 IT 관리자)을 돌아보고 공감할 수 있게 됐다. 솔직히 말해서 소프트웨어 엔지니어는 보통 무언가를 빠르게 구축하기 위해 고용되는 것이지, 더 큰 조직의 사회기술적인 이슈를 해결하기 위해 고용된 것은 아니다. 그럼에도 나는 계속 이 분야에 끌렸다. 나는 시스템을 고치면 모두가 더 빨리 구축할 수 있고 비즈니스가 더 빨리 가치를 제공할 수 있다고 항상 믿어왔다. 그룹의 힘은 항상 한 사람의 힘보다 크다.

보안 개선, 애자일 작업 방식 도입, 좋은 엔지니어링 원칙 만들기, 엔터프라이즈 아키텍처 개선, 머신러닝ML, Machine Learning 역량 구축, 시스템 최신화, 클라우드 플랫폼 설계, 개발자 경험 개선 등 어떤 작업을 하든 항상 큰 시스템을 개선하면 모든 것이 해결될 것이라고 믿었다.

지난 몇 년간 관리자가 셀 수 없이 물었다. "왜 그 일을 하려고 하지? 코드를 좀 더 작성하라고!" 항상 나는 코드를 작성하는 것도 중요하지만, 시스템을 개선하는 것이 더 중요하다고 정중하게 지적하곤 했다. 물론 많은 코드를 작성했지만 코드는 부담스러운 존재이다. 소프트웨어 개발자에게 인프라쪽 걱정을 덜어주면 소프트웨어 자산 개발과 같은 다른 분야에 집중할 수 있는 여지가 생긴다.

나는 9살 때부터 코드를 작성해왔기 때문에 늘 코더였다. 하지만 소프트웨어 엔지니어*가 되는 것은 다르다. 소프트웨어 엔지니어는 문제를 해결하고 비즈니스에 가치를 창출하기 위해 고용돼야 한다. 대부분의 소프트웨어 엔지니어는 코딩을 비즈니스 책무로 보는 대신 그저 작성하는 경향이 있다. '업무 중에' 작성하는 코드는 X시간에 X줄의 코드를 작성하기 위한 노력이 아니라 더 큰 가치 창출 노력의 일부가 돼야 한다.

불행히도 많은 IT 분야의 많은 사람이 이유를 모른 채 코드를 작성하고, 시스템을 구축하고 작업을 수행한다. 이들은 목적†은 잊고 기능에만 집착한다. 그리고 너무 많은 비즈니스 관계자들은 소프트웨어 개발자와 엔지니어를 그저 비즈니스가 요구하는 대로 시스템을 작동시키는 프로그래머로만 인식하고 있다.

경험상 이런 대규모 사회기술적 시스템에 집중하려면 엄청난 위험을 감수해야 했다. 해야 할 일(예, 더 많은 코드 작성)을 하지 않는다는 이유로 중간관리자의 많은 반발을 겪었다. 하지만 나는 항상 밀고 나가야 한다는 신념을 가지고 있었다. 마치 포커 게임에서 큰 돈을 벌 수 있는 패를 손에 쥔 것 같았다. 위험을 무릅쓴 진행이 결국 큰 결실을 맺었다.

리버티 뮤추얼의 서버리스 전환

2013년, 여섯 번째로 큰 손해보험 회사인 리버티 뮤추얼은 서비스를 클라우

---

* 수학자 마거릿 해밀턴(Margaret Hamilton)은 NASA의 아폴로(Apollo) 임무를 위해 MIT에 고용된 최초의 프로그래머로, '소프트웨어 엔지니어'라는 직업을 만들었다. 그녀는 아폴로의 안내용 컴퓨터를 위한 소프트웨어 프로그램 설계 업무를 맡았다. 그녀는 자신이 하는 일의 중요성을 정당화하기 위해 즉시 직함을 프로그래머에서 소프트웨어 엔지니어로 바꿨는데, 이는 자신도 '우주선을 만든 사람들과 마찬가지로 엔지니어'라는 생각 때문이었다.

† 사이먼 시넥(Simon Sinek)은 골든 서클에 대한 설명과 그의 저서 『스타트 위드 와이』(세계사, 2021)에서 이에 대해 설득력 있게 설명한다.[2]

드로 전환하기 시작했고, 나는 운 좋게 그 전환을 이루는 일원으로 참여할 수 있었다.

2007년 리버티 뮤추얼에 합류해 몇 년간 공동 저자인 마크 맥켄과 마이클 오라일리를 비롯한 많은 유능한 엔지니어 리더들과 함께 대규모 이커머스 플랫폼을 설계하고 구축하는 일을 했다.

리버티 뮤추얼 엔지니어들 개개인의 능력에 깊은 인상을 받았고, 여기에 여전히 가치를 창출할 수 있는 상당한 기회가 있음을 알 수 있었다. 비즈니스와 기술 간의 연결에 노력이 필요하다는 것을 인식했으며 가장 중요한 엔지니어들이 변화를 갈망하고 있음을 알 수 있었다. 하지만 많은 기존 기업과 마찬가지로 리버티 뮤추얼은 거대한 유조선과 같아서 새로운 방향으로 나가려는 시도는 매우 어렵고 느릴 수밖에 없었다.

2013년 나는 아일랜드 벨파스트의 최고기술책임자로 자리를 옮겼다. 나는 소규모 아키텍트 팀과 탄탄한 기술 리더십 커뮤니티를 구축했다. 리버티 뮤추얼은 AWS를 사용해 클라우드에서 보안 및 테스트 데이터를 위한 솔루션을 모색하기 시작했다. 이것은 중요한 기회였다. 나는 클라우드가 단순한 데이터센터가 아니라 혁신적인 업무 방식을 제공할 수 있다는 것을 바로 깨달았다. 다만 당시에 그게 무엇인지 아직 잘 몰랐을 뿐이었다. 나는 팀과 함께 클라우드에서 더 나은 소프트웨어를 구현할 수 있는 방법을 찾아보기로 했다. 클라우드는 우리 모두에게 생소했고, '애플리케이션 개발'은 우리의 전문분야였다. 나는 패러다임의 변화를 감지할 수 있었고, 이제 탐색을 시작해야 할 때라고 생각했다.

나는 궁금했다. '이 멋진 신세계에서 클라우드 애플리케이션 아키텍처는 어떤 모습일까?' 기본 기능(보안, 거버넌스, 인프라, 프로세스)이 대규모로 준비되려면 몇 년이 걸린다는 사실을 알고 있었지만, 나아갈 방향에 대한 확신은 있었다. 우리에게 기회의 창이 있었다. 도중에 맵이 변경되더라도 경로를 매핑할 방법이 필요했다.

마크와 나는 사이먼 와들리의 방법을 따르기 시작했다. 우리는 상황인식을 통해 잠재적인 비즈니스 전략을 세우는 방법인 와들리 매핑^{Wardley Mapping}이라 불리는 그의 방법을 좋아했다. 완벽하게 이해하지는 못했음에도 흥미로웠고, 앞으로 다가올 진화를 잘 설명하는 것 같았다. 매핑을 통해 우리는 상황이 어떻게 진화할 수 있는지에 대한 질문을 던질 수 있었고, 미래를 들여다보고 직감을 전략으로 전환시켜 테스트나 초기 징후를 식별해볼 수 있었다. 우리는 리버티 뮤추얼이 클라우드로 전환할 때 어떤 일이 일어날 수 있다고 생각하는지 매핑해보기로 했다.

우리는 스스로에게 어려운 질문을 던졌다.

- 새로운 개발환경에서 여전히 수천 줄의 코드를 작성해야 하는가?
- 코드형 인프라가 실현되는가? 된다면 어떤 모습인가?
- 지속적인 딜리버리가 일어난다면 어떻게 되는가?
- AWS와 같은 클라우드 프로바이더들은 어떻게 진화하는가?
- 지금 우리가 하는 일 중에 미래에는 하지 않을 일은 무엇인가?
- 이 모든 것이 완성되면 우리 비즈니스에 어떤 가치가 있는가?

우리는 많은 시간을 화이트보드에 수많은 메모를 적으며 지냈다. 아키텍트 팀이 성장하면서 클라우드 환경을 더 잘 이해하기 위해 조직 전체의 동료들과 함께 실험하고 협력했다. 당시에는 몰랐지만 상황을 인식하고 맵에 정보를 입력하고 있었다.

결국 팀은 작은 방에 앉아 포춘지 100대 기업의 전체 기술환경에 대해 토론하고 와들리 매핑을 사용해 내년, 그리고 5년 후에 어떤 일이 일어날지 예측할 수 있게 됐다. 우리는 센스메이킹 선수가 된 것이다. 공교롭게도 이 시기가 AWS 람다 출시와 맞물렸다.

AWS 람다는 클라우드 기술의 중요한 혁신이었으며, 개발자들에게 커다

란 사고방식 전환의 계기가 됐다. 이전에는 클라우드로 이전하는 조직이 여전히 인프라를 관리해야 했다(개발자의 시간과 비용이 많이 들었다). 하지만 람다를 사용하게 되면 인프라 관리를 클라우드 벤더에게 맡길 수 있게 된다! 이로써 클라우드를 전기처럼 제품에서 소비하는 상품으로 전환할 수 있었다. 이를 통해 팀은 운영상의 제약, 성능 제약, 솔루션 총 비용, 사용자 경험 등을 고려하는 대신 창의성과 혁신에 더 많은 시간을 할애할 수 있게 됐다. 팀은 단순한 애플리케이션이 아닌 시스템 개발에 착수할 수 있었다. 그리고 비즈니스 측면에서도 분명한 비용 절감 효과가 있었다.

이것이 바로 기업이 더 이상 클라우드 운영을 직접 관리하지 않고 클라우드 벤더에게 맡기는 서버리스 컴퓨팅의 시초였다. 이 모델을 통해 조직은 필요할 때 애플리케이션을 실행하고, 필요할 때 종료하며, 사용한 만큼만 비용을 지불할 수 있었다.

하지만 클라우드를 어떻게 비즈니스 가치를 창출하는 데 사용할 수 있을까 하는 문제가 있었다. 이미 알다시피 그 해답은 서버리스였다. 이 기술은 아직 익숙하지 않았지만 잠재력이 보였다. 내 팀과 나는 우리가 기술의 미래에 대한 맵을 가지고 있다고 믿었다. 사라질 트렌드를 파악하고, 미래에 어떤 기능이 중요할지 예측하고, 클라우드 프로바이더들이 어떻게 진화할지 짐작할 수 있었다. 앞서 얘기했던 포커에서 이기는 패를 쥐고 있었다. 우리는 이 새로운 서버리스 세계에서 과감히 실험하기로 했다. 이 실험을 통해 엔지니어링 팀은 인프라 관리 이외에 다른 업무에 집중하는 능력을 빠르게 확보할 수 있었다. 그리고 더 많은 실험을 할수록 시간이 지남에 따라 작은 성공이 축적돼 모멘텀을 얻는 플라이휠 효과를 보기 시작했다. 우리는 비즈니스 파트너에게 더 많은 가치를 더 빠르게 딜리버리할 수 있었다. 그리고 클라우드가 단순한 데이터센터 그 이상이라는 것을 깨닫기 시작했다. 클라우드는 혁신적인 업무 방식을 제공했다.

우리는 우리가 경험한 것을 매핑했다. 첫 번째는 명확한 목적(1단계)이었다. 다음은 성공할 수 있는 적절한 환경(2단계)이었다. 그리고 서버리스 우선 아키텍처는 다음 최선의 실행(3단계)을 통해 조직의 장기적인 가치 창출(4단계)을 취할 수 있게 제공했다.

플라이휠을 반복해서 돌리면서 점점 더 많은 모멘텀을 만들고 관성을 줄여 나가는 동일한 패턴을 여러 번 적용하자 성공이 분명해졌다. 엔지니어들은 더 빠르게 움직이며 기술과 비즈니스를 더 잘 연결해 더 낮은 비용의 솔루션과 더 혁신적인 접근 방식을 만들어냈다.

테크리퍼블릭^{TechRepublic}의 보고에 따르면, 리버티 뮤추얼의 단일 웹 애플리케이션을 서버리스로 재작성한 결과 유지보수 비용이 연간 50,000달러에서 10달러로 99.98% 절감됐다.[3] 수백 혹은 수천 개의 유사한 애플리케이션이 동시에 실행되는 경우 이 작은 비용 절감 효과는 매우 강력하다. 나는 이런 유형의 성공 패턴이 리버티 뮤추얼과 여러 업계에서 반복되는 것을 봤다.

서버리스와 플라이휠 덕분에 애플리케이션을 더 빨리 출시할 수 있었는데, 이는 곧 사용자와 고객으로부터 더 빨리 피드백을 받을 수 있다는 의미이기도 하다. 이 회전을 통해 고객의 요구와 변화에 더 빠르게 대응할 수 있는 시장 우위를 확보할 수 있었다. 서버리스는 AI 및 데이터 서비스와의 통합이나 이벤트 스트리밍 서비스 등 이전에는 많은 비용이 들거나 어렵게만 느껴졌던 새로운 서비스를 가능하게 했다.

이 새로운 마인드셋은 코드를 바라보는 관점에도 변화를 가져왔다. 더 많은 코드는 자산이 아니라 부채라는 사실을 깨닫기 시작했다. 코드는 적게 작성할수록 좋았다. 그리고 우리가 작성한 코드는 비즈니스 가치를 보여줄 수 있어야 했다. 놀랍게도 소프트웨어 엔지니어들은 코드를 적게 작성하는 이런 변화를 좋아했다. 많은 이들이 '예전 방식'으로 돌아가고 싶어하지 않았다.

우리는 서버리스 우선 아키텍처로 알려진 것을 채택하기로 했다. 즉, 팀이 첫 번째로 선택한 방법은 서버리스여야 하고 이것이 적합하지 않을 경우

역방향으로 작업(예, 컨테이너와 같은 인프라를 더 도입)해야 한다.

2019~2020년에 클라우드 분야는 크게 발전했다. 한때는 4명의 AWS 히어로(AWS 커뮤니티 전문가로 인정받고 전설적인 지위를 누리고 있는 사람)가 내 팀에 있었다. 팀 내 많은 엔지니어가 중요 AWS 및 기술 콘퍼런스에서 우리의 성공에 대한 강연이나 기조 연설을 했다. 이런 과정으로 얻어진 비즈니스 지표는 믿을 수 없을 정도로 놀라웠다. 95%이상의 런타임 비용 절감, 예정보다 몇 달 앞당긴 새로운 기능 딜리버리, 몇 년이 아닌 몇 주 만에 글로벌 출시, 시장을 선도하는 혁신적인 기능들이 하루에도 여러 번 배포되는 등 놀라운 비즈니스 지표가 나타났다.

또한 엔지니어에게 익숙한 프로그래밍 언어를 사용해 클라우드 애플리케이션 리소스를 정의할 수 있는 오픈소스 소프트웨어 개발 프레임워크인 AWS 클라우드 개발 키트CDK, Cloud Development Kit를 사용한 소프트웨어 가속기를 개발해 새로운 애플리케이션을 신속하게 배포할 수 있도록 했다. 이는 소프트웨어 엔지니어가 처음부터 코드를 작성하는 대신, 프로젝트를 빠르게 구축하는 데 사용할 수 있는 코드 템플릿과 같은 역할을 한다.

외부행사에서 내가 제시한 지표(예를 들어 99.5%의 비용 절감)는 터무니없어 보였기 때문에 자주 공격을 받았다. 심지어 아마존의 최고기술책임자 버너 보겔스Werner Vogels는 리버티 뮤추얼과 서버리스 우선 아키텍처를 조직의 열반[4]이라 부르며 칭찬했다. '서버리스 우선 엔터프라이즈' 컨셉이 자리를 잡기 시작했다.

수천 명의 직원이 근무하는 글로벌 조직에서 이와 같은 패러다임 전환을 추진하는 데 있어 사회기술적 요소는 매우 중요하며, 클라우드로 전환하고 새로운 소프트웨어 개발 방식을 수용하는 것은 커리어에서 단 한 번뿐일 수 있다. 멋진 기술을 보유하는 것만으로는 충분치 않다. 사람들의 마음을 얻는 것이 진정한 도전이다.

이때쯤 우리는 지난 10년 동안 많은 방법론과 프랙티스를 발전시켜 왔기 때문에 '서버리스 우선 조직 전략'이라고 부르는 일련의 원칙을 정리하기로 했다. 기술 리더들과 농담을 주고받았는데, 그 원칙이 맞는지 측정하는 것은 불가능하지만, 그렇지 않은 경우는 너무나도 분명하다는 것이었다! 우리는 다음과 같은 일련의 원칙으로 이상적인 소프트웨어 개발 팀의 모습을 그려 봤다.

고성과를 내는 서버리스 우선 팀은 다음과 같다.

1. 비즈니스 성과를 추구한다. (KPI)
2. 보안을 고려해 설계한다.
3. 높은 작업 처리량을 유지한다.
4. 안정성이 높은 시스템을 안전하게 실행할 수 있다.
5. 임대/재사용, 최종 옵션으로 구축 가능하다.
6. 지속적으로 총 비용을 최적화한다.
7. 강력한 API를 통해 이벤트 주도Event-Driven를 구현한다.
8. 생각한 것과 정확하게 일치하는 솔루션을 구축한다.

우리는 경험을 통해 성공적인 팀은 자신이 무엇을 하고 있는지 알고 있어야 하며, 비즈니스 지표를 제시할 수 있어야 한다는 것을 알고 있었다(원칙 #1).

보안과 위협 모델링은 모든 사람의 업무라는 것을 알고 있었다(원칙 #2).

높은 성과를 내는 DORA의 지표(니콜 폴스그렌 박사, 제즈 험블 및 진 킴이 저술한 『디지털 트랜스포메이션 엔진』(에이콘출판, 2020)에 설명돼 있다[5])는 코드 품질에 대한 명확한 기준을 제공했다(원칙 #3 및 #4).

기술의 진화에 대한 태도와 코드는 부채라는 생각을 확산하기 위해 노력했다(원칙 #5).

개발자들에게 항상 무언가를 개발할 필요는 없다고 권면하는 것은 상당한 도전이다. 위대한 클라우드 원칙과 마인드셋 변화에 대한 필요성은 비용과 운영적 지출OpEx, Operating Expenditure 때문이다. 팀은 회사의 비용을 절약하기 위해서가 아니라 검소하고 효율적으로 생각하기 위해 비용을 인식해야 한다(원칙 #6).

우리는 통합 패턴에 대한 기준을 높게 설정하고 깔끔한 디자인을 장려했다(원칙 #7).

그리고 마지막으로 친구이자 멘토인 댄 노스Dan North의 말을 빌려 소프트웨어는 머릿속에 쏙 들어와야 한다는 원칙을 세웠다.[6] 지나치게 복잡해서는 안 된다(원칙 #8).

우리는 이 8가지 원칙을 정리하는 데 10년이 걸렸다고 농담하지만, 각 원칙에는 교훈이 담겨있다. 원칙은 잘 정착됐고, 상당한 위험을 감수한 끝에 많은 엔지니어가 이 환경에서 학습하고 기여하며, 성공했다. 오늘날에도 서버리스는 여전히 널리 받아들여지지 않고 있다. 새로운 코드 작성 방법을 배우는 것은 엔지니어의 경력을 상당히 후퇴시킬 수 있으며, 특히 해당 기술이 '성공'하지 못할 경우 더욱 그렇다. 새로운 기술로 전환하는 것은 언제나 믿음의 도약이다.

가치 플라이휠 효과 구체화

물론 락다운 상황으로 모든 것이 바뀌었고, 2020년 초에는 모두 재택근무와 화상회의가 적용됐다. '서버리스 우선 조직 전략'은 여전히 유효했다. 이 전략은 엔지니어링 팀에게 명확한 방향을 부여했고, 엔지니어링 가치를 위해 잘 구축됐다. 협업은 다른 방식으로 계속됐다. 그래도 우리가 발견한 플라이휠(목적의 명확성, 적절한 환경, 명확한 다음 최선의 실행 및 장기적인 가치 창출)은 완전히 작동하고 있음이 분명했다. 팬데믹도 플라이휠의 회전을 멈출 수는 없었다.

우리가 만들어 낸 '가치 플라이휠 효과'가 이해되자 내가 존경하고, 수년 간 따른 업계의 진정한 리더들과 함께 스트레스 테스트를 해봐야겠다는 생각이 들었다. 인생은 도박으로 가득 차 있지만, 락다운 기간에 사람들이 더 많은 시간을 할애할 수 있을 거라고 생각했다. (솔직히) 나에게는 단 두 명의 리더, 와들리 매핑을 만든 사이먼 와들리와 AWS의 클라우드 아키텍처 부사장(당시)이었던 아드리안 콕크로프트만 있었다.

10년 넘게 두 리더의 글을 듣고 읽어왔지만, 두 사람 모두와 개인적인 친분은 없었다. 약간의 노력 끝에 두 사람과 연결돼 피드백을 요청했다.

내 질문은 간단했다. 가치 플라이휠 효과에 대한 아이디어는 좋다고 생각되는데, 왜 아무도 이 작업을 수행하지 않을까? 내가 뭘 놓치고 있는 것일까? 두 사람(나중에 친구라고 알게 된)은 나에게 따로 말했다. "당신이 틀린 것이 아닙니다. 이건 좋은 겁니다. 좀 더 이야기를 나눠 봅시다."

그런 긍정적인 반응과 협력 제의는 내 계획에 없었다. 나는 벨파스트에 앉아 다음에 무엇을 해야 할지 고민하고 있었다. 그때 두 영웅이 방금 내게 전설로 전해지는 금을 발견했다고 말해줬다. 이 책이 그 결과물이다.

이 책에는 나는 '해야 할 일을 하지 않는 사람들'로부터 배운 일련의 프랙티스(내가 가치 플라이휠 효과라고 부르는 것)를 정리했다. 이 프랙티스들은 모두 실제다. 실제 경험, 실제 상처 등 실제 성공에서 비롯된 것이다. 이 책은 기술에 관한 책이 아니다(물론 기술적인 내용이 있긴 하지만). 직무와 관련된 책도 아니다. 이 책은 직급에 상관없이 해야 할 일을 하지 않는 것을 두려워하지 않는 모든 비즈니스 리더들을 위한 책이다. 이 책은 비즈니스와 기술 간의 명확한 동맹을 통해 우리 앞에 놓은 미지의 바다를 헤쳐 나갈 미래의 리더들을 위한 책이다.

하지만 더 나아가기 전에, 과거에 근무했거나 함께 일했던 IT 부서와 기술 팀에 대해 알고 있는 모든 것을 지워버리길 바란다. 우리의 여정이 성공하려면 IT가 별도의 독립체나 부서라는 정신적, 물리적 이미지에서 벗어나야 한다. 대신, 기술과 비즈니스가 점차 동일해지고 있기 때문에, 서로 공유하는 야심찬 목표를 세워야 한다. 오늘날 모든 리더는 기술 리더다.

IT와 비즈니스를 통합하자는 본질적인 요구는 기술 발전과 사람들이 일하는 방식의 급격한 변화에 따라 10년 넘게 엄청난 속도로 가속화돼 왔다. 실제로 많은 사람들은 이것을 4차 산업혁명이라 불렀다. 전자공학과 정보기술을 이용해 생산을 자동화한 3차 산업혁명과 달리, 이 새로운 혁명은 '물리적, 디지털 및 생물학적 영역 사이의 경계를 헐어버리는 기술 융합'이 특징이다.[7]

실제로 오늘날 기술의 '속도, 범위와 시스템 영향력'[8]을 통해 우리가 완전히 다른 시대에 있다는 것이 점점 더 분명해지고 있다. 세계경제포럼World Economic Forum에 따르면, "현재의 혁신 속도는 역사적으로 전례가 없다. 선형적 속도가 아닌 기하급수적으로 발전하고 있다. 더욱이 이것은 모든 국가의 거의 모든 산업을 혼란에 빠뜨리고 있다. 그리고 이런 변화의 폭과 깊이는 생산, 관리, 거버넌스 시스템 전반의 변화를 예고하고 있다."[9]

이 책을 읽는 사람이라면 오늘날의 기술 발전이 비즈니스에 큰 영향을 미치고 있다는 사실이 놀랍지 않을 것이다. 리버티 뮤추얼에서 서버리스 기술을 탐구했던 나의 이야기는 하나의 예에 불과하다. 글로벌 리더와 기업 간부들은 "혁신의 가속화와 파괴의 속도는 이해와 예측이 어렵고, 이런 동인은 가장 잘 연결돼 있고 정보를 잘 알고 있는 사람들에게도 끊임없는 놀라움의 원천이 된다."[10] 라고 말한다.

이 디지털 혁명은

기존 산업의 기치시슬을 크게 파괴하고 있다...[그리고] [글로벌 인재와] 연구, 개발, 마케팅, 판매, 유통을 위한 글로벌 디지털 플랫폼에 대한 접근성 덕분에 전반적으로 가치 전달의 품질, 속도, 가격을 개선해 그 어느 때보다 빠르게 기존 업체를 몰아낼 수 있는 민첩하고 혁신적인 경쟁업체들이 등장하고 있다... 전반적으로 단순한 디지털화(3차 산업혁명)에서 기술 조합에 기반한 혁신(4차 산업혁명)으로의 끊임없는 변화로 인해 기업들은 비즈니스 방식을 재검토해야 하는 상황에 직면해 있다.[11]

새로운 비즈니스와 기술의 시대에 접어들면서, 비즈니스에서 하드웨어 없이 가장 순수한 형태의 소프트웨어인 서버리스와 최신 클라우드의 힘과 잠재력을 가져다줄 효과적인 기술의 잠재력을 무시하거나 버리는 것은 현대 조직에서 무책임한 일이다. 경영진은 혁신과 변화를 주도하기 위해 오늘날의 기술을 활용하는 방법을 배워야 한다. 자신의 가설에 도전하고 지속적으로 혁신하며 변화하는 환경에 적응해야 한다.

하지만 이런 증거가 있음에도 불구하고, 일부 리더들은 여전히 기술이 진정으로 비즈니스를 발전시키고 있는지에 대해 계속 의문을 제기한다. 정말 그럴까? 제프 베조스나 일론 머스크Elon Musk에게 이 질문을 던진다면 아마도 "맞다. 심지어 더 잘할 수 있다."라고 대답할 것이다. 아마존이나 테슬라 같은 디지털 네이티브 유니콘이 더 잘할 수 있다고 생각한다면 나머지 기업들은 어떤 희망이 있을까?

모든 비즈니스 리더가 스스로에게 던져야 할 질문은 바로 이것이다. 기술이 과연 비즈니스를 주도하고 있는가? 이것을 제대로 달성하려면 상당한 문화의 변화가 필요하다. 단순히 클라우드로 전환한다고 해서 더 좋은 데이터 센터를 얻을 수 있다는 의미가 아니다. 단순히 코드를 더 많이 작성하는 것은 조직의 부채만 가중시킬 뿐, 시장에서 승리할 수 있다는 보장은 없다. 진정한 마인드셋의 전환을 수용하지 않으면 이 같은 기술이 비즈니스에 제공하는 이점을 제대로 누릴 수 없다.

현재와 미래의 조직은 비즈니스와 기술의 진화를 가속화할 수 있는 메커니즘을 필요로 한다. 비즈니스와 IT가 분리돼 내재화된 집중력 부족을 초래하는 사일로화에서 벗어나야 한다. IT 부서는 회사의 중요한 부분이고 가치를 창출할 수 있는 엄청난 잠재력을 보유하고 있다. 비용 절감이 문제가 아니다. IT 부서와 나머지 비즈니스 부서의 통합은 전체 조직의 성공을 위한 기본 요건이다.

이를 인식하는 조직은 혁신을 위한 공간을 만들 것이나. 작은 성공이 너 큰 성공을 낳고, 들불처럼 조직 전체로 확산될 것이다. 이 힘과 모멘텀은 더욱 커지고 앞으로 나아가는 길은 더욱 순탄해질 것이다. 비즈니스 전략과 기술 전략이 서로에게 힘을 실어주고, 원동력이 돼 조직을 현재의 도전과제와 앞으로 다가올 큰 변화에 쉽게 대응할 수 있는 센스메이킹 머신으로 만드는 것이 바로 가치 플라이휠 효과이다.

비즈니스와 기술의 진정한 조화를 이루는 조직은 가치 플라이휠 효과 덕분에 지속적인 모멘텀 물결을 타게 될 것이다. 지속적인 모멘텀을 이룬다는 것은 선두에 서서 새로운 경계를 허문다는 의미다. 기계적인 세상에서는 동력원이 일정하지 않을 때 플라이휠을 사용해서 에너지를 흡수하고 균등하게 분배해 기계가 원활하게 작동하도록 한다. 우리는 비즈니스와 기술 동력 모두 이와 같은 방식으로 융합돼야 원활하게 발전할 수 있다고 믿는다.

비즈니스 기술 리더들에게, 차세대 기술의 물결은 서버, 인스턴스와 기존 모델에 대해 걱정할 필요 없는 서버리스가 될 것이다. 인프라 관리의 운영상의 부담에서 벗어나 보다 추상적 기능에 대해 생각할 때 조직은 더 빠르게 움직일 수 있다. 과거의 제약을 버리고 IaaS, PaaS와 FaaS*를 잊으면 속도가 빨라진다. 우리는 비즈니스를 발전시키기 위해 역량을 발산하고 시스템을 조합해야 한다는 것을 알고 있다.

가치 플라이휠 효과는 모든 조직에 존재하지만, 모든 엔지니어를 지하실에 가두고 코드만 만들라고 하면 그 효과는 매우 느리게 나타날 것이다. 더

---

* 서비스형 인프라(IaaS, Infrastructure as a Service), 서비스형 소프트웨어(SaaS, Software as a Service), 서비스형 기능(FaaS, Function as a Service)

좋은 방법이 있다. 나는 이 방법을 직접 보고 경험했으며, 이제 여러분과 공유하고자 한다.

여러분도 즐기시고 많은 것을 배우길 바란다. 마크, 마이클, 그리고 나는 이러한 교훈을 배우고 이 책에 담기 위해 아주 열심히 노력했다. 시간을 내어 이 책을 읽고, 도전하고, (바라건대)발전시켜 주면 정말 감사하겠다.

이 책을 읽는 방법

이 책은 가치 플라이휠 효과의 4가지 단계에 따른 요소에 의해 세분화돼 있다.

- 1부에서는 가치 플라이휠과 와들리 매핑 사용을 포함해 가치 플라이휠 효과에 대한 소개에 집중했다.
- 2부에서는 가치 플라이휠 효과 1단계에 초점을 맞췄다. 목적과 비전의 명확성, 주요 지표를 측정하는 데 도움이 되는 목적의 명확성 또는 북극성부터 시작한다. 여기에서 가치 창출 시간(리드 타임의 한 버전)을 파악하는 것이 필수적이다. 목적을 구체화하려면 시장의 경쟁 맵이 도움이 된다. 당신의 차별화 요소는 무엇인가?
- 3부에서는 가치 플라이휠 효과의 두 번째 단계인 도전과 환경에 초점을 맞춘다. 심리적 안전에 대한 조기 평가는 조직의 '사회기술적' 요소를 이해하는 데 매우 중요하다. 일하는 방식과 관련해 중요한 질문은 "조직에 도전이 존재하며, 도전은 중요한 구성요소에 대한 건전한 질문과 토론이 되는가?"이다. 조직의 역량을 매핑하는 것은 필수인데, 필요한 일을 수행할 수 있는 인력과 역량을 갖추고 있는가?
- 4부에서는 가치 플라이휠 효과의 세 번째 단계인 다음 최선의 실행

에 초점을 맞춘다. 이 단계에서는 목적과 상황 인식이 필요하다. 가치 창출 시간을 개선하려면 강력한 기술적 전략이 필요하다. 마찰 없는 개발자 환경은 시작하기에 좋은 곳이며, 서버리스 우선 접근 방식을 권장한다. 어쨌든 코드는 부채다! 처음부터 제대로 시작해야 하기 때문에 올바른 마인드셋을 가져야 한다. 진전을 이루기 위해 취할 수 있는 다음 최선의 실행은 무엇인가? 여기에서 인기있는 맵은 '기술 스택 매핑'이다. 기술 스택의 좋은 점과 나쁜 점은 무엇인가? 엔지니어가 결함이 있는 프로세스나 오래된 솔루션에 막대한 시간을 낭비하고 있을 수 있다.

- 5부에서는 가치 플라이휠 효과의 네 번째 단계인 장기적 가치에 초점을 둔다. 가치 플라이휠이 회전하기 시작하면 장기적인 가치가 중요해진다. Well-architected System과 지속 가능성은 문제 예방 문화 조성을 위해 멋지게 결합한다. 기업은 이 책 전반에 걸쳐 논의된 3가지 맵(시장, 역량, 기술 스택) 중 하나를 사용해서 문제를 해결하고, 소통하고, 옵션을 논의할 수 있다. 매핑은 역량을 구축하기 위한 지속적이고 신속한 연습이 돼야 한다.

이 책에는 가치 플라이휠 효과를 창출하고 가속화하기 위한 계획, 사례와 조언이 포함돼 있어 빠르게 변화하는 최신 클라우드 생태계에서 자신감을 구축하는 데 도움을 준다. 조직 내 특정 역할에 따라 4단계에 대한 추가 가이드를 제공하는 가치 플라이휠의 12가지 원칙에 대해 설명한다.

기억하라, 가치 플라이휠 효과는 사이클(목적을 파악하고, 기존 절차에 도전하고, 가치 창출 시간을 개선하기 위해 행동하고, 노력을 지속하는 것)이므로 한 번에 모든 것을 달성할 수 없다. 목적을 파악하고, 도전하고, 행동하고, 지속하는 사이클에 들어가면 의미 있는 변화가 빠르게 일어날 것이다.

이 책은 단순히 기술이나 더 빠르게 움직이는 것에 관한 내용이 아니라 조직을 위한 가치 창출을 다룬다. 서버리스 전환(최신 클라우드 사용)을 올바르게 사용하면 상상 이상의 가치를 창출할 수 있지만, 이를 실현하려면 차세대 기업처럼 행동해야 한다. 최신 클라우드를 적절히 사용하면 수익성이 강화되지만, 진정한 이점은 비즈니스 매출 성장을 촉진하는 것이다.

기술 변화와 시장의 기회는 점점 더 빠르게 다가오고 있다. 조직은 이러한 변화의 기회를 활용할 수 있는 역량, 민첩성 및 응집력을 갖춰야 한다. '디지털 대전환'은 일회성 이벤트가 아니다. 2007년 출시한 애플의 아이폰1은 지난 15년간의 모바일 혁명의 종말이 아니라 향후 15년간의 진화를 가속화하는 신호탄이었을 뿐이며, 모든 기업이 이를 따라잡을 수 있었던 것은 아니다.

우리는 기술 발전을 시작과 끝이 따로 있는 사건으로 생각하는 경향이 있다. 하지만 기술은 빠른 진전과 반복을 통해 발전한다. 여정을 시작하기 전에 꼭 해야 할 질문이 있다. 당신은 이벤트를 소비할 것인가, 아니면 가치 플라이휠 효과를 사용해서 이벤트를 만들 것인가? 여러분이 이벤트를 만들고자 하는 사람이라면 계속 읽어보라. 가치 플라이휠 효과가 도움이 될 것이다.

본문에 병기된 숫자는 참고문헌을 확인할 수 있는 미주 번호로, 427페이지의 '노트'에서 확인할 수 있다.

1

탐험의 시작

1장

가치 플라이휠 효과

모멘텀은 이상한 개념이다. 모멘텀이 무엇인지 상상하기도 어렵고 달성하기 위해서는 많은 노력이 필요하다.

예를 들어 자전거를 타는 법을 처음 배울 때는 누구나 투박하고 어색하다. 바퀴를 돌리는 것도 어렵고 계속 좌절감을 느끼게 된다. 그러나 자전거 선생님은 자전거 타기에 성공할 것이라는 확신을 준다. 우리가 어려운 과정을 통과하고 마침내 추진력을 얻은 순간, 숨 막히는 짜릿함을 느끼게 된다. 페달을 밟을 때마다 더 쉬워지고 힘도 덜 든다. 어느 순간 아름다운 숲이나 나무가 늘어선 거리를 달리는 더 큰 경험에 집중할 수 있게 된다. 노력의 가치는 분명하다. 이제 우리는 점점 더 적은 노력으로 지속적인 성과를 얻을 수 있다.

그렇지만, 업무가 제2의 천성이 되는 것처럼 새로운 도전, 즉 방향을 바꾸고, 이동하고, 무엇보다 멈춰야 하는 일이 발생한다.

처음 자전거를 배우는 5세부터 100번째 혹은 1,000번째 시합에서 경주하는 올림픽 사이클 선수에 이르기까지 긴장감, 불안감, 자신감, 추진력, 그리고 다시 긴장감으로 돌아가는 순환 과정은 모든 사람에게 반복된다. 자전거를 타거나 비슷한 일을 할 때, 우리는 이 반복이 존재한다는 것을 안다. 최종적으로 우리가 이루어 낼 가치를 인식하기 때문에 시작할 때의 초기 어려움에 대해서 크게 생각하지 않는다. 다른 사람들이 해내는 것을 봤기 때문에, 단지 시작점이 아닌 우리의 여정을 위해 스스로를 단련한다.

비즈니스에서도 다르지 않다. 특히 지속적으로 점점 더 빠른 속도로 새로우면서도 더 어려운 도전에 직면하는 우리 현실에서는 더욱 그렇다. 그러나 너무 많은 조직이 초조함과 불확실성의 초기 단계에서 얼어붙어 앞으로 나아가는 대신 가만히 있는 것에 만족하는 경향이 있다.

가치 플라이휠 효과는 조직이 새로운 도전에 직면한 상황에서 침체와 공포 상태에서 벗어날 수 있도록 지원한다. 예를 들어, 오늘날 조직이 직면한 가장 보편적인 과제는 클라우드 전환을 언제, 어떻게 시작할 것인가이다. 현재 클라우드(서버리스)는 속도, 낮은 마찰*, 비용 절감을 약속하지만, 대부분의 조직은 이러한 결과를 달성하기 위해서 기존 아키텍처를 클라우드로 마이그레이션하는 것 이상의 무언가를 필요로 한다는 사실을 깨닫지 못하고 있다.

서론에서 설명한 바와 같이 리버티 뮤추얼의 경우 명확한 목적과 성공을 위한 환경을 조성하고, 우리가 예측할 수 있는 차선책으로 서버리스를 실험해 마침내 장기적인 가치를 실현한 것을 볼 수 있다. 즉, 한 번의 작은 성공(휠의 한 번 회전)을 통해 다시 실험해서 또 다른 성공(또 한 번의 휠 회전)을 이룰 수 있었다. 성공할 때마다(플라이휠 각각의 회전) 또 다른 성공을 이루기 위해 들인 노력과 업무가 줄어들었다. 결국 기술적 혁신과 탁월함을 통해 큰 비즈니스 성장을 이뤄낼 수 있는 모멘텀을 구축할 수 있었다.

처음 플라이휠을 작동시키는 것은 어려울 수 있다. 긴장감과 불안함이 있으며, 상당한 노력을 필요로 한다. 기술과 제품을 움직이는 사람이 필요하고, 이 2가지 모두를 플라이휠에서 흡수해야 한다. 그러나 플라이휠이 작동

---

* 기업에서 수행되는 업무가 시스템, 프로세스, 기술, 조직 구조 등의 원인으로 생기는 마찰력으로 인해 느려질 수 있다. 낮은 마찰은 클라우드, 데이터, 협업 및 모바일 기술 들을 통해서 마찰력을 줄이는 것을 의미한다. – 옮긴이

하기 시작하면, 조직이 앞으로 나아가게 할 에너지를 제공해준다. 그것이 모멘텀이 된다. 이제 이 체계적인 힘은 멈추기는 어렵고 조종하기는 쉬워진다.

많은 프레임워크와 달리 가치 플라이휠 효과는 '한 번에 끝나는' 연습이 아니다. 프로젝트의 아이디어를 시작과 끝, A부터 Z까지 전체를 시각화 할 수 있도록 해준다. 플라이휠의 빠른 반복은 제임스 클리어^{James Clear}의 독창적인 저서 『아주 작은 습관의 힘』(비즈니스북스, 2019)과 매우 유사하다[1]. 진행이 어려워보일 수 있지만, 큰 행동을 작은 노력으로 나누고 가치 플라이휠의 4단계를 거치면 더 빨라질 것이다.

가치 플라이휠 효과의 기원

가치 플라이휠 효과에 대한 영감은 다음의 3가지 요소로부터 나온다. 아마존^{Amazon}의 선순환 컨셉, 제임스 콜린스^{James Collins}의 책 『좋은 기업을 넘어 위대한 기업으로』(김영사, 2021)에서의 플라이휠 컨셉, 그리고 우리 자신의 경험이다.

언론인 브레드 스톤^{Brad Stone}은 그의 저서 『아마존, 세상의 모든 것을 팝니다』(21세기북스, 2014)에서 회사 초기 단계의 '플라이휠 효과'가 다음과 같이 작동했다고 설명하고 있다.

> 낮은 가격으로 더 많은 고객이 방문한다. 더 많은 고객은 판매량을 증가시켜 수수료를 더 많이 지불하는 서드파티 판매자들을 끌어들였다. 이를 통해 아마손은 서비스 운영에 필요한 풀필먼트 센터* 및 서버와 같은 고정 비용을 조절할 수 있었다. 이렇게 효율을 높여 가격을 더 낮출 수 있었다[2].

---

* 풀필먼트 센터(Fulfillment Center): 고객의 주문에 맞춰 물류센터에서 제품을 피킹하고 포장해서 배송까지 하는 전체 과정을 제공하는 곳이다. - 옮긴이

그들은 이 플라이휠의 어떤 부분이든 자극을 주면 이러한 반복이 가속화될 수 있다고 생각했다(그림 1.1 참조).

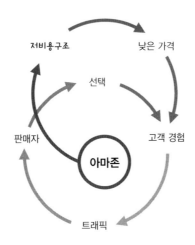

그림 1.1 아마존 플라이휠(아마존 선순환이라고도 함)

출처: 아마존, 세상의 모든 것을 팝니다-아마존과 제프 베조스의 모든 것, 브랜드 스톤

제프 베조스Jeff Bezos의 선순환은 그 자체로 제임스 콜린스의 책『좋은 기업을 넘어 위대한 기업으로』의 플라이휠에서 차용했다(그림 1.2 참조). 콜린스는 다음과 같이 설명하고 있다.

아무리 극적인 결과가 나오더라도 좋은 기업에서 위대한 기업으로의 전환은 결코 한 번에 일어나지 않는다. 거대한 기업이나 사회적 재단을 구축하는 데에는 단 하나의 결정적인 행동도, 원대한 프로그램도, 한 사람의 결정적 혁신도, 고독한 행운도, 기적 같은 순간도 없다. 오히려 그 과정은 거대하고 무거운 플라이휠을 끊임없이 밀고, 돌리는 일을 거듭해서, 돌파 지점과 그 너머까지 모멘텀을 구축하는 것과 같다.[3]

콜린의 모델은 조직의 변화를 주도적으로 만들어 내는 것에 중점을 둔다.

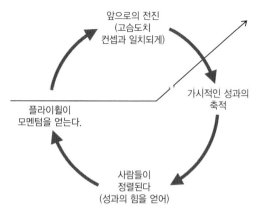

그림 1.2 짐 콜린스의 플라이휠

출처: 좋은 기업을 넘어 위대한 기업으로-위대한 기업과 괜찮은 기업을 가르는 결정적 차이는 무엇인가, 짐 콜린스

베조스는 플라이휠을 이용해 어떻게 새로운 비즈니스에서 고객을 변화시키고 선의의 힘과 활력을 불어넣을 것인지에 대해 설명하고 있다. 콜린스의 플라이휠은 어려움을 겪고 있는 비즈니스 내에서 더 큰 변화를 촉진하기 위해, 작고 성공적인 조직에 변화를 준다고 한다. 그러면 이미 성공한 회사에서는 어떻게 모멘텀을 구축하고 지속적으로 변화시킬 수 있을까?

이 책에서 설명하는 가치 플라이휠 효과(그림 1.3 참조)는 베조스의 선순환 요소와 콜린스 플라이휠의 요소를 결합하고, 우리가 배운 기술적 리더십 교훈의 많은 부분을 적용한 조직 플라이휠 개념의 세 번째 반복에 해당한다.

가치 플라이휠 효과는 기술과 비즈니스 전략이 결합할 때 빠른 가속화와 변화를 보여준다. 베조스의 경우처럼 고객에게만 초점이 맞춰져 있거나, 콜린의 경우처럼 조직에만 초점이 맞춰져 있는 경우에는 기술과 비즈니스를 결합하는 데 어려움을 겪고 가치 실현에 필요한 시간을 개선하기 위해 악전고투할 수 있다. 현재의 디지털 시대는 기술과 비즈니스를 하나로 결합해야 한다. 베조스와 콜린스의 개념을 발전시키면 이 플라이휠 효과는 우리 미래 노력의 촉매가 될 것이다.

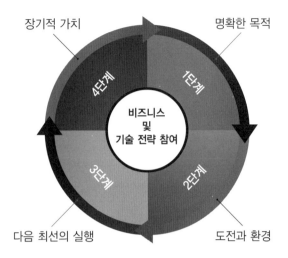

그림 1.3 플라이휠 가치효과

가치 플라이휠의 4단계

가치 플라이휠에는 명확한 목적부터 시작하는 4단계가 있다. 명확한 목적을 설정하는 것은 쉽지 않지만, 플라이휠을 가동시키기 위한 유일한 출발점이다. 사이먼 시넥Simon Sinek이 그의 '골든 서클*' 개념에서 지적했듯이 "우리는 왜 이 일을 하는가"라는 질문으로부터 시작해야 한다. 이유, 즉 목적이 명확해지면 플라이휠이 회전하기 시작할 수 있다. 이 책의 서론에서 봤듯이 리버티 뮤추얼은 먼저 고객 중심, 기민함, 클라우드 네이티브 개발이라는 디지털 전환의 3가지 주요 영역에 집중했다. 이것은 미래 우리 모든 노력의 방향이 될 목적지가 된다.

---

* 골든 서클(Golden Circle): 위대한 기업과 리더들의 소통 패턴으로 제시된 이론으로 3개의 동심원으로 구성돼 있다. 중심의 가장 작은 원은 왜(why), 그 다음은 어떻게(how) 마지막 가장 큰 원은 무엇을(what)으로 돼 있다. 왜 해야 하나? 어떻게 해야 하나? 그리고 무엇을 해야 하나?라는 연속적인 질문과 답을 통해서 본질에서 벗어나지 않는 전략을 세울 수 있는 인사이트를 제공한다. - 옮긴이

일단 목적을 선택하면 필연적으로 도전으로 이어진다(가치 플라이휠 2단계). 2단계에 진입하기 위해 다음과 같은 질문에 대해 생각해보자. 우리는 어떻게 이 목적을 달성할 것인가? 우리의 목적을 달성하기 위해서 무슨 일을 해야 할까? 노선은 좋은 것이나. 노선은 소식이 일상적인 비즈니스 관행에 의문을 제기하는 데 도움이 된다. 그리고 정체 상태에서 벗어나도록 도와준다. 도전을 받아들이고 직면해야만 조직이 성장하고 끊임없이 변화하는 시장의 요구를 충족시킬 수 있다.

오늘날의 비즈니스 환경에서는 도전에 대한 솔루션을 신속하게 실행해야 한다. 완벽한 솔루션을 찾기 위해 기다리기보다는 다음 최선의 실행(가치 플라이휠의 3단계) 과업을 신속하게 식별하고 실현하는 것을 목적으로 둬야 한다. 이때 과도하게 계획하거나 지연하면 안 된다. 대신 조직은 "가치를 제공하기 위해 다음에 우리가 할 수 있는 최선의 실행 방안은 무엇일까?"를 자문하고 그 답에 따라 행동해야 한다. 문제를 극복하려면 속도가 필요하므로 지금은 과도한 공학적 접근이나 심층 분석을 할 때가 아니다.

다음 최선의 실행은 작은 성공을 지속적이고 장기적인 가치로 전환하는 목표를 가져야 한다(가치 플라이휠의 4단계). 조직은 이를 통해 빠르지만 형편없이 구축해서 나중에 더 많은 문제를 야기하는 것이 아니라, 지속 가능한 관행을 조기에 생성할 수 있게 된다.

아직 여정은 끝나지 않았다. 휠이 돌아가고 나면 명확한 목적으로 돌아가는 것이 중요하다(가치 플라이휠 1단계). 신속한 경험은 일종의 가치를 피드백받을 수 있기 때문에 전체 반복(플라이휠 한 번 회전)이 시작될 수 있다. 그리고 반복된다. 조직이 이러한 반복(플라이휠의 회전)을 하게 되면 더 빠르게 실행하게 되며, 더 많은 것을 배우고, 더 많은 가치와 기회를 제공할 수 있게 된다. 비즈니스 전략은 결코 정적이지 않으며 새로운 아이디어, 새로운 기회, 새로운 발전을 만들어 낸다. 이러한 비즈니스 전략의 역동성은 기술 스택과 팀 자체를 개선한다. 가치 플라이휠은 비즈니스와 기술의 변화를 흡수하면서 작동한다. 비즈니스와 기술 모두 진화를 멈추지 않는다.

가치 플라이휠 효과는 언제나 실용적인 의사결정을 통해 활력을 불어넣고, 도전을 받아들이며, 흡수하려고 한다. 모멘텀을 유지하는 것이 중요하며 절대로 속도를 늦추거나 멈추면 안 된다. 가치 플라이휠 효과는 하이브리드 전략이나 운영적 효율성도 아니다. 이것은 행위에 대한 진정한 방향성 설정이며, 우리가 우리 자신의 경험에서 이미 효과가 있다는 사실을 실용적이고 입증된 작업 방식과 일치한다.

가치 플라이휠은 여러 번 반복하도록 설계됐으므로 3단계로 이동하기 전에 2단계에서 모든 작업을 하지 않아도 된다. 모멘텀과 실행을 위한 구체적인 방향이 다른 어떤 것보다 중요하다. 플라이휠은 제품과 기술의 피드백과 아이디어를 통해 에너지를 얻기 때문에 실행이 중요하다. 그런 다음 이러한 요청을 조정하고 조직 전체에 걸쳐 안정된 흐름이 유지되도록 한다.

가치 플라이휠 효과 실행

가치 플라이휠 효과 실행을 살펴보자. 가치 플라이휠의 1단계는 새로운 요구 사항이 나타날 때 '목적을 명확'하게 하는 것이다. 목적을 명확하게 정의하기 위해 다음과 같은 질문을 생각해 보자. 우리는 명확한 목적을 제시할수 있을까? 명확한 목적을 제시하는 것에 대한 이점은 무엇인가? 이 요청에 대해 제공할 가치 제안은 무엇이며, 가치를 부여할 적절한 시점이 분명한가? 이와 같은 깊이 있는 질문을 할 수 있다면 1단계 명확한 목적 설정을 빠르게 진행할 수 있다.

다음 2단계는 도전이다. 요청은 언제나 특정한 역량을 요구한다. 이 요청에 도전하고 탐색할 수 있는 안정된 환경이 있는가? 우리가 그것을 선택해서 따를 수 있는가? 다른 일보다 이 일을 하는 기회 이득이 명확한가? 팀이 이 업무를 해내기 적합한 위치에 있는가? 사회기술적 관점에서 볼 때 우리 시스템이 성공하기 위한 준비가 돼 있는가? 혹은 이 질문으로 획기적인 변화를 만들 수 있는가?

그 요청이 우리의 능력과 일치한다는 확신이 들면, 3단계로 이동해서 다음 최선의 실행을 찾아 조치를 취한다. 3단계는 가치 플라이휠의 가장 중요한 단계이다. 대부분의 조직은 서버리스로 전환하기 위해 퍼블릭 클라우드 프로바이더들을 자신들의 플랫폼으로 사용할 것이다. 클라우드 플랫폼은 가속화를 제공하고 또 가능하도록 존재한다. 현명한 조직은 클라우드를 적절하게 활용함으로써 신속한 대응 이점을 얻게 된다. 엔지니어가 마찰 없는 개발자 경험을 가지고 있고, 서버리스 우선 전략에 따라 실행한다면 그들은 훌륭하고 빠르게 구축할 수 있다.

마지막 4단계의 장기적 가치는 플라이휠의 속도를 늦추게 하는 기술적 부채*에 대한 우리의 검토와 조정이다. 이 단계는 처음에 심은 씨앗으로부터 이익을 얻고, 장기적인 문제를 방지하는 데 목표를 둔다. 시장에 빨리 진입하면 문제 예방 마인드셋을 잊어버리는 경우가 많은데 문제가 발생한 상황을 정리하기 위해 다시 신속히 돌아오는 경우는 거의 없다. 잘 설계되고 지속 가능한 엔지니어링 기반 제품 개발을 촉진하고 투자하면, 플라이휠이 원활히 회전하게 유지할 수 있다.

만약 이 요청이 4단계를 원활하게 통과하면 플라이휠이 가치를 창출하고 다시 전환할 준비를 완료하게 된다. 이러한 방식으로 구축된 조직이 모멘텀을 형성하게 하는 것은 매우 중요하다.

---

* 기술적 부채(Technical Debt): 지금 당장은 문제가 없지만 장기적인 관점에서나 특정한 이벤트 발생시 문제가 될 수 있는 결함을 의미한다. 이 결함들은 부채로 쌓여서 언젠가는 이를 청산하기 위해 큰 비용을 지불할 수 있다. – 옮긴이

가치 플라이휠의 핵심 원칙

클라우드 도입으로 활성화된 가치 플라이휠 효과는 비즈니스를 가속시킨다. 가치 플라이휠의 각 단계는 다음 및 그림 1.4에 자세히 설명된 것처럼 3가지 핵심 원칙(총 12가지)을 가지고 있다. 이러한 원칙은 가치 플라이휠의 각단계를 이해하는 데 도움이 될 것이다(그리고 이 책의 나머지, 2부부터 5부까지는 이러한 원칙에 따라 구성돼 있다).

우리가 끊임없이 진화하고 있다는 점을 인식하는 것은 중요하다. 그러므로 몇 년 안에 이 원칙들이 유지되지 않을 수도 있다. 이러한 이유로 와들리맵을 사용해서 설명할 것이다. 와들리 맵을 사용할 때에는 컨텍스트를 매핑하고 이러한 원칙이 우리의 비즈니스 환경에서 작동하도록 조정해야 한다.

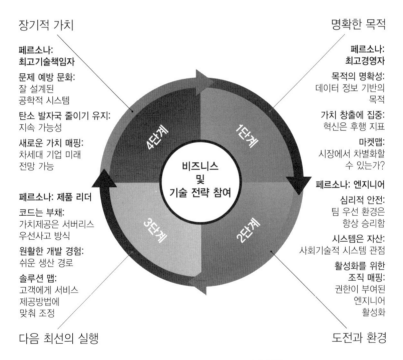

그림 1.4 가치 플라이휠 효과 및 핵심 원칙

원칙들은 페르소나 또는 가치 플라이휠의 각 단계에 가장 관심이 있는 조직의 역할을 기반으로 세분화됐다. 각 섹션에 나열된 페르소나는 이러한 원칙의 유일한 소유자가 아니라, 3가지 원칙을 따름으로써 충분히 만족할 수 있는 개인이나.

1단계: 목적의 명확성(페르소나: 최고경영자CEO, Chief Executive Officer)

1. 목적의 명확성: 데이터에 기반해 목적을 설정한다.
2. 가치 창출 시점에 집중: 혁신은 후행 지표이다.
3. 마켓 맵 작성: 시장에서 차별화할 수 있는가?

2단계: 도전과 환경(페르소나: 엔지니어)

4. 심리적 안전: 팀 우선 환경이 항상 승리한다.
5. 시스템이 자산이다: 사회기술적 시스템 관점이다.
6. 활성화를 위한 조직 매핑: 엔지니어에게 권한을 부여한다.

3단계: 다음 최선의 실행(페르소나: 제품 리더)

7. 코드는 부채다. 서버리스 우선 사고 방식은 가치를 제공한다.
8. 마찰 없는 개발자 경험: 생산으로 가는 쉬운 길이다.
9. 솔루션 매핑: 고객에게 서비스를 제공할 방식을 조정한다.

4단계: 장기적 가치(페르소나: 최고기술책임자CTO, Chief Technology Officer)

10. 문제 예방 문화: 잘 설계된 공학 기반 시스템이다.
11. 탄소 발자국 줄이기 유지: 지속 가능성
12. 새로운 가치를 매핑하라: 차세대 기업은 앞을 내다볼 수 있다.

가치 플라이휠의 4단계와 관련된 핵심 원칙에 대해 더 자세히 논의해보자.

1단계: 목적의 명확성

회사의 관점에서 최고경영자는 처음 3가지 원칙과 가장 관련 있는 역할이다. 이러한 원칙은 조직의 모든 사람에게 영향을 미치지만 최고경영자는 회사의 이익을 마음에 품고 이 3가지 원칙이 충족되도록 해야 한다.

목적의 명확성은 최고경영자에게 있어 유일한 과제이다. 회사는 벽에 적힌 몇 마디가 아니라 명확하고 올바른 비전을 가져야 한다. 목적의 명확성은 북극성 프레임워크(5장에서 자세히 설명한다)를 사용하는 북극성 모델을 통해 확인할 수 있다. 이상적으로 북극성, 즉 목표점의 경우 후행 지표(측정하는 데 오랜 시간이 걸리는 측정)이기 때문에 선행 지표(결과로 이어지는 작업)와 성공을 이끄는 노력을 식별할 수 있어야 한다.

많은 최고경영자들은 혁신에 의지하는데, 이 노력이 혁신의 무대로는 이어지지만 실제 혁신은 거의 일어나지 않는 결과를 종종 보게 된다. 만약 최고경영자가 '아이디어 개념화'에서 '고객의 손에 잡히는 가치'까지 걸리는 시간을 단축할 수 있다면 혁신이 일어날 것이다. 혁신은 후행 지표이다. 모호한 혁신적 아이디어에 초점을 맞추는 대신 제어할 수 있는 주요 지표를 개선하는 것이 필요하다(이에 대해서는 6장에서 자세히 살펴볼 것이다).

목적의 명확성과 관련된 것은 조직의 지적 자산이다. 이렇게 질문해보자. "우리 조직이 운영하고 있는 목표 시장의 정의가 명확한가?" 우리의 가치사슬에서 와들리 맵을 사용하면 차별화 요소와 조력자를 구별하는 데 도움이 될 수 있다(이에 대해서는 7장에서 자세히 살펴볼 것이다).

2단계: 도전과 환경

조직내 소프트웨어 엔지니어들은 최고경영자와는 다른 원칙에 집착한다. 엔지니어의 책임은 잘 만드는 것이므로 올바른 방향을 설정하기 위해 사용하는 특정 원칙이 있다.

심리적 안전은 성공을 촉진하는 환경의 기초로서 본 단계에서 매우 중요하다. 올바른 공학적 접근인 엔지니어링에는 협력, 도전, 취약성, 산출된 위험 감수 및 기술이 필요하다. 정치적 환경이 매우 부담스러운 상황에서는 팀 성공에 부정적인 영향을 미친다. 이와는 반대로 많은 스포츠와 같이 팀 우선의 완성은 더 나은 결과와 참여로 이어질 것이다(9장에서 자세히 다룬다).

종종 엔지니어들은 코드에 집중하고 비엔지니어들은 사람에 집중한다. 하지만 모든 소프트웨어시스템의 핵심 기여자들은 기술과 상호작용하는 사람들이다. 가장 중요한 점은 사회(사람)와 기술 사이의 결합과 상호 관계이다. 사회기술적 시스템이 가치가 있고 이해됐다면, 엔지니어는 큰 영향력을 만들어 낼 수 있다. 그렇지 않다면 바람직하지 않은 관성에 따라 플라이휠의 속도가 느려질 것이다(우리는 사회기술적 시스템에 대해 10장에서 좀 더 자세히 다룰 것이다).

엔지니어링 팀의 가장 큰 문제는 종종 발생하는 마찰이다. 때때로 비즈니스 의사결정권자는 팀을 제어해서 규정 준수를 강요하고 관리하려고 한다. 엔지니어링 환경에 대해 와들리 맵을 사용하게 되면 특정 기능이 잘못된 단계에 걸려 있다는 것을 분명히 알 수 있다. 이 맵은 엔지니어링 팀에게 좌절 대신 지속적인 개선을 가능하게 하는 가치 요소로 작용될 수 있다(이 맵에 대해 우리는 11장에서 자세히 다룰 것이다).

3단계: 다음 최선의 실행

다양한 비즈니스 또는 제품의 역할이 있지만 이들은 모두 고객 가치를 보여 줘야 한다. 가치 플라이휠 효과의 3단계에서는 고객을 대표하는 제품 리더가 동인이 된다. 그들은 다음과 같은 질문을 하게 된다. "고객 가치를 극대화하기 위한 최적의 방안은 무엇인가?" 이러한 질문은 제품 정의의 깊이와 많은 사용 가능한 중요 기술을 인식하는 것이 중요함을 의미한다. 이 책에서는 속도에 초점을 맞출 것이다. 다른 책에서 무엇을 만들지 결정하는 것에 대해 다루는 것과는 완전히 다르다!

소프트웨어 세계에서 가장 큰 오해는 코드의 가치이다. 이 책에서 반복해서 언급하겠지만 코드는 부채다. 더 많은 코드를 작성할수록 더 많은 복잡성과 위험이 발생한다. 최신 클라우드 환경에서는 프로바이더에게 가능한 많은 역량이 필요하지 않도록 하는 것이 중요하다. 코드가 적을수록 팀이 더 빠르게 움직일 수 있다. 서버리스의 이점을 활용하는 것은 현대 많은 조직에서 가장 명확한 다음 최선의 실행 방안이 될 수 있다(13장에서 서버리스 우선 사고 방식의 이점에 대해 자세히 살펴보겠다).

팀이 새로운 기능을 출시할 때 마찰 없는 개발자 경험이 중요하다. 조직은 엔지니어가 비즈니스에 가치를 제공하고 플라이휠이 계속 작동될 수 있도록 빠르고 안전한 방식으로 변경 작업을 쉽게 수행할 수 있도록 해야 한다. 자동화는 개발자 마찰을 줄이는 핵심 조장자이다(이에 대해서는 14장에서 자세히 살펴보겠다).

시스템 인프라 관리가 없는 서버리스 우선 마인드셋을 수용하기 위해서는 엔지니어들과 함께 현존하는 기술 스택의 와들리 맵을 만들어 보는 것이 가장 가치 있는 훈련이다. 이 맵을 사용하면 어떤 컴포넌트가 팀의 속도를 늦추거나, 거의 가치를 창출하지 못하거나, 또는 클라우드 서비스로 쉽게 대체될 수 있는지 빠르게 알 수 있다(이 매핑 기술에 대해서는 15장에서 자세히 살펴보겠다).

4단계: 장기적 가치

가치 플라이휠 효과를 주도하는 최종 역할은 시스템 아키텍처를 대표하는 최고기술책임자(혹은 이와 유사한 역할)이다. 시스템 아키텍처는 미래 변화를 지원하고, 리스크를 줄이며, 비즈니스 요구사항을 충족할 수 있어야 한다. 보안과 마찬가지로 좋은 아키텍처는 일어나지 않은 나쁜 상황이나 측정하기 어려운 문제가 발생하지 않도록 해준다. 또한 좋은 아키텍처는 장기적 가치와 단기적 이익이 지속되도록 해준다.

많은 조직에서 문제를 해결한 팀에게 보상을 제공한다. 대안 모델은 문제를 예방하는 문화를 만드는 것이다. 즉, 문제가 발생하지 않도록 방지하고, 장기적으로 보다 안정적인 시스템을 만들기 위해 잘 설계된 강력한 엔지니어링 사례를 적용하는 팀에게 보상을 제공해야 한다(문제 예방 문화에 대해서는 17장에서 살펴보겠다).

좋은 아키텍처를 정의하고 측정하는 것은 어렵다. 그렇지만 효율성은 강력한 척도가 될 수 있다. 그리고 효율성은 지속 가능성으로도 표현될 수 있다. 클라우드 프로바이더들은 특정 워크로드 또는 시스템의 탄소 배출량을 측정하기 시작했다. 간단히 말해, 팀이 탄소 배출량을 줄이는 데 기여할 수 있다면, 고객, 회사 및 환경에 이득을 제공하게 되는 것이다(이에 대해서는 18장에서 자세히 살펴보겠다).

아키텍처의 핵심 역할은 앞을 내다보고 변화를 예상하는 것이다. 기술에서 확실한 하나의 사실은 기능의 진화가 있을 것이라는 것이다. 와들리 매핑 기법은 가치사슬의 핵심 기능이 어떻게 진화하고 미래에 어떤 새로운 기능이나 요구사항이 나타날 것인지를 매핑하는 완벽한 메커니즘을 제공한다. 매핑이 완료되면 미래가 다가올 때까지 기다리지 않고 오늘부터 진화할 준비를 시작할 수 있다(이 맵에 대해서는 19장에서 자세히 살펴보겠다).

가치 플라이휠로 관성 피하기

이 책 전반에 걸쳐 우리가 제시하는 메커니즘이 플라이휠인 데에는 그만한 이유가 있다. 성공하려면 어떤 대가를 치르더라도 바람직하지 않은 관성을 피해야 한다. 관성은 변화에 대한 물리적 저항이다. 여기에는 속도 및 방향 변경이 포함된다. 오늘날 조직은 이러한 관성을 감당하기 어렵다. 가치 실현 시간을 단축시키는 속도를 높이고 방향을 바꿀 수 있는 적응 능력이 필요하다.

순차적 변화에는 노력을 늦추거나 잘못된 방향으로 인도하는 관성이 항상 존재한다. 이를 피하기는 매우 어렵다. 가치 플라이휠 효과는 긴밀한 피드백 루프를 제공해 문제가 되기 전에 관성을 제거할 수 있게 한다. 플라이휠의 올바른 관성은 조직 엔진 속도의 변동을 방지하고, 조절한 다음 간헐적으로 사용하기 위한 여분의 에너지를 저장한다. 조직은 큰 변화의 시기에 많은 노력을 기울이지 않고도 이렇게 저장된 에너지를 활용할 수 있게 된다.

변화는 어렵지만 가치 플라이휠 효과는 계속 잘 작동할 것이다. 때때로 '코드는 부채다' 또는 '가치 창출 시간 단축'과 같은 단순한 모토는 지난 주 지루한 회의에서 발표된 55분짜리 프레젠테이션을 지켜보는 것보다 엔지니어를 더 효과적으로 움직일 수 있다.

경영진 수준에서는 전략을 단계적으로 적용해야 하는 경우가 많다. 가치 플라이휠에서는 이 작업을 수행할 필요가 없다. 높은 수준의 전략이 마련되면 팀이 각자의 속도로 발전하도록 할 수 있다. 좋지 않은 관성이 플라이휠의 속도를 늦추게 하는 것을 방지하려면 엔지니어들이 빠르게 움직일 수 있도록 지원해야 한다. 플라이휠을 사용하면 경영진의 감독이 거의 필요 없다. 실제로 명령과 제어는 이 접근 방식에서 가장 큰 관성을 생성한다.

응집력 있는 피드백 루프를 통해 진행 상황이 투명해진다. 투명성은 올바른 소통을 만들고 가치 플라이휠 효과를 적용하는 데 필요한 리더십에 도움이 될 수 있다. 팀이 효과적이든 효과가 없든 반복적인 피드백을 더 많이 받아들이고 이해할수록 진행속도가 빨라진다.

핵심요점

플라이휠 컨셉은 새로운 것이 아니다. 이것은 수십 년 동안 회사의 변화와 고객 상호작용을 설명하는 데 사용됐다. 우리는 비스니스와 기술을 설합하는 효과적인 전략을 식별하기 위해 가치 플라이휠 효과 사용 방법을 살펴보고 있다. 현재 기술 상황에서 이 플라이휠은 핵심전략으로 여겨지지 않았으며 회전하는 속도가 빠른지 느린지도 중요하지 않았다. 이제 조직에서 플라이휠을 식별하고, 목적의 명확성, 도전과 환경, 다음 최선의 실행, 장기적 가치라는 4단계를 인식해야 할 때이다.

이 여정을 돕기 위해 우리는 조직의 역할 페르소나를 기반으로 개선이 필요한 영역을 확인하고, 상황에 대한 인지를 하는 데 도움이 되는 12가지 핵심원칙을 제시했다.

전략을 수립하고 분석하는 데 사용된 기존 모델 중 일부는 오늘날 급변하는 환경에서 제대로 작동하지 않을 수 있다. 가치 플라이휠 효과는 조직 전체에 힘을 균일하게 분배해서 기술과 제품이 모멘텀과 가치를 가질 수 있도록 돕는다.

그러나 명확한 방향성이 없는 힘은 조직을 혼란에 빠지게 할 것이다. 와들리 매핑 기법은 당신이 서비스를 제공하는 사람과 그들의 요구사항, 그리고 그 요구사항을 충족하는 방법을 시각적으로 표현해주며, 앞으로의 험난한 상황을 잘 헤쳐 나아갈 수 있는 방향을 찾는 데 도움을 줄 것이다. 다음 장에서는 조직에서 필요한 상황 인식을 구축하는 데 도움이 될 수 있는 와들리 매핑 기법과 연습 방법을 자세히 살펴보겠다.

2장

와들리 매핑

플라이휠이 돌아가고 있을 때 올바른 방향으로 움직이고 있는지 어떻게 확인할 수 있을까? 플라이휠은 움직일 수 있는 동력을 제공하고 분배하지만, 가치 플라이휠 효과의 4단계 전반에 와들리 매핑을 적용함으로써 방향을 제시하고 탈선을 방지할 수 있게 된다. 와들리 매핑은 조직이 방향을 유지하면서 빠른 속도로 움직이기 위한 지속적인 작은 조정을 요구한다. 어떤 변화의 노력이나 무언가를 만들기 위한 과정에서는 모두의 협조가 필요하다. 그러므로 조직 내에서 서로가 같은 방향을 바라볼 수 있도록 동기화할 수 있는 지점이 필요하다.

소프트웨어를 처음 개발할 때는 '한 번만' 개발하면 되는 것으로 보인다. 여기서 '한 번만'이라는 뜻은 집을 한 번만 지으면 끝이라는 것과 동일하다. 그러나 소프트웨어 개발은 식물 도감을 만드는 것과 같다. 즉, 반복적 과정이 필요하다. 소프트웨어는 보다 반복적 과정으로, 훌륭한 설계에 대한 고민, 세부적이고 상세한 관점이 필요하며, 새로운 추가 기능을 위한 유지보수가 필요하다. 애자일 소프트웨어 개발 선언 덕분에 순차적 개발 방법 대신 반복적 개발 방법이 필요하다는 마인드로 바뀌게 됐으나, 여전히 다양한 개발 방법이 복합적으로 사용되고 있다.

매핑을 가치 플라이휠 효과에 적용하기

소프트웨어 개발에서 가장 어려운 일 중의 하나는 이해를 공유하는 것이다. 소프트웨어를 개발하는 과정을 보면 각각의 레이어들이 추상화돼 있고, 하나의 호출이나 버튼 뒤에 코드를 작성해, 그 위에 다시 빌드한다. 코드도 추상화되고, 아키텍처도 추상화되며, 배포된 시스템(특히 클라우드에서)도 추상화돼 있다.

3~4명 이상의 사람이 모인 조직에서는 조직에서의 활동이 역동적으로 이루어지기 때문에 역할과 책임을 명확하게 해야 한다(수백 명으로 이뤄진 팀은 말할 것도 없다). 소프트웨어는 보통 추상적으로 표현되는 시장을 위해서 개발된다. 그러므로 모든 상황을 이해하고, 설득력 있는 목적을 설정하며, 이를 달성하기 위한 구체적인 계획을 수립할 수 있는 리더십이 필요하다.

추상적으로 표현되는 시장 구조 속에서 비즈니스는 긴박하게 진행된다. 대부분의 기업 또는 경영진은 자사가 전략을 가지고 있다고 생각한다. 그러나 일반적으로 단기적 목표에 중점을 둔다. 즉, '새로운 고객 요구를 해결하기 위한 혁신적 전환'을 하기보다는 '이번 분기에는 설정한 목표 수치를 달성하자'라는 생각이 더 우세하다는 것이다. 전략을 가지고 있는 기업도 2가지 문제가 있다. 첫째는 계획 수립에 있어 매년 또는 분기 초에 하루 이틀을 '전략 수립'에 할애하는 것이다. 최선의 의도가 있다 하더라도 계획 수립을 통해 지속적 변화를 가져오기는 힘들 것이다. 보통 이 시기의 논의는 전략보다는 조율에 더 초점을 맞추기 때문이다. 둘째는 사용되는 많은 전략 도구들이 정적이라는 것인데, 이러한 도구들은 시장과 고객의 긴박한 움직임을 반영하기 어렵다.

가치 플라이휠 효과의 각 단계에서는 매핑을 사용해 경로를 정의하고 필요에 따라서 방향을 수정하는 것이 중요하다. 이제 가치 플라이휠 효과의 4단계를 매핑과 관련해 자세히 살펴보자.

1단계: 목적과 비전

목적과 비전 단계에서 중요한 활동은 목적을 명확하게 하고 일부 주요 지표를 확인하는 것이다. 이 단계에서는 가치를 획득하기 위해 걸리는 시간(한 버전의 필요 시간)을 식별하는 것이 중요하다. 기능을 구축하고 고객에게 제공하는 데 얼마나 걸릴까? 이때 목적을 명확히 하기 위해 맵을 사용한다. 경쟁 시장 맵을 사용하면 우리의 비즈니스를 통해서 해결할 수 있는 공백을 식별하는 데 도움이 될 것이다. 이러한 공백을 식별하기 위해 다음의 질문에 답해 보자. 우리의 차별화 요인은 무엇인가? 우리가 해결해야 하는 고객 니즈를 이해하고 있는가?

2단계: 도전과 환경

심리적 안전 수준을 진단하는 것은 조직의 '사회기술적' 요소를 이해하는 데 매우 중요하다. 즉, 조직 내 사람들이 기술적으로 상호작용하는 방식을 말한다. 회사에 구축된 기술, 사람, 시스템이 가시적으로 관리되고 있는가? 아니면 엄청난 똥덩어리가 돼 조직을 괴롭히고 있는가? 조직의 '작업 방식'에 대해 점검해 봐야 한다. 조직 내에 도전이 존재하는가? 중요한 구성요소에 대한 건전한 탐구와 논쟁이 실제로 이뤄지고 있는가? 여기에는 조직의 능력을 매핑할 수 있는 능력이 필요하다. 필요한 일을 수행할 수 있는 인력 또는 역량이 있는가? 어떻게 사람들을 성장시키고 있는가?

3단계: 다음 최선의 실행

이제 목적과 상황인식을 갖추었다. 이제는 가치 창출 시간을 개선하기 위한 강력한 기술전략이 필요하다. 마찰 없는 매끄러운 개발자 경험을 시작하기에 좋은 출발점으로서 서버리스 우선 접근 방식을 권장한다. 기억하라. 코드는 부채다! 올바른 마인드셋을 가지고 제대로 시작하라. 여기서는 기술 스택을 매핑하는 것이 유용하다. 조직의 기술 스택에서 좋은 점과 나쁜 점은 무엇인가? 엔지니어들이 잘못된 프로세스에 방대한 시간을 낭비하고 있지 않은지를 알 수 있다.

4단계: 장기적 가치

플라이휠이 작동하기 시작하면 장기적인 가치가 중요하다. 잘 설계된 시스템과 지속 가능성이 결합돼 문제 예방 문화를 만들어낸다. 팀은 다음 장에서 논의할 3가지 맵(스택, 조직, 시장) 중 어느 것을 사용해 문제를 해결하고 의사소통 할지 혹은 어떤 선택을 적용할지 논의할 수 있다. 조직이 가치 플라이휠을 통해서 움직이기 시작할 때 팀은 지속적이고 빠르게 매핑 작업을 수행해야 한다.

우리는 왜 매핑이 필요한가?

솔직히 말하자면, 대부분의 회사는 효과적인 소프트웨어 엔지니어링을 수행하는 대신 돈을 낭비하고 있다. 왜냐하면 소프트웨어 엔지니어링을 비즈니스 전략에 맞추는 것은 매우 어렵기 때문이다. 우리가 매핑 같은 것이 필요한 이유를 설명하기 위해서는 조직내 경쟁과 갈등에 대해 살펴봐야 한다. 어떻게 하면 조직 내 그룹(예를 들어 교차 기능적 리더)들이 전략을 조율할 수 있을까?

> SWOT^{Strengths, Weakness, Opportunities, Threats, 강점, 약점, 기회, 위협}: SWOT는 단순한 기법이다. 전략을 간소화할 때 사용하는 것은 괜찮을 수 있지만, SWOT는 조작하기가 너무 쉽고 언어의 모호함으로 인해 정확한 그림을 그리기가 너무 어렵다. SWOT 분석의 실제적인 문제점은 상황 인식과 움직임이 명확하게 표시되지 않는 것이다. SWOT 분석만으로는

가치사슬을 그릴 수 없다.

비즈니스 모델 캔버스 Business Model Canvas: 비즈니스 모델 캔버스(혹은 다른 유사한 캔버스 템플릿들)는 비즈니스의 상업적인 수도요인과 '핵심 구성 요소'를 매핑하는 강력한 기법이다. 그러나 회사 내의 팀이나 부서에 적용하는 것은 어렵고, 소프트웨어에 적용하는 것은 더욱 어렵다. 재미있게도, 비즈니스 모델 캔버스는 종종 팀이 '사용량 과금 모델' 서비스를 제품으로 개발할 것을 결정하게 한다. 이는 항상 흥미로운 이야기이지만, 서비스형 소프트웨어SaaS, Software as a Service 회사가 아니라면 고객에게 제공할 가능성이 적기 때문에 시간 낭비일 수 있다.

미션 스테이트먼트 Mission Statement, 사명선언문: 1962년 존. F. 케네디 대통령이 "우리는 달에 가기로 했습니다."라는 유명한 연설에서 미션 스테이트먼트는 달 착륙이 목표였다. 이때 이미 아폴로 계획은 2년 동안 진행됐으며, 우주 경쟁은 5년째였다. 미션 스테이트먼트는 일반적으로 출발 신호이다. 미션 스테이트먼트는 모든 사람을 목적 기반으로 정렬시키는 데 매우 중요하다. 그러므로 광범위한 연구와 분석을 기반으로 만들어야 한다. 다시 말해, 광범위한 연구와 분석 없이 누구든지 미션 스테이트먼트를 '만들어'낸다면 그들에게 회사를 떠나도록 설득할 것을 권한다. 메이크업을 위한 화장품처럼 멋지게 보이는 미션 스테이트먼트는 비즈니스 그림에 오히려 매우 해로울 수 있다.

목표와 주요 성과 지표OKRs, Objective and Key Results: OKRs는 조직적 목표로, 이러한 지표는 구체적 목표로 삼을 몇 가지 지표를 포함해야 하며, 이러한 지표는 확장돼야 한다. 조직은 점진적이지 않은 큰 목표를 원한다. 그러나 이러한 지표는 목표를 달성하는 데 도움을 주지 않고, 어떻게 달성해야 하는지에 대한 지침도 제공하지 않으며, 작성하기도 어렵다. OKRs 활용과 이슈에 대한 다양한 기사와 책이 있다. OKRs은 목표를 전달하는 메커니즘으로는 훌륭하지만, 일을 이해하고 무엇을 해야 할지를 결정하는 데는 거의 쓸모가 없다.

전략 덱 The Strategy Deck: 파워포인트의 사용 편의성과 보편성 때문에 많은 리더들은 전략을 전달하기 위해 30년 된 소프트웨어에 지나치게 의존한다. 많은 리더들은 슬라이드의 그래픽과 느낌, 발표, 그리고 문서 배포에 집착한다. 멋진 전략 덱을 만드는 것은 어렵고, 이를 만들기 위해 오랜 시간이 필요하다. 하지만 이런 슬라이드 쇼는 정해진 시점에 대한 문서이다. 사실 우리는 소프트웨어 재사용은 어려워하면서 파워포인트 재사용에는 뛰어나다. 텍스트와 그래픽의 강박적 조정은 보통 '메시지는 통제돼야 한다.'는 것을 의미하는데, 이는 협력적 토론에 대한 것이 아니다. 파워포인트의 큰 문제는 종종 슬라이드 작성자의 소유권 의식이다. 변경을 요청하면 작성자에게 대한 직접적인 도전이 된다. 그리고 덱을 조정하고 만드는 것에 많은 노력이 소요된다. 파워포인트는 많은 회의에서 협력하지 않는 환경을 만들어냈다. 전략 덱은 중요하지만 잘못 표현될 수 있으며 변경하기도 어렵다.

식스 페이저 Six Pager: 많이 사용하고 있는 파워포인트에 도전하기 위해 아마존의 제프 베조스는 식스 페이저를 소개하는 멋진 일을 했다. 식스 페이저는 제안을 자세히 설명하는 6페이지 메모로, 많은 숫자, 사실 및 데이터를 포함한다. 또한, 문서가 올바르게 완성될 때까지 계속해서 도전과 개선을 하는 문화가 있다. 식스 페이저는 좋지만 시간이 많이 걸리며 사용하는 데 기술과 도전에 익숙한 특정 유형의 문화가 필요하다. 불행히도, 많은 리더들은 시간이 없거나 쓰기 기술이 부족하며 도전에 불편함을 느껴 식스 페이저를 활용하지 않는다.

백로그Backlog: 규모가 큰 애자일 팀이나 조직의 경우, 왜 스토리를 백로그에 넣고 엔지니어들이 해설하도록 하지 않을까? 이러한 방식이 생산성을 촉진하는 좋은 방안이 될 수는 있으나, 비즈니스에 대한 상황 인식 부족을 초래할 수 있다. 팀은 빠르게 움직일 수 있지만 궁극적으로 막다른 길에 빠질 수 있다.

스토리Story: 임원들의 이야기는 공유된 이해를 만드는 데 매우 효과적이고, 듣기에도 매우 설득력이 있으며, 사기 향상에 뛰어나다. 그러나 미션 스테이트먼트와 마찬가지로 데이터와 분석으로 뒷받침돼야 한다.

목표Objectives: 종종 리더들은 모든 사람의 목표에 목표를 추가하려고 경쟁한다. 이것은 전략이 아니라 실행이다. 그리고 매우 부실하다.

가치 플라이휠 효과는 앞서 언급한 기법들과는 달리 매핑하는 습관이 개발되고 지속적으로 사용돼야 한다는 것을 보여준다. 우리 팀은 매핑을 이용해 정렬, 의사소통, 도전을 위한 맵을 만들 수 있다. 만들어진 맵이 적용되면서 업무 전개에 따른 공통의 언어가 돼 활용된다. 앞에서 살펴본 모든 기법들은 변화에 대응해 언제든 사용할 수 있다. 그 기법들을 사용하지 말라는 것이 아니다. 하지만 매핑은 여러 가지 이유로 초기 활동에 필수적이다.

- **맵은 움직임을 추적한다.** 예를 들어 맵은 기술 발전으로 인해 어떤 일 부분이 발전했을 경우 그 다음으로 어떤 일이 일어날지 예측하고 가치사슬을 만들 수 있게 한다.
- **맵은 특정 유저를 앵커로 지정해 초점을 맞출 수 있다.** 이를 통해서 '맵

범위'에 모든 사람들이 집중할 수 있도록 한다.

- **맵은 센스메이킹**Sensemaking*을 **가능하게 한다.** 우리가 그 분야를 얼마나 잘 이해하고 있는지 확인할 수 있다. 매핑시 지식 격차를 빠르게 인식할 수 있다. 이 활동은 빠르고 반복적인 과정이 될 수 있다. 몇 가지 질문에 대해서 이야기를 나누고 다시 모이는 것을 쉽게 할 수 있다.

- **맵은 '어떻게'를 시각화한다.** 좋은 맵은 설명을 제공해야 한다. 현재 상황과, 변화가 일어날 경우 그 결과가 무엇인지 알고 대처할 수 있게 맵을 통해 시각화한 설명이 필요하다.

- **맵은 개인별로 작성하는 것이 아니라 팀이 작성한다.** 맵은 추상적 표현이므로 절대 100% 정확하지 않다. 피드백과 인사이트는 항상 더 나은 그림을 그리는 데 도움이 된다. 맵을 만드는 협력적이고 점진적인 방식은 파워포인트를 만드는 것과 정반대이다. (심지어, 파워포인트 작업 협력이라는 것은 각각의 페이지를 할당하는 것 아닌가?)

- **맵은 착수 단계를 빠르게 넘어갈 수 있도록 한다.** 맵은 보드마카로 화이트보드에 2분 만에 그릴 수 있으며, 가치에 대한 대화를 즉시 시작하게 한다. 온라인 협업 도구를 사용한다면 원격이나 하이브리드 작업 환경에서도 이를 쉽게 만들어 준다.

- **맵은 관성, 불확실성, 또는 잠재적 문제를 보여준다.** 그룹 상황 인식 덕분에 시나리오를 매핑하고 빠르게 '그것을 피해야 한다'는 결론을 내릴 수 있다.

- **맵과 스토리들은 함께 이어져 있다.** 맵 작성 기술 이전에도 매핑과 관련된 개념은 전략에서 잘 확립돼 있다. 공통 언어를 사용하고 설득

---

* 센스메이킹(Sensemaking): 다양한 상황에서 접하는 정보와 경험에 의미를 부여하는 과정으로 데이터를 구성 및 해석하고, 패턴과 관계를 식별해 상황에 대한 일관된 이해를 구축한다. – 옮긴이

력 있는 스토리를 그림으로 표현하면 매핑이 더욱 쉬워진다. 이는 '연기와 거울 스토리텔링*'을 방지하는 데 도움이 된다.

- **맵을 통해 진행상황을 추적할 수 있다.** 몇 달 후 팀에 다시 매핑을 요청할 수 있다. 맵은 종종 어떤 업무를 얼마나 진행했는지, 어떤 나쁜 관성에 의해 업무가 지연됐는지를 보여준다. 이를 통해 팀이 어떻게 진행하고 조직으로서 성과를 내는지 쉽게 평가할 수 있다.

매핑은 어렵다. 목적을 정의하고 구체화하는 것이 어렵기 때문이다. 어디로 가고 있는지 모호한 상황에서 맵을 작성하는 것은 어렵다. 기억하자, 조직의 목적과 개인의 목적은 다르다. 개인의 목적은 훌륭한 정비사가 되는 것일 수 있지만, 회사는 저가 자동차 시장 선도를 원할 수 있다. 회사와 개인의 목적은 조정돼야 하겠지만, 서로 다르다. 매핑은 개인과 회사의 목적을 공개적으로 논의하고 탐구할 수 있는 형식으로 나타내는 데 도움을 준다.

왜 와들리 매핑인가?

와들리 매핑이 제공하는 제약 조건과 언어는 팀이나 동료들을 정렬시키는 데 매우 효과적이다. 어떤 시나리오나 문제를 매핑할 때, 가장 효과적인 질문은 고객이 누구이며 그들에게 필요한 것이 무엇이냐는 것이다. 와들리 매핑은 고객에게 이름을 붙이고 누구인지 이해하는 것으로 시작한다. 이제 우리가 이야기할 것은 그들이 원하는 것이 아니라 그들이 필요로 하는 것이다.

와들리 매핑의 예를 살펴보자. 2000년대 후반 클라우드 도입이 급속도로

---

* 연기와 거울 스토리텔링(Smoke and mirror storytelling): 이야기나 사건에 대한 청중의 인식을 조작하기 위해 다양한 기술을 사용하는 것을 말한다. 현실을 왜곡하기 위해 교묘한 속임수를 사용함으로써 환상을 만들어낸다는 생각에서 비롯됐는데, 오해의 소지가 있는 정보, 불완전한 내용, 특정 이야기를 만들거나 특정 사실을 숨기기 위한 선택적 표현 사용 등의 기술이 있다. — 옮긴이

늘어날 때, 사이먼 와들리는 미래를 예측해 많은 사람들을 놀라게 했다. 그가 만든 와들리 매핑 기법을 사용해, 가치사슬의 특정 컴포넌트의 미래 발전으로 사람들의 행태가 바뀔 것을 보여줬다(그림 2.1 참조). 이 기법을 기술적 환경에서 사용할 때 인상적인 점은 많은 기술자들이 세부적 사항을 분석하는 데 많은 시간을 보내지만 와들리 매핑은 모두가 동시에 함께 이해할 수 있는 공통 언어를 제공한다는 것이다.

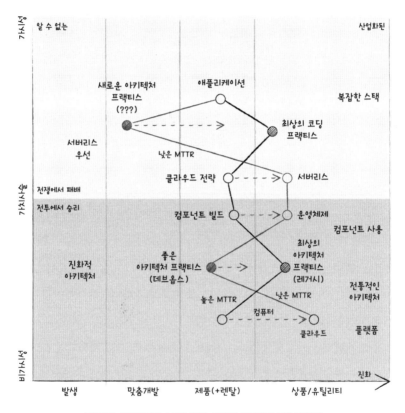

그림 2.1 서버리스가 승리한 전쟁: 사이먼 와들리의 미래 예측 맵

클라우드에서 컨테이너와 컨테이너화가 큰 전략적 활동처럼 보였던 시점에서 와들리는 컨테이너가 전투에서 이기는 것이라면 서버리스는 전쟁에서 이기는 것이라고 선언했다. 그리고 그의 예측은 맞았다. 상황 인식과 '미래를 내다보는 능력은 오늘날 비스니스 환경에서 숭요하며, 와들리 매핑의 모든 이점을 실현하는 데 필수적이다.

와들리 매핑의 원칙

매핑의 첫 번째 원칙은 앞으로 나아갈 방향이 불확실함을 인정하는 것이다. 매핑 사용법을 시작하기 전 원칙에 관련된 내용을 자세히 살펴보는 것은 가치가 있다. 매핑은 숙달하기 쉬운 기법이 아니기 때문에 이러한 주요 원칙을 이해하는 것이 중요하다.

용기: 우리가 무엇을 해야 할지 모르는 것을 인정해야 한다. 앞으로 나아갈 방향이 불분명하다는 것도 인정하자. 영역을 탐색하고 매핑하며, 그 후에 행동을 결정할 때 더 잘 알 수 있게 된다.

협업: 매핑은 공동 작업이며, 토론이 필수적이다. 공개적으로 매핑하면 긴장을 줄이고 조정해 나아갈 수 있다. 개별적으로 매핑을 하고 팀에게 '계획'을 보여주는 것은 좋은 방법이 아니다. 매핑의 요소를 '공통 언어'로 사용해 팀이 매핑 세션 이외에도 연결되도록 돕는 것이 중요하다. "그것은 상품이다", "이것은 맞춤개발 같다", "그것에 관성이 있다"와 같은 간단한 관찰은 팀이 이러한 발언의 영향을 이해할 때 훨씬 더 중요한 의미를 가진다.

공감: 유저의 니즈가 가장 중요하다. 모든 매핑 세션은 "유저는 누구이며 무엇을 필요로 하는가?"라는 질문으로 시작된다. 이는 '외부에서 내부로' 보는 렌즈를 제공하고 대화의 범위를 설정한다. 또한 고객을 위해 우리가 무엇을 해야 하는지, 어떻게 우리가 쉽게 만들 수 있는지 논의하는 것이 중요하다.

관점: 세부적으로 깊게 들어가거나 크게 볼 수 있다. 대화를 시작할 때는 범위를 설정해 그것에 집중하려고 노력한다. 이것은 가장 어려운 일중 하나이다. 진행 중에는 나중에 그려야 할 하위 맵들을 위해 '주차장'이 필요할 수도 있다. 이렇게 따로 떼어놓는 것은 맵의 복잡성을 줄이는 데 도움이 된다. "이 컴포넌트는 데이터를 의미한다. 별도의 맵에서 데이터 환경에 대해 자세히 알아보자."

내러티브: 이야기를 찾아라. 궁극적으로 맵은 많은 이야기를 만들어낸다. 매핑의 즐거움 중 하나는 그 이야기를 예측하기 어렵다는 것이다. 이야기를 찾으면 그 이야기를 사용해 맵을 쉽게 설명할 수 있다. 이것은 매핑을 처음 접하는 사람들이 이해하기에도 훌륭한 방법이다.

집중: 세상의 모든 것들을 다 매핑하려고 해서는 안 된다. 모든 것을 컴포넌트로 작성하고 싶은 강한 유혹이 있을 수 있지만, 하나의 맵에 20개 이상의 컴포넌트가 있으면 너무 많은 것이다. 작게 분해하라.

대화: 맵보다 대화가 더 중요하다. 맵 작성은 공식적인 표기법이 아니다. 완벽한 다이어그램을 작성하고 모두에게 보내는 것이 목적이 아니다. 맵은 핵심을 관측하기 위한 단계적 도구일 뿐이다. 주고받는 대화를 그림으로 표현하고, 의미 있는 대화를 맵에 기록한다.

도전: 사람이 아닌 맵에 도전하라. 매핑의 숨겨진 매력은 도전을 용이하게 하는 것이다. "그 컴포넌트를 오른쪽으로 더 이동해야 한다고 생각해."와 "이 슬라이드는 틀렸다고 생각해."의 2가지 상황을 비교해 보자. 첫 번째 상황은 컴포넌트를 이동하는 데 필요한 노력이 매우 작기 때문에 어렵지 않다. 두 번째 상황은 그저 마주 앉아 간식을 먹으며 번뜩이는 아이디어가 나오기를 기대해야 한다. 하나의 슬라이드 작업은 며칠이나 몇 주간이 걸릴 수 있다. 맵에 집중함으로써 아이디어에 대한 도전이 촉진된다. 사람이 아니라 맵에 집중하자.

매핑에서 하지 말아야 할 패턴

매핑 작업 도중에 해야 할 일들이 있듯이, 하면 안 되는 일들도 있다. 피해야 할 몇 가지 패턴에 살펴보면 다음과 같다.

시스템 조작[*]: 맵이 어떻게 돼야 하는지에 대해서 선점하거나 영향력을 행사하면 안 된다. 매핑은 공동작업이지 다른 사람들에게 영향을 주기 위한 도구가 아니다. 맵 사용을 통해 새로운 정보를 발견하고, 공유된 이해를 도출하자.

혼자 하는 매핑: 팀 내에 맵을 가져오면, 그것은 당신의 맵이다. 공동작업은 매핑의 강력한 힘 중 하나다. 기억하라. 맵은 대화와 사고과정을 나타낸다. 혼자 매핑하는 것도 생각의 과정을 확장하는 좋은 방법이지

---

[*] 시스템 조작(Gaming the system): 시스템의 의도된 목적과 다르게 원하는 결과를 얻기 위해 시스템의 규칙 또는 절차를 악용하거나 부정행위를 하는 것을 의미한다. – 옮긴이

만, 그것은 당신만의 사고 과정이며, 팀의 것이 아니다. 팀원들과 시간을 절약할 수 있는 몇 가지 방법들이 있지만, 처음부터 모든 일을 혼자서 하지 마라.

아키텍처 다이어그램의 재구성: 아키텍처 다이어그램을 그려서 맵에 끼워 맞추려 하지 마라. 아키텍처 다이어그램은 복잡하고 중요하다. 그러나, 맵은 그러한 세부사항이 필요 없다. 맵에서 관계는 상호의존성이며 호출이 아니다. 아키텍처 다이어그램에서는 아주 드물게 고객을 액터로 표현하지만, 맵은 유저의 니즈를 중심으로 전개된다.

과한 복잡성: 맵은 단순해야 한다. 생략해도 괜찮다. 매핑 경험이 적을수록 맵은 더 간단해야 한다는 규칙이 있다. 매핑 전문가는 맵에서 50개 이상의 컴포넌트를 사용하지 않아야 한다. 중간 수준의 매핑 전문가는 30개 이상의 컴포넌트를 사용하지 않아야 하며, 초보자는 15개 이상의 컴포넌트를 사용하지 않도록 하자.

"컴포넌트가 무엇인가?"라는 끝없는 질문: 맵은 공식적인 표기법이 아니다. 유저와 니즈의 흐름을 찾는 것에 집중하라. 컴포넌트를 식별하는 것은 과학이 아닌 예술적 행위이다. 언젠가는 맵의 '적정 크기'를 찾게 될 것이다. 컴포넌트를 서비스 또는 기능으로 생각하는 것이 도움이 될 수 있다. 무엇을 하는지에 대해 생각하고, 무엇인지에 대해 생각하지 마라(예를 들어 환경미화원이 아닌 쓰레기 처리).

모든 것을 맵으로 만들기: 매핑에 매료됐다면, 과용하지 마라. 동료들을 미치게 만들 것이다! 가치사슬, 유저 니즈 및 컴포넌트의 진화에 대해 생각할 때 유용하지만, 매핑은 완전히 이해하는 데 시간이 걸리므로 여정을 함께하지 않은 사람들에게 매핑을 강제로 시도해도 즉각적인 성공을 보장할 수 없다.

새로운 사람들에게 맵 보여주기: 대화와 관찰부터 시작하라. 일부 사람들은 맵에 관심이 없을 수 있다. 모든 맵에는 이야기가 있으며, 그 이야기는 관찰로 시작한다. 많은 사람들은 관찰에만 관심이 있을 뿐 맵을 볼 필요가 없을 수 있지만, 다른 사람들은 관찰에 이르게 된 이야기에 관심이 있을 수 있다. 이야기는 맵을 그린 순서가 아니라, 앵커에서 시작하는 가치사슬 이야기다.

하향식 조직 환경에서 일하기: 우리 공간에 좋지 않은 환경이 존재한다면, 협력은 고통스러울 것이다. 사람들에게 맵을 그리도록 강요하는 것은 생산적이지 않다. 심리적 안전을 유지하는 여러 기법이 있으며, 올바른 태도로 세션에 사람들을 모으기 위해 준비가 필요할 수 있다. 성공적인 매핑 세션을 위해서는 역시 퍼실리테이션이 중요하고 필요하다.

시작하기

맵을 시작하는 것은 종종 가장 어려운 부분이다. 먼저, 2가지가 필요하다. 첫째, 그것을 검토할 전문성이 필요하다. 이를 위해 자신이 해당 분야 전문가이거나 전문성에 대한 접근방법(책, 사람, 또는 웹 사이트 등)을 가지고 있어야 한다. 둘째, 분석 마비*나 '시작 실패'를 방지할 수 있는 접근법이 있어야 하

---

* 분석 마비(Analysis paralysis): 개인이나 조직이 상황이나 문제를 분석하는 데 너무 몰두해서 결정을 내리거나 조치를 취할 수 없는 현상을 말한다. – 옮긴이

는데, 매핑 프로세스를 지나치게 복잡하게 하지 않는 것이 중요하다.

특히 시장 경쟁력과 같이 큰 영역을 매핑할 때 빠른 가이드로, 와들리 매핑 캔버스*(그림 2.2 참조)는 훌륭한 일련의 단계를 제공한다.

캔버스는 6개의 주요 단계로 구성돼 있다.

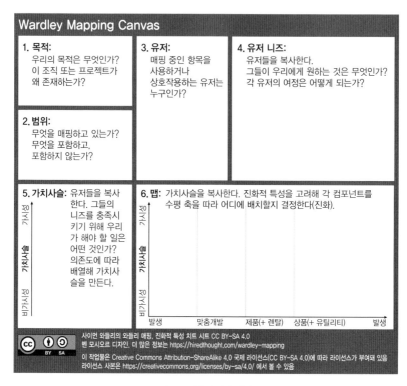

그림 2.2 와들리 매핑 캔버스

1. **목적**: 간단하다. 매핑하려는 산업이나 시장의 목적은 무엇인가? 우리 목표에 대한 문장(전문 용어는 피하라)을 작성한다. 작업의 틀을 잡

---

* 이 캔버스는 크리에이티브 커먼즈 덕분에 무료로 사용할 수 있으며, 벤 모시오르(Ben Mosior)가 만들었다. 벤이 만든 LearnWardleyMapping.com 사이트는 매핑을 배우기에 가장 좋은 곳이다. 벤은 우수한 강사이며, 기초 지식을 제공하는 좋은 영상도 다수 제공하고 있다.

는 데 도움이 될 수 있는 예시는, '전기 자동차는 내연기관 없이 교통수단을 제공한다.'와 같다.

2. **범위**: 어떻게 범위를 좁힐 수 있을까? 범위를 좁히는 것이 매우 중요하나. 온 세상을 매핑하려는 유혹은 우리에게 좌절감을 주고 끝도 없이 힘들게 할 것이다. 예를 들어, '전기 자동차 소비자에 초점을 맞춘다면 차량에만 집중하고 (화물차나 자전거가 아닌) 인프라나 지원 서비스를 배제한다.'와 같다.

3. **유저**: 유저를 아주 구체적으로 정의한다. 이것은 매핑의 시작점이 되며 이를 기반으로 전체적인 작업을 수행한다. 유저 유형이 2개 이상이라면, 하나의 큰 맵 또는 몇 개의 특정 맵을 작성할 수 있다. 이때 시작점으로 하나의 유저 유형을 결정한다. 예를 들어, '우리는 유저를 전기 자동차를 운전하는 사람으로 정의한다.'와 같다.

4. **유저 니즈**: 매우 간단하게 유저가 이 시장에서 필요로 하는 것을 나열해 보자. 니즈를 기능으로 설명하는데, 광범위한 설명없이 일반화한다. 예를 들어, '전기 자동차 운전자는 스마트 기술과 저렴한 비용으로 운영할 수 있는 편안한 전기 자동차를 필요로 한다.'와 같다. 유저 니즈에 더 많은 변경이 있겠지만 시작하기 위해 니즈를 간단하게 유지한다.

5. **가치사슬**: 가치사슬은 유저의 니즈를 지원하는 활동이나 역량이다. 이것들을 연결하는 것이다. 다시 말해, 매우 간단하게 작성한다. 공식적인 표기법이 아니므로 정확할 필요가 없다. 소괄호 안의 세부사항보다는 대화와 맵의 전반적인 모양이 더 중요하다. 예를 들어 '저렴한 운영에서 비용은 세금, 서비스 및 연료 비용에 따라 달라질 수 있다. 이 중 하나인 세금은 교통 전략에 따른 국가 정책에 의해 달라진다.'와 같다.

6. **맵**: 마지막으로 가치사슬은 앵커(운전자인 경우)에 연결해서 맵으로

옮길 수 있다. 세로위치는 같은 순서로 유지되며, 가장 낮은 지점(x축에 가장 가까운 지점)이 앵커(유저)와 가장 먼 것이다. 점의 수평 위치는 더 복잡하다. 전체 가치사슬을 제품 단계에 넣고 시작한다. 앵커를 제품 영역에 유지한 첫 번째 유저 니즈(예: 저렴한 운영 비용)로 이동한다. 이제 이야기하고 추측하는 시간이다. 저렴한 운영은 진화의 1, 2, 3, 4단계 중 어디에 있을까? 여기서 4단계가 가장 진화한 상태이고 1단계가 가장 적게 진화된 상태이다. 이러한 것들에 대한 라벨을 붙여 생각을 돕는 것이 좋다. 발생(1), 맞춤개발(2), 제품(3) 및 상품(4)으로 라벨을 붙인다. 일반적으로 제거 과정을 통해 결론을 도출할 수 있다. 예를 들어, '저렴한 운영'은 상품이나 발생 단계가 아니다. 맞춤개발이나 제품에 대한 단계에서 토론해야 한다. '상황에 따라 다르다.'와 같다. 논의하고 함께 도전하며 결론을 내려보자. 틀렸다면 다시 돌아와서 변경하면 된다.

상위 수준의 매핑

조직 역량에 대해 생각하고 평가하는 능력은 매우 중요하다. 개인 기술을 조직 역량으로 혼동하는 경우도 있으며, '역량'이라는 단어를 '기술'을 의미하는 것으로도 사용한다. 개인에 초점을 두는 것은 필수적이지만, 회사가 진보하기 위해서는 현재 존재하는 전체적인 조직 역량과 필요한 역량을 인식하는 것이 중요하다. 이러한 비전을 갖게 되면 유효성을 평가할 수 있게 된다.

이상적으로는 최고경영자와 함께 조직 역량을 매핑하는 것이 좋다. 이렇게 하면 우선순위와 관점을 추측하는 것에 많은 시간과 노력이 낭비되지 않는다. 하지만 관리자들과 함께 조직 역량을 매핑할 수도 있다. 중간 관리자들은 보통 2가지 별개 임무를 가지고 있다. 첫째, 관리자는 회사 진보에 기여해야 한다. 둘째, 관리자는 자신의 팀을 보호해야 한다. 때로는 두 번째 임무가 첫 번째 임무를 망치게 한다.

매핑 작업을 진행할 때 참가자, 특히 관리자들을 파트너로 끌어들이는 것은 어려울 수 있지만, 이 책에서는 이를 위한 몇 가지 기술을 알려주고자 한다. 먼저, 매핑 세션을 시작하기 전에 다음과 같은 주요 질문들을 스스로에게 던져보자

- 참가자들과 함께 맵을 작성하는 데 가장 적합한 도구는 무엇인가? 원격인가 아니면 같은 장소에서 진행하는가?
- 참가자들이 기대하는 것은 무엇인가?
- 참가자들에게 와들리 매핑에 대한 입문서를 제공해야 할까?
- 사전에 읽을 자료를 제공해야 할까? 그렇다면 얼마나 자세한 내용을 담아야 할까?
- 세션에서 어느 정도 자세한 내용으로 작업해야 할까? 기본적인 가치사슬을 매핑할 것인가? 아니면 전 세계를 매핑해야 할까?
- 어느 정도의 속도로 진행해야 할까?

'매핑의 현장'이라는 2가지 시나리오를 살펴보자.

최고경영자와 함께하는 매핑

첫 번째 시나리오는 매핑에 최고경영자와 일부 리더들로 구성된 그룹이 참여하는 것이다. 최고경영자에게는 제약 조건 제거를 위한 구체적 요청이 있다. 이번 작업은 기술 전략을 제시하는 것이다. 이 작업에는 위험 요소가 있다. 회의실에 있는 리더들은 기술 전략에 대한 열망이 강하며, 세부적으로 분석, 도전 및 참여하려 할 것이다. 그들의 부서가 실무적으로 추진해야 하

는 사안이기 때문에 적극적일 것이다. 하지만 최고경영자는 기술 전략의 정확한 세부 정보를 알 필요가 없다. 만약 이 워크숍에서 세부적인 내용에 집중해 원래 하고자 했던 요청이 잊혀진다면 좌절할 수도 있다.

- 주요 가치사슬과 조직 능력을 발전시킬 수 있는 핵심역량을 와들리 맵으로 만들면 어떨까? *약간의 어려움이 있을 수는 있겠지만 분명히 유용할 것이다.*
- 어떤 도구가 가장 적합한가? *너무 기술적일 필요는 없으므로 파워포인트를 사용해 맵을 만드는 것을 추천한다.*
- 참가자들은 무엇을 기대하고 있나? *시작할 때 리더들이 와들리 맵 작업에 동의하지 않을 수 있기 때문에 언급하지 않는 것이 좋을 수도 있다.*
- 와들리 매핑에 대한 입문서를 제공해야 할까? *이전 질문과 마찬가지로, 입문서는 필요하지 않다.*
- 사전 학습 자료를 보내야 할까? 얼마나 자세한 정보를 제공해야 할까? *기본적인 가치사슬과 간단한 진화 축을 설명하는 것으로 충분하다.*
- 얼마나 자세하게 맵을 만들어야 할까? 기본적인 가치사슬을 매핑해야 할까, 아니면 세계를 매핑하려고 시도해야 할까? *단일 가치사슬에만 집중하자. 이를 초과하는 것을 매핑하려고 하면, 그룹이 초점을 잃게 된다.*
- 얼마나 빠르게 혹은 느리게 진행해야 할까? *대화의 진행 속도는 그룹 상황에 따라 결정돼야 한다. 조용한 시선 교환 시간이 있어도 괜찮다.*

이제 준비됐다. 60분 예정으로 우선 간단한 가치사슬로 시작한다. 그리고 가치사슬과 진화 축에 대해 설명한다. 축에는 발생, 맞춤개발, 제품, 상품으로 표기하는 대신 개척, 초기, 활성, 성숙으로 4단계를 표시한다.

'시장에 출시하는 시점'으로 가치사슬을 시작하고 몇 가지 니즈를 표시한다. 산난한 설명 후 대화를 시작한다. 맵의 하단을 가리키며 다음과 같이 질문한다. '시장의 위치가 현재 개척, 초기, 활성, 성숙 중에서 어디라고 생각하시나요?'

사람들이 조금씩 의견을 내기 시작한다. 한 명은 "초기라고 생각합니다. 어떤 회사는 잘하고 어떤 회사는 잘 못하고 있거든요. 우리는 방법은 알고 있지만 아직 일관성이 없습니다."라고 말한다. 반응을 유도하기 위해 맵에 해당 요소를 왼쪽이나 오른쪽으로 이동시키면서 응답을 요청한다(참여는 항상 훌륭한 아이스브레이커다). 다른 요소에 대해서도 반복하면서 대화와 맵이 유기적으로 확장되게 한다.

최고경영자는 그래프의 모양을 즉시 이해하지만, 토론을 주도하지 않고 다른 참가자들이 자신의 의견을 공유하게 한다. 팀은 워크숍을 마치고 맵에 대한 솔직한 평가를 한다. 조직은 좋아 보이지만, 발전가능성이 높은 몇 가지 기회 영역이 있을 수 있다. 일부 조직은 다른 조직보다 더 개선돼야 할 수도 있다.

지금 우리는 '현재 상황As-Is'을 보여주는 맵을 가지고 있다. 다음 단계는 일부 요소를 이동해 참가자들이 '목표 상황To-Be' 그림에 동의하며 이를 달성하기 위해 필요한 중요 아이디어를 도출한다.

최고경영자와 팀은 방금 와들리 맵을 만들어 조직을 발전시키기 위해 무엇을 할 것인지 합의했다. 워크숍의 마무리 단계에서 합의한 것을 실행하기 위한 우선순위를 논의한다.

돌아보면, 최고경영자는 와들리 매핑에 대해 알지 못했지만, 와들리 맵의 모양을 즉시 이해했다. 가치사슬은 이해하기 쉽고, 진화축도 수월한 작업에 효과적이다. 컨텍스트가 결정되면 그룹은 이제 계획, 실행 및 결과를 추적할 수 있다. 회의실의 리더들은 이 워크숍을 즐겼고 솔직한 평가를 내렸지만, 계획에 대한 더 자세한 버전을 보고 싶어한다. 리더들은 새로운 전략을 실행할 사람들이기 때문에 그러한 요청은 올바르다.

전문가들과 함께하는 매핑

두 번째 시나리오는 전문가 그룹이 처음으로 와들리 매핑 세션을 진행하는 상황이다. 그들은 모두 기술 리더이므로 노련한 전략적 사고력을 가지고 있으며, 새로운 용어를 사용해 토론하는 것을 두려워하지 않는다. 요청은 조직 능력을 평가하고 구매 혹은 개발에 대한 결정을 내리는 것이다. 큰 영역의 와들리 맵(여러 개의 맵일 수도 있다)을 함께 만들고, 그로부터 통찰과 관찰을 도출해야 한다.

이전과 같이 다음의 질문을 살펴보자.

- 어떤 도구가 가장 잘 작동할까? 공동 창작이 중요하므로 온라인 화이트보드를 사용하면 팀원이 입력하고 생각할 시간을 확보할 수 있다.
- 참가자들이 무엇을 기대하고 있나? 팀은 매핑 세션을 시도해 볼 의향이 있어 시간을 냈다.
- 와들리 매핑에 대한 입문서를 제공해야 할까? 그렇다, 이 그룹은 준비가 돼 있으며 배우기를 원한다. 배우려고 하는 그룹에게 벤 모시오르의 웹 사이트 링크 LearnWardleyMapping.com을 보내고, 맵을 만들어 보도록 권장하라.
- 미리 읽을 자료를 보내야 할까? 얼마나 자세한 내용으로 보내야 할까? 그렇다. 그러나 그러한 일에 과부하가 걸리지 않도록 주의하라. 기본 와들리 맵을 보내고 그 모양을 설명하라.

- 얼마나 자세히 진행해야 할까? 기본 가치사슬을 매핑할 것인가, 아니면 전 세계를 매핑할 것인가? 범위가 넓기 때문에 파이프라인이나 플로우 같은 고급 기술을 도입하지 마라. 가치사슬과 이동에 집중하라.
- 어느 정도 속도로 진행해야 할까? 시간 할당과 목표를 만들어라. 협력에 충분한 시간을 제공하고 60~90분 정도의 세션을 두 번 또는 세 번으로 분할하라(60~90분은 1세션에 적합한 시간이다).

미리 읽을 자료를 공유한 후 며칠 뒤에 세션을 시작한다. 일단, 참가자들이 그 자료를 읽었다고 가정하지 않는 것이 좋다. 팀은 큰 범위를 대상으로 매핑하므로 말하고 싶은 것과, 잃고 싶지 않은 아이디어가 있다. 당연한 패턴으로, 팀은 맵에서 중요한 통찰력, 이벤트 또는 위험을 포착한다.

필요한 만큼 많은 가치사슬을 식별하는 것은 훌륭한 기초다. 곧바로 서로 다른 관심사가 구체화 되고, 가치사슬을 분할하기 위해 3개의 다른 앵커(혹은 페르소나)가 생성된다. 일부 가치사슬은 2개 또는 3개의 페르소나에 적용되지만 괜찮다. 3개 또는 4개의 가치사슬 예제가 만들어지는데(유저 니즈에 대한 몇 가지 종속 기능이 있는 것), 팀이 시작하기에 충분하다.

팀은 이 주제에 대한 전문 지식이 있지만, 이번에 처음 한발 물러나서 유저와 기본적인 유저 니즈 대해 간단한 가치사슬을 만들었다. 고객 중심 분석은 올바른 접근법으로 보일 수 있고, 많은 설계자들도 그것을 당연하게 생각하겠지만, 그렇게 알고 있는 만큼 널리 실행되지 않는다.

팀은 가치사슬을 만들고 토론하며 수정하는 데 상당한 시간을 투자한다. 이것은 상대적으로 쉬운 활동이다. 와들리 매핑에서 가끔 진화 축 (x축) 상에 컴포넌트를 위치시키는 것이 어렵기 때문에 때로는 진화로부터 시작하지 않는 것이 가장 좋을 때도 있다. 가치사슬이 완성되면, 퍼실리테이터는 그것들을 와들리 맵에 추가해 효과성, 중요성, 움직임 및 구매할 것인지 개발할 것인지 등을 더 자세히 논의하게 한다.

기억해야 할 것은 매우 기술적인 사람들조차도 와들리 매핑에 어려움을 겪을 수 있다는 것이다. 그러나 가치사슬로 시작하면 항상 유익한 대화를 이끌어낼 수 있다. 가치사슬을 맵에 추가하는 것은 약간의 노력과 매핑 전문가의 도움이 필요할 수 있다.

세션 후 토론에서 팀원들은 2가지 중요한 감정을 공유했다. 첫째, "와들리 매핑은 좋습니다. 우리의 문제에 대해 완전히 다르게 생각하게 해 주었습니다." 그리고 둘째, "이제 맵을 이해할 수 있지만, 아직 그리는 것이 어렵습니다."

맵 작성은 조직의 요구사항과 기반 구조를 볼 수 있게 해주지만, 그리기 어렵기도 하고 완벽하거나 정확하지 않을 수 있다. 최선의 조언은 시도해 보고, 즐기며, 첫 세션에 좌절하지 말라는 것이다.

핵심요점

비즈니스에서 가장 일반적인 문제는 "하지만 나는 몰랐어."라는 말이다. 다르게 말해서 가장 큰 문제는 상황 인식이 부족하다는 것이다. 매핑은 상황을 인식하게 하고, 그룹에서 이를 논의하며 통찰력을 공유할 수 있는 강력한 힘이 된다.

주의사항으로, 매핑은 배우기 어렵고 마스터하기는 훨씬 더 어렵다. 맵을 읽고, 단순한 맵을 그리며, 컴포넌트와 가치사슬의 진화에 대해 동료들과 논의하는 것으로 연습해야 한다. 몇 가지 기본적인 단계가 있지만 너무 일찍 모든 단계에 들어가려고 하지 말자. 자신감을 가지고 스스로 배울 수 있는 여유를 가져야 한다. 추가로 다음과 같이 몇 가지 팁을 더 제시한다.

- **매핑에 너무 형식을 갖추려 하지 마라.** 최고의 맵은 리더십과 조직적 장애물을 관통하는 것이다.
- **연습에 두려움을 느끼지 마라.** 연필과 종이를 잡고 빠르게 맵을 그려 보라. 완벽하지 않아노 괜찮다. 처음에 그린 맵은 틀린 것이 아니 며, 그저 수정할 여지가 남아있을 뿐이다. 사실, 맵은 결코 '옳은' 것을 그릴 수 없으며 그럴 필요도 없다. 맵의 목적은 인사이트를 제공 하고 질문을 던지는 것이다.
- **모든 맵에는 적어도 하나의 이야기가 있다.** 당신의 일은 그 이야기를 찾는 것이며, 희망적으로, 당신이 주목하지 못했거나 고려하지 않 았던 결말이 있을 수도 있다.
- **다른 사람들을 참여시켜라.** 맵을 그리면서 대화하는 것은 항상 가치 가 있다. 유저 니즈에서 시작해서 무엇이 일어나는지 확인하자. 기 억하라, 맵을 작성하는 그룹의 일원인 경우, 맵 전문가가 되기 위한 도전이 아니라 맵에 대한 도전이 중요하다.
- **좋은 상황 인식은 강력한 힘이다.** 와들리 맵을 사용해 당신의 강력한 힘을 찾아라.

다음으로, 우리는 와들리 맵을 더 자세히 그리는 방법에 대해 자세히 알 아볼 것이다. 이미 와들리 매핑에 대해 매우 익숙하다면, 다음 장을 건너뛰 어도 좋다.

3장
와들리 맵을 만드는 방법

매핑은 어렵다. 누구든 매핑 전문가라고 주장하는 사람은 무시해도 좋다. 이 장에서는 매핑을 시작할 때 알아야 할 사항에 대해 자세히 설명한다. 물론 다른 기술과 마찬가지로 매핑도 훈련이 필요하다는 것을 명심하자. 더 많이 연습할수록 더 잘하게 된다.

이미 와들리 맵 작성에 대한 경험이 있다면, 이 장을 대충 훑어볼 수도 있다. 그러나 앞서 말했듯이 매핑에는 연습이 필요하다. 생각 이상으로 지속적으로 더 많은 연습이 필요하다. 따라서 매핑에 숙달된 전문가라 할지라도 이 장을 그냥 넘어가지 말고 자세히 살펴볼 필요가 있다.

맵의 구조

축

와들리 맵에서 y축(수직)은 유저에게 가시성을 나타낸다. 전통적인 가치사슬처럼 컴포넌트가 상위에 있을수록 유저와 더 가까이 있다. 예를 들어, 유저 경험이 형성되는 웹 페이지는 제일 위에 있고, 데이터베이스나 서버는 가장 아래에 있는 것과 같다.

x축(수평)은 더 복잡해, 진화의 4단계(I, II, III 및 IV)를 포함한다. 일반적으로 발생 단계, 맞춤개발 단계, 제품 단계, 상품 단계로 레이블이 지정된다(그림 3.1의 와들리 맵 내 빈 부분 참조). 레이블을 변경해도 되지만 진행은 비슷해야 한다. 이 내용을 보다 자세히 살펴보자.

I–발생: 대상은 생소하고 이해가 잘 되지 않으며 불확실하지만 미래 가치가 높을 가능성이 있다. 대상은 경이롭게 묘사되고 이러한 맥락에서 기존 시장에 있는 어떠한 것과도 다르다. 이것은 경쟁우위에 있어야 하며 충분히 실험돼야 한다.

II–맞춤개발: 더 많은 사람들이 이 대상을 소비하고 이해하기 시작한다. 시장이 형성되고 있으며, 잠재적 ROI*가 있다. 이해도가 높아짐에 따라 이용자는 대상이 제공하는 가치를 찾기 시작하지만 일관성은 없다. 이 단계의 핵심관점은 학습이다.

III–제품/대여: 시장이 커지면서 소비도 빠르게 늘어난다. 대상은 수익성이 있고, 새로운 기능으로 차별화할 수 있으며, 요구사항이 개선된다. 경쟁이 치열해지기 시작했고, 시장의 크기에 따라 이윤의 크기가 결정된다.

IV–상품/유틸리티: 대상이 널리 퍼져 있고 안정돼 있다. 성숙하고 정돈된 시장이다. 공급이 늘면서 이윤은 감소한다. 전기요금과 같이 사업 비용을 잘 관리해야 하는 운영 효율성이 가장 중요하며, 실수가 있어

---

* 투자자본수익률(ROI: Return On Investment): 경영성과 측정기준의 하나로서 순이익을 투자액으로 나눠서 구한다. 투자자본수익률이 높을수록 수익성이 높은 비즈니스라고 할 수 있다. – 옮긴이

서는 안 된다.

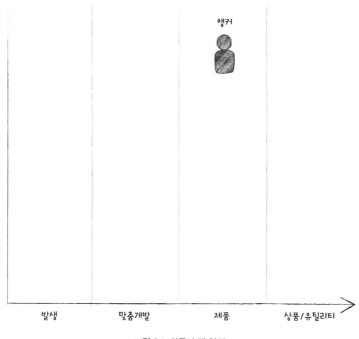

그림 3.1 와들리 맵 양식

위에서 언급한 것처럼 이 4단계의 레이블은 변경될 수 있지만 올바른 단계에 컴포넌트를 배치하는 것이 더 중요하다. 레이블은 정해져 있지 않으니 본인이 옳다고 생각하는 대로 정하도록 한다. 그래도 시작할 때 가장 쉬운 방법은 x축의 왼쪽(발생 단계)에 가장 흔하지 않은 요소를 배치하고, 오른쪽(상품 단계)에 더 일반적인 요소를 배치하는 것이다.

유저와 컴포넌트

대부분의 맵은 제일 위에 한두 명의 유저가 있다. 이들이 앵커이며, 가치사슬의 가장 높은 곳에 위치한다. 유저 페르소나와 같이 유저에 대해 자세히 논의하는 것이 도움이 된다. 유저에게는 니즈라는 컴포넌트가 있고, 해당 컴포넌트에는 종속성이 있다. 유저, 니즈, 종속성에 대한 전체 연결고리는 가치사슬과 같다.

카페를 예로 들어보면 다음과 같다.

- 고객은 뜨거운 음료(차) 한 잔이 필요하다.
- 차 한 잔은 컵, 약간의 차, 뜨거운 물이 필요하다.
- 뜨거운 물은 주전자와 물이 필요하다.
- 주전자는 전원 또는 열이 필요하다.

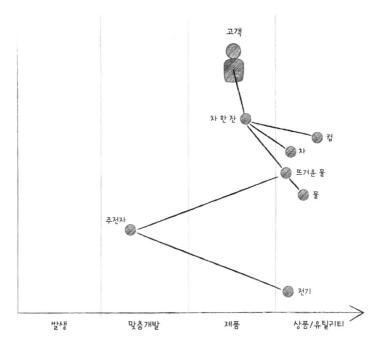

그림 3.2 카페의 유저, 요구사항 및 종속성

컴포넌트 간의 종속성은 종종 선이나 화살표로 표시되며, 어떤 것을 사용해도 무방하다. 일부 사람들은 또 다른 연계성을 표기하기 위해 종속성을 레이블에 추가하지만 반드시 필요한 것은 아니다. 너무 많은 정보를 맵에 추가하지 않아도 된다. 여러 유형의 컴포넌트가 있지만 컴포넌트를 설명하는 데 중점을 두는 것이 더 고급스러운 표기법이다. 예를 들어, 그 컴포넌트가 제작, 임대 또는 구매되는지에 대한 것들이다. 맵은 표현할 수 있는 다른 많은 측면이 있지만 매핑의 초기 단계에는 간단하게 시작하는 것이 좋다. 그림 3.2는 카페 맵의 예시이다.

움직임과 관성

가치사슬이 매핑되면 화살표를 추가해 x축을 따라 오른쪽으로 이동하는 컴포넌트를 표시할 수 있다. 이것은 제품이 더욱 상품화됨에 따라 미래의 진화를 나타낸다. 컴퓨터가 좋은 예다. 컴퓨팅 발생(비즈니스의 새로운 차별화 요소)에서 상품(클라우드 프로바이더로부터 임대하는 것)으로 이동하는 데 40년이 걸렸다.

컴포넌트가 x축에서 오른쪽으로 이동하는 것을 방해해는 것들을 맵의 관성으로 표현하는 것도 중요하다. 관성은 일반적으로 규제, 회사문화, 비용, 성숙되지 않은 기술 등과 같은 것들이다. 관성은 컴포넌트 오른쪽에 블록을 배치해서 표현한다.

관성은 여러 가지 이유로 발생할 수 있다. 때로는 맵에 이유를 적는 것도 도움이 된다. 그림 3.3에서 직원은 서비스 속도를 높이기 위해 주전자를 업그레이드하려고 한다. 관성점은 카페 주인이 이 가치를 알아보지 못하고 업그레이드를 막는 것이다.

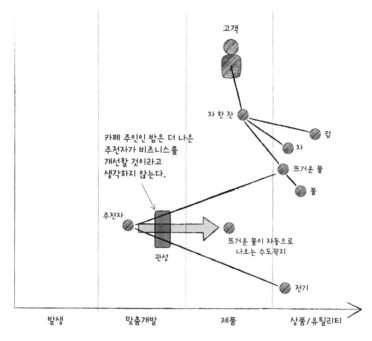

그림 3.3 x축을 따른 블록(관성점)의 예

팀과 개척자/정주자/계획자의 오버레이

맵이 기본 모양을 갖추었다면 2개의 관점(둘 중 하나 또는 둘 다)을 맵에 오버레이시키는 것이 종종 도움이 된다. 팀 오버레이는 A팀이 여기서 일하고 B팀이 저기서 일하는 식으로 표시한다. 어떤 팀이 무엇을 하는지 확인하면 기술 소유권에 대한 책임이 맞는지 평가하는 데 도움이 된다. 모든 사람이 모든 것을 소유하고 있다면 문제가 있는 것이다(소유권이 없는 경우도 마찬가지).

'차 한 잔' 시나리오에서 그림 3.4는 '주문대'과 '주방'이라는 2개의 서로 다른 그룹을 볼 수 있다. 이것은 아주 명확한 그룹이다. 맵에서 겹쳐지거나 맵 전체에 있는 팀을 식별할 수 있다. 이것은 팀이 잘못된 작업을 수행하고 있거나 너무 얇게 분포됨을 나타낸다.

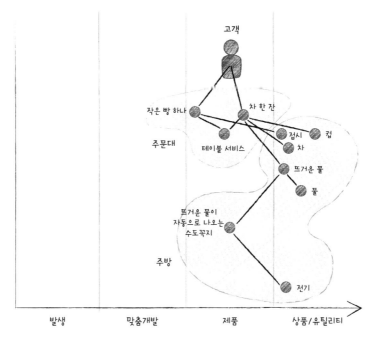

그림 3.4 팀 오버레이

두 번째 오버레이는 팀과 개척자/정주자/계획자PST, Pioneer/Settler/Town Planner
이다. 계속 진행하면서 이에 대해 더 논의하겠지만, 간단히 설명하면 다음과
같다. 개척자는 불확실성을 좋아하고 새로운 것을 구축하는 것을 좋아한다.
이들은 '최초의 X'를 만들 가능성이 높다. 정주자는 확장력이 있다. 이들은
개념을 다듬고, 강화하고, 이해한다. 정주자는 이들이 배운 것을 공유하는
데 관심이 있다. 이들은 고객의 말을 듣고 그들이 좋아하는 것을 만들고 '그
환상적인 제품'을 만들 가능성이 높다. 계획자는 잘 정의하는 것에 능하다.
이들은 잘 이해된 개념을 산업화하고 신구직인 딤을 위한 컴포넌트를 만든
다. 이들은 빠르고, 저렴하고, 고장이 나지 않는 것을 만들 가능성이 높다.

세 그룹 모두 동일하게 중요하고, 잘 숙련됐으며 비판적이다. PST 오버
레이가 팀 오버레이와 결합되면 개척자 팀이 상품을 만들고 있거나, 계획자

팀이 맞춤형 설계에 대해 고민하고 있음을 알 수 있다. 만약 여기서 불일치가 발생한다면 작업이 힘들어지는 요인이 된다.

그림 3.5에서는 '차 한 잔' 시나리오에 장인이라는 요소를 포함한다. 개척자/정주자/계획자 렌즈도 추가됐다. 구매자는 불확실한 환경속에서 새로운 재료를 찾으려고 노력하므로 '개척자'다. 주문대는 매우 고객 중심적이며 해야 할 것과 하지 말아야 할 것을 배우는 전형적인 '정주자'이다. 주방은 효율성, 작은 실패, 확정된 프로세스에 중점을 둔 '계획자'를 의미한다. 세 그룹 모두 서로 다른 방식으로 카페의 성공에 중요한 역할을 한다.

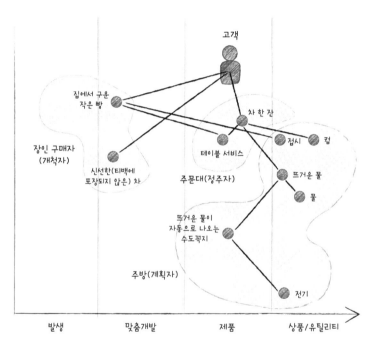

그림 3.5 개척자/정주자/계획자(PST)의 오버레이

파이프라인

또 다른 유용한 매핑 요소는 파이프라인이다. 파이프라인은 일반적으로 단순한 변화가 아닌 명확한 진화 경로가 보일 때 컴포넌트의 지속적인 진화를 보여준다.

그림 3.6은 파이프라인으로 표현된 차의 컴포넌트를 보여준다. 왼쪽의 신선한 차(또는 티백에 포장되지 않은 차)는 참신하고 멋진 피라미드 모양의 티백에서 일반 티백으로 진화한다. 비용은 왼쪽이 높고 오른쪽은 낮을 가능성이 크다.

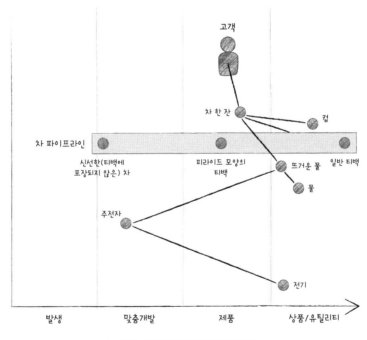

그림 3.6 맵 상에 표시된 파이프라인 예시

파이프라인의 오른쪽은 더 많은 대중 시장의 차를 포함하며 더 진화된 상태를 나타낸다. 파이프라인은 신선한 차(또는 티백에 포장되지 않은 차) 혹은 티백의 영역에 좌우로 조정해 선택할 수 있는 슬라이더로 생각할 수 있다. 이

슬라이더에서는 신선한 차와 티백이라는 2개의 컴포넌트를 함께 선택할 수 없다. 맵을 보면 파이프라인에서 예제로 사용할 컴포넌트 하나를 선택해서 보여준다(그림 3.6).

서브 맵

맵이 복잡해지면 서브 맵^{Sub map}을 만들어야 할 수도 있다. 그림 3.7에서 주방의 컴포넌트를 서브 맵에 대한 주석으로 대체했다.

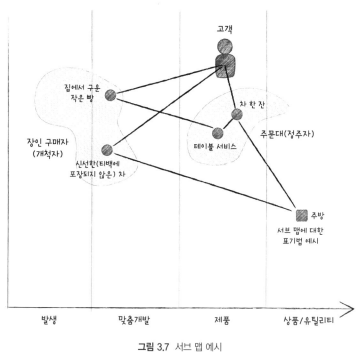

그림 3.7 서브 맵 예시

보통 서브 맵은 기본 맵에 사각형으로 표시되거나 단순히 주석을 통해 표시된다. 서브 맵은 별도의 보드나 종이에 만들어 두고 꼭 마스터 맵^{Master map} 가까이에 둬야 한다.

와들리 매핑 그리드

와들리 매핑의 이해를 위해 한가지가 필요하다. 이것은 회사에 도입하고자 하는 용기를 갖는 것과 다르다. 누군가 이것을 리더십 팀에 도입하려고 하고, 당신이 회사에서 쫓겨나지 않는다면 효과적일 것이다. '스택 매핑' 기술 (이 장의 마지막에서 다시 이야기할 것이며, 15장에서 다시 다룬다)은 엔지니어와 함께 매핑할 때 효과적이며, 완전히 적용하기 위해서는 몇 명의 설계자, 선임 엔지니어 또는 기술 책임자가 필요하다.

와들리 매핑 그리드 기술은 맵의 접근성을 높이고, 대화를 단순화하는 데 도움이 된다(그림 3.8 참조). 맵을 그리드로 나누고 간단한 참조를 제공한다.

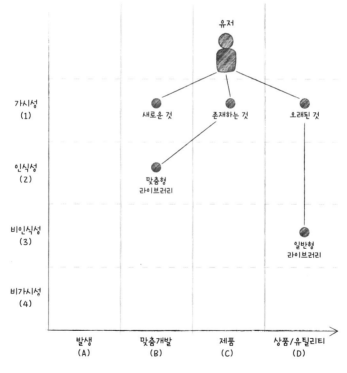

그림 3.8 와들리 매핑 그리드 예시

1. **가시성**: 유저에게 가장 가깝다. 컴포넌트가 유저에게 표시된다.
2. **인식성**: 유저는 이 컴포넌트를 알고 있을 수 있다.
3. **비인식성**: 유저가 컴포넌트를 인식하지 못할 가능성이 높다.
4. **비가시성**: 유저에게 컴포넌트의 가시성과 지식이 없다.

다음으로 발생을 A로, 맞춤개발을 B로, 제품/렌탈을 C로, 상품/유틸리티를 D로 표시한다. 이 간단한 시스템의 의도는 군함을 조종하는 것과 유사하다. 예를 들어 기술 스택에 대해 논의할 때 맵 개발자는 시스템의 심성 모형*을 신속하게 파악하고 공통 이해로부터 시작할 수 있다. 예를 들면 다음과 같다.

- 새로운 머신러닝 컴포넌트는 현재 A2에 있다. 유저가 이를 알고 있으며 발생 영역에 있다. 좋다, 우리는 이것을 더 잘해야 한다.
- 6년 전에 계약자가 작성한 자바^Java 시스템은 B3에 있다. 유저는 알지 못하며 맞춤개발됐다. 이것을 변경해야 하는데, 유지보수 시간으로 인해 다른 것들이 차단되고 있기 때문이다.
- 멋진 UI는 C1에 있다. 유저가 사용할 수 있고 우리도 매우 잘한다. 여기가 UI의 최적 지점이다.
- 로깅 시스템은 D4에 있다. 유저는 이를 보거나 신경 쓰지 않는다. 이것은 완전한 상품으로 우리가 직접 개발한 것이 아니다.

이 간단한 시스템은 팀과 함께 사용할 수 있으며, 잠재적인 움직임을 표현하기 쉽다. "우리는 컴포넌트를 B3에서 C3로 옮기는 규칙을 리팩토링† 해

---

* 어떤 일을 할 때 벌어질 예상 가능한 경로 뿐 아니라 예측 불가능한 상황이 벌어졌을 때 대처 방법을 생각해보는 것을 말한다. – 옮긴이

† 리팩토링(Refactoring) : 겉으로 드러난 동작은 바꾸지 않고, 유지보수를 위해 내부적으로 코드를 알아보기 쉽게 만들어 단순화, 모듈화 또는 효율을 높이는 등의 작업을 의미한다. – 옮긴이

야 한다. 그러면 우리는 이것을 업그레이드할 수 있고, 운영비용을 절감할 수 있다." 이 그리드를 몇 번 사용한 후 엔지니어는 보드에 4X4 그리드를 그리기 시작하고, 토론 중에 스택을 그릴 수 있다. 이는 업그레이드 여정을 통해 무엇을 리팩토링하고 성로 차트를 만들 것인지 토론하는 데 사용된다.

우리는 이 기술을 '팀의 현재 위치를 확인하고' 다음에 해야 할 일을 결정하는 데 도움을 주기 위해 수년간 사용했다. 이 기술은 형식에 얽매이지 않고 스티키 노트 메모를 컴포넌트로 사용해서 화이트보드에 구성하는 방식으로 팀 협업을 할 때 가장 잘 작동한다. 이벤트 스토밍*과 마찬가지로 이 전략은 사람들을 참여시키고 빠르게 상호작용하게 한다.

시작을 위한 팁

매핑을 시작하는 가장 좋은 방법은 화이트보드를 사용하거나 종이와 연필을 활용하는 것이다. 가상 매핑에 사용할 수 있는 몇 가지 멋진 도구가 있지만 초기단계에서는 단순하게 유지하는 것이 중요하다.

매핑을 할 때 다음의 3가지 문구를 기억하자.

다른 아이디어를 수집하라: 맵을 복사하지 말아야 한다. 조직의 종속성을 이해하려면 다른 맵이나 문서를 사용하도록 한다. 예를 들어 모바일 앱에는 몇 가지 주요 종속성이 있을 수 있다. 머지 않아 매핑 커뮤니티는 이러한 공통 패턴을 공유해 초보 맵 개발자를 성장시킬 것이다.

---

* 이벤트 스토밍(Event Storming) : 복잡한 비즈니스 도메인과 시스템을 빠르게 설계하기 위한 협업 기술로서 비즈니스 분석가, 개발자, 도메인 전문가 등 다양한 이해관계자가 모여 문제에 대한 공유된 이해를 바탕으로 시스템을 구성하는 핵심 이벤트, 엔터티, 행태 등을 파악하는 워크숍 기반 방법론이다. - 옮긴이

맵을 통해 협업하라: 실용적인 협업 세션을 설계하는 것이 필수적이다. 고려해야할 몇 가지 주요 영역이 있다. 사람들이 미리 읽을 수 있는 간단한 준비 작업이나 상황에 맞는 자료를 제공한다. 서두르지 말고 맵을 만드는 데 충분한 시간을 할애하게 한다. 모두가 맵 작성에 참여하는 것이며, 발표하는 것이 아님을 상기시킨다. 마지막으로 공정하게 진행한다. 참가자들이 말하고, 주장하고, 맵에 그 내용을 추가하도록 한다. 모든 제안을 환영하게 하고, 아이디어를 무시하지 말아야 한다. 좋은 회의와 마찬가지로 좋은 매핑 세션은 참가자가 충분히 기여할 준비가 돼 있는가에 달려있다. 퍼실리테이터는 모든 참가자들이 매핑 작업을 서두르지 않고 공유할 수 있도록 충분한 시간을 할당해야 한다.

스토리로 제시하라: 몇 주 또는 몇 달 후에 스토리가 여전히 의미가 있는지 확인하기 위해 맵을 확인한다. 맵이 즉시 머릿속에 스토리를 풀어낸다면 좋은 징조이다. 맵을 이해하는 데 시간이 걸리는 경우에는 맵을 다시 검토하거나 새로운 맵을 만들어야 할 수도 있다. 두 번째 테스트는 첫 회의에 참석하지 않은 사람에게 맵을 보여주고 맵의 스토리를 이야기하게 하는 것이다. 그들이 해냈을까?

와들리 맵에 가치 플라이휠의 적용

종종, 회사가 어떻게 탄생했는지에 대한 이야기는 특별한 출발점과 함께 간단한 이벤트 시리즈로 회자된다. 다른 이벤트에 영향을 미치는 더 작고, 상호 연결되거나 분산된 이벤트가 많이 있다. 이들은 기업이 '전환 스토리'를 말할 때 종종 간과된다. 가치 플라이휠 효과는 이러한 이벤트 중 하나다. 이는 회사 전략의 외부에 존재하며, 종종 변화와 성공을 주도하는 엔진 역할을 한다. 플라이휠을 시작하려면, 조직이 강력한 가치사슬을 보유하거나 실행에 대한 욕구가 있거나 혹은 여정을 계속하려는 의지를 가져야 한다.

우선 가치사슬을 식별하는 것부터 시작한다(그림 3.9 참조). 가치사슬은 매우 산만하나. 회사의 이해관계자를 위해 명확한 비스니스 목표와 계획이 있어야 한다. 계획을 정확히 실행하기 위해서 몇몇의 효과적인 인재와 팀이 필요하다. 이 팀들은 자신을 도울 기술이 필요하며, 기술은 효과적으로 작동해야 한다(즉, 계속 넘어지지 않아야 한다).

그림 3.9 간단한 이해관계자 가치사슬

그림 3.9에서 가치사슬을 가져와 와들리 맵(그림 3.10)으로 변환하면, 잠재적 관성점만이 아니라 집중해야 할 사항을 평가할 수 있다. 맵 가장 위에는 가치사슬의 이해관계자가 자리한다. 요소들을 왼쪽에서 오른쪽으로(또는 x축을 따라) 배치하는 것은 해당 요소가 얼마나 잘 개발됐는지에 따라 달라진다.

우리 방법대로 작업해보자. 첫째, 조직은 명확한 비즈니스 목표와 가치 제공에 전념하는 싱글 스레드 리더십*이 필요하다(가치 플라이휠의 첫 번째 단계). 그림 3.10에서 이것은 파이프라인으로 표시된다. 비즈니스 목표는 단계 값으로 표시되는데, 가장 야심찬(어려운) 목표가 맨 왼쪽(발생)에 위치하고, 다룰 수 있는 달성 가능한 목표가 맨 오른쪽(상품)에 위치한다.

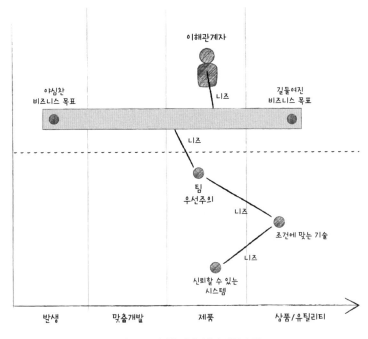

그림 3.10 간단한 이해관계자 와들리 맵

---

* 싱글 스레드 리더십(Single-threaded leadership): 한 개인이 특정 프로젝트를 처음부터 끝까지 주도하고 책임지는 관리 방법론으로서 리더는 프로젝트의 유일한 책임자이자 의사결정자로서 프로젝트 성공과 실패에 전적인 책임을 가진다. - 옮긴이

팀은 목표에 대해 명확성을 가져야 한다. 북극성 프레임워크(5장 참조)가 도움이 될 수 있다. 높은 수준의 비전에서 제시되는 후행 지표는 팀이 추적하고 개선할 수 있는 더 작은 선행 입력 지표와 연결돼야 한다. 즉, 모든 지표는 실시간으로 대시보드에 표시돼 관찰 가능해야 한다. 전체 시스템에 실친 투명한 원격 측정 시스템은 모든 인원이 당면한 목표에 집중할 수 있게한다. 비즈니스 결과가 실시간으로 표시되지 않거나 수동으로 생성해야 하는 경우는 데이터 기반으로 운영되는 회사가 아니다. 클라우드 상의 모든 소프트웨어들은 세분화된 기록을 남긴다. 당신은 그것들을 활용하기만 하면된다.

조직의 목표 또는 북극성이 맵의 왼쪽(발생 방향)으로 움직일수록 그 목표는 시장에서 더욱 특별해진다(그리고 잠재적으로 더 가치 있다). 그러나 목표 아래의 컴포넌트가 너무 왼쪽에 있으면(즉, 목표를 달성하는 데 필요한 요소가 여전히 너무 비싸거나 너무 많은 수고가 필요한 경우 등) 비즈니스 목표가 너무 멀게 보일 수 있다. 이는 곧 필요한 자원을 공급받지 못할 수 있음을 의미한다.

이 맵의 최고 성과는 왼쪽에 비즈니스 목표를 두고 나머지 모두가 오른쪽에 위치하는 것이다. 이것은 시장에서 독특하고 잠재적으로 매우 가치가 높지만(맵의 발생에서) 상품과 제품의 소비를 통해 쉽게 지원할 수 있는 목표를 나타낸다(즉, 비즈니스 목표를 지원하기 위한 맞춤개발이 필요 없다).

잠시 다른 이야기에 시선을 돌려보자. 전기 자동차 시장을 바꾸는 데 왜 테슬라Tesla가 필요한가? 전에도 많은 시도들이 있었지만 실패했다. 2003년 테슬라가 설립됐을 때의 아이디어(비즈니스 목표)는 더 좋고, 더 빠르고, 더 재미있는 전기 자동차를 만드는 것이었다. 2003년 이 아이디어는 발생 단계에서 확고히 자리 잡았다. 테슬라는 또한 그들의 아이디어를 실현하기 위해 배터리, 자동차 소프트웨어 및 모터라는 3가지 기본 컴포넌트가 진화해야 한다는 것을 인식했다. 테슬라는 사업초기에 이러한 기본 컴포넌트를 오른쪽으로 이동하도록 계획했고, 전기 자동차를 상품으로 만들 수 있었다(발생과 맞춤개발을 통해).

목적을 명확하게 설정한 후에는 사람에 대해 생각해야 한다(가치 플라이휠 2단계: 도전과 환경). 많은 조직에서 관찰됐듯이 팀 우선주의는 강력한 가치 전달 단위를 만들어 준다. 그러나 다양하고 다기능적인 팀은 지원을 받을 때, 즉 심리적으로 안정된 환경이 만들어질 때만 성과를 발휘할 수 있다. 이 2가지 요소(팀 우선주의와 심리적으로 안정된 환경을 만드는 것)는 비즈니스 도전에 대처하는 데 필요한 환경을 조성해준다.

다음으로, 이러한 팀은 마찰이 적은 환경에서 작업해야 한다. 즉, 불필요한 추가업무와 업무 인계 없이 작업을 효율적으로 실험하고 수행할 수 있는 곳이어야 한다(힌트: 낮은 마찰을 달성하는 하나의 방법은 다른 팀, 즉 지원 팀이 지속적으로 개선될 수 있도록 작업을 도와주는 것이다).

팀 우선환경에서는 멋진 일이 일어날 수 있지만, 기술 전략이 팀의 발전을 방해하지 않고 앞으로 나아갈 수 있도록 보장해야 한다(가치 플라이휠의 3단계: 다음 최선의 실행). 팀의 엔지니어링 수준은 높은 수준을 유지해야 한다. 단순히 과거 기술이 다른 플랫폼으로 전환된 것이 아니다. 여기에 서버리스 우선 접근 방식이 도움이 된다.

사람들과 그들이 사용할 기술에 대해 생각했다면 이제 위험을 해결하는 방법에 대해 생각할 때이다. 예를 들어 복잡한 클라우드 시스템을 구축할 때 위험은 신속하게 완화돼야 한다. 환경은 언제나 변화하므로 보안, 비즈니스, 유지보수 및 규정 준수와 같은 위험을 지속적으로 평가하고 미리 파악하는 것이 중요하다. 감소된 위험은 지속적인 장기적 가치로 이어진다(가치 플라이휠의 4단계: 장기적 가치).

맵 컴포넌트 목록의 다음은 플랫폼이다. 이 시스템은 유지 및 지속 가능해야 한다. 고객의 규모가 3배로 빠르게 증가하면 어떻게 되는가? 모든 것이 확장될 수 있는가? 수동 온보딩 프로세스*가 고객을 방해한다면 훌륭한 소프트웨어 시스템을 보유하는 것은 의미가 없다. 플랫폼은 잘 알려져 있고, 잘 이해되고, 잘 실행돼 가능한 한 맵의 오른쪽에 위치해야 한다. 플랫폼이 만약 새로운 것(맵의 왼쪽)으로 인식돼 있다면 문제가 있는(혹은 시스템 오류) 것이다.

맵의 3가지 스타일

이 책 전반에 걸쳐 우리는 가치 플라이휠의 서로 다른 단계에서 맵을 사용해서 개념을 설명하고 상황에 대한 인식을 향상시키는 3가지 스타일(스택 매핑, 조직 매핑, 시장 매핑)의 맵을 사용할 것이다. 3가지 스타일은 각기 세부 단계 내용이 다르다.

스택 매핑

가장 낮은 세부 단계는 스택 매핑이다. 이 맵은 범위가 매우 좁고 상대적으로 잘 정의돼 있다. '스택 매핑'은 일반적으로 소프트웨어 팀 내에서 발생한다. 소프트웨어 스택을 살펴보고 소프트웨어가 진화함에 따라 움직임과 관성을 예측하는 방법이다. 소프트웨어 시스템은 정적이지 않으며, 지속적인 유지보수가 필요하다.

---

* 온보딩 프로세스(Onboarding Process): 신규 고객이 우리 제품, 서비스에 적응해 사용하는 것을 의미한다. 수동 온보딩 프로세스는 신규고객의 구매결정에 장애 요인이 되기 때문에 온보딩 프로세스 자동화를 통해서 쉽고 편리하게 시스템을 사용할 수 있도록 하는 노력이 필요하다. – 옮긴이

사례

어떤 한 은행이 노후화된 시스템을 보유하고 있어 업데이트가 필요하다. 기존 웹 사이트는 핵심 시스템의 일부이며 10년 이상 업데이트되지 않았다. 엔지니어들은 시스템이 너무 복잡하다고 말한다. 사실 매우 복잡해서 다시 구축하는 데 5년은 걸릴 것이다. 사업주는 이에 분노하면서도 시스템을 운영하기 위해 많은 돈을 지불하고 있다. 사업주는 고객들에게 불만스러운 경험과 문제에 대한 피드백을 받는다. 유일한 방법은 컨설턴트 군대를 파견받는 것이다. 이들은 현재 5개년 계획에 대한 멋진 파워포인트 프레젠테이션을 갖고 있지만 어떻게 시작해야 할지 아직 확신할 수 없다(또한 컨설턴트 군대로부터 막대한 청구서를 받은 상태다).

두 번째 접근 방법은 기술적인 주도권을 잡고 스택을 매핑하는 것이다. 고객(유저)에서 시작해서 하위시스템까지, 프론트엔드에서 기본 API호출까지 UX의 가치사슬을 이끌어 낸다. 이것은 우리에게 2가지를 보여줄 것이다. (1)시스템이 얼마나 잘 분리돼 있는지, 그리고 (2)팀 간에 책임이 잘 분담돼 있는지.

여기서 전형적인 패턴은 '문제의 똥덩어리'이다. 모든 것은 다른 모든 것에 달려있고, 모두가 모든 것을 하고 있는 상태이다. 이것은 '대체가능성'에 대한 훌륭한 정의처럼 들릴 수 있지만 대체가능성은 모든 것이 상품일 때에만 작동한다. 그 자체가 복잡하거나 복잡한 시스템이 있으면 재앙이다.

가치사슬이 매핑되고 컴포넌트와 컴포넌트가 어떻게 진화했는지 식별하면 관성점을 추가할 수 있다. 일반적인 관성점은 시스템 제약으로, 'X는 Y에 의존하기 때문에 X를 대체할 수 없다.'와 같다. 종종 시스템을 교체하려면 종속성을 깨야 한다. 그러면 컴포넌트를 쉽게 교체할 수 있다.

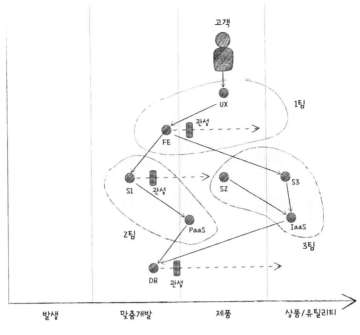

그림 3.11 스택 매핑 예시

이 시점에서 가장 중요한 것은 기술 리더로 가득 찬 방에서 그림(그림 3.11 과 같은)을 앞에 두고 다음과 같은 질문을 해야 한다는 것이다.

- 기술 스택의 핵심 컴포넌트는 무엇인가?
- 팀이 올바르게 조직됐는가?
- 우리 비즈니스의 차별화 요소는 무엇인가? (멋진 로깅 프레임워크는 개 발자를 만족시킬 수 있지만 최고재무책임자를 설득하기는 어렵다)
- 아키텍처를 발전시키기 위해 무엇을 해야 하나?
- 어디에 관성점이 위치하는가?*

---

* 질문의 답에 대해서 306페이지에서 더 배울 수 있다. 그리고 16장의 리버티 뮤추얼 사례 연구에서 실제 시 나리오를 읽어볼 수 있다.

실행

시스템을 발전시키는 것은 당신이 오랫동안 산 집을 유지하고 업그레이드 하는 것과 같다. 당신은 고쳐야 할 많은 것들을 알고 있다. 일부는 중요하고 (다락방을 좋게 꾸미기), 일부는 작다(정원에서 작은 나무 제거). 일부 작업은 시급하고(물이 새는 샤워기 교체), 일부는 그렇지 않다(창틀 페인트 다시 칠하기). 적절한 목록을 작성하고 샤워기를 고칠 때 싱크대의 수도꼭지도 교체해야 하는 것을 이해하는 것이 중요하다. 창틀 페인트를 다시 칠하려고 하면 썩은 곳이 드러날 수 있으며 이는 훨씬 더 큰 작업일 것이다. 작업이 필요한 영역을 매핑하고 해당 영역이 얼마나 중요한지 결정하고 작업을 진행하는 것이 핵심이다.

스택이 매핑된 상태에서 기술 리더들은 이제 주요 관찰 및 니즈를 목록으로 갖게 됐으며, 이해하기 쉬운 순서로 문제를 해결할 수 있다. 이러한 각 관찰에는 작업해야 할 많은 기술적 세부사항이 있지만 스택 맵은 기술 리더들에게 새로운 통찰력을 제공할 것이다.

조직 매핑

다음 단계는 조직을 매핑하는 것이다. 팀에 필요한 작업을 수행할 수 있는 구조나 올바른 기능이 없을 수 있으므로 스택 매핑을 한 후에 이 단계를 수행하는 것이 좋다. 팀이 제품 또는 이벤트를 중심으로 구성하는 방법을 매핑할 수도 있다. 이 맵은 조직이 어떻게 구성돼 있고, 누가 무엇을 할 수 있는지를 밝힐 것이다. 가장 중요한 점은 "우리가 올바르게 일하고 있는가?"에 대한 질문을 다루기 시작한다는 것이다.

사례

한 프로젝트의 기술 리더들이 이제 막 중요한 마일스톤에 도달했으며, 그들이 만든 클라우드 네이티브 시스템이 초기 기대치를 훨씬 뛰어넘는 성능을 발휘하고 있다. 프로젝트가 진행되는 동안 그들은 직원들이 새로운 기술을 이해하고 새로운 패러다임 변화에 익숙해질 수 있도록 몇 가지 내부 기술 콘퍼런스를 운영하기로 결정했다. 모두가 내부 행사를 좋아했다. 동료들 이야기를 들을 수 있는 하루, 푸짐한 간식, 그리고 마지막 파티, 최고의 이벤트! 이제 외부 기술 회의를 조직할 기회가 생겼다. 이것은 전혀 다른 문제다. 운영자 중 한 명이 묻는다, "이전과 동일하게 진행하면 되나요?" 그렇게 할 수도 있지만, 외부 콘퍼런스는 내부 콘퍼런스와는 다른 니즈가 있다. 현명한 사람은 이 시점에서 어떤 일을 해야 하는지 맵을 그려볼 것을 제안할 것이다. 필요한 것들을 매핑해보자.

고객의 니즈로부터 출발한다. 첫 번째 질문은 콘텐츠에 관한 것이다. 이 이벤트가 매력적인가? 하루를 쉬고 티켓 비용을 지불할 가치가 있는가? 이것이 의사결정 장애요인이 될 수 있다. 다음으로 연사는 누구든 상관없는가? 또, 고객에게 어떻게 마케팅할 것인가? 아무도 알지 못한다면 멋진 이벤트를 개최하는 의미가 없다! 장소 규모는 충분한가? 고객들에게 어떻게 티켓을 구매하도록 할 것인가? 음식은 있어야 하는가? 그 외에 또 다른 멋진 것이 있는가? 공중책임보험은 어떻게 되는가? 행동지침은 어떻게 설정해야 하는가? 행사장 안내도 같은 경우는? 이 모든 것들이 회사 내부 행사에는 적용되지 않는 무수한 질문들이다.

이 특정 이벤트를 중심으로 사람들이 조직되는 방식을 매핑하는 것이 얼마나 유용한지 알 수 있다. 사람들을 조직하는 부분을 매핑할 때, 특정 프로젝트 또는 특정 작업 영역에 대한 매핑만 가능하다. 이 사례에서는 이벤트 참가자부터 시작해 그들의 니즈를 파악한다. 일부 니즈는 즉각적이고(콘텐츠의 품질) 일부는 숨겨져 있다(식품 품질). 예산도 고려해야 한다.

이제 여러 가치사슬을 그릴 수 있으며, 일부 영역은 슬라이딩 스케일(파이 프라인)로 표시할 수 있다. 주최자만이 이벤트 성공에 필요한 중요 사항과 배제해야 하는 항목(예: 많은 소프트웨어 아키텍트들이 점심 만드는 것을 원하지 않음)을 표시할 수 있다. 이 맵은 이벤트를 관리하는 데 도움이 되고 서로 다른 영역에 대한 명확한 책임이 있음을 보여준다.

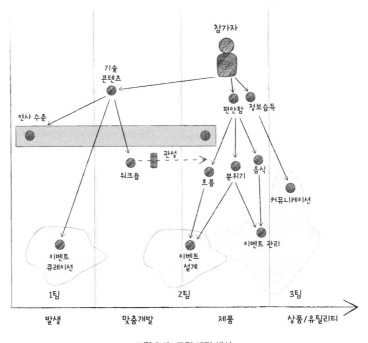

그림 3.12 조직 매핑 예시

이 시점에서 당신이 그린 맵이 그림 3.12와 같은 모양이 된 후, 몇 가지 중요한 관찰을 할 수 있다.

- 이벤트 큐레이션은 성공의 핵심 지표이다.
- 기술 리더들은 스스로 이벤트를 관리할 수 없다.

- 연사 수준에 대한 슬라이딩 스케일(파이프라인)이 있다. 포함할 주제와 초대할 사람을 결정해야 한다.
- 팀 구성에 대한 아웃라인이 필요하며, 이러한 가정 하에 이벤트가 실행된다.

실행

위에서 제시한 사례는 단순한 이야기일 수 있다. 그러나 팀과 역량을 최상으로 설계하는 것은 어렵다. 맵은 고객의 니즈와 그 니즈가 얼마나 잘 전개됐는지 명확하게 보여준다. 이러한 모든 니즈는 당연히 아주 중요하다. 의사소통이 없으면 이벤트도 없다. 여기에서 중요한 것은 역량이다. 마케팅, 커뮤니케이션 및 PR분야에서 소프트웨어 아키텍트를 훈련할 가치가 있는가? 아니면 전문가를 고용하는 것이 더 효율적인가? 소프트웨어 아키텍트는 이벤트 조직이 아닌 주제 전문가이다.

맵은 이벤트를 실행하는 데 필요한 기능을 명확하게 보여주므로 현명한 팀은 기술 전문가들을 콘텐츠에 집중하도록 하고, 다른 부분은 이벤트 회사나 혹은 그와 비슷한 전문가를 고용할 것이다. '스택 매핑' 사례의 필수적인 추가사항은 연속적인 확장이다. 이는 결정적 속성이 아니라는 것이다. 확장의 일부이기 때문에 무엇을 목표로 할 것인지에 대한 결정이 필요하다.

시장 매핑

가장 높은 수준의 매핑은 시장에 대한 매핑이다. 이것은 광범위한 범위를 다루기 때문에 아주 복잡하다. 매핑의 가장 중요한 도전은 매핑하지 말아야 할 대상을 아는 것이다. 맵으로 '바다를 끓이는 것'에 쉽게 빠져버릴 수 있다. 그러므로 첫 번째 질문을 회사가 아닌 고객이나 유저에 초점을 맞추는 것이 좋다.

사례

모든 것에 대한 디지털화는 수십 년 동안 끊임없는 대화 주제였다. 기술 발전에 대한 소식은 끊이지 않는다. 많은 은행이 지점 폐쇄에 대해 논의했으며, 고객들을 이유로 실패했다. 디지털 채널로의 점진적 전환이 임박했지만 중대한 강제 집행이 기다리고 있었다. 전 세계적인 코로나19 대유행으로 인해 모든 은행 지점이 몇 달 동안 문을 닫았고, 당시 많은 은행의 디지털 시스템이 시험대에 올랐다.

은행에 들어가서 줄을 서서 차례를 기다리는 패턴은 오랫동안 존재해 왔다. 우리는 종종 복잡한 조치를 취해야 하고 이때 창구 직원의 도움이 필요하다. 은행원이 할 수 있는 일 중에서 해당 은행의 웹 사이트에서 할 수 없는 일이 있다는 것은 누구나 알고 있다. 그러나 웹 사이트에서 모든 것을 할 수 있고, 대면 경험이 디지털로 대체되는 것은 시간문제이다.

은행 업무에 대한 고객의 니즈는 주로 개인의 재정 관리이다. 내 돈과 재정 문제를 관리할 수 있도록 돕는 일과 은행 상품 및 서비스에 대한 정보 제공, 저축, 월급, 지출, 장기 구매(예: 집)를 돕는 일 등 고객중심 관점을 취하면 이러한 니즈를 쉽게 매핑할 수 있다. 이러한 니즈는 다른 컴포넌트에 따라 달라지며, 대부분 온라인으로 수행할 수 있다. 여기에는 보안과 유저 경험, 응답성과 같은 해결해야 하는 문제가 존재한다.

그러나 만약 업무가 중단된다면 어떻게 될까? 다른 은행이나 핀테크 스타트업, 또는 빅테크 기업의 도전이 있을 수 있을까? 진전을 방해하는 관성이 있을까? 문제는 무엇이며 혹은 문제가 해결될 때까지 기다려야 하나? 주의할 위험 신호는 무엇인가? 우리는 놀라고 싶지 않다. 인공지능(AI)이 개인 뱅킹을 완전히 혁신할 것인가? 만약 그렇다면 어떤 방식으로 이뤄질 것인가? 무엇이 가능할까? 음성, 컴퓨터 이미지, 머신러닝 혹은 로봇 공학 등 어떤 종류의 AI를 말하는 것인가? 기존 채널(예: 음성)이 새 장치(예: 텔레비전)에 표시되는 것처럼 간단할 수 있을까? 이 모든 것들이 결정과 개발의 지뢰밭이다. 이는 확실히 SWOT분석으로 해결할 수 있는 것은 아니다. "우리의 강점은 기술이다, 따라서 괜찮을 것이다."라고? 절대로 그럴 리 없다.

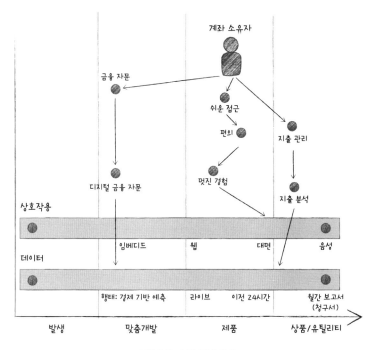

그림 3.13 시장 매핑 예시

실행

그림 3.13에 나와 있는 파이프라인은 2가지 주요 컴포넌트가 어떻게 진화하는지 보여준다. 상호작용은 유저 경험 시장과 함께 진화할 것이다. 우리는 전통적인 상호작용에서 다른 장소에 있는 상호작용으로 이동하고 있다. 그렇다면 이것이 디지털 뱅킹에 어떤 영향을 미치게 되는 것인가? 데이터의 경우 월단위에서 실시간으로 변화하고 있다. 이것으로 우리는 무엇을 할 수 있는가?

파이프라인을 통해서 다른 사업의 사례를 보면 기능이 어떻게 발전할지 예측할 수 있다. 우리는 소셜 미디어에서 상호작용이 어떻게 진화하고 있으며, 동일한 진화가 우리 산업에 어떤 영향을 미치는지 파악할 수 있다. "뱅킹이 시계에 내장되면 어떻게 될까? ID, 보안 및 유저 경험은 어떤가? 우리는 무엇을 더 할 수 있을까? 지불, 승인, 통지?" 파이프라인은 아이디어를 위한 제약 조건을 제공한다.

핵심요점

이 장은 매우 어려웠다. 여기까지 오느라 수고 많았다. 감사하다. 우리는 와들리 매핑 방법에 대한 기본 사항을 설명하고 몇 가지 예를 통해 현실화하려고 노력했다. 또한 가치 플라이휠 효과를 와들리 맵에 적용할 수 있는 방법과 상황 인식에 도움이 될 책 전체에서 사용할 3가지 유형의 맵을 살펴봤다.

그러나 앞선 장에서도 말했듯이 매핑 세션 자체가 마지막에 생성된 맵 보다 더 가치 있다. 따라서 다음 장에서는 매핑 방법뿐만 아니라 팀과의 매핑을 통해 더 큰 가치를 얻을 수 있는 가상 매핑 방법을 소개하고자 한다.

4장

매핑 세션 예시

이미 언급한 대로 맵을 작성하는 데 있어 대화는 최종 산출물보다 더 중요하다. 이를 염두에 두고, 가치 플라이휠 효과의 4단계로 넘어가기 전에 여러 가지 매핑 예시를 살펴보자.

이번 시나리오에서 리드 엔지니어인 로라와 클라우드 엔지니어 중 한 명인 클라이브는 회사(기술회사가 아닌 일반직인 회사)로부터 '더 혁신적이어야 한다'는 미션을 받았다. 신속하게 AI 프로토타입을 만들면 6개월 동안은 이런 요구가 사라지겠지만 이들은 제대로 된 변화를 원한다.

또한 이들은 엔지니어링 부서에서 변화를 주도한다면 모두에게 더 좋을 것이라는 것을 알고 있다. 이들은 사업주 관점에서 맵을 작성하려고 한다. 일단 프로젝트가 시작되면 꽤나 기술적인 언어를 많이 사용하게 될 것이므로, 맵 작성을 통해 본인들의 니즈를 고위층에게 보다 쉽고 효과적으로 설득하길 원한다.

유저 니즈

로라: 우리의 유저는 최고정보책임자^{CIO, Chief Information Officer}라고 생각합니다. 이들이 클라우드로의 전환과 이점에 대해 가장 관심이 많을 겁니다.

클라이브: 아니요, 제 생각에는 비즈니스 책임자가 유저여야 한다고 생각합니다. 클라우드 전환에 따른 비용과 속도에 관심이 있을 겁니다.

로라: 좋아요, 그렇게 하죠, 속도와 가치 창출 시간^{TTV, Time To Value} 중에서 뭐가 더 중요하다고 생각하세요?

클라이브: 비용이죠. 속도는 지금도 개선하고 있으니까요.

로라: 동의합니다. 그러면 맵에서 비용을 약간 오른쪽에 놓아봅시다.

클라이브: 네, 시작이 좋네요.

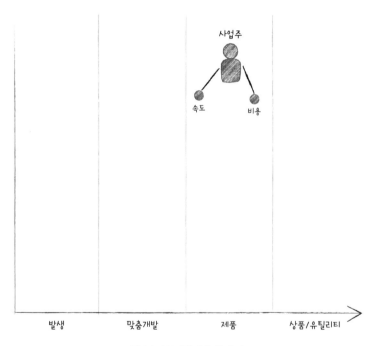

그림 4.1 스토리맵 예시: 유저 니즈

종속성

클라이브: 어떤 기술에 투자할 것인지 잘 선택해야 합니다. 개발비용과 운영 비용까지 고려해야 합니다.

로라: 네, 이것들을 분리해서 봅시다.

클라이브: 사용료가 저렴할수록 운영비용이 절감되겠죠. 일부 서비스를 자체적으로 운영하려면 내부 팀이 있어야 하는데, 비용은 이쪽이 더 들어갑니다.

로라: 그리고 빠르게 진행하려면, 조직적으로 잘 조정되고 조율돼야 합니다. 진짜 애자일 방식이죠.

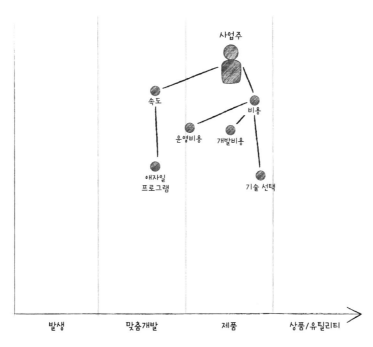

그림 4.2 스토리맵 예시: 종속성

추가 종속성

클라이브: 선택된 일부 기술을 잘 적용하려면 강력한 기술 역량이 필요합니다.

로라: 네, 이것들은 결국 통합돼야 할 것 같아 보이네요. 그리고 적절한 클라우드 인프라도 필요합니다. 그런데 일이 상당히 많을 것 같은데요, 제대로 진행되지 않으면 시간이 엄청 소모될 겁니다.

클라이브: 비즈니스 정렬*은 어떻게 되나요?

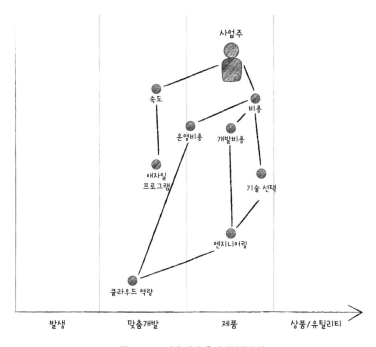

그림 4.3 스토리맵 예시: 추가적인 종속성

---

* 비즈니스 정렬(Business Alignment): 조직의 목표, 전략과 조직의 프로젝트, 업무 등과 밀접하게 일치하도록 보장하는 프로세스를 말한다. 비즈니스 정렬의 목적은 조직이 목표를 향해 일관적이고 효과적이며 효율적으로 협력하고 있는지 확인하는 것으로 이를 통해서 조직의 성과와 생산성이 향상돼 시장에서 경쟁우위를 확보할 수 있도록 한다. – 옮긴이

로라: 비즈니스 쪽에서 주관하지 않을까요? 기술과 비즈니스를 통합적으로 봐야 하니까요. 그런데 우리가 섣불리 그쪽까지 관여할 필요는 없다고 봅니다.

클라이브: 네, 그런데 그게 프로젝트 전반에 영향을 미치기 때문에, 아키텍처 리더십과 분리해야 할 겁니다.

파이프라인은…

로라: 움직임에 관해서는 클라우드가 빠르게 상품 단계로 진입해야 한다고 생각합니다. 그래서 저는 이것을 나타내기 위해 x축을 따라 실행되는 파이프라인을 표시했으면 합니다. 이 움직임에는 네트워킹, 보안, 가드레일* 운영 등이 포함될 겁니다. '역량'이라는 용어를 추가하면 더 높은 수준의 컴포넌트가 돼 클라우드 역량을 파이프라인을 따라 이동시키기 위해 더 많은 종속성이 필요함을 알 수 있습니다. 이 방안에 대해서는 어떻게 생각하시나요?

---

* 가드레일(Guardrails): 가드레일은 배포를 지속적으로 감시하고, 원하는 기준선과의 편차를 찾고, 문제를 자동으로 해결할 수 있는 자동화로서, 코딩, 빌드, 테스트, 릴리스에 이르는 개발 파이프라인과 관련된 일련의 규칙, 표준, 모범 사례가 포함된다. – 옮긴이

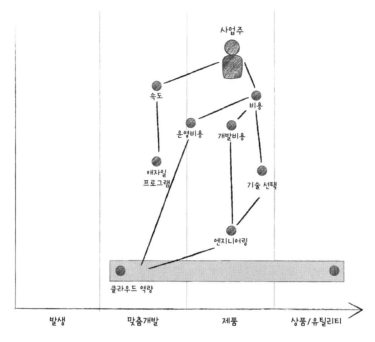

그림 4.4 스토리맵 예시: 파이프라인

... 새로운 역량을 가능하게

클라이브: 맞습니다. 그렇게 되면 발생에서 들어오는 새로운 역량(서버리스)을 가능하게 하는 역할을 할 겁니다. 처음에는 맞춤형으로 개발되겠지만 분명히 속도와 비용에 도움이 되겠죠.

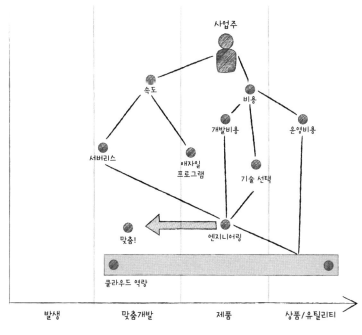

그림 4.5 스토리맵 예시: 새로운 역량

관성

로라: 여기에는 우리가 놓친 관성점이 있습니다. 조직이 상품 단계의 클라우드 도입 의지가 없으면 막힐 수 있습니다.

클라이브: 상품 단계의 의지가 없다는 것은 무슨 의미인가요? 적절한 교육받기를 거부한다는 뜻인가요?

로라: 그럴 수도 있지만 더 생각해본 것은 '클라우드를 데이터센터처럼 다루는 것'입니다. 온프레미스 패턴을 반복하려고 하며 서비스형 인프라IaaS, Infrastructure as a Service와 수동 프로세스가 많고, 클라우드 네이티브 원칙을 받아들이지 않습니다. 이러한 경우 엔지니어링을 맞춤개발 단계 쪽으로

끌어내릴 것이고, 속도 및 비용과 같은 다른 상위 수준의 니즈를 묶는 앵커 역할을 할 것입니다.

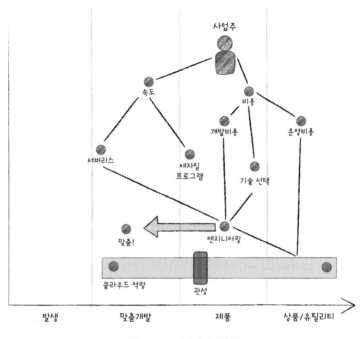

그림 4.6 스토리맵 예시: 관성점

클라이브: 아주 좋습니다. 이러한 문제들은 조직내에서 발견되기 어렵습니다. 그 여파는 너무 늦기 전까지 파악할 수 없을 것이고, 근본 원인은 완전히 이해되지 않을 겁니다.

로라: 애자일 프로그램에 대한 다른 관성점이 있습니다. 많은 회사에서 팀 레벨에서 애자일을 올바르게 적용하는 것이 쉽지 않습니다. 하지만 프로그램 레벨에서 애자일을 작동시키는 것은 훨씬 더 복잡합니다. 아주 적은 회사들이 프로그램 레벨에서 애자일을 올바르게 작동시키고 있다고 생각합니다. 애자일은 다른 어떤 기술보다 훨씬 더 시간이 걸릴 수 있습니다. 대규모 애자일을 적용한 회사들이 애자일을 문서 없는 폭포수 프로그

램으로 다루는 경우가 많습니다. 이것은 근본적으로 '나쁜 큰 애자일bad big Agile' 관성입니다.

클라이브: 그래서 형편없는 엔지니어링과 나쁜 큰 애자일의 조합은 속도에 영향을 줍니다. 이는 새로운 제품과 기능을 시장에 내놓는 비즈니스 능력에 심각한 영향을 미치게 됩니다.

로라: 좋아요, 우리는 별도로 탐구할 수 있는 핵심 조장자로 애자일과 엔지니어링이 있습니다. 또 클라우드 역량도 있는데 이것은 매우 큰 영역인 것 같습니다. 물론 훨씬 더 큰 하위 맵도 있습니다.

클라이브: 맞아요. 하지만 엔지니어링과 클라우드 능력이 올바르다면, 이들이 서버리스를 가능하게 하고, 속도와 비용에 거대한 이점을 제공하는 가치 플라이휠 효과가 작동됩니다. 다른 이점도 있지만, 계속해서 비즈니스 니즈에 집중합시다.

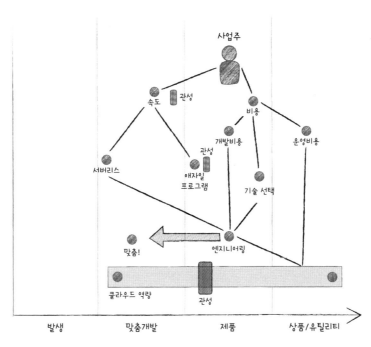

그림 4.7 스토리맵 예시: 더 많은 관성점

움직임

로라: 혹시 우리가 놓친 것이 있나요? 비용이 이동돼야 한다는 느낌이 드네요.

클라이브: 네, 저는 여전히 엔지니어링이 위치한 지점이 마음에 들지 않습니다. 이동을 정리해봅시다.

로라: 서버리스와의 관계를 강조해 보죠. 엔지니어링이 맞춤개발에 있다면 서버리스를 가능하게 할 수 있지만 매우 어렵습니다. 주석을 달아야 할지도 몰라요.

클라이브: 맞아요. 이게 훨씬 보기 좋네요. 움직임과 관성을 추가하고 보니 상황이 지금과 거의 비슷해 보입니다. 이제 우리가 원하는 대로 그려봅시다.

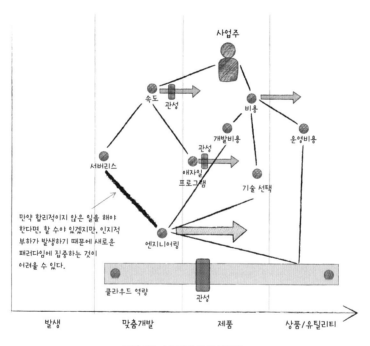

그림 4.8 스토리맵 예시: 움직임

로라: 이제 아주 다른 그림이 그려졌습니다. 이제 서버리스 우선 전략을 선언하고, 모멘텀을 얻을 수 있습니다.

클라이브: 네, 단순히 서버리스를 실험하는 것과는 완전히 다른 거죠.

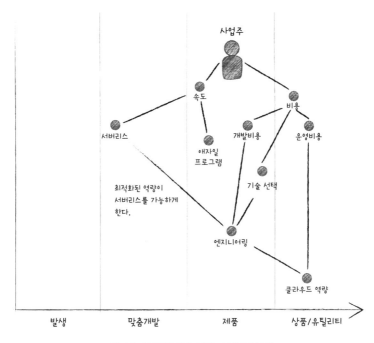

그림 4.9 스토리맵 예시: 미래 모습(목표 상태)

게임플레이

로라: 다음은 뭐가 있죠? 이제 사업주는 빠른 속도와 저비용을 얻었습니다. 이제 집에 가나요?

클라이브: 하하! 절대 아니죠. 그들이 구축할 수 있는 새로운 역량에 대해 생각해 봅시다.

로라: 비즈니스 영역에 따라 다르지만 혁신적인 비즈니스 역량에 대한 아이

디어는 항상 있습니다. 핵심 영역이 잘 돌아간다면, 실험해 볼 수 있습니다. 특히 빠르고 저렴하다면 더 좋습니다.

클라이브: 실험하는 가장 좋은 방법은 AI 응용과 같은 혁신적인 기술을 도입하고 몇 가지 유스케이스를 시도해보는 겁니다.

로라: 서버리스 우선 전략이 이미 마련돼 있기 때문에 AI, 머신러닝, 양자, 분석 등을 쉽게 통합할 수 있습니다. 모든 대형 클라우드 프로바이더들은 새로운 기술 서비스 호스트를 보유하고 있으며, '실패해도 안전한' 환경을 제공합니다.

클라이브: 확실히 그렇죠. 예전에는 새로운 기술을 손에 넣는 데 6개월씩 걸렸던 것을 기억하시나요? 이제 몇 분 안에 기술 증명POT, Proof Of Technology을 할 수 있습니다.

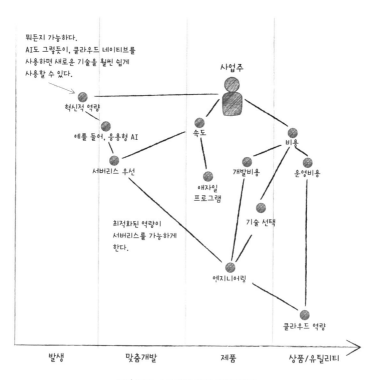

그림 4.10 스토리맵 예시: 게임플레이

핵심요점

이 장에서는 매핑 중에 발생하는(매우 유익한) 대화 유형에 대한 간단한 예시를 제공했다. 대화는 자유롭고 존중하며 탐구적이다. 맵 진문가는 무언가를 탐색한 다음 원래 질문으로 돌아간다. 맵 앵커는 그들이 당면한 문제에 고정돼 길을 잃지 않고 핵심을 들여다볼 수 있게 해준다.

매핑 세션은 절대 완벽하지 않다(그들은 탐구적이다). 맵은 항상 만들어지며, 언제나 통찰력이 있다. 맵이 형편없거나 예쁘지 않다고 자책하지 않아도 된다. 와들리 맵은 단순히 탐색을 위한 프레임을 제공하기 위해 존재한다. 무엇을 발견하든, 더 나은 결정을 내리는 데 도움이 되는 발견이 된다.

다음에는 1단계: 목적의 명확성에서부터 시작해서 가치 플라이휠 효과에 대해 자세히 살펴보겠다.

2

1단계
목적의 명확성

페르소나: 최고경영자

핵심 원칙

목적의 명확성: 데이터에 기반해 목적을 설정한다.

가치 창출 시점에 집중: 혁신은 후행 지표이다.

마켓 맵 작성: 시장에서 차별화할 수 있는가?

5장

북극성 찾기

목적과 비전보다 더 중요한 것은 없다. 팀은 목적의 명확성이 있어야 한다. 그렇지 않으면 모든 것을 멈춰야 한다. 예전에 우리 팀은 자신들이 왜 그것을 해야 하는지 모르는 상황에 있었다. 나는 그런 상황을 받아들이기 어려웠다. 나는 팀 리더가 아닌 시니어 엔지니어였지만 문제를 추측할 수 있었다. 팀은 목적의 명확성이 없이 요구사항 사이의 틈새를 메울 수 없을 것이다.

나는 '이유로 시작하기start with why'라는 주제로 팀과 짧은 연습을 진행했다. 우리는 각 지점을 연결하기 위해 이유why, 방법how, 그리고 무엇what에 대해서 살펴봤다. 놀랍게도, 매니저가 연습 후에 나를 한쪽으로 끌어당기며 말했다. "그건 당신의 일이 아닙니다. 그만두세요."

물론, 멈추지 않았다. 팀은 그들의 작업을 완료하기 위한 컨텍스트가 필요했다. 엔지니어는 첫번째가 문제를 해결하는 사람이고, 솔루션 구현이 두번째이다. 훌륭한 리더는 목적의 명확성을 제공한다. 똑똑한 사람들에게 '이유' 없이 무엇을 해 달라고 말하지 말자.

회사에서는 종종 소프트웨어와 직접적으로 연결하기 어려운 북극성 성과지표가 있다. 예를 들어, 스포티파이Spotify는 '청취 시간', 에어비앤비Airbnb는 '예약된 방의 수', 패스트푸드 회사들은 '먹은 햄버거 수' 등이 있을 수 있다. 이 지표들은 콘텐츠(음악, 방 또는 햄버거) 부서에서 일하는 사람들에게는 효과적이지만, 소프트웨어 엔지니어들에게는 잘 와닿지 않는다.

소프트웨어 부서는 종종 자체적인 북극성, 즉 목적의 명확성을 만든다. 스포티파이는 재생 시간과 관련된 가동시간에 집중할 수 있고, 에어비앤비는 예약을 증가시키는 UX에 집중할 수 있다. 클라우드 전환 중에는 많은 회사들이 퍼블릭 클라우드에서 처리하는 워크로드의 비율을 지표로 사용한다.

리버티 뮤추얼은 이 워크로드 비율 지표를 추적해 온프레미스에서 클라우드로 워크로드가 이전되는 것을 축하했다. '클라우드 비율 %'라는 간단한 북극성 지표는 쉽게 기억하고 측정할 수 있었다. 나중에는 비용, 혁신, 속도, 가용성을 측정할 수 있는 비즈니스 지표가 사용됐다.

가치 플라이휠은 명확한 목적에서 시작된다

기술에 대해 이해하기 가장 어려운 점은 확실한 답이 없다는 것이다. 어떤 기술에 대한 질문에 "그것은 상황에 따라 다르다."라고 대답하는 것은 최악이다. "어떤 컴퓨터를 사야 하나요?"라는 질문은 특히 그렇다. 이 질문에 대한 답은 이리저리 중구난방으로 나올 수 있어서 대부분의 경우 물어보는 사람을 더 혼란스럽게 만든다.

물론, 이는 어려운 질문이기 때문이 아니라, 쉬운 질문이라고 보이는 "왜?"라는 질문을 끊임없이 반복하는 4살짜리 어린아이와 같기 때문이다. 이러한 질문 뒤에 따라오는 39개의 질문 중 대부분은 아마도 "무엇을 하려고 하시나요?"와 "예산이 어떻게 되시나요?" 등과 같을 것이다.

전략 계획 수립 세션의 많은 대화 속에서는 기술이 아닌 사람에 초점을 맞춰야 한다. 기술은 명확하고 간단한 반면 사람은 연속적이고 복잡하기 때문인데, 특히 참가자 수가 늘어날수록 더 그렇다.

보다 많은 사람들에게 전략이 제시될 때쯤, 종종 전략은 크게 단순하게 된다. 발표자를 돕기 위해 많은 상세한 내용은 제거된다. 때로는 단순화된 그림이 '전략'이 되면서 원래 가지고 있는 깊은 내용이 상실된다. 전략의 큰 부분은 대규모 공개 회의에서 반복적으로 이야기된다. 그때 상세한 전략은 그서 슬라이드 상의 또 다른 그림일 뿐이다. 그러나 이것이 간단하지 않다. 전략적 계획은 언제든지 방향을 바꿀 수 있는 활동과 상호작용의 흐름이다.

논리적으로 가치 플라이휠 효과의 첫번째는 명확한 목적을 설정하는 단계다. 만약 단 하나의 명확한 목적, 즉 북극성이 없다면 나머지는 단지 혼돈만 있을 것이다.

북극성 프레임워크

북극성 프레임워크는 제품 관리를 위한 모델로, 먼저 단일하고 중요한 북극성 지표를 식별하는 것부터 시작한다. 이 프레임워크는 디지털 분석 플랫폼 기업 앰플리튜드Amplitude와 협업했고, 제품 에반젤리스트 존 커틀러John Cutler가 주도했다. 제품 중심으로 조직을 최적화하고 구조와 프로세스를 최적화하기 위한 프로덕트-리드Product-Led 방법론을 채택하는 데 도움을 준다. 북극성 프레임워크는 팀이 우선순위을 정하고 의사소통하며 영향에 집중하도록 지원한다.[1]

프레임워크는 제품의 북극성 지표를 가시화하는 것으로 시작한다. 이 지표는 장기적으로 지속 가능한 비즈니스 가치의 선행 지표여야 한다. 제품이 해결하고자 하는 고객의 문제를 직접 해결해야 한다.

다음으로, 북극성 지표에 직접적인 영향을 미치는 영향력 있는 보조 지표 3개에서 5개까지를 포함해야 한다. 이러한 입력 지표는 보통 북극성 지표와 동등하게 중요하며 제품에 직접적인 영향을 미친다.

예를 들면, 2015년에 리버티 뮤추얼에 근무할 때 이 회사의 최고정보책임자인 제임스 맥글레논James McGlennon은 조직이 클라우드 기반으로 더 애자일하고 고객 중심적이 될 것을 요구했다. 이러한 목표, 즉 북극성(클라우드 비율 %) 지표는 우리 팀이 서버리스 우선 접근을 추진해 크게 성공을 거두게 했다.

이 사례에서 중요한 것은 우리 팀에게 목적, 즉 '어떻게'가 아니라, '왜'라는 이유가 주어졌다는 것이다. 우리는 서버리스 우선 접근을 하라고 요청받지 않았다. 그저 클라우드 기반으로 더 애자일하고 고객 중심적으로 변화하라는 요청을 받았다. 우리 팀은 스스로의 연구와 실험을 통해, 서버리스가 이 북극성을 달성하기 위한 최선의 방안이라는 것을 발견했다.

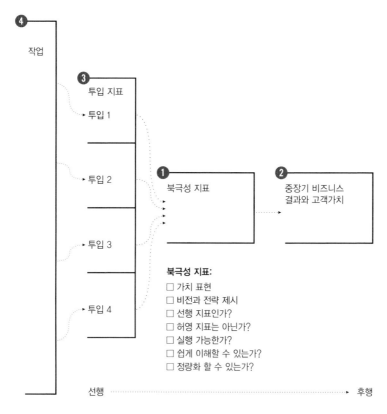

그림 5.1 앰플리튜드의 북극성 프레임워크

출처: Source: North Star Framework by Amplitude, https://amplitude.com/north-star
/about-the-north-star-framework.

북극성 프레임워크는 워크숍에서 사용하기에 가장 적합하며, 경험 있는 제품 전문가 및 신제품과 관련된 사람들에게 유용하다. 그림 5.1은 순서를 보여준다.

1. **북극성 지표**: 먼저 간단한 질문을 한다. "우리의 북극성 지표는 무엇인가요?" 이에 대한 조언이 템플릿에 있으며, 북극성 지표는 선행 지표도, 후행 지표도 아니다. 중간에 위치하며, 비즈니스에 중요하고 실행 가능한 지표여야 한다. 가능하면 빠르게 이 질문의 답을 찾아야 한다. 비즈니스에서 북극성 지표를 알지 못한다면 이를 해결해야 한다. 종종 팀이 서로 다른 북극성 지표를 쫓고 있을 수 있는데, 이에 대해서 이야기를 해야 한다.

2. **중장기적 가치**: 다음으로, 북극성 지표의 범위를 확장해 추구하는 비즈니스에 어떤 영향을 미칠지 고려한다. 이는 북극성 지표가 비즈니스에 더 많은 가치를 실현하기 위해 어떻게 발전할 수 있는지를 점검하는 좋은 테스트이다. 때로는 3년에서 5년의 시간을 두고 약간의 창의적 사고를 유도한다. 조금 애매해도 괜찮다. 북극성 지표가 전략적인지 확인하기 위한 테스트일 뿐이다.

3. **투입 지표**: 재미있는 단계다. 북극성 지표를 도출하는 데 도움이 될 지표를 식별하기 시작한다. 이러한 지표는 고객, 내부 팀, 파트너, 리더 등 모든 사람으로부터 유도될 수 있다. 선행 지표를 찾는 것이므로 다양한 제안과 도전을 기대하라.

4. **'작업'**: 항상 필요하지는 않지만, 마지막 단계로 '작업'을 작성하는 것은 항상 흥미롭다. 이 단계를 마지막에 수행하는 것은 중요하지 않다. 이 단계에서 우리는 현재의 계획과 진행 중인 작업을 확실히 알고 있다. 우리가 모르는 것은 (하지만 종종 빠르게 답을 찾을 수 있다) 이 작업이 북극성 지표를 움직일 수 있을 것인지 여부이다. 이상적

으로는 각 단계가 다음 단계를 직접 움직이게 된다.

팀(엔지니어, 제품 담당자, 그리고 경영진 등)이 종종 비즈니스를 운영할 때 필요한 간단한 지표를 정의하는 데 어려움을 겪는 것은 당연하다. 북극성 워크숍은 비즈니스보다 자기 홍보를 중요시하지만 감정적이고 워크숍에 대해 노골적으로 거부하는 것처럼 보이지 않기를 원하는 조심성 있는 임원을 찾는 데 도움이 될 수 있다.

앰플리튜드의 프레임워크는 이러한 미팅 중 하나에 운 좋게 참석할 경우, 조직의 북극성을 결정하기 위한 훌륭한 체크리스트를 제공한다.[2]

1. 가치를 표현해야 한다. 고객들에게 무엇이 중요한지 알 수 있다.
2. 비전과 전략을 제시해야 한다. 회사의 제품과 비즈니스 전략에 반영된다.
3. 성공지표여야 한다. 과거 결과를 반영하는 것이 아니라 미래 결과를 예측한다.
4. 실행 가능해야 한다. 영향을 미치기 위한 조치를 수행할 수 있다.
5. 이해하기 쉬워야 한다. 비전문가도 이해할 수 있는 간단한 언어로 구성한다.
6. 측정 가능해야 한다. 추적하기 위해 제품을 계측할 수 있다.
7. 허영 지표가 아니어야 한다. 변화가 있을 때, 팀 스스로 만족감을 느끼더라도 장기적인 성공을 예측하지 못하는 변화가 아니라 의미 있고 가치 있는 변화라고 확신할 수 있어야 한다.

앰플리튜드의 『Product Analytics Playbook』에서 설명한 워크숍을 통해 제품 팀은 목적의 다양한 측면을 탐색하고 논의할 수 있다. 이는 북극성 지표를 현실로 만드는 방법이다. 예를 들어, 엔지니어링 팀이 플랫폼에 구축한 기능을 통해 거래 시간이 단축돼 북극성 지표가 향상되는 것을 보여줄 수 있다.

많은 팀이 조직 또는 자신의 팀 목적 또는 북극성을 이해하지 못한다. 일부 기업은 의사소통 불량, 이기적인 충돌, 경영권 불안, 도전적인 시장 능 다양한 이유로 목적에 대한 시야를 잃거나 합의되지 않게 된다. 이유는 끝도 없다. 결과적으로 많은 팀들은 그들이 왜 그 제품을 만드는지 이해하지 못한다. 북극성 프레임워크는 대화를 시작하는 좋은 출발점이다. 기억하자, 매핑 세션을 시작했는데 아무도 목적에 동의할 수 없는 경우 그 세션의 유일한 목적은 이러한 정렬 오류를 설명하는 것이 돼야 한다.

선행 지표와 후행 지표

목표 설정과 미션 그리고 비전 전달에서 주요한 문제 중 하나는 측정기준, 특히 선행 지표와 후행 지표의 구분이다. 우리는 후행 지표를 가지고 성과에 대해 논의하고 공유하며 축하한다. 예를 들어보자, 여기에 올림픽에서 3번의 금메달을 수상한 단거리 선수가 있다. 일반적으로 내부에 속하지 않은 밖에서 바라보는 사람들은 전혀 알 수 없는 지표가 성과를 달성하게 한 주요 지표가 된다. 이 단거리 선수의 경우, 3번이나 금메달을 수상하게 된 성공의 비결은 무엇일까? 특정한 근육이나 부위를 훈련시키는 것이었을까? 특별한 장비가 있었을까? 정신적인 기술이 있었을까? 아니면 훈련에 사용된 자금의 양이었을까? 아니면 이 모든 것일 수도 있다.

북극성 프레임워크는 다르게 생각하는 방법을 훈련시키는 방법 중 하나이다. 인간의 속성인 결과에 초점을 맞추는 것이 아니라 원인에 초점을 맞추도록 훈련하는 것이다. 사람들은 대부분 후행 지표를 축하하고 논의하지만, 선행 지표를 더 확장된 팀과 논하지 않는다. 선행 지표는 흥미로운 것이 아니거나 '최고의 비밀'일 수 있다.

임팩트 매핑Impact Mapping은 후행 지표 대신 선행 지표에 초점을 맞추는 데 도움이 되는 방법 중 하나이다. 임팩트 매핑의 창시자인 고코 아지치Gojko Adzic은 이 기술을 '소프트웨어 제품으로 큰 영향을 미치기를 원하는 팀을 위한 가볍고 협업적인 계획 기술'이라고 설명한다.[3] 소프트웨어 팀은 자신들의 작업(인도물)을 원하는 목표와 연계시키기 위해 고군분투한다. 일반적으로 목표는 주요 유저나 액터를 통해 달성되므로, 팀은 프레임워크를 통해 목표로부터 액터, 영향, 인도물까지 트리 구조로 그린다(그림 5.2 참조).

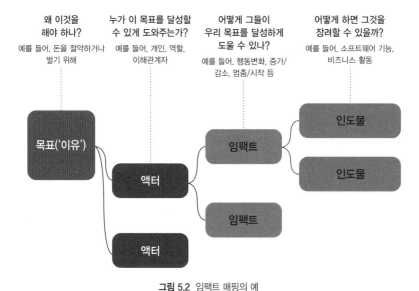

그림 5.2 임팩트 매핑의 예

출처: Source: Impact Mapping: Making a Big Impact with Software Products and Projects by Gojko Adzic.

팀은 일반적으로 스티키 노트 메모나 화이트 보드를 사용해서 자유롭게 진행한다. 팀이 자신들의 목표를 시각화하고 액터를 통해 목표에 어떤 영향을 미칠 수 있는지, 그리고 어떤 소프트웨어 인도물이 팀에게 보상을 주고 팀 활동에 대한 인사이트를 제공할 것인지 파악한다. 아이디어 세션("만약 이렇게 하면 어떨까?"), 포커스 세션("이 액터에 초점을 맞춰보자."), 그리고 피드백 세션("그건 효과가 없을 것 같다.")이 있다. 팀은 단순히 문서와 코드를 작성하는 것보다 훨씬 더 빠르게 명확성과 정렬 수준에 도달할 수 있다. 기억하라, 소프트웨어 팀은 너무 깊게 파고드는 습성이 있으며 때로는 이해관계자들과의 넌설싱을 잃어버리기노 한나. 임팩트 배핑은 이해관세사들과 함께 석극석으로 아이디어를 논의한다. 이 시간은 낭비가 아니다.

임팩트 매핑은 『Continuous Discovery Habits: Discover Products that Create Customer Value and Business Value』(Product Talk LLC, 2021)의 저자 테레사 토레스Teresa Torres의 기회 솔루션 트리Opportunity Solution Trees와 비슷하다. 이 2가지 프레임워크는 비판적 사고를 촉진하고 선행 지표를 식별하는 데 도움을 준다. 기회 솔루션 트리는 '논리적으로 조직된 아이디어 흐름, 실험 및 갭 식별을 통해 제품 발견 프로세스를 지원하는 시각적 도구이다.' 간단히 말해, 기회 솔루션 트리는 원하는 명확한 결과물에 도달할 수 있는 시각적 계획이다.'[4]

토레스는 기회 솔루션 트리 기법을 제품 팀의 핵심활동인 '지속적인 발견'의 일환으로 제시한다. 이 기법은 기회와 실험에 대해 이야기하는 점에서 표현이 다르다. '실험'이라는 아이디어를 열어 놓으면서, 아무것도 확실하지 않다는 것을 받아들이고, 가치를 찾기 위한 아이디어를 생각할 수 있다. 이 기법은 임팩트 매핑과 비슷하지만, 전달 대신 발견에 초점을 맞춘다(그림 5.3에 예시가 제공된다).

토레스에 따르면, 기회 솔루션 트리를 만드는 4가지 단계가 있다.[5]

- **1단계**: 원하는 결과물 식별: 개선하려는 단일 지표(매출, 고객 만족도, 유지율 등)로 목표를 좁힌다.
- **2단계**: 생성 연구Generative Research에서 나타나는 기회 인식: 고객의 니즈와 고충Pain Point을 이해하기 위해 깊이 파고들어야 한다. 고객이 고통을 느끼는 지점이 기회가 될 수 있음을 염두하자!

- **3단계**: 모든 솔루션에 열린 자세: 다만, 잠재적 솔루션은 기회와 직접적으로 연결돼 있어야 한다. 그렇지 않으면, 기회 솔루션 트리의 주요 목표에서 벗어나는 방해 요소일 뿐이다.
- **4단계**: 솔루션을 평가하고 발전시키기 위해 실험: 이제 일련의 실험을 통해 단일 솔루션을 테스트할 시간이다.

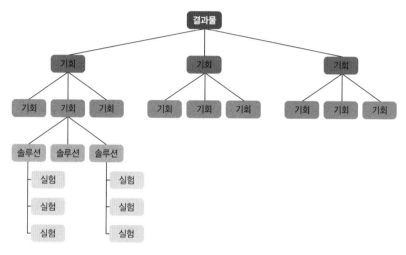

그림 5.3 기회 솔루션 트리의 예

출처: Source: https://www.productplan.com/glossary/opportunity-solution-tree/.

임팩트 매핑과 기회 솔루션 트리와 같은 도구를 사용하기 이전에는 제품 관리 및 비즈니스 분석 활동으로 미션이나 요구사항을 전달할 때, 문제에 초점을 맞추고 솔루션이 영향을 미칠 수 있는 지표를 명확히 해야 한다는 단순한 메시지에 중점을 두었다. 팀은 문제를 탐구하고 최상의 방법으로 해결해야 한다. 또는 사이먼 시넥이 말하는 대로, 팀은 항상 '이유'로부터 시작해야 한다.

문제를 탐구하고 해결책을 만드는 과정에서 균형은 매우 중요하다. 사람들은 솔루션에 집착하지만, 솔루션을 찾는 과정은 간과한다. 우리는 복잡한 솔루션을 원하지 않는다. 다시 말해, 우리는 마법의 열쇠나 실버 불릿Silver bullet*, a + b = c와 같은 단순한 아이디어를 좋아한다.

목적 논의의 명확성을 위해, 북극성 프레임워크, 임팩트 매핑, 그리고 기회 솔루션 트리 등 3가지 기법을 살펴봤다. 이 기법들은 모두 무언가를 빨리 만들어 내려는 욕구를 낮춰주는 기능을 한다. 항상 일단 멈춰서 선행 및 후행 지표를 식별하고, 발견 및 전달 단계에서 아이디어를 허용해야 한다. 모든 과제를 완료했다 하더라도, 이러한 기술은 팀과 핵심 이해관계자들과의 소통을 위한 좋은 기회를 제공한다.

대부분의 아이디어와 마찬가지로, 이러한 내용들이 새로운 것은 아니다. 2차 세계 대전 후 경제 회복을 지원하기 위해 설립된 영국 디자인 위원회는 2004년 디자인 방법론 더블 다이아몬드Double Diamond를 발표했다(그림 5.4 참조). 더블 다이아몬드는 혁신 또는 디자인 씽킹Design Thinking의 접근 방법을 가장 명확하게 제시한다. 더블 다이아몬드는 먼저 문제를 탐구하고 이해하는 공간(발견 및 정의)을 만들고, 솔루션을 실험(개발 및 전달)할 수 있는 공간을 만든다. 두 다이아몬드 모두 확산(깊이 생각)하고 수렴(결정)하는 단계를 포함한다.

지금은 변화하는 것처럼 보이지만, 비즈니스는 항상 '이기기'와 '일을 성사시키는' 문화가 대세인 것처럼 느껴진다. 이러한 문구는 후행 지표에 초점을 맞추고 있음을 알려준다. 희망적으로, 이러한 문화는 지나가고 있다. 하지만 혁신적 기법에 대해 제품과 디자인 부서는 여전히 비즈니스에서 필요한 만큼 성숙하거나 일반적이지 않을 수 있다. 영업과 엔지니어링, 관리 부서가 주로 솔루션(전달)에 집중하는 것과 다르게 제품과 디자인 부서는 문제(발견)에 대한 고민에 더 많은 시간을 투자하는 경향이 있다. 제품 및 디자인

---

* 은으로 만든 총알은 악마를 처치할 수 있다고 한다. 이 용어는 하나의 간단한 솔루션으로 모든 문제를 해결할 수 있다는 뜻으로 사용되는데, 이 솔루션은 비현실적이고 미신적인 것으로 여겨진다. - 옮긴이

과 관련된 지표에 집중하면 팀과 조직이 북극성과 선행 지표에 계속 집중할 수 있다.

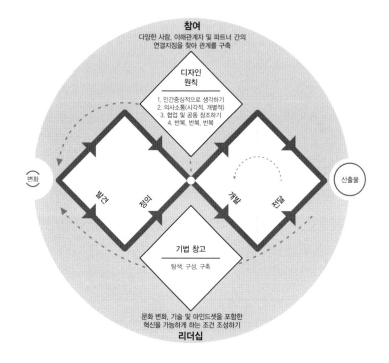

그림 5.4 더블 다이아몬드

출처: https://www.designcouncil.org.uk/news-opinion/what-framework-innovation -design-councils-evolved-double-diamond.

잘 알려진 OKR 시스템부터 숀 코비Sean Covey의 4DXFour Disciplines of Execution 등 팀에 권한을 부여하는 방식으로 업무를 구성할 수 있는 많은 기술들이 있다.[6] 사용하는 기술에 상관없이, 후행 지표에 맞춰 조정하고 선행 지표에 따라 작업을 수행하는 것이 중요하다. 대개 역량이 부족한 조직은 선행 지표에 대한 충분치 않은 이해가 원인이 된다.

정렬과 조직

조직의 목적에 대한 대화와 그들이 자신의 목적을 생각하는 방식, 그리고 목적 달성을 확인하기 위해 어떤 지표를 사용하는지 등은 어떤 팀에게도 흥미로울 테스트다.

소프트웨어 팀이 비즈니스 지표를 얼마나 잘 이해하는지는 특히 중요하다. 누군가는 최근 전사 회의에서 최고경영자가 말한 내용을 반복할 수 있겠지만, 이것도 효과적인 의사소통의 일환이다. 다음으로 관찰해야 하는 지점은 그들이 그 메시지를 팀과 그들이 하는 일을 어떻게 관련시키는가에 있다. 많은 사람들은 "최고경영자가 말한 것은 좋지만, 우리의 자리로 돌아가서는 그와 관련 없는 작업을 해야 한다."고 말한다. 최고경영자의 메시지와 팀의 작업이 관련성이 없는 것은 아닌지 의심스럽지만, 팀이 이를 연결하지 못한다면, 팀과 최고경영자의 메시지가 맞지 않은 것이다.

궁극적인 테스트는 지표에 대한 것이다. 자기주도적 팀은 후행 지표에 영향을 미치는 구체적인 선행 지표를 추적해야 한다. 그러나 이러한 마인드셋을 가진 팀은 너무 적다. 대부분 조직의 보편적 함정은 목적이 아닌 워크플로우를 중심으로 구성한다는 것이다. 팀과 직원들은 다양한 역량을 공유한다. 그러므로 조직 설계는 쉬운 일이 아니다. 피해야 할 함정은 의미 있는 비즈니스 지표와 전혀 관련이 없는 작업을 수행하는 팀이나 부서이다.

지난 20년간 소프트웨어는 빠르게 변화했는데, 대개의 팀들은 잘못된 것에 최적화되고 고객이나 회사에 충분한 주의를 기울이지 않는 경우가 많다. 일부 개발자 팀은 자신들의 최우선 지표가 자신들의 일을 더 쉽게 만드는 것이라고 믿는다. 생산성 향상은 중요하지만, 고객 경험 또는 회사 성공보다 우선할 수는 없다.

매력적인 내러티브

훌륭한 리더들은 이야기를 구성하고 회사의 실적과 연결할 수 있다. 최고의 리더들은 이야기를 잘 전달하고 팔 수 있으며, 실제로 성공시킬 수 있다. 다른 어떤 부류의 리더들은 이야기를 잘 팔지만, 별다른 성과를 내지는 못한다. 불행하게도, 이러한 리더들이 상상 이상으로 성공하는 경우가 많지만, 이는 다른 이야기이다.

성공적인 회사는 그들의 '이유'를 찾아내고, 이를 기반으로 규모를 조정해 나간다. 대표적인 예는 애플, 디즈니, 나이키, 아마존 등이다. 이 조직들은 그들의 창업자가 수년에 걸쳐 원래의 이야기를 유지하고 발전시키며 주도하곤 한다. 그런 이야기와 이유에 대한 절대적 명확성은 종종 어려운 시기에 조직의 길을 안내하는 빛(또는 북극성) 역할을 한다. 이는 조직에 명확한 목적을 제공한다.

정말로 위대한 회사들은 그 명확한 목적을 유지하고, 이를 중심으로 핵심 가치 제안을 만들고, 시장과 함께 움직이거나 새로운 시장을 창출하면서 미래 가치에 투자한다. '혁신, 레버리지, 상품화' 주기라고 불리는 이 투자는 조직이 단번에 성공했다가 단번에 실패하는 일회성 성공의 함정에 빠지는 것을 방지하는 데 매우 중요하다. 기억하라. 우리의 목표는 조직을 위해 지속 가능한 장기적 가치를 창출하는 것이다. 사이먼 와들리는 다음과 같이 설명한다.

이 모델은 간단하다. 당신은 상품 서비스를 제공하며, 다른 모든 사람들이 이 위에 혁신할 수 있도록 해야 한다. 그들 모두가 당신의 연구 개발 그룹이다. 스스로 하려고 애쓰지 말고, 다른 모든 사람들에게 당신의 서비스가 기반이 되게 하라. 성공적인 생태계가 확산되기 시작하면, 소비 정보를 통해 모든 것을 식별할 수 있으므로 생태계를 활용해 성공적인 개발을 확인한 후

새로운 컴포넌트를 상품화할 수 있게 된다.[7]

미래 가치 창출을 설명하는 다양한 모델(우연히 모두가 3단계)이 있다(제품의 인기가 높아짐에 따라 이상적으로 제품을 발전시키는 방법)

- 혁신, 레버리지, 상품화
- 개척자, 정주자, 계획자
- 탐색, 확장, 추출
- 만족도, 실현 가능성, 실행 가능성
- 호라이즌Horizons 1, 2, 3

모델에 상관없이 선행 및 후행 지표의 원칙은 북극성 정량화에 중요하며, 북극성을 중심으로 내러티브를 만들고 발전시켜야 한다.

우리는 상명하복의 업무 문화에서 벗어나고 있고 이는 중대한 변화이다. 이제는 무엇을 해야 할지 지시받기 위해 하염없이 기다려온 그 기다림을 극복해야 한다. 대개 자율적인 업무진행을 도와주는 유능한 리더에게 의존하는 경우가 많다. 어떻게 하면 팀이 이야기 일부를 소유하고, 그들이 만드는 것의 차별점을 이해하며, 이를 실현할 수 있을까? 설득력 있는 내러티브를 구축하는 것은 강제적인 것이 아니라 초대를 통해 팀을 함께 이끄는 것이 명확한 방법 중 하나이다.

조코 윌링크Jocko Willink와 레이프 바빈Leif Babin의 저서 『네이비씰 승리의 기술』(메이븐, 2019)에서 소개하는 핵심 원칙 중 하나는 지휘권 분산이다.

중간 리더들은 임무를 수행하는 데 필요한 주요 과업에 대한 결정을 효과적이고 효율적인 방법으로 내릴 권한을 가지고 있어야 한다. 모든 전술 팀 리더는 무엇을 해야 하는지 뿐만 아니라 그 이유도 이해해야 한다. 중간 리더는 상위 리더가 그들의 결정을 지지할 것이라는 암묵적 신뢰를 가지고 있어

야 한다. 이 신뢰 없이는 중간 리더들이 자신들의 임무를 자신감 있게 수행할 수 없다.[8]

미션의 명확한 목적을 가지고 있고, 그 명확한 목적에 대한 성공을 측정하는 방법을 알고 있는 조직은 이러한 모델을 활용해서 팀과 리더가 현장에서 스스로 의사결정을 내릴 수 있도록 지원해 회사의 성공을 견인할 수 있다. 가장 매력적인 내러티브를 구축해 낼 수 있는 사람은 이 회사의 리더가 될 것이다.

거꾸로 일하기

이 기법(강력한 내러티브 구축과 미래 가치 투자)의 한 예로, 아마존은 최근에 '거꾸로 일하기' 기법을 공개적으로 공유하기 시작했다. 아마존은 조직이 성장함에 따라 이 방법을 내부적으로 공식화했다(약 2000년-2010년). 이 기법은 2010년 중반부터 다양한 블로그에서 소개되기 시작했다. 아마존은 2010년 후반부터 이 프로세스를 문서화하고 공유하기 시작했다. 전체 기법에 대한 가장 좋은 설명은 전 아마존 임원인 콜린 브라이어Colin Bryar와 빌 카Bill Carr의 저서 『순서파괴』(다산북스, 2021)에서 볼 수 있다.[9]

이 기법은 고객의 니즈를 파악해 그것을 각각의 관점(공감, 시장규모, 경쟁, 성장)에서 상세히 탐색함으로써, 팀의 정렬을 만들어 내어 니즈에 대한 이해를 기반으로 문제를 해결하도록 한다. 간단한 것 같지만, 이 기법을 작동시키는 데 필수적인 2가지 기능이 있다.

아마존의 보도자료

아마존의 보도자료(또는 보도용 질의응답 자료)에서는 강력한 개념으로, 거꾸로 일하기를 자세히 설명하고 있다. 요약하면 다음과 같다.

아마존은 처음부터 고객 중심적이었으며 항상 고객의 니즈를 우선으로 생각한다. 제품을 제안하는 슬라이드 덱$^{Slide Deck}$이나 피치^{Pitch} 대신, 새 제품의 보도자료를 먼저 작성한다. 이 보도자료에는 출시 날짜, 정확한 통계 및 FAQ 같은 정확한 세부 정보가 포함된다. 가짜 보도자료(실제 보도자료 같은)는 특정한 템플릿을 가지며 극히 한정된 단어로 제한한다. 간투사(아마존에서는 위즐 워즈$^{Weasel Words}$* 라는 용어를 사용)는 허용되지 않는다.

팀이 보도자료를 작성한 후에는 다른 그룹이 회의에서 검토한다. 모든 사람이 침묵 속에서 보도자료를 읽는다. 참고: 보도자료는 발표하지 않는다. 글로서 필요한 모든 것을 전달할 수 있어야만 한다. 성공적인 보도자료에는 식스 페이저 보고서가 첨부돼 개념을 더 자세히 구체화시켜 준다.

프로젝트 시작 시 작성된 보도자료는 일반적으로 실제 보도자료로 사용된다. 사실, 2007년 첫 번째 아마존 킨들의 보도자료도 이 방식을 사용했다.[10] 목표는 제품 개발 과정에서 보도자료 내용이 거의 변경되지 않도록 하는 것이다. 최종 버전에는 고객의 소리가 추가될 수 있지만, 프로젝트가 전환되지 않는 한 거의 변경되지 않는다. 궁극적인 고객 중심 기술은 최종 유저를 염두에 두고 시작해 거꾸로 작업하는 것이다.

싱글 스레드 리더십

거꾸로 일하기에 구체적으로 기술된 아마존의 두 번째 기법은 싱글 스레드 리더십이다. 이 기법에서는 단일 리더가 제품을 책임진다. 이는 꽤 이상적인 개념이지만, 아마존이 '피자 2판 팀' 모델(한 팀이 2판의 피자로 점심을 먹을 수 없을 정도로 커져서는 안 된다)을 사용하는 이유를 이해하는 데 도움이 된다. 팀에 단일 목표나 단일 제품을 담당하게 하는 것도 좋은 방법이다. 이상적인 팀 크기를 4~7명 정도로 보는 연구가 많이 있기 때문에 피자 2판 팀 모델은 좋

---

* 위즐 워즈(Weasel Words) : 구체적이지 않고 의도적으로 애매하거나 혼란을 주는 표현 – 옮긴이

은 개념이다. 그러나 많은 기업이 엔지니어를 고용하는 데 어려움을 겪고 있기 때문에 이상적인 유연성이나 확장성이 부족하다. 많은 팀들은 너무 많은 책임을 지고 있다.

좋아 보이지만, 싱글 스레드 리더십과 피자 2판 팀 모델은 모두 의무와 책임에서 진정한 교훈을 얻을 수 있다. 즉, 초점을 맞추고 명확한 우선순위를 정하는 환경을 조성해야 한다. 북극성을 갖는 것은 매우 좋지만, 만약 당신의 리더가 3가지 다른 우선순위나 제품을 이야기한다면 이것은 당면한 문제가 된다.

핵심요점

많은 비즈니스에서 북극성에 대해 이야기하지만, 북극성을 구체적인 측정 지표로 설명할 수 있을 정도로 잘 훈련되고, 제대로 준수할 수 있는 사람은 거의 없을 것이다. 북극성으로 시작하면 일이 잘못됐을 때 명확하게 드러날 수 있기 때문에 이를 준수하는 것은 상당한 용기를 필요로 한다. 경영진을 속임으로 실수를 덮을 수 없다.

이번 장에서 다룬 많은 프레임워크와 기법이 제품과 디자인 분야에서는 잘 받아들이지만, 전통적인 경영 분야에서는 그렇지 않다. 최고경영자는 매력적인 내러티브를 가지고 있을 수 있지만, 조직이 끝점부터 시작해서 거꾸로 일하기를 할 수 있을까? 비전에 대한 지표를 명확하게 설정하고 근본적으로 투명한 방식으로 추적할 수 있을까?

가치 플라이휠 효과는 목적의 명확성에서 시작된다. 그것이 없으면 팀이 발전하기 어렵다. 목적의 명확성을 돕기 위한 좋은 실천 방법은 부족하지 않다. 그런데 이를 끝까지 지켜볼 수 있는 리더십이 있을까?

목적의 명확성과 함께 가치 실현 시간에 대해 집중해야 한다. 위대한 목적을 가지고 있지만 실현에 10년이 걸린다면 그 어떤 조직에도 도움이 되지 않을 것이다. 다음 장에서는 가치 플라이휠 효과의 초기 단계에서 가치 실현 시간이 얼마나 중요한지 살펴보겠다.

6장
가치 실현 시간 집중

목적의 명확성에 있어 가장 중요한 부분은 가치이다. 플라이휠을 돌리기 시작하면서 목적에 대해 논하지만 이는 실제로 가치를 의미한다. 불행히도 가치는 비즈니스에서 가장 많이 남용되는 단어이다. 시장 출시 시간 단축이라는 개념은 새로운 것이 아니지만, 우리 제품의 가치는 시장에 출시되기도 전에 이미 확인됐다고 가정한다. 현대적인 클라우드 시스템을 사용하면 어떠한 가치 발견 없이 매우 빠르게 시장에 진입하고자 하는 유혹이 생긴다. 그러나 기능을 제공한다고 해서 반드시 그 가치를 발견했다는 의미는 아니다.

이 장에서는 전달만이 아니라 발견과 전달이 합쳐지고 반복되는 비즈니스 속도의 필요성을 살펴보고자 한다. 여기에서 가치 창출 시간은 성공에 대한 핵심 측정 지표이다. 결국 목적의 명확성은 가치 제안을 식별하고 인식할 수 있으며, 가치 중심으로 힘을 합치는 데 있다.

혁신의 문제

모든 최고경영자는 혁신을 원한다. 모든 직원 역시 혁신을 원한다. 이는 반박하기 어려운 광범위한 컨셉 중 하나다. 컨셉으로서 혁신이 모든 산업의 상상력을 사로잡고, 디지털 혁명과 함께 동반 상승하는 것은 우연이 아니다. 우리는 이제 전임자들이 꿈만 꾸던 역량에 접근할 수 있게 됐다.

혁신은 조직에게 무엇을 약속하는가? 가치이다.

혁신의 가치에 대한 과대평가 때문에 중역 회의실의 흥분과 '디지털 전환'의 예산 규모가 '혁신 극장'에서 성행한다. 많은 오래된 기업들이 '연구실'을 만드는데, 이는 주로 몇 명의 똑똑한 사람들을 고용하고 그들에게 훌륭한 사무실을 제공하는 등 흥미로운 뉴스 기사의 소스로 사용하는 마케팅 전략이다. 슬프게도 이런 노력이 회사 수익에 긍정적인 영향을 미치는 경우는 거의 없으며, 보통 핵심 제품에 종사하는 사람들을 분노하고 불만스럽게 만든다. "우리가 주말에 일하고 15년 된 코드를 디버깅하는 동안 왜 그들은 멋진 사무실에 앉아 돈을 받고 로봇과 놀고 있는 것인가?"

이런 파괴적 혁신을 위한 연구실은 확실히 조직에 자리 잡아가고 있지만 그 효과성이 입증돼야 한다. 아울러 효과적이기 위해서는 조직에 대한 목적의 명확성과 연결돼야 한다. 그렇게 진정한 가치를 창출해야 한다.

애자일 트랜스포메이션 오피스는 이따금씩 사람들이 업무를 수행하는 방법이나 작업 내용을 진정으로 바꾸지 않고 '진보'에 집착하는 동일한 함정에 빠질 수 있다. 스티키 노트 메모, 패턴, 제품에 대한 이야기는 항상 설득력이 있지만 일단 전환이 시작되면 실제 가치를 보여줄 수 있는 시간을 기대하게 된다.

니콜 폴스그렌Nicole Forsgren 박사, 제즈 험블Jez Humble 및 진 킴Gene Kim이 저술한 『디지털 트랜스포메이션 엔진』은 고성능 기술 조직을 구축하고 확장하는 방법에 대한 중요한 책이다. 조직 내 모든 혁신적인 행동의 기반이 돼야 하는 2가지 근본적 아이디어를 제시한다. 첫째, 기술은 비용 센터가 아니라 가치 창출 기능이다. 둘째, '빠르게? 아니며 안전하게?'에 대한 질문의 시대는 지났다. 디지털 환경이 올바르게 설정되면 팀이 빠르고 안전하게 작업할 수 있다.

그렇다면 어떻게 혁신해야 하는가? 요약하면, 빠르게 하고, 안전하게 하면, 가치를 찾을 수 있게 된다. 아마존은 혁신 기업이 아니라 혁신적 가치를 반복적으로 찾아내는 고성능 기술 조직이다.

선회율

조직 내 변화에 영향을 미치고자 하는 리더로서 유용한 개념 또는 척도는 조직의 선회율Rate of Turn을 확인하는 것이다. 선회율은 조직 내 변경 결정에서부터 변경까지 걸리는 시간을 측정한다. 이 측정법은 가치를 신속하게 제공하는 조직의 능력을 나타낸다.

2가지 방법으로 선회율을 측정할 수 있다.

1. **탑 다운top down으로 변경을 시행하는 데 걸리는 시간**: 최상부 리더가 변화 또는 진화를 요구하는 발언을 했다. 조직 내에서 이러한 변화가 실행되는 데 얼마나 걸리는가?
2. **바텀 업bottom up으로 변경을 시행하는 데 걸리는 시간**: 최하부의 개인 혹은 팀이 변경을 제안했다. 해당 사항이 조직 내에서 실행되는 데 얼마나 걸리는가?

리더가 문제를 드러내는 것에 왜 선회율이 중요한 지표인가? 타이타닉 호(1997년 영화에 묘사된 대로)에서 한 선원이 망대에서 선박의 안전한 통행을 위협하는 장애물(예: 빙산)을 감시하는 역할을 담당했다. 장애물(이 경우 운명의 빙산)을 발견한 선원은 종을 울려 조타실에 경고했다. 30초에서 1분 후, 배가 여전히 빙산을 향해 가고 있어 선원은 종소리를 들었는지 확인하기 위해 조타실에 전화를 걸었다. 동시에 타이타닉 호가 왼쪽으로 방향을 틀기 시작했지만 그들의 운명이 결정됐다. 배의 회전 속도가 너무 느려 빙산이 시야에 들어온 순간에는 이미 피할 수 없었다. 이 사례는 극적이고 적합하지 않은 이벤트 예시일 수 있지만, 조직의 선회율에 대해 아는 것이 얼마나 중요한 것인지를 잘 보여준다.

선박의 선회율을 알면 선원이 선박의 안전을 보장하기 위해 더 나은 업무 프로세스를 마련할 수 있었을까? 다시 말해 선원이 더 좋고 안전한 원칙을 제시할 수 있었을까? 예를 들어 다양한 기상 조건에서 망대의 가시성을 고려할 때, 선박이 식별된 위협을 피할 수 있는 안전한 항해 속도를 적용할 수 있었을까? 또는 선장이 선박의 속도를 목적지까지 유지하고 선박의 느린 선회 속도를 고려하기를 원했다면 망을 보던 선원에 변경을 명령할 권한을 부여해서 선박이 빙산이나 다른 선박과의 충돌을 피하기 위해 더 일찍 대응할 수 있도록 할 수 있었을까?

선회율은 디지털 시대에도 동일하다. 조직은 프로세스와 관료주의에 갇혀 위험한 상황에 대응하거나 새로운 기회를 활용하기 위해 경로를 변경하는 능력을 방해받을 수 있다. 즉, 선회 속도가 느리게 된다.

선회율이 낮은 느린 조직의 리더라면 자신의 지시에 대한 수행이 조직의 능력 부족이라는 것에 좌절할 수 있다. "이렇게 문제가 있어서는 안 된다. 왜 우리는 이 방향을 선택할 수 없는가?" 마찬가지로 직원의 경우 자신의 아이디어가 조직에 영향을 미치지 않거나 그 영향을 실행하는 데 너무 많은 시간과 수고가 필요하고 노력할 가치가 없을 때 좌절감을 느낄 수 있다.

이상적으로는 조직 내의 리더십은 조직의 선회율에 대해 잘 알고 있어야 하며, 항상 선회율을 개선하기 위해 노력해야 한다. 현 시대는 디지털 조직이 대세다. 조직은 시장 상황, 고객 요구, 기술 및 산업의 변화에 적응할 수 있어야 한다. 그러면, 리더는 조직의 선회율에 영향을 미치는 요소를 어떻게 식별할 수 있을까?

조직의 선회율 증가

리더 위치에 있는 대부분의 사람들은 조직의 이직률에 대해 대략적으로 감을 잡고 있을 것이다. 그러나 정확히 수치화해서 보이도록 노력하는 것이 도움이 될 수 있다. 조직 내에서 문제나 기회를 식별하는 실용적인 방법은 와들리 맵을 작성하는 것이다. 맵을 만드는 것은 가치사슬의 자성을 통해 조직의 환경을 가시화하는 강력한 기술이 될 수 있다. 가치사슬에 대해 연구하면 다양한 경우에 있어 관성, 중복 또는 기회 영역의 강조가 가능해 전략적 게임플레이에 능숙해질 수 있다. 이러한 관찰은 조직의 선회율 측정 방법을 개선하거나 처리하는 데 도움이 될 수 있는 작용점이 된다.

보다 현실적으로 만들기 위해 예를 들어 보자. 이 조직의 최고기술책임자는 중요 제품(선회율=18개월)을 전국적으로 출시하는 데 18개월 걸린다는 사실에 좌절했다. 왜 그렇게 오래 걸려야 하나?

최고기술책임자는 몇 명의 분야 전문가를 불러와 제품 기술 스택의 와들리 맵을 만들었다. 가치사슬의 핵심 컴포넌트를 살펴보자 중복 문제가 있음을 알 수 있었다. 출시에 필요한 변경사항은 여러 시스템 부분에 걸쳐 진행돼야 한다. 이것이 관성의 주요 지점이다.

이 문제를 해결하기 위해 전문가들은 조직 내 모든 팀이 사용할 중앙 제품 엔진central product engine을 만들기로 결정했다. 여기에는 약간의 투자가 필요하지만 조직은 제품 출시 기간을 18개월에서 3개월로 줄일 수 있었다. 또한 개발 노력을 통해 더 많은 미래 가치에 투자하기 위한 엔지니어링 인재를 더 많이 확보함으로써 이익을 얻을 수 있을 것이다.

이 예시는 기술 가치사슬에서 선회율이 느린 시나리오에 적용된 와들리 맵의 예이다. 그러나 거의 모든 경우에도 맵을 사용해서 리더가 의사결정을 내리고 조직을 개선하는 데 도움을 받을 수 있다.

관성을 해결하거나 느린 선회율 시나리오에서 식별된 기회를 활용하기 위해 조직은 북극성 프레임워크나 임팩트 매핑과 같은 다른 기술을 사용해 애자일 실험이 가능하게 할 수 있다. 가장 영향력 있는 리더는 문제 해결을 위해 별도의 비용을 쓰지 않고, 선회율이 느린 이유를 알려주는 외부 컨설팅 업체나 단체를 신뢰하지도 않는다. 그들은 완전한 상황 인식 위치에서 행동하고 결정할 것이다. 그들은 개선이 필요한 영역에 초점을 맞춘다. 선박의 선장으로서 그들은 선회율이 느린 선박을 돌보는 정책을 채택하는 동시에 미래의 성공을 위한 전략과 의사결정을 수행한다.

가치 창출 시간

시장으로의 도달 시간에 대한 개념은 잘 다뤄졌지만, 지속적인 가치 전달 세계에서는 더 많은 것이 있다. 사이클 타임과 리드 타임에 관한 많은 양의 자료가 있지만 이러한 중요한 측정이 방법의 복잡성으로 인해 종종 무시될 수 있다. 특히 매우 관료적인 애자일 프로세스에서 작업하는 경우에는 더욱 그렇다(그렇다, '관료적 애자일 프로세스'는 이상한 용어지만 많은 애자일이 반응형이나 올바른 애자일과 거리가 멀다. 그런 애자일은 다른 것이다).

기업이 최신 클라우드를 수용함에 따라 기간, 즉 '가치 창출 시간'이 주목받는다. 사일로를 해체하고, 고객을 위한 가치에 집중하라는 요구도 높아진다. 조직은 팀이 자신의 몫을 다하고 있는지 묻는 대신, 회사가 원하는 결과를 달성했는지 물어봐야 한다.

최신 클라우드 서비스를 통해 조직은 기술 및 인프라 작업을 클라우드 프로바이더에게 맡길 수 있다. 즉, 조직은 제품의 기능 및 비기능 품질에 더 많은 시간을 집중할 수 있다. 현대적 기술 환경으로 인해 조직은 하루에도 여러 번 딜리버리할 수 있다. 몇 년 전까지는 들어보지 못한 속도로 감지하고 내응할 수 있다. 지금 기업의 과제는 딜리버리에 관한 것이 아니라 가치의 실현이다. 스타트업들이 이를 아주 잘한다. 글쎄, 그렇지 않다면 그들은 오래 살아남지 못할 테니까.

처음부터 제품이나 기능의 가치를 명시했다면, 의도한 가치를 창출하는 데 걸린 시간을 측정할 수 있어야 한다. 아마존이 첫 번째 보도자료를 작성할 때, 실제 보도일과 제품 출시일을 기록했다. 보통은 해당 날짜가 되면 제품이 고객에게 인도된다. 가치가 시작되고 플라이휠은 회전한다.

가치 창출 시간은 완벽한 서사도 아니고, 테스트 팀에 딜리버리하는 것도 아니다. 경영진에서 엔지니어링 팀으로 또는 엔지니어링 팀에서 제품으로 아이디어가 얼마나 빨리 전달되는지의 여부도 아니다. 끝에서 끝까지를 말한다. 가치 창출 시간은 조직의 효율성에 대한 강력한 테스트이다. 몇 주 또는 몇 달은 괜찮지만 몇 년이라면 그렇지 않다.

최고경영자가 가치 창출 시간을 측정하지 못할 이유는 없다. 가장 기본적인 방법으로 가치 창출 시간은 최고경영자가 이 아이디어를 처음 들은 날부터 고객 피드백 확인까지 걸린 시간을 말한다. 가치 창출 시간은 기업의 가치 플라이휠 효율성 판단에 사용할 수 있는 척도이다. 단계를 통해 움직임을 추적하고, 속도 저하 또는 편차를 관찰할 수 있다.

핵심요점

이 장에서 우리는 혁신과 이에 대한 필요성을 탐구했다. 당신이 이 글을 읽을 때쯤 혁신에 대한 완전한 집착이 유행에서 사라지길 바라지만, 여전히 의

심할 수밖에 없다. 혁신을 요구하는 것이 훌륭한 경영진이라는 신호일 수 있 겠지만, 가치 플라이휠 효과를 활용해 혁신을 달성하는 것은 위대한 경영진 임을 보여주는 것이다.

당신은 선회율을 통해 얼마나 잘 혁신했는지 측정할 수 있다. 모든 선박(해 상과 공중)에는 선회율이 있다. 즉 다가오는 선박을 피하기 위해 해당 선박이 얼마나 빨리 선회할 수 있는지를 판단하는 것이다. 당신의 회사에는 당신이 알아야 할 유사한 수치가 있다. 그것은 아주 정확한 과학은 아니지만, 도움은 될 수 있다. 간단히 그 수치를 볼 수 있는 능력이 있다면 개선할 수 있다.

가치 실현 시간을 조직의 중요한 지표로 인식해야 한다. 이것은 측정할 수 있고, 또 측정해야 하는 것이지만 가치에 대한 의미를 사전에 정의해야 한다는 것을 기억하자.

다음에는 가치 플라이휠의 첫 번째 단계에서 상황 인식을 이해하는 데 도 움을 주는 와들리 맵 예시를 살펴보겠다.

7장

시장 경쟁 맵

가치 플라이휠 효과의 첫 번째 단계에서, 비즈니스 목적의 명확성을 구체화하기 위해 맵을 사용한다. 종종 경쟁적인 시장의 맵은 기업이 해결할 것을 선택할 수 있는 시장 기회를 식별하는 데 도움이 된다. 이 단계에서는 차별화 요소가 무엇인지, 해결하려는 고객의 니즈가 무엇인지를 이해하는 것이 중요하다.

경쟁 센스메이킹

경험이 풍부한 맵 개발자들이 매핑이 성취하는 것을 설명하기 위해 자주 사용하는 문구 중 하나는 '센스메이킹'이다. 기술의 정확한 본질은 컴퓨터 사이언스 교육을 받은 개발자가 제약, 금융, 엔터테인먼트, 마케팅 또는 통신 등 매우 특정한 분야의 전문가와 함께 일하는 것을 말한다. 우리 회사를 세우거나 무너뜨릴 시스템을 구축하는 개발자들은 특정 분야 전문가가 아니다. 물론, 개발자들도 분야 전문 지식을 이해할 수 있지만, 분야 전문가들과 동일한 깊이의 전문 지식을 가지고 있을 가능성은 낮다.

와들리 맵을 사용하면 시장의 복잡성 또는 신규 시장 영역을 파악할 수 있다. 그리고 아직 만들어지지 않은 단어와 개념을 만드는 것에 도움이 될 수 있다. 맵을 이용해 나무와 목재를 구분할 수 있다. 그런 다음 맵을 통해 시장의 기회 또는 목적의 명확성을 구축하는 데 도움이 될 수 있는 영역을 강조할 수 있다. 이것이 가치 플라이휠 효과의 첫 번째 단계이다.

우리는 종종 알고 있는 것을 이행하지 않는다. 매핑도 다르지 않다. 결국 많은 엔지니어들이 코드를 디플로이하거나 시스템을 발전시키는 방안을 매핑하게 될 것이다. 그들이 해결하고자 하는 비즈니스 문제나 고객의 니즈로 되돌아가기 위해 코칭이 필요할지도 모른다. 우리가 이 장에서 설명하는 시장 경쟁 매핑 기술을 프로젝트 초기에 사용하는 것이 중요하다. 그래야 모든 사람들이 우리가 개발이 필요하다고 생각하는 문제가 아니라 우리가 해결해야 하는 문제를 기회로서 동의할 수 있다. 사실, 시장에서 우리 비즈니스 주변 영역을 매핑하고 우리가 진행하지 않기로 한 문제들까지 묘사함으로써 목표 북극성을 현실화할 수 있다.

가치 플라이휠 효과는 목적의 명확성에서 시작된다. 문제 영역을 매핑하고 해당 시장에서 어떻게 움직일 것인지 논의한다. 이 대화는 몇 시간이 걸릴 수도 있지만 잘못된 것을 구축하지 않고 합당한 유저 니즈에 따라 팀을 운용해 수백만 달러를 절약할 수 있다.

고객 니즈부터 시작

고객의 니즈로부터 시작하는 것은 일반적으로 엔지니어가 많이 생각하는 방식이 아니다. '개발자' 페르소나에서 우리는 종종 안에서 밖으로 접근한다. "우리는 X, Y, Z를 통해 이 서비스를 만들 것이다. 우리는 고객이 이러한 방식으로 그 서비스를 사용할 것으로 예상한다."라는 식이다. 팀에 디자이너가 포함돼 있다면 성공 가능성이 훨씬 높아진다. 설계자로서 디자이너는 고객 니즈에 집중하는 데 탁월하다. 이것의 1가지 훌륭한 예는 고객과업 JTBD, Jobs-to-be Done 프레임워크이다.

JTBD는 고객의 요구사항을 정의, 분류, 캡처 및 정리하기 위한 프레임워크로서 『혁신기업의 딜레마』(세종서적, 2020)의 저자 클레이튼 크리스텐슨 Clayton Christensen이 만들었다. 한마디로 이 개념은 기막힌 생각이다. 사람들은 이 접근법을 알 수도 있고 모를 수도 있는데, 만약 모른다면, 배울 때 충격적일 수 있다. 다음은 JTBD 프레임워크의 강렬한 인상을 나타내는 질문 예시다. 누군가 4분의 1인치 드릴을 사기 위해 철물점에 들어갔을 때 고객이 필요한 것은 무엇일까? 정답은 0.25인치 드릴 비트가 아니다. 고객에게 필요한 것은 4분의 1인치의 구멍이다. 기막히지 않은가?

이 예는 1940년대 또는 1950년대 세일즈 업계에서 나왔을 가능성이 높았으나, 하버드 경영대학원 마케팅 교수인 테오도르 레빗Theodore Levitt의 것으로 본다.[1] 이 예가 거의 한 세기 동안 영업 및 마케팅 담당자들의 구호로 사용됐지만, 많은 경우 소프트웨어 사람들은 여전히 개발자 마인드에서 유저 마인드로 전환하는 과정에 있다.

개발자는 JTBD 프레임워크를 사용해서 개발 과제의 기능적 요소와 사회적, 정서적 요소를 살펴본다. JTBD 이론은 고객들이 제품을 사는 것이 아니라 고객의 특정 과업을 위해 제품을 이용한다는 것이다. 만약 우리가 그 고객의 과업을 이해할 수 있다면, 근본적인 고객 니즈를 충족시키는 것이 더 쉬워질 것이다.

JTBD 프레임워크의 가장 좋은 예는 크리스텐슨의 '밀크셰이크 딜레마'인데, 크리스텐슨은 간단한 유튜브 비디오를 통해 이를 설명한다.[2] 프로젝트는 패스트푸드 식당을 위한 것이었고, 아침 식사용 밀크셰이크를 만들었다. 간단히 소개하면, 장거리 자가운전 통근자들은 하루의 시작을 위해 배를 채우고, 드라이브 중에 즐길 수 있고, 교통 체증 속에 앉아있는 동안에도 '사용하기' 쉬운 것을 원했다. 이 사례는 주목할 가치가 있다. 고객과 공감대를 형성하고 고객에게 필요한 사항을 해결하는 데 시간을 할애하며 고객의 관점에서 시작하는 것의 중요성을 보여준다.

JTBD에 대한 많은 책들이 있지만, 그 기본 원칙이 매핑에 적용된다. 모든 맵과 가치사슬은 고객의 니즈에서 시작된다.

가치사슬 식별

각 고객의 요구사항에는 이를 지원하는 데 필요한 활동 또는 기능이 있다. 밀크셰이크는 아이스크림, 다른 재료들, 컵, 빨대, 그리고 믹서기가 필요하다. 웹 사이트에는 디자이너, 서버 및 개발자가 필요하다. 이들은 각각 가치사슬을 나타낸다.

가치사슬은 정확할 필요가 없다. 가치사슬의 총 컴포넌트 수를 3개에서 6개 사이로 유지하는 것이 좋다. 어떤 맵들은 10개가 넘지만, 읽기 어려워지기 시작한다. 예를 들어, 세부 정보가 필요하지 않은 경우 컴퓨터를 화면, 키보드, 디스크, CPU 등으로 나누지 말라. 단순하게 '컴퓨터'로 통합하는 것이 좋다.

전기 자동차 가치사슬을 예로 들어 보자. 4가지 기본 유저 니즈를 그림 7.1에서 설명한다.

- 편안한 차
- 전동식
- 스마트 기술
- 낮은 운영비

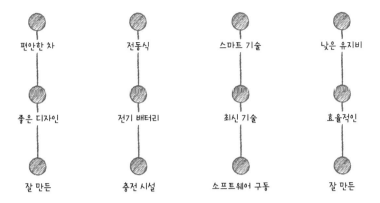

그림 7.1 전기 자동차 유저의 니즈 가치사슬

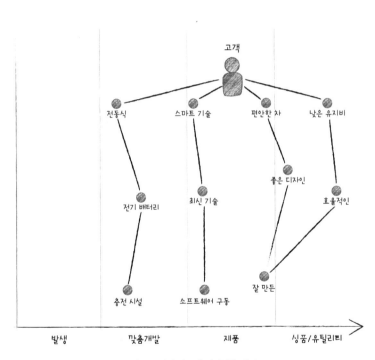

그림 7.2 전기 자동차 가치사슬 매핑

(변동 가능한 하나)

가치사슬이 확보되면, 맵에 적용해(그림 7.2 참조) 진화 축(x축)에서 각 컴포넌트의 단계를 식별할 수 있다. 앞과 같이, 이 작업은 늘 도전적 활동이기 때문에, 여유를 가지고 추측해야 한다. 다시 돌아와서 수정하는 것은 쉽다. 어떠한 맵도 정답은 아니지만, 맵은 다 유용하다. 맵이 계속 진화하면서 하나의 맵이 여러 버전으로 그려질 수도 있다. 그림은 중요하지 않다. 중요한 것은 통찰력과 잘 정리된 관찰 결과이다. 이러한 통찰력과 관찰은 정렬을 만들 것이다.

영향 매핑

맵을 그리고 나면 즐거운 시간이 시작된다. 여러분과 여러분의 동료들은 컴포넌트의 배치에 대해 토론하고, 포함되거나 제외된 것에 대해 이의를 제기하는 등 관련된 대화를 나누게 된다. 조직관점으로 한 발 물러서서 시장과 회사에 미칠 수 있는 영향을 살펴보자.

이동 전개

고객의 요구는 시장의 성숙도와 다양한 시장 분위기 패턴 또는 컴포넌트를 새로운 범주로 이동시키는 통제 범위 외부 사건에 따라 달라질 수 있다. 앞으로는 근본적인 능력을 강화시켜야 한다. 가장 중요한 강제적 변화 요인 중 하나는 기술 발전이다. 10년 전에는 새롭고 독창적이었던 기능을 이제는 몇 달러에 사용할 수 있다는 것을 기억하자.

시장 분위기 패턴은 지속적으로 활성해 나타날 것이다. "주식 시장의 변화는 어떨까?" "아마존은?" "5G는 어떤가?" "신규 상장[IPO]은 어떨까?" 이런 것들을 맵 옆에 목록으로 기록하는 것이 가장 좋다. 예를 들어, 5G는 광대역 컴포넌트를 상품으로 옮기거나 영상 통화를 상품으로 옮기는 근거가 될 수 있다. 시장 분위기 패턴은 통제하기 어렵다(통제할 수 있기를 바랄지라도).

이동 전개 세션을 진행하는 동안 컴포넌트가 새 범주로 얼마나 빨리 이동할 것인가에 대해 토론하고 싶을 수 있다. 무엇이 언제 움직일 것인지를 예측하려고 시도하거나 유혹하지 마라. 컴포넌트가 결국 움직일 것이라는 사실은 '만약'이라는 논의를 진행하기에 충분하며, 진정한 목표는 바로 그 논의에 있다.

종종 이 지점에서 관성을 포착할 수 있다. 관성은 일반적으로 맵에서 컴포넌트 지점의 이동을 막아서는 수직 검은색 선 또는 상자로 표시된다. 충전 시설의 관성점은 새로운 인프라 구축 비용이며, 발전 속도를 늦추는 요인이 될 것이다. (그림 7.3의 '충전 시설' 참조)

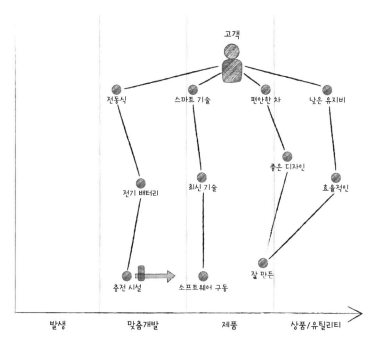

그림 7.3 관성점이 있는 전기 자동차 가치사슬

다른 예시로, 5G는 영상 통화를 상품으로 만들 수 있는 기능을 가지고 있을 수 있지만, 아마도 고객의 70%가 앞으로 몇 년 동안은 5G 서비스를 받을 수 없는 시골 지역에 있을 것이다. 이것이 관성점이다. 관성점은 움직임을 멈추거나 느리게 한다. 그러므로 먼저 그 관성점들이 무엇인지 아는 것이 중요하다. 때때로 매핑 세션에서는 관성점을 식별하고, 참가자 중에 누군가가 그것을 극복하는 방법을 제시한다. 또한 어떤 것이 상품 영역으로 이동할 때 발생 영역에는 새 컴포넌트가 추가될 수 있다는 사실도 기억하자.

관찰 정리

매핑 세션의 끝은 가장 만족을 주며 동시에 가장 중요하다. 세션이 끝나기 전에 맵의 모양을 분석하고 팀의 주요 관찰 내용을 목록으로 정리한다. 한 걸음 뒤로 물러서서 어떤 다른 것이 추가될 수 있는지 살펴보자. 관찰은 숫자 목록으로 정리해 옆에 기록하는 것이 가장 좋다.

맵에서 패턴을 찾아보자. 컴포넌트에 어떤 그룹들이 있나? 우리 제품이 특정 영역에 적합한가? 개척자, 정주자, 계획자의 관점에서 생각하는 것도 도움이 될 수 있다. 우리는 3장에서 팀을 이 세 그룹으로 분류하는 방법에 대해 논의했다. 그러나 그림 7.4와 같이 컴포넌트 및 제품을 개척자, 정주자 및 계획자로 분류할 수도 있다.

개척자는 새로운 것을 만든다. 그들은 **빠르게** 가치를 찾고 **빠르게** 실패한다. 이 영역의 제품은 품질을 염두에 두고 만들어지는 것이 아니라 시장을 테스트하기 위해 만들어진다. 맵 상에서 어떤 컴포넌트가 개척자의 영역에 있는가?

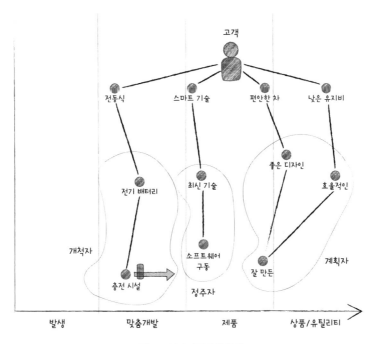

그림 7.4 전기 자동차 완성 맵

정주자는 개척자들로부터 성공적인 컴포넌트를 가져와 고객을 위해 다듬는다. 그들은 제품을 생산한다. 이를 통해 비용이 절감되고 품질이 향상되며 고객 만족도가 향상된다. 맵 상에서 어떤 컴포넌트가 정주자의 영역에 있는가?

마지막으로, 계획자는 특성을 제품으로 만든다. 그들은 강화하고, 최적화하고, 양을 늘린다. 다시 말해서, 그들은 제품을 확장해 상용화한다. 계획자는 수요가 있다는 것을 알고, 단가를 대폭 낮춘다. 맵 상에서 어떤 컴포넌트가 계획자의 영역에 있는가?

이 세 그룹은 모두 필수적이고 똑같이 중요하지만 다르게 행동한다. 기본적인 질문은 다음과 같다. 당신의 신제품은 계획자들에 의해 만들어지고 있는가? 당신의 개척자들은 그것을 어떻게 상용화하려고 노력하고 있는가? 이세 그룹이 존재한다면 왼쪽에서 오른쪽으로 이동하면서 서로에게 전달되는 방식이 분명해야 한다.

핵심요점

이 장에서는 팀이 올바른 방향에서 착수하고 가치 플라이휠을 시작하는 데도움이 되는 몇 가지 새로운 기술을 배웠다. 작심하고 일을 시작하면, 우리는 흥분해서 즉시 계획에 뛰어들고 싶어한다. 하지만 먼저, 팀과 문제 영역에 대해 이야기를 나누는 시간을 갖는 것으로 모든 팀원이 우리의 목적을 동일하게 이해할 수 있도록 해야 한다. 시작하기 전에 시장을 매핑하는 것이 중요하다. 이 작업이 현재 하고 있는 것과 하지 않기로 한 것을 체계적으로 정리해 주기 때문이다. 작업은 비교적 신속하게 진행해야 하며(너무 세부적으로 파고들고 싶은 유혹을 이겨내라.) 좋은 질문이 많이 나오도록 하자. 제품의 관성점이 무엇인가? 이 제품에 대한 계획을 어떻게 시작하고 얼마나 빨리 영향을 미칠 수 있을까? 이 작업을 통해 '내가 목적을 달성하는 데 필요한 것을 얻을 수 있는가?'라는 질문을 하기 시작하면서 가치 플라이휠(환경 및 도전)의 두 번째 단계로 멋지게 이어질 것이다.

8장

사례 연구 : A Cloud Guru

우리의 첫 번째 연구는 가치 플라이휠 효과의 첫 번째 단계인 목적의 명확성에 대한 멋진 사례다. A Cloud Guru는 2015년 회사가 수행하는 모든 업무를 주도하는 북극성 목적 아이디어를 기반으로 설립됐다. 그리고 2021년에 약 20억 달러에 팔렸다. 사이먼 와들리는 2018년에 "모두가 사용하는 단일 기능을 개발한 2인 회사가 수년만에 10억 달러에 인수되면 사람들이 열광할 것이다"는 말을 남긴 것으로 유명하다.[1]

그렇다, 사이먼의 예측은 불과 3년 후에 실현됐고, 그 사례가 A Cloud Guru다. 그들은 서버리스 기술 전략을 사용하는 것을 포함해서 가치 플라이휠 효과의 전형을 보여줬지만, 가장 중요한 것은 목적의 명확성에 절대적 초점을 맞췄다는 것이다.

이 사례 연구에서는 A Cloud Guru의 설립자가 등장해 목적의 명확성이 어떻게 성공의 지름길로 인도했는지에 대한 이야기를 들려줄 것이다.

퍼블릭 클라우드는 수 년 동안 회사에서 유용하게 사용됐다. 그러나 클라우드 채택의 가장 큰 장애물은 자격을 갖춘 직원의 부족이었다. 직원 중 클라우드 사용법을 잘 아는 사람이 아무도 없다면 클라우드 전환은 어렵다. 그리

고 이전 장에서 언급했고 이후 장에서 자세히 살펴보겠지만, 클라우드를 효과적으로 사용하려면 데이터베이스를 온프레미스에서 클라우드로 옮기는 것 이상이 필요하다.

이러한 클라우드 기술 격차는 수년간 시급한 문제였다. 그러나 급성장하는 신기술을 신속하게 교육할 수 있는 시간과 효과적인 자료를 찾는 것은 그 자체로 장애물이다. 온라인 교육 플랫폼인 A Cloud Guru의 설립자는 이 문제를 해결하기로 했다.

2015년, 라이언Ryan과 샘 크루넨버그Sam Kroonenberg 형제는 당시 지루하고 비싼 클라우드 교육 과정에 실망해 아주 간단하게 '사람들에게 클라우드에 대해 가르치는' 사업을 시작했다. 초기 아이디어는 AWS 인증 과정을 중심으로 비즈니스를 구축하는 것이었다. A Cloud Guru는 아마존 웹 서비스AWS, Amazon Web Services, 마이크로소프트 애저Microsoft Azure, 구글 클라우드 플랫폼GCP, Google Cloud Platform 및 기타 클라우드 관련 기술을 배우고자 하는 모든 사람을 위한 온라인 교육 플랫폼으로 성장했다.

플랫폼의 핵심 기능은 다음과 같다.

- 주문형 비디오 과정
- 실기시험 및 퀴즈
- 실시간 토론 포럼
- 대시보드와 리포팅
- 유저 프로필과 게임화
- 학습 경로에 따른 교육 기능
- 학생이 자신의 기술을 테스트할 수 있는 대화형 샌드박스 환경

비즈니스가 성장한 방식은 매우 구체적이었고, 현대 기업의 서비스 구매 방식에 변화를 가져왔다. A Cloud Guru가 구축한 기술 플랫폼(서버리스)을

통해 수요 증가에 따라 비즈니스를 신속하게 확장하는 동시에 인력을 효율적으로 유지할 수 있었다. 2019년에는 90명이었던 직원이 2020년에는 400명(리눅스 아카데미 인수 후)이 됐다. 직원이 400명에 불과하지만 콘텐츠 숫자는 상당히 인상적이었다(2020년 기준 수치).

- 220만 명 이상의 학습자
- 4,000개 이상의 기업
- 100개 이상의 인증
- 250개 이상의 과정
- 1,500개 이상의 실습
- 450개 이상의 퀴즈와 시험

어떻게 그렇게 적은 인력으로 이 많은 것을 이룰 수 있었을까? 중요한 것은 A Cloud Guru가 명확한 목표를 염두에 두고 엔지니어링 전략을 수립했다는 것이다. 이 목표는 A Cloud Guru가 해결하고자 했던 단 하나의 고객 니즈, 즉 사람들에게 클라우드에 대해 가르친다는 북극성과 직결된 목표였다.

어떻게 이런 일이 일어날 수 있었을까? 몇 가지 배경 이야기를 살펴보자.

콘텐츠와 비전

A Cloud Guru의 비전과 가치에 대한 제안은 간단하며, 그들의 웹 사이트 전체에서 확인할 수 있다. 누구나, 어디서나 클라우드 전문가가 될 수 있도록 하고, 더 밝은 미래를 실현하도록 지원한다.

이 사례 연구에서 살펴볼 비전(그들의 북극성)에는 3가지 중요한 특징이 있다.

1. **가능성**: 여기에는 고객과 학생을 최우선으로 생각하는 가능성 사고 방식이 있다. 솔루션은 학생들이 아주 쉽게 배움의 성취를 맛볼 수 있도록 하는 것이다.
2. **누구나**: 플랫폼은 누구나 접속 가능해야 한다. 대기업과 계약한 이면이 있거나 학생들의 입맛에만 맞춰서도 안 된다. 콘텐츠는 소비 가능해야 한다.
3. **어디서나**: 클라우드 기술을 활용하면 글로벌 딜리버리 메커니즘이 가능해진다. 그러므로 클라우드는 전 세계가 관심을 갖는 글로벌 플랫폼이다.

지구상의 거의 모든 엔지니어는 'Cloud Guru'가 되기를 원한다. 엔지니어들은 바쁜 사람들이기 때문에 4~5일이 소요되는 교육에 참여하는 것은 상당한 시간, 돈 및 정신력을 투자해야 한다. 이를 대신해서 A Cloud Guru는 노트북, 태블릿 혹은 스마트폰으로 원하는 시간에 원하는 곳에서 원하는 만큼 훌륭한 서비스를 받을 수 있도록 온라인과 오프라인 모두 가능한 서비스를 제공했다.

설립자 라이언 크루넨버그는 이미 온라인 학습 및 교육 사이트인 유데미 Udemy에서 AWS 과정을 개발한 경험이 있었기 때문에 이 콘텐츠에 대한 수요가 있다는 것을 알고 있었다. 그는 또한 콘텐츠의 뼈대만 제공하고 해당 콘텐츠를 만들고 제공하는 전문가에게 집중해야 한다는 것도 알고 있었다.

그러나 클라우드 기술은 빠르게 변화하고 있었다. 거의 매주 클라우드 서비스의 가격, 기능 또는 옵션이 변경된다. 교육 콘텐츠를 최신이자 좋은 상태로 유지하려면 품질과 안정성을 유지하면서도 플랫폼을 자주 그리고 빠르게 업데이트할 수 있어야 한다.

그리고 해당 콘텐츠를 추가하고 업데이트할 콘텐츠 제작자가 쉽게 사용할 수 있는 시스템을 제공하는 것이 필수적이었다.

엔터프라이즈를 위한 기술과 확장

A Cloud Guru의 설립자 라이언은 과거 유데미에 콘텐츠를 제공한 경험으로 교육과정에 효과가 있다는 것을 알고 있었다. 그러나 그들이 필요했던 것은 비전에서 설정한 핵심 가치를 달성하는 데 도움이 되는 플랫폼이었다. 그래서 공동설립자(이후 A Cloud Guru의 후임 최고경영자가 됨)인 샘 크루넨버그는 4주 동안 플랫폼을 구축하기로 했다. 물론 유저 니즈에 따라 누구나 어디서든 배울 수 있도록 클라우드 기반으로 말이다(샘이 이 서버리스로 가는 여정을 자세히 설명하는 훌륭한 강연이 있다[2]). 발명은 니즈로부터 나온다.

샘은 종종 "서버리스에 대한 인식은 없었다"고 말한다. '서버리스 회사'를 만들겠다는 생각은 없었다. 그저 누구나, 어디서나 클라우드에 대해 배울 수 있는 회사를 만들자는 생각이었다. 그 비전(필요성)이 발명(서버리스 기반의 교육 플랫폼)을 이끌어 냈다. 사실 서버리스 방식은 원래 비전에서 설정했던 가치 달성의 유일한 접근 방식이었다. 샘은 개발자 혼자서 람다, Auth0, 파이어베이스[Firebase] 및 스트라이프[Stripe]와 같은 기술 서비스를 사용해서 유저의 지불 자격 증명을 수집할 수 있을 만큼 안전한 기능을 갖춘 영상 기반 교육 플랫폼을 구축할 수 있었다. 매우 저렴한 비용으로 클라우드 서비스 프로바이더들이 보장하는 우수한 성능, 복원력, 운영 품질을 갖춘 시스템을 구축할 수 있었다. 클라우드의 진정한 힘을 보여주는 놀라운 성과였다.

플랫폼이 운영되기 시작하면서 팀은 개발자를 대상으로 제품 마케팅을 시작했다. 마케팅을 시작한 2016년 말에 대한 A Cloud Guru의 교육 및 연구 부사장인 피터 스바르스키^{Peter Sbarski}의 이야기를 들어보자.

우리는 더 많은 고객을 유치하기 위한 방법으로 블랙 프라이데이를 활용하
기로 결정했다. AWS 자격증 과정을 세일했는데, 90% 할인된 가격에 판매
했던 것으로 기억한다. 계획은 성공했고 전례 없는 판매량을 기록했다. 트래
픽도 예상보다 몇 배나 증가했다. 유일한 문제는 회사 전체가 AWS 기술 콘
퍼런스인 re:Invent에 참석하고 있었다는 것이다. 우리는 콘퍼런스 장에서
연설을 들으며 트래픽이 증가하고, 플랫폼이 전혀 문제없이 멋지게 확장되
는 것을 지켜봤다. 그날 저녁 우리 모두는 할 일 없이 둘러앉아 플랫폼이 고
객과 함께 확장돼 어떠한 조치도 필요 없었다는 사실에 놀라움과 만족감을
동시에 느꼈다.[3]

서버리스 플랫폼은 게임 체인저였다. 팀은 시스템 용량에 대해 걱정할 필
요가 없었다. 대규모 세일이나 연말연시 프로모션도 추가적인 부담을 주지
않았다. A Cloud Guru의 수석 부사장인 드류 퍼멘트^{Drew Firment}의 말을 인
용하자면, "A Cloud Guru는 첫 300,000명의 고객에 대해서는 클라우드 컴
퓨팅 비용이 0달러였다."[4] 이를 레거시 클라우드 컴퓨팅 비용이나 온프레미
스 컴퓨팅 비용과 비교해 보면, 이전 방식으로는 매출이 발생하기도 전에 수
백만 달러에 달하는 비용이 청구됐을 수 있다. 서버리스는 비즈니스를 효과
적으로 지원했다. 팀은 막대한 IT 비용에 대해 걱정할 필요가 없었다. 이로
인해 팀은 의도를 파악하고 명확한 목적에 따라 행동할 수 있는 절대적 집중
력이 생겼다.

서버리스의 진정한 이점은 비용이 아니라 다른 작업에 계속 집중할 수 있
는 능력, 즉 명확한 목적에 계속 집중할 수 있다는 것이었다. 운영에 절약된
비용을 조명을 켜 두는 것 따위에 낭비하지 않고 새 기능이나 새 콘텐츠에
투입해 고객의 니즈를 해결하는 데 집중했다.

2019년까지 A Cloud Guru의 개발자 시장은 상당히 크게 성장했다. 다음 단계는 개별 엔지니어가 아닌 비즈니스 및 엔터프라이즈 시장을 대상으로 한 '비즈니스를 위한 A Cloud Guru'였다. 이 역시 성능, 운영, 비용 및 보안 표준 능 기업의 엄격한 요구사항을 충족해야 했고, 클라우드 프로바이더들은 이점에 대해 동급 최고의 서비스 수준 계약을 제공했다. 다시 말하지만, 서버리스로 전환한다는 것은 팀이 대기업의 다양한 조달 프로세스를 탐색하고, 판매 과정에서 관계 구축에 집중할 수 있다는 것을 의미했다. 효율적인 온보딩 프로세스는 종종 엔터프라이즈 판매의 성패를 좌우한다.

마켓 맵 작성

참고로 A Cloud Guru의 공동 설립자는 2017년에 서버리스콘프^{Serverless} ^{Conf}라는 콘퍼런스를 만들었다. 이 콘퍼런스는 커뮤니티에 참여하고 서버리스 아키텍처의 새로운 영역에 대한 피드백을 얻을 수 있는 좋은 방법이 됐다. 2017년에 사이먼 와이들리는 콘퍼런스에서 강연자로 초청받고 A Cloud Guru의 공동 설립자와 콘퍼런스 뒤편의 한 방에서 '시장 매핑'을 했다.

마켓 맵을 작성하는 것은 조직의 명확한 목적 또는 북극성(가치 플라이휠의 첫 번째 단계)을 개발할 때 필수적인 작업이다. 경쟁시장에 대한 맵은 기업이 시도하고 메꿔야 하는 갭을 식별하는 데 도움이 된다. 또한 "차별화 요소는 무엇인가?", "해결하고자 하는 고객의 니즈를 정확히 파악하고 있는가?" 등에 대한 질문에 답하는 데 도움이 된다.

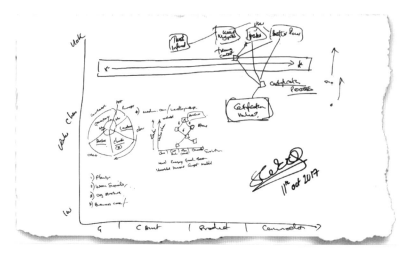

그림 8.1 A Cloud Guru를 위한 사이먼 와들리의 마켓 맵

출처: 사이먼 와들리의 허가 하에 사용됨

그림 8.1에 표시된 맵(이 맵은 실제 맵의 사본으로서 매우 읽기 어렵다)을 정리하면 깔끔한 아키텍처를 구축하거나 콘텐츠 구축에 모든 시간을 할애할 수 있다. 고객이 A Cloud Guru에서 무언가 필요하다면, 과연 그들에게 가장 중요한 점은 무엇인가? 아키텍처인가? 아니면 콘텐츠인가? 고객의 니즈에 초점을 맞춘 팀은 콘텐츠를 두 배나 강화했다. AWS를 몰라서 뒤처질까 불안해하는 엔지니어는 과정이 어떤 데이터베이스에 저장돼 있는지 관심 없다. 그저 클라우드 자격증만 취득하면 된다!

개발자에 대한 마케팅

소프트웨어와 소프트웨어 서비스는 클라우드 기반의 PPU 모델*로 전환하

---

* pay-per-use의 약자로, 사용한 만큼 과금 되는 형태의 라이선스 모델을 의미한다. – 옮긴이

면서 극적인 혁신을 이뤄냈다. 이전에는 소프트웨어 서비스를 위한 플랫폼을 온프레미스 환경으로 만들 때 운영 및 유지비용이 많이 들었다. 그래서 소프트웨어 서비스는 운영비용 절감을 위해 대량 구매를 유도하는 인센티브를 제공했다. 영업 팀이 프로세스를 주도하고, 대규모 선불 구매를 통해 최고정보책임자에게 직접 판매했다.

이후 소프트웨어 서비스가 클라우드로 전환됨에 따라 비용이 좀 더 낮아지고, 마케팅이 판매 프로세스를 이끌게 되면서, 반복적으로 연간 라이선스를 구매하는 소프트웨어 구매 방식이 줄어들게 됐다.

A Cloud Guru는 제품이 좋고, 스스로 구매할 수 있을 만큼 쉬우면서도 충분히 비용적 효율성을 가지면, 최종 유저인 개발자가 구매를 유도할 수 있다는 것을 알고 있었다(자신의 돈으로 구매하거나 또는 금액이 일상적인 경비 예산에 맞을 만큼 소액인 경우). 실제로 A Cloud Guru는 상사로부터 구매 승인을 받은 사람만 학습할 수 있도록 하는 것이 아니라 어디서나 누구나 학습할 수 있도록 하겠다는 비전에 이러한 고객 니즈를 명확히 명시했다. 누구나 말이다. 제품주도 프로세스는 개발자에게 먼저 플랫폼에 대한 액세스 권한을 부여한 다음, A Cloud Guru가 전체 조직에 판매하도록 유도할 수 있다.

다시 말하자면 서버리스 서비스는 고객 니즈에 대한 해답이었다. 소프트웨어 운영 비용은 고객이 증가할 때만 증가하므로, A Cloud Guru는 회사에 비용 효율적인 전략에 따라 개별 구독을 판매할 수 있었다.

개발자에게 직접 판매하려는 이 비전의 일환으로 A Cloud Guru는 많은 클라우드 콘퍼런스에서 주요 연사로 초대됐으며, 서버리스 이벤트를 대표하는 ServerlessConf라는 일련의 콘퍼런스를 조직하기도 했다. 그들은 강사들에게 공동설립자인 라이언 크루넨버그가 강의 영상에서 입은 것과 동일한 A Cloud Guru 티셔츠를 엑스포에서 입도록 독려했다. 결과 많은 개발자의 소셜미디어에 '클라우드 구루 사람들'과 찍은 셀카가 공유됐다.

이 영리한 판매 전략(반짝 세일 및 빠르고 쉬운 디지털 판매를 포함)으로 개발자는 교육 부서나 경영진이 A Cloud Guru 서비스를 '구매'할 때까지 기다릴 필요가 없었다. 그들은 집이나 콘퍼런스에 참석하는 동안 그들의 전화기로 자신의 라이선스를 구입했다. '클라우드 전문가가 되는 것'이라는 가치 제안은 많은 개발자들에게 너무나 매력적이어서 10달러에 반짝 세일 중인 A Cloud Guru 교육과정을 보자마자 구매하고 독학을 시작했다.

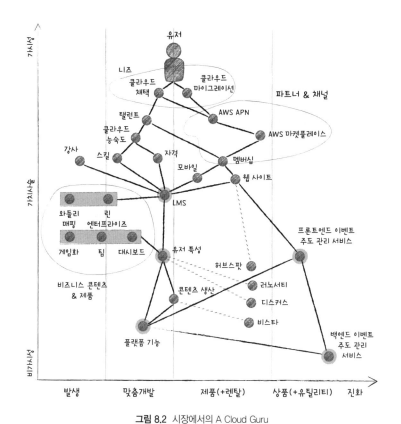

그림 8.2 시장에서의 A Cloud Guru

출처: 드류 퍼멘트에 의해 2018년 맵 캠프 런던(Map Camp London 2018)에서 받았고, 구두 허가 하에 사용됨

A Cloud Guru의 클라우드 전환 담당 상무였던 드류 퍼멘트가 2018년 맵 캠프 런던Map Camp London에서 발표한 그림 8.2는 IT 시스템(프론트엔드에서

백엔드)이 맵의 오른쪽 하단에 있다는 것, 즉 상품화됐다는 것을 명확히 보여준다. 다시 말하면, A Cloud Guru 같은 플랫폼 자체가 전기나 통신 서비스처럼 쉽고 간단하게 소비될 수 있다는 것이다. 하지만 플랫폼 기능(유저에게 서비스 제공)은 기능, 파트너 및 채널을 맞춤형으로 제공할 수 있어 비즈니스가 고객에게 고유한 가치를 제공하도록 유도한다. 그리고 이 모든 것은 누구나, 어디서나 클라우드 전문가가 돼 더 밝은 미래를 실현할 수 있도록 지원한다는 단 하나의 명확한 목적을 달성하기 위해 매핑되고 구축됐다.

핵심요점

서버리스를 통해 A Cloud Guru는 그들의 비전을 실현하고, 신속하게 진행할 수 있었다. 4주 동안 한 사람이 A Cloud Guru의 성공을 뒷받침하는 저비용, 고성능, 탄력적 플랫폼을 구축할 수 있었다. 서버리스 플랫폼은 게임 체인저였다. 블랙 프라이데이에도 A Cloud Guru 팀은 시스템 용량이나 규모에 대해 전혀 걱정할 필요가 없었다! 이에 더해 서버리스는 고객의 니즈, 구매, 판매, 관계 구축을 위한 새로운 기능 및 콘텐츠와 같이 더 중요하고 영향력 있는 작업을 수행할 수 있는 시간을 확보할 수 있게 했다. A Cloud Guru는 서버리스 접근 방식을 통해 가장 엄격한 엔터프라이즈 보안, 성능, 안정성, 비용 및 운영 우수성에 접근할 수 있었다.

그러나 먼저 하나의 명확한 목적을 정하고 집중하지 않고는 이 중 어느 것도 가능하지 않았을 것이다. A Cloud Guru는 고객의 니즈를 충족하고, 서버리스 우선 접근 방식을 채택하는 데 집중함으로써 최근 플루럴사이트 Pluralsight에 인수된 수십억 달러 규모의 회사가 됐다.

3

2단계
도전과 환경

페르소나: 엔지니어

핵심 원칙
심리적 안전: 팀 우선 환경이 항상 승리한다.
시스템이 자산이다: 사회기술적 시스템 관점이다.
활성화를 위한 조직 매핑: 엔지니어에게 권한을 부여한다.

9상

성공을 위한 환경

도전과 환경은 매우 중요하다. 우리가 원하는 모든 역량을 갖춘 경우는 거의 없다. 아이디어에 도전하고 상황을 인식한다는 개념은 매우 중요하다. 나는 언젠가 '도전'이라는 것이 내가 생각하는 의미와 다르다는 말을 들은 적이 있다. 어떤 사람들은 불쾌감을 느낀다고 했다. 그리고 협업은 더러운 단어라는 말까지 들었는데, 사람들이 몰래 몰려다니는 것과 같은 느낌이 든다고 했다. 성공할 수 있는 환경을 조성한다는 것은 사람들이 스스로 업무에 참여한다는 것을 의미한다. 사람들은 누군가가 팀을 방해하는 것이 아니라 팀에서 일하기를 바란다.

가치 플라이휠 효과의 첫 번째 단계에서는 팀 또는 조직의 북극성을 찾는 것, 즉 목적을 명확하게 하고 전달하는 데 중점을 뒀다. 조직이 중요하게 여기는 것이 무엇인지 식별하는 것이다. 그러나 목적만으로 충분하지 않다.

가치 플라이휠 효과의 두 번째 단계에서는 도전과 환경의 중요성에 주목해야 한다. 조직의 목표에 이르기 위해서는 성공을 위한 토대를 마련해야 한다. 어쨌든 가치를 향한 길이 포트 홀과 장애물로 가득 차 있다면, 북극성은 소용없다. 결코 그 목표에 도달하지 못할 것이다. 아니면 길고 힘든 여정을 거쳐야만 도달할 수 있으며, 그쯤이면 이미 다른 누군가가 그 목표에 도달했을 수도 있다.

성공을 위해 환경을 조성하는 것은 길을 닦고 장애물을 치우는 것과 같다. 사람들이 최선을 다하고, 서로에게 책임감 있게 도전하고, 심리적 안전감을 갖고 일하고, 업무를 쉽고 효율적으로 완료하는 데 필요한 기술적 도구를 갖추도록 환경을 조성해야 한다. 결국 옳은 일이 무엇인지 알더라도 말하기를 두려워하거나 이를 실현할 수 있는 도구가 없다면 아무 소용이 없다. 제대로 된 지원 환경에서는 모두가 긍정적 피드백 루프를 구축하고 대응할 수 있다. 시스템을 총체적인 사회기술적 관점(사람과 기술)에서 구축해야 플라이휠을 돌릴 수 있다.

그렇다면 길을 어떻게 닦아야 할까? 성공을 위한 환경은 어떤 모습일까? 팀 우선 접근 방식의 채택이 최선의 방법이라는 것은 놀라운 일이 아니다.

팀

팀의 개념과 구성에 대해서는 비즈니스(및 삶)에서 매우 기본적이므로 여기에서 다룰 필요가 없다. 그런데 왜 그렇게 많은 회사들이 이것을 잘못 이해할까? 우리는 엄청난 연봉을 받는 슈퍼스타 팀이면서도 승리하지 못하는 팀에 대한 많은 이야기를 듣는다. 반면에 슈퍼스타가 없지만 잘하는 무명의 팀도 있다. 팀워크는 꿈을 실현시킨다. 우리는 이것을 아이들에게 가르친다. 그런데 이런 이야기를 그대로 책에 실을 수 있을까? 불행히도, 그렇다. '불행히도' 이를 위해서는 반드시 어떤 문제를 해결해야 한다.

팀은 회사에서 가장 중요하다. 다른 구성요소도 필요하지만 팀에 대해서는 타협할 수 없다. 인간은 조직에서 소속감을 느끼고 본인이 가진 최고의 성과물을 조직에 가져올 수 있을 때 가장 일을 잘한다. 그렇다면, 우리가 자주 보는 팀의 잘못된 패턴은 무엇일까?

락스타 팀: 팀보다 하나의 개인이 더 큰 경우다. 팀의 성공은 주로 이 사람 때문이다. 이로 인해 팀은 보다 역동적으로 확장된다. 강력한 팀은 다양하고 포괄적이다. 약한 팀은 폐쇄적이고 배타적이다.

아주 작은 팀: 일반적으로 팀은 3~4명 정도는 돼야 한다. 아주 작은 팀이라면 이것은 팀이라기보다는 한 쌍의 집합 정도이다. 팀이 너무 작으면 수용할 수 있는 역량이 떨어진다.

거대한 팀: 팀이 10명 이상으로 늘어나면 2~3명의 하위 팀으로 구성된다. 피자 3~4판 팀이 아니라 아마존의 피자 2판 팀 사례를 참조하라.

밥Bob의 팀: 이것은 보스 밥에게 보고하는 모든 사람들이 한 팀(6명)이라는 개념이다. 이것이 반드시 사실(혹은 좋은 아이디어)일 필요가 없다. 6명이 둘러 앉아 비슷한 업무를 하고, 밥에게 보고할 수 있다. 하지만 그렇다고 해서 팀이 되는 것이 아니다. 팀은 업무 합의, 상호작용, 토론, 논쟁, 공동의 목적과 공동의식이 있어야 한다. 밥이 구성원의 근태에 의사결정 권한이 있다고 해서 팀이 되는 것은 아니다. 이런 오류는 종종 경영진('팀 동료'를 능가하기 위해 상당한 노력을 기울이는 경우가 많음) 사이에서 발견된다.

내 업무: 업무는 팀에 할당돼야 하며, 팀으로 작업해야 한다. 팀에 공동의 목표가 있으면 함께 일할 수 있다. 팀에 개인별 성과물만 있다면, 성취감을 공유할 수 없다.

조니Johnny의 보너스: 팀은 성과에 대해 보상 받아야 한다. 뛰어난 성과에 대한 개인적인 보상도 있어야 하지만 팀 성과에 대한 팀 인센티브도 있어야 한다.

매직 매니저: "모든 성공적인 성과는 매니저의 기술 덕분이다"라는 것은 잘못된 패턴이다. 이것은 전통적인 회사에서 특히 강력하다. 관리자가 아무것도 하지 않더라도 팀은 모든 역경에 맞서 '매니지업*'하고 잘 수행해야 한다. 매니저는 차를 타주고 팀원들의 이야기를 들어주는 행위를 통해 본인이 훌륭한 섬김의 리더라고 여긴다. 팀은 이 고액 연봉자가 팀원들에게 차를 타주면서 자신들이 뭘 하는지 이해 못하는 것에 당혹스러워한다. 이 시나리오에서는 매니저가 팀에게 실질적 도움을 주지 않기 때문에 팀원들이 매니저를 돌보고, 스스로 관리하고, 이해관계자를 직접 찾아가야 한다. 업무는 두 배로 늘어나고 프로젝트에 상당한 위험이 추가된다. 이러한 잘못된 패턴은 생각보다 기술 업계에서 흔히 볼 수 있다. 이 패턴은 종종 상명하복, 후방보호, 의사결정 불능과 동반되기도 한다.

매튜 스켈톤Matthew Skelton과 마누엘 페이스Manuel Pais가 쓴 『팀 토폴로지』(에이콘출판, 2020)는 팀이 번창하기 위한 환경을 만드는 방법을 잘 설명한다.[1] 팀 구축에 대한 다른 훌륭한 참고자료가 많이 있지만 결론은 다음과 같다. 리더는 팀이 개인이 아니라 딜리버리 유닛임을 인식해야 한다. 정말 간단하다. 팀 우선 접근 방식이다. 팀 구성에 집중하고, 좋은 환경과 목적을 제공해서 업무를 완수할 수 있도록 지원한다.

---

* 매니지업(Manage up) : 상사를 관리한다는 뜻으로 상사가 나를 잘 도와주도록 내가 상사를 돕는다는 의미로 사용된다. 일반적으로 정보 제공, 도움 요청, 피드백 요청과 제공이라는 3가지 원칙이 있다. – 옮긴이

도전 수용

일대일 세션 중에도 사람에게 피드백을 제공하는 것은 어려운 경우가 많다. 누군가가 시간을 투자한 아이디어를 공유할 때 해당 아이디어에 대한 내안을 제시하고 지적하는 것은 사실 어렵다. 특히 아이디어를 아주 세련된 프리젠테이션으로 만들어서 많은 사람들이 가득한 방에서 발표하는 경우는 더욱 그러하다. 질문하는 데 5분 밖에 시간이 허용되지 않으면서도 그 아이디어를 이해했는지 확인하고, 대안을 제시하고자 하는 당신의 생각을 표현하는 것은 매우 어렵다.

이 프리젠테이션에 참석하는 대부분의 사람들은 질문을 하거나 발표자의 의견에 이의를 제기하려고 시도하지 않는다. 특히 리더가 아이디어를 공유할 때, 다른 관점을 제시하려면 매우 큰 용기가 필요하다. 사실 많은 발표자들이 발표 중에 청중의 의견을 듣고 싶어하지만, 이런 형식의 미팅은 토론을 어렵게 만든다.

사내정치에 대해서도 생각해보자. 이것이 존재한다는 사실을 인정해야 한다. 어떤 사람들은 상사 앞에서 그저 '점수 따기'를 위해 발표자의 흠을 잡고, 곤란한 질문을 한다. 맞다, 후진적이다. 하지만 이런 일이 일어난다. 리더가 제시한 주제에 대해 전문지식이 있는 경우 이러한 '질문'을 계속 하는 것은 어려운 일이 아니다.

때로는 가장 말단 직원(실무에 가장 가까운 사람)이 전문가이기 때문에 누구든지 참여할 수 있고 누구든지 다른 사람의 아이디어에 대한 도전에 편안함을 느낄 수 있는 환경이 필요하다. 사람들이 의견을 낼 수 있는 안정된 환경이 조성되지 않는다면, 소중한 피드백을 놓치게 된다. 세 사람 앞에서 발표한 아이디어에 대한 평가가 백 명 앞에서 발표한 아이디어 평가만큼 어려울 수 있다. 다른 의견을 제시하는 것도 공격으로 간주되는 경우가 많으며, 대안적인 아이디어에 대해서도 마찬가지다. 엔지니어가 효과가 없을 것이라고 확신한 아이디어를 듣고도 아무런 의견을 제시하지 않은 채, 결함 있는 아이디어를 실행해서 돈이 낭비되는 경우가 얼마나 있었을까?

많은 문화권에서 '도전'이라는 단어는 "내가 당신에게 도전한다"와 같은 부정적인 의미를 내포한다. 이는 건강하지 않은 정치적 점수 따기에 불과하다. 성공을 위한 환경은 발표자의 기분을 상하게 하지 않으면서 다른 관점으로 아이디어에 도전할 수 있는 건강한 도전을 지원해야 한다. 대안적 아이디어는 타당한 이유로 거부될 수 있지만, 생각에 대한 과정을 공유하면 제안된 아이디어에 대한 모든 사람의 신뢰가 높아질 것이다.

이 책 전체에서 살펴보고 2장에서 다룬 바와 같이 맵은 도전을 위한 이상적인 매커니즘을 제공한다. 맵을 만들고, 틀렸으면 인정하고, 빠르게 개선한다. 선형적이지 않기 때문에 대안을 탐색하는 것을 용이하게 한다. 슬라이드 자료는 청중에게 아이디어를 제시하는 데 효과적이지만, 컨텍스트 전달에 부족하고, 내용을 조작할 수 있으며, 도전을 회피하게 함으로 사고를 촉진하는 도구로는 적합하지 않다. 제프 베조스는 워드 문서를 선호해 파워포인트 프리젠테이션을 금지한 것으로 유명하다. 아이디어 발표 시 글로 작성해 오류의 여지가 없도록 하자.

작업 레벨 불일치

팀에 대한 도전을 받아들이는 데 있어 또 다른 장애물은 나쁜 시선에 대한 두려움이다. 우리 중 얼마나 많은 사람들이 직장에서 '나쁘게 보이기'를 원할까? 아마 아무도 없을 것이다. 하지만 조직은 빠른 실패[*]를 권장한다. 나쁘게 보이거나 지위를 잃을 염려 없이 빠르게 실패하기 위해서는 상당히 진보

---

[*] 빠른 실패(Fail Fast): 린과 애자일을 기반으로 하는 스타트업 문화와 관련된 원칙으로, 빠른 반복을 통해서 가치 있는 문제 해결을 목표로 한다. 빠른 반복을 통해 빠르게 실패함으로써 실패의 영향을 최소화하고 실패를 통해 학습해 최종적으로 가치 있는 혁신에 성공하도록 한다. – 옮긴이

적인 환경이 필요하다. 사람들의 시선에 대한 두려움 없이 빠르게 실험하고 실패할 수 있는 진보적 환경을 조성하려면, 먼저 팀과 조직의 목적이 명확해야 하고(가치 플라이휠 1단계), 심리적 안전을 제공해야 한다(가치 플라이휠 2단계).

팀이나 조직의 목적이 불분명하면 어떻게 될까? X(전 트위터)(@shreyas)에서 팔로잉할 가치가 있는 제품 리더인 시레야스 도시Shreyas Doshi는 제품 작업의 3가지 레벨인 실행, 영향, 시선에 대한 훌륭한 모델을 제시한다.[2] 그의 설명에 따르면 개인이나 팀이 다른 레벨의 작업(예를 들어 실행, 영향, 시선)에 집착하게 되면 우선순위와 작업이 서로 상충할 수 있으므로 충돌이 발생한다는 것이다. 고객 경험을 개선하기 위해 전체 웹 사이트를 재구축하려고 하는데 프론트 엔드 엔지니어 중 한 명이 이전 사이트의 버그를 수정하는 데 모든 시간을 보냈다고 상상해보자. 단기적인 이득(버그 수정)은 매우 실행 지향적일 수 있지만, 웹 사이트 재구축의 장기적인 이득은 훨씬 더 큰 영향을 미칠 것이다.

작업의 주요 수요자가 누구인지 고려하기 위해 레벨을 좀 더 확장해보자.

- **실행 레벨**: 관리자를 만족시키기 위해 실행한다. 결함이 있는 접근 방식은 아니지만 약간 구식이고, 전통적이다.
- **영향 레벨**: 고객에게 영향을 미친다. 매우 제품 중심적인 접근 방식이다.
- **시선 레벨**: 무슨 일이 있어도 나쁘게 보이지 않도록 한다. 이기적인 접근 방식으로 효과는 있지만, 안타깝게도 회사를 발전시키지는 않는다.

그렇다면 실제는 어떨까? 도시는 X를 통해 좋은 예시를 공유하고 있는데[2], 이를 살펴보자. 제품 관리자가 실행 레벨의 작업에 고정돼 있다고 상상해보

자. 그녀는 타협에 집중한다. 실행 자체가 어렵기 때문에 이러한 방식은 정당하게 받아들여진다. 이제 모든 역경을 딛고 실행에 이를 수 있었고, 그녀는 다가오는 제품 출시를 자랑스럽게 생각한다. 부사장/최고경영자가 검토를 하고 보다 영향력 있는 작업이 되기를 요청한다. 제품 관리자에게 그녀의 작업이 충분치 않다고 말한다. 출시는 무산되고 모두가 좌절한다.

도시에 따르면, 여기서 핵심적인 문제는 다양한 레벨의 작업에 주의를 기울이지 않았다는 것이다. 어떤 건강한 팀이든 위의 3가지 레벨에서 균형적으로 운영돼야 한다. 문제는 2가지이다. 첫 번째, 개인이나 팀이 특정 레벨에 고착되면, 즉 누군가 한 레벨의 작업에 집착하거나 편견을 갖게 되면 불균형이 불가피하다. 두 번째, 하나의 업무 레벨에 집착하는 것이 명시적으로 드러나지 않는 경우, 편견을 명확하게 표현하지 않으면 갈등이 생기고 작은 부분에 집중하게 된다. 따라서 팀은 작업 레벨 불일치라는 실질적인 문제를 인식하는 것이 필요하다.

팀은 목표를 공유해야 하므로 팀 우선 방식이 도움이 될 수 있다. 올바른 구성이 갖춰진 경우(『팀 토폴로지』 참조), 팀은 존재 목적이 명확하다. 팀은 가치 플라이휠 첫 번째 단계 내의 5장에서 살펴본 북극성 프레임워크를 통해 추가 정렬을 달성할 수 있다. 모두가 정직하게 말할 수 있어야 한다. 이 간단한 의견은 팀을 하나로 모으는 데 도움이 될 것이다.

리더는 팀을 위해 어떤 종류의 환경을 만들지에 대한 중요한 결정을 내려야 한다. 조직 문화에 대해 논의하는 것은 어렵고 감정적일 수 있지만 모두들 이 같은 토론을 통해 보다 나은 결과를 얻을 수 있다. 모든 레벨의 리더는 성공의 길을 열어주는 지원 환경을 조성하기 위해 리더십 팀으로서 우선순위를 정하고 허용하는 것을 명확하게 전달해야 한다.

문화 전환

믹 커스텐 박사$^{Dr.\,Mik\,Kersten}$는 『프로젝트에서 제품으로』(에이콘출판, 2022)를 전파했고, 실제로 책도 냈다.[3] 프로젝트 모델에서 제품모델로 전환하는 것은 엔지니어링 및 IT에서 매우 중요하다. 왜냐하면 이는 회사의 가치 흐름을 정의하고, 최적화하는 데 도움이 되기 때문이다. 다시 말하지만, 우리는 기능(나사를 조이는 것과 같이 제품의 한 부분을 의미하는 것이 아닌)이 아니라 가치(최종 제품이 고객에게 제공할 가치)를 중심으로 조직을 구성해야 한다.

성공을 위한 환경을 만드는 첫 번째 단계는 팀과 전체 조직이 가치 제안, 즉 목적의 명확성에 대해 모든 조직이 절대적인 명확성과 일치성을 갖도록 하는 것이다. 참고로 가치는 프로젝트를 완료하는 것이 아니다(내 업무 확인란에 완료확인을 했으니 내가 할 일은 다했다).

그러나 이 패러다임 전환은 간단하지 않다. 100년 된 제품회사(가치 제공에 성공적으로 초점을 맞춘)와 5년 된 프로젝트 회사(팀과 개인이 전체 제품에 대한 총괄적인 관점과 지분을 갖는 대신 작업을 완료하는 데 집중한)가 있다.

제품을 중심으로 조직을 구성할 때는 조직의 모든 사람이 사고와 가치 제안에 동참할 수 있어야 한다. 전체 팀/조직이 가치 실현이라는 결과 달성을 위한 더 나은 방법을 찾기 위해 논의하고, 혁신에 참여하며, 가설을 제시할 수 있는 권한을 행사한다. 팀이나 조직이 제품이 아닌 프로젝트를 중심으로 구성되는 경우, 일정이나 범위, 예산 등의 추정에 이의를 제기할 수 있지만 그저 프로젝트 관리자와의 논의가 잘 되기를 바랄 수밖에 없다(우리의 기대를 낮추지 않는 한). 물론, 계획 자체에 이의를 제기하는 것은 절대 허용되지 않는다.

도전을 뒷받침하는 행동

성공의 환경을 조성하기 위해 우리는 소규모 리더십 그룹 외부에서 거의 논의되지 않는 회사 내에서의 기본 행동을 설정했다. 사이먼 와들리는 팀 구성원이 심리적으로 안정감을 느낄 때(표 9. 1 참조) 수행할 지원적 행동 목록을 작성했다. 행동은 의사소통, 개발, 운용, 학습, 지도 및 구조의 범주로 나뉜다.

표 9.1 와들리의 원칙
출처: 허가 하에 재인쇄, 사이먼 와들리와 크리스 다니엘, 원칙. WardleyMaps.com/.

와들리의 원칙(상황에 관계없이 적용할 수 있는 보편적으로 유용한 패턴)						
카테고리	의사소통	개발	운영	학습	리딩	구조
1단계	공통 언어 사용(협업에 필요) 도전적 가설(발언 및 질문) 높은 상황 인식에 집중(무엇을 고려하고 있는지에 대한 이해)	유저 식별(예, 고객, 주주, 단골, 스탭) 유저 니즈에 집중 적절한 방법론 사용(예, 애자일 vs. 린 vs. 식스 시그마)	작게 생각(세부 사항 파악)	체계적인 학습 매커니즘 사용(데이터에 대한 편견)		
2단계	투명할 것(개방에 대한 편견)	계약이 아닌 결과에 집중(예, 가치 기반 개발) 빠르고, 저렴하고, 절제 및 우아하게 생각할 것(FIRE, 이전 FIST) 적절한 도구 사용(예, 매핑, 재무 모델) 실용적일 것(고양이가 쥐를 잡는다면 흰색이든 검정색이든 중요하지 않다) 적절한 경우 표준을 사용할 것	관성점 관리(예, 기존 관행, 정치적 자본, 이전 투자) 실패 관리 효율성보다 유효성	행동에 대한 편견(게임을 통해 학습)	빠르게 움직일 것(오늘 실행되는 불완전한 계획이 내일 실행되는 완벽한 계획보다 낫다) 전략은 선형적이지 않고 반복적이다(빠른 반응 주기)	작게 생각할 것(팀에서처럼) 권한 및 의사결정 분배 적성과 태도에 대해 생각할 것

3단계			흐름 최적화(병목현상 제거)	새로운 것에 대한 편견(호기심을 갖도록 하고, 적절한 위험을 감수할 것)	방향을 정하고, 길을 따라 적응할 것(돌을 느끼며 강을 건널 것)	목적, 숙달 및 자율성을 제공할 것
					주인이 될 것(책임을 짐)	
			적은 비용으로 더 나은 수행을 할 것(지속적인 개선)		크게 생각할 것(다른 이들에게 영감을 주고, 방향을 제공할 것)	
					전략이 복합적(불확실성 수용)	최고를 추구할 것
			예외적인 기준을 설정(훌륭한 것만으로는 충분하지 않다)		겸손할 것(듣고, 이타적이 되고, 꿋꿋함을 가질 것)	
4단계				당신의 에코시스템에 귀를 기울일 것(미래를 볼 수 있는 엔진으로 작동)	환경을 활용할 것	하나의 문화만 있는 것이 아니다(예, 개척자, 정주자, 계획자).
					코어는 없다(모든 것이 일시적이다)	끊임없는 진화를 위한 디자인

행동은 또한 단계에 따라 구성된다. 이제 막 도움을 주는 문화를 개발하기 시작한 팀은 1단계의 행동을 사용하는 반면, 심리적 안전에 익숙한 팀은 5단계의 모든 행동을 사용한다. 이 원칙은 조직에서 성공하기 위한 환경을 설명하기 때문에 흥미롭다. 행동이 당신 회사에 존재하지 않을 수 있다.

와들리의 원칙은 도전을 환영하는 문화를 확립하는 데 도움이 되는 행동을 요약해서 보여준다. 각 항목을 보고 "내 조직/팀이 이 작업을 하고 있는가?"라고 자문해 보라. 이는 우리 조직에게 매우 유용한 훈련이 된다. 조직에서 실행하는 모든 패턴을 식별하도록 팀에 요청해보라.

언제든, 조직의 경영진은 할 수 있는 일이 많고, 일하는 환경을 개선할 수 있는 많은 방법도 있다. 이미 논의한 것처럼, 그들의 가장 중요한 임무는 목적을 명확히 하는 것이다. 이 가치 플라이휠 효과의 두 번째 단계는 그에 대한 이해를 진지하게 테스트하는 것이다. 목적이 조직 전체에 명확하게 전달됐는가? 모든 사람들이 자신의 업무가 그 목적을 달성하는 데 어떻게 도움이 되는지 알고 있는가? 경영진이 회사의 목적을 명확하게 정의하지 않고 첫 번째 단계에서 이를 잘 전달하지 않으면 여기서 플라이휠이 갑자기 멈출 것이다. 그러면 1단계로 돌아가 목적의 명확성에 다시 초점을 맞춰야 한다.

심리적 안전

심리적 안전은 팀 우선 접근 방식의 필수 요소이며 성공을 위한 환경을 만드는 데 대단히 중요한 영향을 미친다. 이는 매우 복잡한 주제로 심리적 안전의 여러 측면을 다루는 훌륭한 책과 블로그가 많이 있다. 그러나 심리적 안전의 핵심은 자신의 의견을 공유했을 때 벌을 받거나 배척당하지 않을 것이라는 느낌이다. 사람은 심리적으로 안전한 환경에서 위험을 감수하고 실험하고, 다른 사람에게 질문하는 것을 편안하게 느낀다. 이들은 팀원들이 실패를 판단이 아닌 배움으로 받아들일 것임을 알고 있다.

그리스 신화의 나르키소스는 자신의 미모에 사로잡혀 평생을 자신만 바라보며 지냈다. 그는 외모에 너무 취해서 결국 시들어 죽었고, 꽃이 됐다. 이 이야기는 정서적 미성숙을 보여준다.

내 경험 상 많은 개발자들은 고객이나 회사의 니즈보다 혁신적 기술 개발에 대한 욕구를 우선시할 것이다(허영심). 우리는 종종 이것을 '이력서 기반 개발'이라고 부른다. 개발자는 혁신적 기술이 멋있어 보이기 때문에 사용하고 싶어 한다. 기술 리더의 업무 중 일부는 이를 발견하고 중지하는 것이다. 최고기술책임자가 이력서 기반 개발을 수행하게 되면 엄청난 문제를 야기할 수 있고, 심지어 회사를 망하게 할 수 있다.

비즈니스 세계에서 우리는 정서지능에 대해 많이 이야기했다. 아마도 우리가 만들고자 하는 고유한 비즈니스 환경, 즉 소프트웨어 기반 에코시스템에서는 더 그럴 것이다. 고객은 다른 어떤 산업보다도 소프트웨어 산업에서 왕이다. 기술 팀이 고객에 대해 생각하도록 장려하는 데 왜 그렇게 많은 시간을 할애하는가? '외부에서 내부로 생각'하는 것이 그렇게 혁명적인가? 고객보다 너 먼저 생각하고 실행하는 리더십에 실패하고 있는 것은 아닐까?

만약 우리가 안정된 환경에서 일할 수 있다면, 아군으로부터의 공격을 걱정하지 않고 고객에게 집중할 수 있는 자신감을 갖게 된다. 고객을 최우선으로 생각하는 정서적 성숙도가 부족해서 스스로에게 집착하는 것인가? 아니면 동료(및 일부 리더들)의 정서적 성숙도가 부족하다는 생각 때문에 걱정하는가? 그렇다 하더라도 업무에서 심리적 안전감을 만들고자 한다면 다른 이들의 공감을 불러일으킬 수 있어야 한다. 업무 현장에서 공감대를 형성하고 성숙해지기 시작하면 우리는 업무에서 다양성, 형평성 및 포용을 주요 고려사항으로 취급할 수 있게 된다.

에이미 에드먼드슨 박사Dr. Amy Edmondson와 같은 멋진 사람들의 작업 덕분에 고위 경영진 위치에서 심리적 안전에 대한 컨셉이 중요해지기 시작했다. 우리는 마침내 다양성이 슬로건 이상이라는 것을 인식하기 시작했다.

소프트웨어에서 팀의 중요성은 과소평가될 수 없다. 팀은 소프트웨어를 만들고 팀의 균형에는 긴장감이 있다. 얼마나 많은 관리자와 리더가 계획보다 팀 효율성을 우선시하는가? 진정으로 성과가 높은 조직은 다양하다. 서로 다른 견해, 배경, 문화, 기술 및 경험의 혼합은 정보를 제공하고, 도전하고, 좋은 의사결정을 형성하는 데 도움이 돼서 최상의 결과를 낳는다.

에이미 에드먼드슨은 그녀의 훌륭한 저서 『두려움 없는 조직』(다산북스, 2019)에서 업무의 실패, 위험한 침묵, 솔직함의 중요성에 대해 설명했다[4]. 직원 절반이 목소리 내기를 두려워한다면 다양한 팀을 구성하는 것은 의미가 없다. 리더와 팀원 모두 직장에서 투명성, 즉 근본적인 투명성을 만들어야 한다.

이것은 한 페이지에서 충분히 다루기 어려운 더 연구할 가치가 있는 주제지만, 아무도 상사에게 나쁜 소식을 말하지 않는 전통적인 모델은 근본적으로 깨졌다. 모든 비즈니스에는 서로 다른 관점에서 논의하고, 이해해야 하는 문제가 있다. 우리는 한발 앞서 생각하고 문제를 발견하는 대로 드러낼 수 있어야 한다.

안전한 실험

'빠른 실패'는 훌륭한 아이디어이자 문구이지만(많은 훌륭한 문구와 마찬가지로), 비즈니스 미디어는 이를 완전히 죽였다. 이것은 비즈니스 미디어의 잘못이 아니고 전통적 리더십의 관성 문제이다. 새로운 용어가 나오면 모든 경영진은 그것을 먼저 사용하고 싶어하며, "이것을 도입했다"고 주장한다. '빠른 실패' 혹은 실험을 올바르게 실행하기 위해서는 상당한 기반 작업이 필요하며, 전체 회의에서 그저 발표한다고 되는 것이 아니다.

실험은 성과평가와 연결된다. '빠른 실패' 환경을 평가하는 가장 좋은 방법은 조직의 인센티브 시스템을 조사하는 것이다. 연간 목표 및 성과에 따른 급여의 연관성 검토는 상당한 전문 지식과 노력을 기울이지 않는 한 실험하기가 매우 어려울 수 있다. 개인에게 실험에 대한 인센티브가 제공된다면 매우 명확한 비즈니스 목표를 가지게 될 가능성이 높다.

OKR 프레임워크가 인기를 끌고 있지만 이 역시 남용될 수 있다. 목표는 반드시 결과여야 한다. 무엇을 달성해야 하는가? 핵심결과는 우리가 성취해야 하는 것(상세히)에 대한 방법을 보여준다. 팀이 빠르게 움직일 수 있는 목표와 좋은 환경을 갖고 있다면 베팅을 시작할 수 있다. 이렇게 하면 어떤 결과가 나올까? 좋아, 그것을 추가하도록 하자. 팀이 계획에 갇혀 있다면, 따라서 목표가 달성되지 않았다면 계획에 결함이 있다는 것이다!

윤리

윤리는 체크박스 규정 준수 방식에서 벗어나고 있다. 직원들이 1년에 한 번

비디오 시청으로 규정을 준수했다고 생각하게 하는 것은 사실 너무 터무니없는 얘기다. 이는 '윤리 및 규정 준수'에 대한 게으른 양치기 소년의 방식과 같지만, 일부 대기업의 경우 다른 대안은 비용과 시간이 많이 들기 때문에 이 방법에 의존한다. 전 직원에게 1시간짜리 비디오 시청을 의무화하는 것이 더 쉽기 때문이다. 소프트웨어를 만들 때 진정으로 윤리를 고려하려면 사람, 기술, 비즈니스 영역 및 고객이 상호작용하는 방식에 대해서만이 아니라 윤리 자체에 대한 깊은 이해가 필요하다. 많은 양의 데이터 또는 인공지능/기계학습 시스템을 처리할 때는 그 압박감이 상당히 커진다.

안타깝게도 윤리에 대한 쉬운 해결책이나 멋진 기술은 없다. 이는 매우 어려우며 집중력, 전문지식 및 투자를 필요로 한다. 43가지 회사 원칙 목록에 "악해지지 말자Don't be evil"는 문구를 추가하는 것으로는 효과가 없을 것이다! 고객, 공익과 직원을 고려하는 데 시간을 투자해야 한다. 어떤 문제를 발견했는가? 팀이 정직하게 일하고 고객을 존중하도록 하려면 어떻게 해야 할까? 요컨대, 윤리는 구축 중인 시스템과 시스템이 유저에게 미치는 영향에 대한 깊은 생각을 필요로 한다.

다양성

다양성은 항상 팀에서 중요하고 가치 있는 특성이었다. 다양성을 가진 팀이 동질성을 가진 팀보다 더 나은 결과를 가져온 사례는 무수히 많다. 다양성은 많은 의미를 갖고 있기 때문에 매우 복잡한 용어다. 다양성은 어떤 다름을 의미한다. 성별, 인종, 성적 취향, 기능(즉, 역할에 의한), 배경(즉, 교육 및 양육), 심지어 신체적 및 신경학적 차이까지 다양한 사람들이 팀에 포함될 수 있다.

잠시 신경다양성, 즉 모든 인간의 두뇌가 다르고 강점이 다르다는 생각에 집중해보자. 일부는 사회적 상호작용에 탁월하고, 일부는 개념적 작업에 탁월하며, 또 다른 일부는 심층 분석 작업에 탁월하다. 이러한 강점과 기타 다양한 속성의 조합이 견고한 팀을 만든다.

다양성은 피해야 할 약점이 아니라 축하해야 할 특성이다. 때로는 팀 구성이 당면한 작업에 적합하지 않을 수 있다(개척자/정주자/계획자 렌즈를 다시 생각해보라). 팀이 올바른 업무에 집중할 수 있도록 적절하게 주의하고 관리하자.

학습 또는 생성형 조직

론 웨스트럼 박사^{Dr. Ron Westrum}는 웨스트럼 조직 문화(표 9.2 참조)라고 하는 매우 통찰력 있는 모델을 만들었다[5]. 이 모델은 정보가 회사에서 어떻게 흐르는지에 초점을 맞추지만 훌륭한 문화 지표 역할을 한다. 이 모델은 데브옵스 커뮤니티에서 많이 사용돼 왔으며, 특히 DORA^{DevOps Research and Assessment}의 데브옵스 현황 연구 프로그램에서 많이 사용되고 있다.

비즈니스가 새로운 영역으로 진출하려면 무언가를 시도하고, 실수하고, 이를 통해 배울 수 있어야 한다. 웨스트럼 박사는 이것에 대해 무언가를 생산하거나 창조하는 능력인 생성형 조직이라고 설명한다. 아래 표는 생성적 문화와 다른 특성을 설명하고, 병리적 문화와 관료적 문화 2가지 다른 문화 유형을 강조한다.

표 9.2 웨스트럼 조직문화

병리적 문화(권력 중심)	관료적 문화(규칙 중심)	생성적 문화(성과 중심)
협력 수준 낮음	협력 수준 중간	협력 수준 높음
의사전달 차단	의사전달 무시	의사전달 훈련
책임 회피	좁은 범위의 책임	위험 분담
연결 지양	연결 용인	연결 권장
실패가 희생양으로 이어짐	실패가 처벌로 이어짐	실패가 질문으로 이어짐
새로운 아이디어가 억제됨	새로운 아이디어가 문제로 여겨짐	새로운 아이디어가 구현됨

심리적 안전성 매핑

심리적 안전의 문화를 컬티베이션*할 수 있는 방법을 보여주는 빠른 맵을 작성해보자. 와들리 맵을 사용하면 조직 내에서의 종속성이나 성숙도와 같은 심리적 안전성에 대한 양질의 정보를 얻을 수 있다. 우리는 이것을 '역량 매핑'이라고 하는데, 이는 책을 통해 얻은 이론을 달성하는 데 얼마나 근접했는지 빠르게 평가할 수 있는 좋은 방법이다. 그렇다면 심리적 안전성에 대해 매핑을 하면 어떤 모습일까? 4장에서 만난 캐릭터인 로라와 클라이브를 다시 소환해보자. 그들은 자신의 조직이 얼마나 발전했는지, 심리적으로 안정된 환경을 만들기 위해 어느 부분에 노력을 기울여야 하는지에 대해 탐구하고 싶어한다.

유저 니즈

로라: 앵커를 잘 정해야 합니다. 팀원은 궁극적으로 심리적 안전의 주요 수혜자거든요. 어떻게 생각하시나요?

클라이브: 저는 일반 팀원이 대상이어야 한다고 생각합니다. 그래야 프로젝트 관리자, 스크럼 마스터, 제품 관리자, 기술 책임자, 임원 등 무수히 많은 역할을 배제한 일반적 리더십의 요구사항을 논할 수 있어요.

로라: 좋아요, 그러면 팀원의 니즈는 뭘까요? 저는 신뢰가 우선이라고 생각해요. 그리고 목적의 명확성이죠. 내가 무엇을 해야 하는지 알고 있나요? 그리고 내 매니저가 내가 그 일을 해낼 것이라고 믿고 있다고 느끼나요? 리더십에서 얻을 수 있는 것이기 때문에 x축 제품 영역에 목적의 명확성

---

* 컬티베이션(Cultivation)은 일반적으로 농작물을 재배하고 경작하는 행위를 의미하지만, 문화적 관점에서는 목적을 가지고 서로를 성장시키고, 지식을 공유하고, 가르치는 등의 집단적 학습 행위를 의미한다. — 옮긴이

을 배치해보죠.

클라이브: 동의합니다. 하지만 신뢰는 내부에서 표출돼야 해요, 맞죠? 팀은 스스로 신뢰를 구축해야 합니다. 어디 가서 살 수 있는 것이 아니죠, 그렇다면 맞춤개발 칸에 둬야 할까요?

로라: 업무 환경도 추가돼야 합니다. 팀원은 방해받지 않고 본인의 업무를 하는 것이 '가능한' 환경을 원하죠. 여기에는 필요한 도구만큼 시간도 필요합니다.

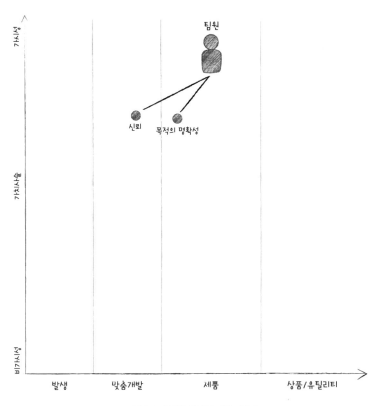

그림 9.1 심리적 안전감 매핑 : 앵커

클라이브: 네, 그들은 본인의 생각대로 말할 수 있게 되기를 원합니다. 거의 아무것도 말하지 않게 놔둬서는 안 됩니다. 말한다고 해서 항상 뜻대로

되는 건 아니지만 그렇다고 말하는 것을 두려워해서도 안 됩니다.

로라: 맞아요! 피드백은 친절하고, 존중하는 방식으로 제공돼야 해요. 가장 흔한 것에서 가장 일반적인 것까지 4개의 스택은 뭐가 되면 좋을까요?*

클라이브: 흠, 니즈의 계층구조와 거의 같나요? 저는 듣는 것이 가장 일반적이라고 말하고 싶습니다. 그래서 가장 오른쪽에 배치해야 하고요, 그 다음으로 환경, 신뢰 그리고 왼쪽에 목적의 명확성이 있어야 한다고 생각합니다.

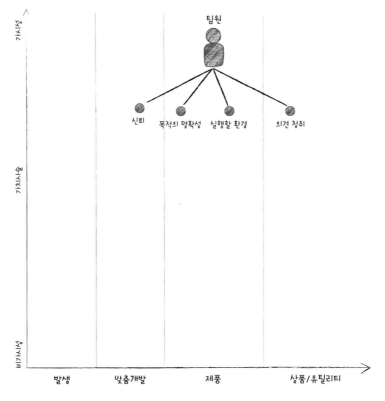

그림 9.2 심리적 안전감 매핑 : 유저 니즈

---

* 기억할 것: 이것은 종종 매핑을 시작하는 쉬운 방법이다. 왼쪽에 가장 흔하지 않고(여전히 발견되거나 생성되고 있음), 오른쪽에 가장 일반적인 것(물과 전기처럼 어디에나 있음)을 둔다.

로라: 저는 처음 2가지는 동의하지만 신뢰는 생각만큼 일반적이지 않다고 생각해요. 저는 마지막 2개를 바꾸고 싶네요. 그리고 이것들을 일렬로 놓아보죠. 저는 이것들이 팀원에게 동등하게 보인다고 생각합니다. 어떠세요?

클라이브: 네, 그렇게 시작합시다.

종속성

로라: 좋아요, 다음으로 팀원 니즈들에 대한 종속성의 항목을 나열하는 것이 필요합니다.

클라이브: 저는 '신뢰'에는 리더십이 필요하고, '실패해도 안전한' 환경이 필요하다고 생각합니다.

로라: 그리고 '실패해도 안전한' 환경은 배움의 공간을 필요로 하죠.

클라이브: 이 둘은 항상 손을 맞잡고 가야 한다고 생각해요. 나중에 무슨 일이 왜 일어났는지 조사할 시간이 없으면 안전하게 실패할 수 없어요.

로라: 네, 리더십은 그런 환경을 제공할 수 있는 권한이 있습니다. 팀뿐만 아니라 팀 외부의 이해관계자들과도 마찬가지입니다. 저는 실패에 대해 비난하는 문화로 고통받는 환경을 경험해 봤어요. 이런 환경은 항상 일을 급히 중단시켰습니다. 관성은 실패해도 안전한/학습 환경에서 얻을 수 있는 모든 이점을 차단합니다.

클라이브: 네, 우리는 여기서 '실패'를 정의해야 합니다. 실패는 단순히 스프린트 기한을 놓치거나 위험이 적은 실험을 의미할 수 있지만 조직을 중단시키는 것이 아닙니다. 실패의 의미를 너무 크게 부여하는데, 작은 실패도 있을 수 있습니다.

로라: 맞습니다. 그리고 당신이 언급한 각각의 종속성은 모두 x축에서 맞춤 개발 칸에 속할 것 같아요. 이것은 살 수 있는 것이 아니라 만들어져야 합니다.

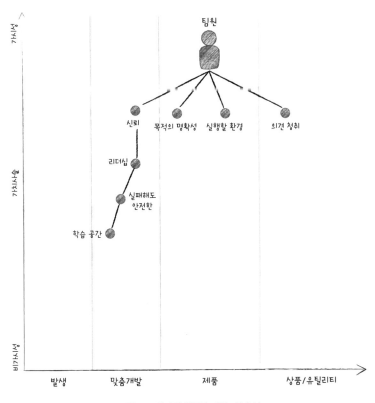

그림 9.3 심리적 안전감 매핑 : 종속성

추가 종속성

로라: 여기에는 '팀 우선' 개념을 도입해야 한다고 생각합니다.

클라이브: 네, 소프트웨어를 혼자 개발하는 경우는 다르겠지만, 우리는 팀의
일원으로 개발해야 합니다. 제 생각엔 이 부분이 퍼즐의 필수적인 조각이
라 생각합니다. 그렇다면 좋은 팀은 다양성도 표용해야 합니다. 훌륭한
팀은 항상 다양한 목소리를 제품에 반영하고자 합니다.

로라: 다양성은 어디에나 존재합니다. 문제에 따른 올바른 조합이 무엇인지
말하는 것은 거의 불가능하지만, 여기서 말씀하신 것은 집단 사고 또는

'동일한 것'을 피해야 한다는 것이겠네요.

클라이브: 네! 또한 적절한 팀 규범이나 표준이 있어야 합니다.

로라: 오래된 '업무지침'이 있죠. 표준이 측정되고 추적될 때 가장 잘 작동합니다. 저는 벽에 붙였다가 잊어버린 많은 업무지침을 경험했습니다.

클라이브: 네, 팀의 진행상황을 측정하고 축하해야 합니다. 이것이 모든 것들의 움직임이 유지되고 있다는 심장박동입니다. 어리석은 수작업이나 관료주의의 산이 아닙니다. 우리에게 필요한 것은 업무에 맞게 조정된 좋은 도구와 프로세스를 갖춘 적절한 딜리버리 파이프라인입니다. 결함이 있는 프로세스로 인해 속도가 느려지면 항상 짜증이 납니다. 저는 거버넌스에 신경 쓰지 않지만 엉망인 프로세스는 거슬립니다.

로라: 동의해요. 훌륭한 파트너는 공유합니다. 문제가 생기면 누구든 참여해서 도움을 줄 수 있는 협업 환경이 필요합니다.

클라이브: 네, 그리고 이런 모든 종속성은 팀 자체에서 가져오기 때문에 x축 제품 영역에 배치돼야 합니다. 그러나 다양성은 다릅니다. 다양성은 살 수 없어요. 팀에서 만들어야 합니다. 이건 맞춤개발에 배치하겠습니다.

로라: 좋습니다. 잘 만들어지고 있네요. 이제 유저 니즈를 두는 부분을 봅시다. 저는 피드백이 가장 큰 부분이어야 한다고 생각합니다. 하지만 그 표현도 조심해야 한다고 생각해요

클라이브: 왜 그렇죠?

로라: 때로는 피드백이 마치 권력 놀이처럼 사용될 수 있기 때문입니다. "당신을 위해 피드백 합니다"라는 것에 대한 제 생각은 필요한 부분은 직접적이고 공손하게 서로 얘기할 수 있어야 한다는 것과 솔직한 커뮤니케이션을 두려워하지 않아야 한다는 것이에요. 팀원들이 일대일 회의나 커피를 마시면서가 아니라 아이디어가 떠오를 때 바로 평가하고, 코치하고, 평가할 수 있기를 바랍니다. 이러한 환경에서는 즉석에서 피드백을 제공하고 모두가 이를 통해 배울 수 있을 겁니다.

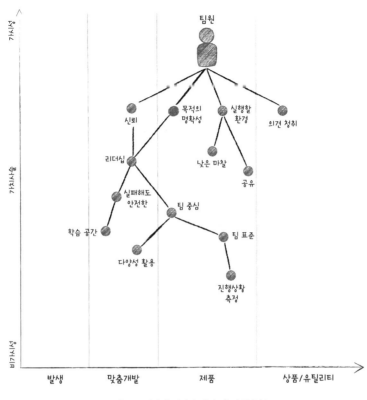

그림 9.4 심리적 안전감 매핑 : 추가 종속성

클라이브: 네, 무슨 말씀인지 압니다. 우리는 아주 짧은 피드백 사이클이 필요하기 때문에 "좋은 기회를 기다린다"라는 건 원치 않아요. 제 생각에 민감한 피드백은 다르겠지만 간단한 것부터 시작해야 합니다.

로라: 피드백 사이클이 팀 중심으로 다시 연결된다고 생각하시나요?

클라이브: 물론이죠. 모든 것은 모든 것과 연결돼 있어요. 하지만 너무 깊이 생각하지는 맙시다.

로라: 물론 안 되죠. 피드백은 자유롭고 쉽게 이뤄져야 하니까 상품에 배치하겠습니다. 그 외의 모든 것들은 팀 중심성과 연결된 피드백 사이클이 있는 제품 영역으로 보입니다.

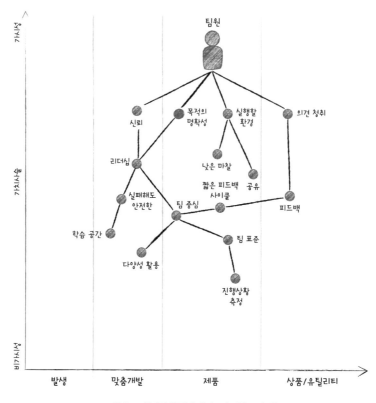

그림 9.5 심리적 안전감 매핑 : 더 많은 종속성

로라: 멋진 모양이네요. 왼쪽에서 오른쪽으로 배치하는 것, 즉 진화에 대해서는 어떻게 생각하세요?

클라이브: 음, 약간 조정해 볼까요? 측정과 공유 부분을 조금 왼쪽으로 가져와 보죠. 불행히도 이것들이 아주 일반적이지는 않아요.

로라: 더 추가할 것이 있나요?

클라이브: 아래쪽 배울 공간 부분에 뭔가 더 추가할 수 있는 것이 있다고 여겨지네요. 저는 항상 좋은 팀은 무언가 필요할 때 속도를 늦출 수 있는 자신감이 있어야 한다고 생각합니다. 제 경험으론 아주 드물지만 강력할 수 있거든요.

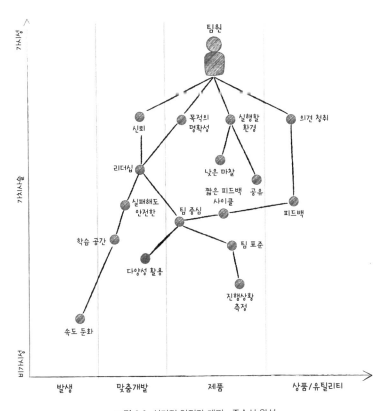

그림 9.6 심리적 안전감 매핑 : 종속성 완성

개척자/정주자/계획자 오버레이 추가

로라: 눈에 띄지 않는 깊은 곳에 있는 팀원의 3가지 필요한 사항은 (1)팀이 필요할 때 속도를 늦출 수 있는 능력, (2)팀의 다양성 활용, (3)진행상황 측정입니다. 그리고 3번은 당연히 비겁한 방법이 아닌 공정하고 투명한 방법이어야 합니다.

클라이브: 아주 흥미롭습니다. 지금 말씀하신 3가지 사항은 매우 통찰력이 있으며 그렇다고 바로 알 수 있는 것은 아니네요. 속도를 내기 위해 속도를 늦추는 것이 매우 중요하지만, 이런 환경에서 그렇게 해보려고 생각해

본적이 없습니다. 우리는 팀이 다양성을 가지도록 해야 하고, 논쟁처럼 보일 수 있지만 서로를 존중하는 개방적이고 솔직한 토론하는 것을 응원해야 합니다. 그리고 마지막 부분이 흥미롭습니다. 스토리 포인트가 진행은 아니죠. 그러면 무엇이 있을까요? 이 맵에 개척자/정주자/계획자 렌즈를 넣으면 어떨지 궁금합니다.

로라: 박스 몇 개를 그려볼까요? 흥미롭네요. 개척자의 니즈는 진보적이고 흔하지 않은 것입니다. 정주자는 일반적이지만 이를 구체화하기 위한 작업을 요구합니다. 계획자는 모든 팀원의 일원이어야 하지만 약간 현지화가 필요할 수 있겠죠?

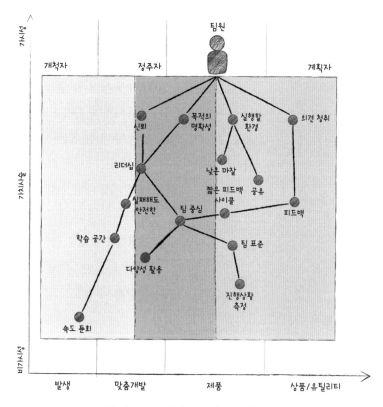

그림 9.7 심리적 안전감 매핑 : 개척자/정주자/계획자 렌즈

클라이브: 네, 정확합니다. 세로로 동일한 직사각형으로 맵에 배치하고, 어떤 종속성이 개척자/정주자/계획자에 속하는지 살펴봅시다. 숨겨진 그룹이 있는지 확인할 수 있는 흥미로운 장치입니다. 박스를 조정해야 할 수도 있지만 개척자, 정주자 또는 계획자를 라벨로 구분하면 이들을 우리가 어떻게 다뤄야 할지 알 수 있습니다.

맵 조정하기

로라: 제 생각에 지금도 좋은데, 약간의 조정이 필요할 것 같습니다.

클라이브: 신뢰와 다양성 종속성을 개척자 영역에 둡시다. 저는 여전히 그들이 거기 있어야 할 만큼 일반적이지 않다고 여기거든요.

로라: 네, 그리고 저는 낮은 마찰이 맞는 공간에 있다고 보지 않습니다. 저는 이것이 아직은 흔하지 않기 때문에 좀 더 왼쪽으로 이동해야 할 것 같아요. 그리고 이 박스에 라벨을 붙여 봅시다. 저는 항상 어느 것이 무엇이었는지 잊거든요.

클라이브: 좋네요. 질문이 있어요, 이 맵이 모든 팀에 적용 가능할까요?

로라: 절대 아닙니다! 하지만 충분히 일반적이어서 사람들이 시작하기에 좋은 지침이 될 수 있다고 생각합니다. 맵의 초기 모양을 작업하는 것이 사실 가장 어려운 부분이라고 생각합니다.

클라이브: 요약하자면, 오른쪽 박스(팀 계획자 박스)의 종속성은 모든 팀이 심리적 안전감을 확보할 수 있도록 해야 합니다. 중간 박스(정주자)는 현실적입니다. 왼쪽 박스(개척자)는 현실적이지는 않지만 목표로 삼을 만한 가치가 있는 것들입니다.

로라: 맞아요! 맵 맨 아래에 있는 니즈는 팀이 작업하는 데 도움이 될 수 있으며, 팀이 원하는 기본 계획이 될 수 있습니다. 예를 들어 학습할 공간을 만들기 위해 속도를 늦추도록 할 수 있죠.

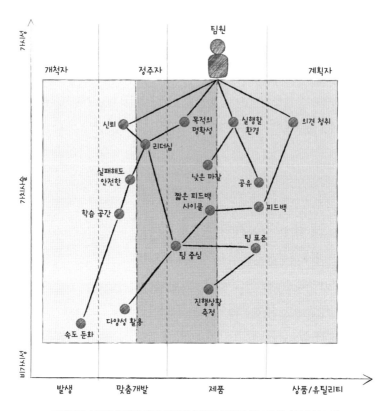

그림 9.8 심리적 안전감 매핑: 개척자/정주자/계획자 렌즈와 함께 종속성 조정

클라이브: 훌륭합니다! 우리가 해냈네요.

핵심요점

가치 플라이휠 효과의 두 번째 단계의 첫 번째 원칙은 성공을 위한 환경을 만드는 것이다. 이를 달성하려면, 팀이 항상 일류 일원임을 각인시키는 것이 중요하다. 팀 우선 접근 방식은 기술에 있어 아주 중요하다. 개방된 상태에서 팀을 구성하면 단독으로 수행하는 것을 언제나 이길 수 있다.

이 단계에서 도전의 개념을 도입하는 것도 중요하다. 도전을 받아들이는 것은 조직을 프로젝트 사고 방식에서 제품 사고 방식으로 전환하는 데 도움이 된다. 성공을 위한 환경을 조성하려면 조직 구조가 맞아야 한다.

노움을 수기 위안 분화를 시앙하기 위안 소식의 신행상왕을 뻥가알 때 사이먼 와들리의 패턴 원칙을 적용할 수 있다. 조직의 강점과 격차에 대한 대화를 유도하기 위한 **빠른 리스트 구성**이다(성숙 모델이 아님을 기억해야 한다!).

도전은 건강한 것이지만 적절한 심리적 안전감이 있을 때에만 가능하다. 팀원은 위험을 감수하고 자신의 모습을 온전히 드러내는 것에 편안함을 느껴야 한다. 팀의 모든 사람이 동료들로부터 경청되고 존중받는다고 느낄 때 그 팀은 보다 실험적이고 혁신적일 수 있다. 그리고 이러한 위험을 감수하는 태도는 시장이 요구할 때 팀(그리고 궁극적으로는 전체 조직)을 신속하게 적응하도록 준비시켜 개발자가 사전에 니즈를 해결하고 지속적인 개선을 추구하도록 한다.

10장

변화를 위한
사회기술적 시스템

단절은 오늘날 기업에서 자주 반복되는 패턴이다. 리더십의 핵심 책임은 조직을 효과적으로 운영하는 것이다. 하지만 조직을 효과적으로 운영하는 동시에 재무, 운영, 영업, 마케팅, 기술 등 각각의 사람들을 서로 다른 책임에 집중하는 많은 부서에 배치하는 것은 매우 어려운 일이다.

　종종 수입원(회사가 돈을 벌기 위해 하는 일)과 기술 지원 플랫폼(회사가 이 수입원을 활성화하기 위해 사용하는 기술)은 한심할 정도로 연결되지 않는다. 둘은 별개의 독립체로 보인다. 기술은 종종 간접비용과 같이 여겨지는데 마치 레스토랑이 있는 건물과 같이 간주된다. 건물은 사업을 하는 데 지불돼야 하는 비용이다. 필요할 뿐 비즈니스가 제공하는 가치는 아니다. 가치는 음식(수입원)이다. 오늘날 대부분의 기업은 수입원을 지원하기 위해 기술을 사용한다. 창조하고 주문제작하고 기술을 실행하기 위해서 전문가를 고용한다. 기술은 비즈니스 성공의 핵심 요소이며 간접비가 아니다.

　식당의 예를 다시 한번 살펴보자. 식당의 외관과 시설인 건물, 음식을 만들고 서비스하는 종업원과 요리사, 그리고 돈을 계산하는 데 사용하는 기술까지 장기적인 성공을 위해서는 똑같이 중요하다. 식당에서 환경은 음식만큼이나 고객이 소비하는 가치의 상당 부분을 차지한다. 그리고 이러한 집단적 가치가 고객을 계속해서 방문하게 한다. 이를 통해 식당의 단기적인 이익

(한 끼 식사 서비스를 위한 고객 방문)은 장기적이고 지속 가능한 성공(단골 고객 기반)으로 전환된다.

가치 플라이휠 효과가 약속한 장기적인 가치를 달성하기 위해서, 기술과 비즈니스의 연결된 핵심적인 관점(즉 사회기술적 시스템)을 제공하기 위해서 조직이 모든 다양한 부서(사람, 사회)를 한데 모아야 한다.

사회기술적 시스템

기업 내의 시스템(조직이 업무를 수행하는 방식)은 사람들과 기술 간의 결합력을 창출해야 하며, 따라서 사회기술적 시스템이라는 용어가 등장한다. 이러한 결합력은 팀 우선 문화를 만들고 성공을 위한 환경을 조성하는 데 필수적이다. 이 시스템의 영향력(또는 부족한 영향력)이 회사를 발전시키거나 무너뜨릴 수 있다.

다음은 변화를 위한 탄력적인 사회기술적 시스템의 몇 가지 지침 원칙이다. 결국, 어떤 조직이든 인력과 기술을 갖고 있다. 하지만 이 2가지가 어떻게 결합되는가에 따라서 진정으로 변화를 견디고 수용할 사회기술적 시스템을 만들 수 있다.

1. **사회**: 시스템의 구성원들은 기여하고, 협력하고, 가능하게 하는 특정한 마인드셋을 가져야 한다. 이것이 출발점이며, 매우 중요하다.
2. **기술**: 기술적 접근은 목적을 따르고 회사가 신속하게 움직일 수 있도록 한다.
3. **문제 방지**: 팀원들은 시스템 구조의 문제를 예상하고 사전에 제거한다.

4. **가치 창출 시간**: 위의 원칙이 적용되면 가치 플라이휠 효과가 유지되고 피드백 주기가 짧아져 진정한 민첩성과 가치 실현 시간의 단축이 이루어진다. 이를 통해 사전 예방적 행동, 신속한 회전, 빠른 실패, 효과적인 크기 조정 및 기타 보는 우수한 것들이 나타난다. 가치 창출 시간이 향상되면 차세대 기업은 전통적인 경쟁업체와 차별화된다.

이러한 지침 원칙의 순서는 (한 사람이 변화의 유일한 주체가 되는 것이 아니라) 모든 팀원이 책임지는 지속 가능한 성장을 보장하기 위해 필수적이다. 물론 파악해야 할 중요한 변화에 대한 조정은 있다. 변화는 사람에서 시작해 올바른 기술로 지원돼야 하며 적합한 문제 방지 환경을 갖고 있어야 한다. 그러면 가치 창출 시간이 단축되고, 앞으로 어떤 변화에도 대처할 수 있게 된다 (그림 10.1 참조).

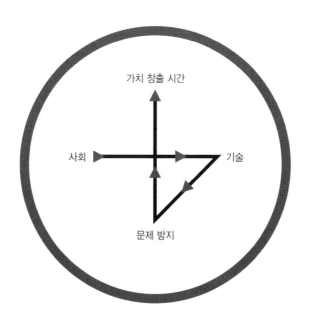

그림 10.1 변화를 위한 사회기술적 시스템의 기본 원칙

변화를 위한 사회기술적 시스템의 이러한 원칙을 듣고 이해하는 것은 좋으나, 여전히 문제는 남아 있다. 어떻게 거기에 도달한 것인가? 조직 안에서 변화를 위해 어떻게 사회기술적 시스템을 구축할 수 있는가? 대부분의 일들이 그렇듯이, 그것은 사람으로부터 시작된다. 좀 더 자세히 알아보자.

사회

기업이 사람 중심적이어야 한다고 말하는 것은 불필요하고 진부해 보이지만, 오늘날의 많은 조직은 그렇지 않다. 사람들이 '시스템에' 있는 것과 '시스템을 발전시키는' 사람들이 있는 것의 차이는 엄청나다. 대부분의 조직은 인력에 초점을 맞추고 있다고 말할 것이지만, 직원과 기여자를 구분하는 것은 꽤 어렵다. 정규직들은 회사를 위해 일하고 리더십의 방향을 '따라'가야 할 의무가 있다. 임시직들은 무언가를 성취하라는 명령을 받는다. 정규직의 목적이 단순히 '급여를 받는 것'일 수 있으므로, 더 많은 지시가 필요할 지도 모른다. 이는 정말로 그에 대한 역할과 기대치에 달려있다.

사회적 관점에서 볼 때, 모든 소프트웨어 시스템은 의미 있는 고객의 의견과 꽤 정확한 유저 페르소나를 가지고 있어야 한다는 것은 당연하다. 소프트웨어를 고립된 상태에서 개발하는 것은 허용될 수 없다. 우리는 고객이 필요로 하는 것이 무엇인지 알아야 하며, 우리가 구축하고 있는 것이 그러한 요구를 해결해 줄 것인지를 알아야 한다. 그럼에도 불구하고 소프트웨어를 '닫힌 상자'로 취급되는 것은 드문 일이 아니다. 유저 또는 개발자는 유저 요구를 더 잘 충족시키기 위해 기술을 변경할 수 없다고 느낀다. 왜냐하면 시간과 비용이 많이 들고 우선순위가 아니기 때문이다.

이렇게 해서는 안 된다.

또한 업계에서는 유저 요구사항을 실행하는 데 집중할 수 있도록 '방해로부터 팀을 보호'하기 위한 체계(예: 스크럼^{Scrum}, 칸반^{Kanban}, SAFe^{Scaled Agile}

Framework)를 설계했다. 그러나 팀이 낮은 수준의 소프트웨어 세부 사항으로 인해 담당자(이해관계자, 동료, 고객)와 대화할 시간이 부족하다면, 구조가 잘못된 거고 전체 시스템이 붕괴된다.

앞에서 논의한 바와 같이, 목적의 명확성(5장 참조)과 심리적 안전감을 통해 달성되는 성공 환경(9장 참조)은 팀을 목표에 맞게 조정하는 데 도움이 될 것이며, 팀이 실험할 공간을 제공하고 도전하게 할 것이다. 이것은 변화를 위한 사회기술적 시스템의 성공적인 사회이다. 인간 중심의 접근 방식은 사람들을 목적에 맞는 자세를 취하게 하고 행복하고 안전하다고 느끼는 환경을 만든다. 이것이 존재해야만 기술 지원으로 넘어갈 수 있다.

기술적

일단 조직이 인간 중심적인 접근 방식을 달성하면, 기술 스택과 프로세스는 사람들로 하여금 가치를 더 빨리 제공할 수 있도록 설계돼야 하며, 속도가 늦어지게 해서는 안 된다.

너무 자주, 팀들이 과도하게 설계하고 우발적인 복잡성을 야기한다(이것은 또한 기술적 리더십의 부족의 징후이기도 하다).* 기업들은 수십 년에 걸쳐 복잡한 수준에 도달한 맞춤 제작 소프트웨어를 잔뜩 가지고 있으며, 이 소프트웨어는 스파게티나 실 뭉치의 거대한 그릇과 흡사하다. 여기에 하나의 실을 당기면 전체 응용프로그램을 망칠 수 있다. 따라서 정보기술산업은 느리고 경직돼 있고 번거로운 작업으로 알려져 있다. 이것이 종종 엔터프라이즈 소프트웨어가 유저의 요구를 충족시키지 못하는 이유이다. 그리고 종종 이런 소

---

* 할 수 있다고 해서 반드시 해야 하는 것은 아니라는 점을 기억하자. 항상 기술 리더십에 투자하자. 이해관계자에게 왜 이런 일이 발생하는지 명확하게 설명해야 한다. 기술 리더가 이해관계자를 바보로 만들거나 쉽게 설명하지 못한다면 교육이 필요하다. 팻 쿠아(Pat Kua)는 팻 쿠아 닷컴(PatKua.com)에 기술 리더를 양성하는 데 필요한 훌륭한 자료를 더 많이 보유하고 있다.

프트웨어의 대부분은 팀의 작업을 쉽게 끝내지 못하게 방해한다. 이 경우, 기술은 도구가 아니라 장애물이 된다.

이러한 복잡성을 줄이는 것은 변화를 위한 성공적인 사회기술적 시스템을 만드는 데 필수적이다. 기술이 그렇게 변동하기에 복잡하거나 어렵지 않은 경우, 유저의 요구를 충족하기 위해 기술이 더 쉽게 변경돼 장애물이 아니라 도구가 된다. 오늘날 퍼블릭 클라우드 벤더는 소프트웨어 팀의 운영 문제를 매우 많이 처리할 수 있다.* 클라우드 벤더에 대한 일부 통제권을 포기하면 비즈니스와 고객에게 도움이 될 수 있다. 사용보다 구축이 더 쉽다고 종종 느끼지만, 유지보수가 문제가 될 것이다. 클라우드의 서비스를 사용하면 구축 비용을 절감하지는 않지만 운영 비용이 절감되므로 걱정할 필요가 하나 줄어들어 유저에게 목적 가치를 제공하는 데 집중할 시간을 확보할 수 있다.

이를 지원하기 위해서는 엔지니어와 제품 담당자가 협력해야 한다. 이것은 훌륭한 사회기술적 시스템의 한 예이다. 기술이 인도하는 것이 아니며 추진 요인이 아니다. 적절한 기술 선택과 고품질 작업 환경을 결합하면 명확한 비즈니스 목표를 통해 수익을 극대화할 수 있다.

기술력은 진공 속에 존재하지 않는다. 성공적인 기술 회사를 살펴보자. 애플, 테슬라, 아마존, 구글, 넷플릭스, 그 목록은 끝이 없다. 기술 솔루션이 제품 비전에 매우 적합하므로 기능이 아니라 회사 이름이 드러난다. 인터넷에서 스트리밍되는 HD 비디오로 넷플릭스를 본다. 소프트웨어로 움직이는 전기 자동차로 테슬라를 운전한다. 머리를 써서 인터넷 전체를 찾아보는 대신 구글로 검색한다. 중요한 것은 기술 팀을 마구잡이로 운영하지 않아야 하는 것이다. 기술력이 비즈니스이기 때문이다.

---

* 퍼블릭 클라우드 벤더가 제공하는 것보다 더 높은 수준의 인프라 엔지니어링을 수행해야 하는 기업은 극소수에 불과하며, 귀사는 그 작은 그룹에 속하지 않을 가능성이 높다.

와들리 매핑은 리더가 이런 종류의 효과적인 기술 결정을 할 수 있게 하는 최고의 도구이다. 11장에서는 이런 종류의 맵을 보여준다.

문제 방지

사회와 기술이 결합하면 성공을 위한 환경이 조성된다. 즉, 개발자의 천국이다. 그러나 모든 개발자에게 위험 완화를 위한 제약과 표준이 요구된다. 변화를 위한 사회기술적 시스템을 개발하고자 하는 경우 특히 그렇다. 어쨌든 우리는 현재의 요구에 머물러서는 안 되며, 미래의 요구를 충족시켜야 한다.

풀스택 엔지니어의 등장으로 아키텍트의 역할에 대한 이해가 부족한 경우가 많다. 엔지니어가 모든 작업을 수행할 수 있다면 복잡한 구조가 필요하지 않을 것이다. 아키텍트가 없는 곳에도, 구조는 여전히 존재한다. 문제는 그것을 볼 수 없다는 것이다. 지금껏 아키텍트들의 역할이 이해되지 않았으나, 그들은 변화를 위한 사회기술적 시스템의 세 번째 지침 원칙인 문제 방지 문화를 위해 그 어느 때보다 필요하다.

아키텍트는 코드 작성까지 하는 매우 바쁜 직업이다. 하지만 주된 임무는 의사소통을 통해 위험을 줄이는 것이다. 이를 수행하기 위해서는 광범위한 시스템 구축, 설계 및 노력이 필요하다. 종종 이것들은 수십 년의 가치가 있다. 아키텍트 팀은 일반적으로 회사 전체의 유일한 사회기술적 맵을 가지고 있지만, 이 팀은 제대로 활용되지 않는다.

과거에는 소프트웨어 아키텍트가 높은 수준의 설계 선택을 감독했고, 소프트웨어 코딩 표준 및 도구와 플랫폼 같은 기술 표준 준수도 감독했다. 그러나 그레고르 호페Gregory Hope가 『소프트웨어 아키텍트 엘리베이터』(에이콘출판, 2022)에서 지적했듯이, 이 역할은 진화하고 있다.

디지털 경제가 전통적인 기업의 게임 규칙을 변화시킴에 따라 아키텍트의 역할도 근본적으로 변화한다. 기술적 구현에만 집중하기보다는 비즈니스 전략이 설정된 조직의 펜트하우스와 지원 기술이 구현된 기술 엔진실을 연결해야 한다. 두 부분이 연결돼야만 IT가 원가 중심점에서 경쟁력 있는 디지털 장점으로 역할을 바꿀 수 있다.[1]

불행하게도, 많은 사람들은 더 이상 설계 다이어그램이 필요하지 않기 때문에 아키텍트가 불필요하다고 생각하거나, 엔지니어 팀에 포함되어야 한다고 생각한다. 누군가는 아키텍트 역할을 해야 나쁜 일이 발생하는 것을 막을 수 있다.

소프트웨어를 구축할 때는 보안, 성능 저하, 노후화, 불규칙한 동작, 높은 실행 비용 등 많은 위험이 따른다. 그러나 많은 기업이 문제 방지(문제 방지 파라독스라고 한다)보다 문제 해결을 장려하기 때문에 문제를 우선적으로 유발하는 것이다. 우리는 모두 슈퍼스타가 위험에서 구한 것, 비행기를 착륙시키거나 시스템을 다시 가동시킨 영웅들을 알고 있다. 하지만 한계를 확인하고 3배로 체크하는 착실한 책임자들도 동등하게 공로를 인정해줘야 하지 않을까? 시스템을 감사하고 테스트하는 사람들? 문제가 발생하는 것을 방지하는 엔지니어들은?

문제를 방지하고 훌륭한 시스템을 적절하게 인식하는 방법을 연구하는 사후 분석 및 사전 분석 문화가 확산되고 있다. 여기에서 잘 설계된 시스템과 같은 원자적 작동, 즉 지속적인 복원력이 최우선 과제이다. 화려하지 않지만, 훌륭한 시스템의 기반이 된다. 일부 기업들은 좋은 아키텍처가 무엇인지 결정하기 위해 수년간 노력할 것이다(정확하게 말하자면, 건축가와 완벽한 연관성은 없지만, IT 업계에서 사용하는 용어이다). 업계에서 성의한 우수한 아키텍처에 대한 표준(17장에서 자세히 설명한 AWS의 Well-Architected Framework와 같은)을 사용하면 엄청난 양의 논쟁과 혼란을 없앨 수 있다.

가치 창출 시간

6장에서 살펴본 바와 같이, 훌륭한 기업은 선행 지표에 따라 행동한다. 사전 예방적이다. 기업은 분기 별 결과가 나올 때까지 기다리지 않고 고객에게 가치를 지속적으로 제공하기 위해 다음에 무엇을 할 것인지 결정한다. 그들은 고객의 요구를 인지하고, 예측하며, 고객의 요구를 선점한다.

이에 대한 중요한 구성요소는 피드백 루프이다. 또는 제프 고텔프^{Jeff Gotelph}가 말했듯이 '전달 ➤ 감지 ➤ 대응' (그리고 무한반복).[2] 즉, 고객에게 가치를 전달하고, 고객이 다음에 필요로 하는 가치를 감지한 다음, 고객의 요구를 충족시키기 위해 다음 기능 또는 가치를 구축함으로써 대응해야 한다. 이러한 피드백 루프를 통해 비즈니스 목표를 어떤 변화에도 성공시킬 수 있다.

하지만 너무 많은 회사들이 이런 식으로 행동하지 않거나 이런 식으로 행동할 사회기술적 능력이 없다. 많은 회사들이 결과에 반응하는데, 고객의 니즈를 예측하기보다는 고객이 니즈를 말하기를 기다리는 데 더 집중한다. 따라서, 시장 대응이 늦어진다. 또다른 기업들은 지나치게 복잡한 기술 스택이 양질의 가치를 더 빨리, 더 안전하게, 더 행복하게 제공하는 것을 방해한다 (존 스마트^{Jon Smart}의 말처럼).[3]

스스로에게 이 질문을 해라. 당신에게 제품 또는 기능에 대한 아이디어가 있다. 고객 전달 후 피드백을 확인하는 데 얼마나 걸리나? 시간, 일, 주, 월, 년 중 어느 것인가? 물론 비즈니스 영역에 따라 다르지만, 많은 기업의 경우 몇 개월 또는 몇 년에 가깝다. 그러나 변화를 위한 사회기술적 시스템의 첫 3가지 지침 원칙을 마련하면 가치 창출 시간을 단축하고 시장에서 경쟁력을 유지할 수 있다.

사람과 기술의 교차점

조직은 종종 기술을 중심으로 시작하는 실수를 하고, 사람, 문제 방지 또는 가치 창출 시간에 중점을 두지 않는다. 최신 기술에 집착하는 많은 조직은 다른 영역을 놓치게 될 것이다. 다음은 조직이 변화를 위한 사회기술적 시스템에서 사회를 유지할 수 있도록 지원하는 몇 가지 전략이다.

1. 외부에서 안으로 접근하는 것은 유저의 니즈가 반드시 작업을 주도하게 하는 것이다. 사회적 요인들의 어떤 포괄적인 성격이 도움이 될 것이다.
2. 올바른 기술 선택은 팀이 기존의 결정에 얽매이는 것을 방지하고 신속한 움직임을 가능하게 할 것이다.
3. 좋은 기술 리더십은 나쁜 일이 일어나지 않도록 기준과 좋은 프랙티스를 적용할 것이다.
4. 가치 창출 시간을 개선하기 위한 노력은 모든 것을 비즈니스 결과에 연결시킨다. 이 비즈니스 결과는 다시 유저 니즈와 연결된다.
5. 과거 레거시 기술을 줄이는 것은 더 많은 시간을 가치에 집중시킬 수 있다는 것을 의미한다.
6. 거버넌스 제약과 표준이 가벼워짐에 따라 관료주의보다 전문성이 더 중요해진다. 이를 통해 효과적인 가치 창출 시간 플라이휠이 가동된다.

가치 플라이휠 효과는 궁극적으로 조직이 균형을 유지하며 진정한 사회기술적 시스템을 만드는 데 집중하도록 지원한다.

가치 플라이휠 효과의 첫 두 단계(목적의 명확성, 도전과 환경)는 인간 중심의 비즈니스 전략과 건강한 환경으로 기업이 최대한의 성과를 낼 수 있는 방법에 초점을 맞춘다. 이는 유저 니즈(목적의 명확성)에 초점을 맞추고 팀에게 성공을 위한 환경과 필요(도전과 환경)를 제공하는 사회적 전략이다.

가치 플라이휠 효과의 두 번째 두 단계는, 이 책의 다음 두 파트의 초점으로, 기술 선택과 기술 팀이 활동할 유익한 환경 조성에 조점을 맞추고 있다. 어떤 모습일지 상상해 보자.

기술 팀은 탁월한 개발자 환경을 갖춘 최신 클라우드 플랫폼을 보유하고 있다. 엔지니어는 소프트웨어를 구축할 때 높은 수준의 추상화 작업을 수행할 수 있다(모든 코드를 입력하지 않아도 되고 유지 보수에 대해 걱정할 필요가 없다). 수많은 코드를 작성하는 대신 컴포넌트들과 라이브러리를 재사용해 일할 수 있다. 일을 빠르게 진행할 수 있고 모든 것이 잘 작동한다. 이것이 일을 어렵게 하지 않고 스마트하게 일하는 것이다.

추상화와 서버리스 우선 전략을 결합하면 기술 팀은 퍼블릭 클라우드 프로바이더의 최신 제품과 최고의 제품을 모두 사용하게 된다. 혁신적인 제품이 출시되면 이를 효과적으로 사용해 그 다음 날 비즈니스 가치를 창출할 수 있다. 운영 오버헤드와 낮은 레벨의 작업이 줄어들어 팀은 더 큰 시스템에 대해 자유롭게 생각하고, 잘 설계됐는지 확인하고, 비즈니스 파트너에게 선제적으로 제공할 수 있다.

팀이 비즈니스 문제와 관련해 완전하고 명확한 목적이 있고 시장을 선도하는 기술 전문가들이라면, 그 팀은 막대한 영향을 미칠 수 있으며 누구보다 빠르게 가치를 제공할 수 있다.

조직을 사회기술적 시스템으로 생각하는 것은 헛된 공상이 아니다. 사실, 유일한 궁금증은 '왜 이렇게 하지 않는가'이다. 기술적 부채? 아니다, 그것은 충분한 변명이 되지 않는다. 변화를 위한 사회기술적 시스템을 만드는 것은 디지털 네이티브와 마찬가지로 레거시 시스템에서도 동일하게 작동할 것이다.

목적 대 기능(설계 원칙1 and 설계 원칙2)

1960년대 초, 호주의 심리학자 프레드 에머리$^{Fred\ Emery}$는 조직 발전에 획기적인 업적을 남겼다. 그는 오늘날에도 여전히 유효하고 사람과 기술 간의 연결을 확인할 수 있는 새로운 렌즈를 제공한 3가지 조직 유형(설계 원칙1, 설계 원칙2 및 자유방임주의)[4]을 제시했다.

설계 원칙1$^{DP1,\ Design\ principle1}$의 이름은 '부품의 중복성'이다. 이러한 유형의 조직에서는 작업을 완료하는 데 필요한 인원보다 많은 인원(부품이라고 함)이 있다. 사람들이 '기능'에 의해 분류되기 때문에, '작업을 수행'하는 데 필요한 조정과 통제가 있다. 예를 들어, 설계자와 개발자가 함께 작업할 수 있도록 관리자가 필요하다. 이로 인해 단편적인 작업, 불분명한 목적 및 계층적이고 통제적인 환경이 초래된다.

설계 원칙2$^{DP2,\ Design\ principle2}$는 '기능의 중복성'으로 명명된다 간단히 말해서, 우리는 필요한 기술을 가진 사람들을 훈련시키고, 그들은 목표를 달성하기 위해 스스로 관리한다. 팀으로 조직돼 있기에, 거기에는 협상, 책임감, 그리고 목적 의식이 있다.

세 번째 유형은 '무설계 원칙'인 **자유방임주의**로 명명된다. 간략히 말하면, 무설계로 사람들이 독립적으로 작업하면서 구조가 약해진다. 이 유형이 바람직한 것처럼 보일 수 있지만 종종 혼란을 초래한다.

목적이 있는 조직(DP2)에는 협력, 협업, 성과, 자부심이 있다. 문제에 대한 주인 의식, 권한 부여 및 목표를 달성하려는 동기부여가 있다.

많은 전통적인 조직(DP1)에서는 직원이 점점 탈숙련화되고 의욕이 꺾이며 동기(급여는 제외하고)가 부족하다. DP1 시스템을 소프트웨어 창작에 적용하는 것은 완전히 재앙이다. 수십 년 전에 이미 효과 없음이 입증됐다. 이것이 애자일 소프트웨어 개발 선언*이 탄생한 이유 중 하나이다.

낮은 소식이 十소에 내해 사유방임석이 되는네, 이는 설계 때분이 아니라 대개 경영진이 기술적 전문성이 부족하고 부주의하게 구조를 망가뜨리기 때문이다. 다니엘 핑크Daniel Pink는 그의 저서 『드라이브』(청림출판, 2011)에서 매우 간단한 모델을 다루고 있다. 핑크에 따르면, 사람들은 '처벌에 대한 두려움이나 보상에 대한 약속'(외재적인 동기)이 아닌 자율성, 숙달, 그리고 목적의식(내재적인 동기)에 의해 동기부여 된다.[5]

목적의 중요성을 보여주는 아주 간단한 예로, 소방관과 같이 의미가 깊은 많은 역할들을 살펴보자. 천직으로 분류될 수 있거나 깊은 의미를 지닌 많은 역할들은 생명을 구하는 목표를 달성하기 위한 방법으로 기능을 바라보게 된다.

우리는 우리가 일에서 수행하는 기능에 의해 정의되지 않는다. 우리가 미래의 일을 생각할 때, 소속감, 주인의식, 그리고 목적이 기술을 배우는 것보다 더 중요하게 될 것이다. 이런 일이 이미 일어났다고 주장할 수 있다. 부분적으로는 맞지만, 전 세계 모든 지역의 모든 산업에서는 아닐 것이다.

조직은 시스템이다

우리는 종종 소프트웨어를 시스템으로 생각하고 조직의 사람들을 계층으로

---

* 애자일 소프트웨어 개발 선언 (https://agilemanifesto.org): 우리는 소프트웨어를 개발하고, 또 다른 사람의 개발을 도와주면서 소프트웨어 개발의 더 나은 방법들을 찾아가고 있다. 이 작업을 통해 우리는 다음을 가치 있게 여기게 됐다. 공정과 도구보다 개인과의 상호작용을. 포괄적인 문서보다 작동하는 소프트웨어를. 계약 협상보다 고객과의 협력을. 계획을 따르기보다 변화에 대응하기를 가치 있게 여긴다. 이 말은, 왼쪽에 있는 것들도 가치가 있지만, 우리는 오른쪽에 있는 것들에 더 높은 가치를 둔다는 것이다. - 옮긴이

생각한다. 사람들이 통제될 수 있고 소프트웨어는 그 자체의 생명을 가지고 있다고 믿는다. 하지만 그 반대이다. 그리고 이것은 우리가 변화를 위한 사회기술적 시스템을 만들기 위해 노력할 때 이해해야 할 중요한 것이다. 이를 설명하는 2가지 흥미로운 모델이 있다. 커네빈 프레임워크^{Cynefin Framework}와 복합적응시스템^{CAS, Complex Adaptive Systems}이다.

커네빈 프레임워크는 데이브 스노든^{Dave Snowden}에 의해 만들어진 의사결정 모델이다.[6] 이것은 종종 의미를 찾는 (사람들이 집단적 경험에 의미를 부여하는 프로세스) 장치라고 부른다. 여기에는 5개의 서로 다른 영역 또는 컨텍스트가 있다.

1. **명확**: 우리는 무슨 일이 일어나고 있는지 이해하고 가장 좋은 것을 실행할 수 있다.
2. **복잡**: 거버넌스 및 분석이 필요하다.
3. **복합**: 예측하기 어려우며 조사하고 대응해야 한다.
4. **혼돈**: 통제력이 부족하고 효과적인 제약조건이 없다.
5. **혼란**: 자신이 어디에 있는지 모르는 상태로 좋지 않다.

조직에서 사람은 일반적으로 복합 영역에 있고 소프트웨어는 복잡 영역에 있다. 그 반대가 아니다.

그러나 모든 조직은 복합적응시스템이다. 통제에 대한 모든 환상은 환상에 불과하다. 복합적응시스템의 가장 명확한 예는 찌르레기 무리 또는 물고기 떼이다. 수백 개의 독립적 에이전트가 하나로 움직인다.

인간 시스템 역학^{HSD, Human Systems Dynamics} 연구소는 이 주제에 대해 인용할 가치가 있는 훌륭한 연구 결과들을 그들의 사이트에 올려 놓았다.

1997년 초에 케빈 둘리(Kevin Dooley)는 복합적응시스템을 상호 의존적인 방식으로 상호작용해 시스템 전체의 패턴을 생성하고, 이러한 패턴이 에이전트의 행동에 영향을 주는 반자율 에이전트 그룹으로 정의했다. 모든 규모의 사람 시스템에서 애닝 시스템의 에이전트 상호작용에서 나타나는 패턴을 볼 수 있다. 생각, 경험, 인식이 상호작용해 일정한 형태의 생각을 만든다. 식단, 운동 및 신체적 자각에 대한 공유된 태도는 상호작용해 팀 또는 지역 사회의 건강 패턴을 형성한다. 조직 또는 비즈니스에서 개인은 자신의 역할, 관계 및 기대를 수행하며 경쟁 또는 혁신의 패턴을 생성한다. 조직과 공동체에서, 역사, 전통, 그리고 기대가 모든 행동에 영향을 미쳐 그 집단의 문화로 간주되는 지배적인 패턴을 형성한다.[7]

얼마나 많은 최고경영자들이 그들의 회사를 독립적인 에이전트에 의해 형성된 패턴의 집합으로 생각할까? 글쎄, 많은 사람들이 그럴 수도 있겠지만, 리더십이 어떻게 주도하는지에 따를 것이다. 비슷한 사고 패턴을 만드는 것이 통제보다 더 중요하고, 목적이 기능보다 더 중요할 수 있다.

피드백 루프란?

커네빈 프레임워크로 돌아와서 스노든은 이 영역에서 한 사람이 어떻게 상호작용하는 지에 대한 매우 명확한 지침을 제공한다.[8] 탐색하고 감지하고 대응한다. 다른 말로 하자면 관찰하고 증거와 가설을 수집한 다음 행동한다. '탐색, 감지 및 대응' 지침은 일종의 피드백 루프다. 피드백 루프는 조직이 무빙비로 당하는 대신 변화에 효과적으로 대응할 수 있도록 지원한다. 조직은 현재 어떤 피드백 루프가 효과적인지, 얼마나 빠른지, 그리고 누가 이를 인지하고 있는지 생각해 보는 것이 중요하다.

일단 조직 내 피드백 루프에 대해 생각하기 시작하면, 조기 경고를 제공하는 약한 신호들을 인식할 수 있다. 행동에 대한 대응 결과를 미리 생각할 수 있다. 변화에 긍정적 또는 부정적으로 대응하는 회사 내 적응을 고려할 수 있다. 후행 지표에 영향을 미칠 것으로 예상되는 선행 지표를 설정할 수 있다. 변화를 위한 사회기술적 시스템을 만드는 네 번째 원칙인 가치 창출 시간을 단축할 수 있다.

핵심요점

사회기술적 설계 개념은 오랫동안 존재한 것이지만, 사회기술적 설계가 기술 집단에서도 항상 유용하게 사용됐다. 특히 사회적인 측면을 생각하게 하기 때문이다. 이 장에서는 사회(사람), 기술(시스템), 문제예방(문화), 가치 창출 시간(흐름) 등 변화를 위한 사회기술적 시스템을 만들기 위한 지침 원칙을 설명하는 간단한 다이어그램으로 용어를 분석했다. 이 간단한 메커니즘은 환경을 빠르게 점검하고 문제를 파악해서 무엇을 도전해야 하는지 알아내기 위한 것이다.

이 장은 대략 3개의 박사 논문을 요약한 것이므로, 간략하게 설명하고자 했다. 사회기술적 시스템의 개념에 대한 정보는 풍부하게 있다. 이 장은 그중 일부에 불과하다. 흥미를 느끼는 독자들이 있다면 이 연구에 뛰어들기를 적극 추천한다.

분명한 것은, 조직을 사회 및 기술 이상의 것, 결합되고 정렬된 사회기술적 시스템으로 보는 것은 조직이 미래의 수요를 준비하고 충족하는 데 도움이 될 것이며 가치 플라이휠의 두 번째 단계를 맞이하는 데 필수적이라는 점이다.

11장

조직 역량 매핑

가치 플라이휠 효과의 두 번째 단계에서는 조직의 역량을 매핑하는 능력이 매우 중요하다. 스스로에게 다음과 같이 질문해보자. 북극성에 도달하는 데 필요한 일을 할 수 있는 사람이나 역량이 있는가? 어떻게 사람들의 기술을 키워 당신의 니즈를 충족할 수 있을까?

조직은 함께 일하는 사람들의 집단 그 이상이며, 조직이 찍어내는 제품보다 훨씬 값어치가 있다. 사람들이 칭찬하는 기업이나 당신이 가장 좋아하는 브랜드를 생각해보자. 대부분의 사람은 그 기업이 어떻게 조직돼 있는지, 전략이 무엇인지 깊이 알지 못한다. 성공을 이끄는 것은 조직의 역량이다. 하버드 비즈니스 리뷰 기사를 보자.

어떤 기업을 동경하는지 물어보면, 사람들은 곧 제너럴 일렉트릭(General Electric), 스타벅스(Starbucks), 노드스트롬(Nordstrom) 또는 마이크로소프트(Microsoft)와 같은 조직들을 거론한다. 그러나 이러한 기업이 얼마나 많은 관리 계층을 보유하고 있는지 또는 전략을 어떻게 설정히는지 물어보면 아는 사람이나 관심 있는 사람이 거의 없다는 것을 알게 된다. 기업에 대해 사람들이 인정하는 것은 기업의 구조방식이나 관리의 구체적인 접근 방식이 아니라 혁신을 이루거나 변화하는 고객의 니즈에 대응하는 능력이다. 이러한 조직의 능력은 이른바 핵심 무형 자산이다. 이런 것들은 보거나 만질 수 없지만, 핵심 무형 자산이 시장 가치에서 매우 중요한 영향을 미칠 수 있다.[1]

조직의 역량은 사람, 능력, 기술, 프로세스 및 공유 사고 방식의 고유한 조합이다. 이러한 무형 자산과 개별 조직에서의 고유한 조합이 시장에서의 성공과 실패의 진정한 차별화 요소이다.

가치 플라이휠 효과의 두 번째 단계에서, 도전과 환경을 살피며 조직의 역량을 매핑하는 것이 강점과 약점을 환경 안에서 찾을 수 있는 방법이다. 조직 문화의 편견 없는 스냅숏을 얻는 방법이다. 그렇게 해서 성공으로 가는 길의 방향을 잡을 수 있다.

역량 매핑

이제 비교적 견고한 두 영역을 선택해서 새로운 도전을 시작하거나 자체적으로 선택한 경로를 평가하는 기업을 위해 이 영역을 매핑해보자. 여기에 제시된 방법은 개인과 팀 모두가 새로운 영역을 빠르게 이해하고 공유된 이해를 구축할 수 있으므로 학습해 두는 것이 중요하다.

다음은 역량을 매핑하기 위한 간단한 패턴이다.

1. 맵에 다른 진화 축(x축)을 사용한다. 기존의 것(발생, 맞춤개발, 제품, 상품) 대신 개념, 가설, 이론, 수용된 것 등
2. 신뢰할 수 있는 서드파티 곧 벤더 또는 표준 기관에게서 기능에 대한 설명을 받는 것이 더 좋을 수 있다.

3. 컴포넌트를 도입하고 변경하는 데 필요한 작업량을 매핑한다. 체크 리스트처럼 즉시 사용할 수 있는 일부 컴포넌트도 있지만, 아키텍처처럼 상황에 따라 변경해야 하는 컴포넌트도 있다.

4. 마지막으로, 지원 컴포넌트를 추가해라.

보안 개발

첫 번째 예는 소프트웨어 개발 라이프사이클에 보안을 도입하는 기업을 들 수 있다. 이 예로는 뛰어난 마이크로소프트 보안 개발 라이프사이클^{SDL,} Security Development Lifecycle[2]을 시작점으로 했다.

다음은 전체 12가지 프랙티스다.

- **프랙티스 #1**: 교육 제공
- **프랙티스 #2**: 보안 요구 사항 정의
- **프랙티스 #3**: 지표 및 규정 준수 보고 정의
- **프랙티스 #4**: 위협 모델링 수행
- **프랙티스 #5**: 설계 요구사항 정의
- **프랙티스 #6**: 암호화 표준 정의 및 사용
- **프랙티스 #7**: 서드파티 컴포넌트 사용에 따른 보안 위험 관리
- **프랙티스 #8**: 승인된 도구 사용
- **프랙티스 #9**: 정적 분석 보안 테스트$^{SAST, Static Analysis Security Testing}$ 수행
- **프랙티스 #10**: 동적 분석 보안 테스트$^{DAST, Dynamic Analysis Security Testing}$ 수행
- **프랙티스 #11**: 모의 해킹 수행
- **프랙티스 #12**: 표준 사고 대응 프로세스 정의

그림 11.1의 맵에서, 컴포넌트를 단순화하고 앵커(시니어 리더)를 추가해 어떤 프랙티스가 더 가시적인지 확인했다. 우리는 또한 진화 축을 따라 그것들을 정렬했다. 위협 모델링에 교육, 노력 및 실험이 필요한 반면, 모의 해킹은 벤더에게 쉽게 의뢰할 수 있다. 회색 대신 하얀색으로 표시된 컴포넌트는 컴포넌트를 활성화한다. 그 컴포넌트는 다른 컴포넌트를 실현하는 데 도움이 된다.

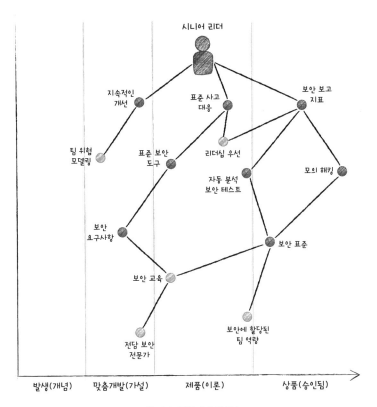

그림 11.1 조직 매핑 예시 1

클라우드 네이티브 개발

두 번째 예로서 완전한 클라우드 네이티브 개발 환경으로 전환하는 기업을 살펴보겠다. 이를 행하는 데 많은 견해와 방법이 있다. 이 예는 .NET 문서에서 가져온 마이크로소프트 애저의 클라우드 네이티브 정의이다.[3]

설명은 6개의 특징적인 영역으로 시작한다.

- 클라우드 인프라
- 모던 디자인
- 마이크로서비스
- 컨테이너
- 백엔드 서비스
- 자동화

문서에 설명된 대로 각 영역은 서로 간에 1개 또는 2개의 종속성이 있다. 이 단계(특히 새로운 역량을 사용하는 경우)에서는 논의를 시작하기 위해 비교적 간단하고 명확한 설명을 사용하는 것이 최고다. 기억해라. 이것들은 조직의 새롭게 떠오르는 역량이기 때문에 처음부터 너무 복잡하게 만들지 마라.

이 맵의 앵커(그림 11.2)는 엔지니어링 리더이며 6개 영역은 그 역할에 직접 연결돼 있다. 엔지니어들의 '마음과 정신'을 바꾸기 위해 얼마나 많은 작업이 필요한 지에 기초해서 진화 축을 따라 정렬했다. 클라우드 인프라는 구입하지만 모던 디자인은 기업에 특별하게 개발해야 한다. 이 맵에도 종속성이 있다.

이러한 방식으로 매핑된 6개 영역은 종속성을 명확하게 보여주고 활성화 컴포넌트는 하얀색으로 표시했다. 이 예는 보안 개발 예(그림 11.1)보다 더 유동적이다. 왜냐하면 아주 많은 의사결정 사항이 있기 때문이다.

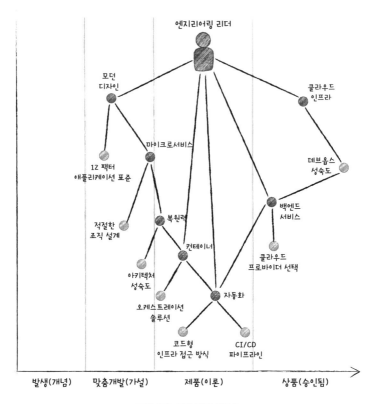

그림 11.2 조직 매핑 예시 2

핵심요점

클라우드에서 상황은 빠르게 돌아간다. 우리는 종종 새로운 영역을 섭렵해야 하고 이를 신속하게 해야 한다. 보안이 그 대표적인 예이다. 새로운 기술 공간을 익히는 것도 매우 벅차다. 역량 매핑은 업계 정의(예: 프레임워크 또는 표준)를 객관적으로 살펴보고 컴포넌트의 다양한 요소들이 기업에 존재하는 방식을 매핑하는 간단하면서도 강력한 기술이다.

유용한 것을 추가하자면 진화 축에 조금 다른 라벨링 시스템을 사용하는 것이다. 개념, 가설, 이론 및 승인 등이다. 경험이 풍부한 개발자들이 순전히 보안 개발 경험이 없기 때문에 잘 확립된 보안 코딩 프랙티스를 개념으로 취급하는 것을 본 적이 있다. 물론 약간의 교육을 받으면 이러한 요소가 승인으로 빠르게 이동할 수 있다.

업계 표준 프레임워크나 책을 참고해 복합적인 부분을 맵으로 만들어 자신의 역량을 매핑하는 것도 좋은 방법이다. 그런 다음 대략적인 가치사슬(근사치일 수 있다)로 서로 연결하고 진화 축을 따라 왼쪽에서 오른쪽으로 배치한다. 지금 펜과 종이만 가지고 익숙한 프레임워크를 매핑해 보자. 미처 생각하지 못했던 인사이트를 얻을 수 있을 것을 확신한다.

12장

사례 연구: 워크그리드

우리의 두 번째 사례 연구는 디지털 워크플레이스를 간소화하고, 중요한 정보를 원활하게 통합 및 전달하며 디지털 마찰을 줄이고, 직원들이 있는 곳에서 만나기를 목표로 하는 기업용 소프트웨어 스타트업인 워크그리드 소프트웨어Workgrid Software이다. 2017년에 소수의 직원으로 설립된 이 회사는 야심찬 계획을 가지고 있었으나 어려움 환경에 직면했다.

　워크그리드의 이야기는 가치 플라이휠 효과의 두 번째 단계인 도전과 환경을 성공적으로 탐색하는 것이 얼마나 중요한지 잘 보여준다. 만약 워크그리드가 첫날부터 성공적인 환경을 조성하지 않았다면, 분명히 실패했을 것이다. 이 사례 연구에서 워크그리드의 기술 리더들이 어떻게 높은 기준을 중시하는 환경을 조성하고, 서로의 사고를 존중하면서 도전할 수 있는 공간을 만들고, 기술이 반대하는 것이 아니라 오히려 그들을 위해 작동하도록 활용했는지 살펴보자.

―――――――――

워크그리드 소프트웨어는 리버티 뮤추얼의 혁신 프로젝트에서 출발한 회사이다. 그들은 기업 생태계의 복잡성을 해결하고자 했다.

　예를 들어, 리버티 뮤추얼에서는 직원들이 사용해야 할 많은 애플리케이션이 있다. 이러한 애플리케이션들은 조직의 프로세스와 조달 디지털화에 필요한 핵심 기능을 제공한다. 인사, 헬프 데스크, 조달, 재무, 협업 및 커뮤니케이션을 위한 이 동급 최고의 시스템들이 결합되면 전반적인 업무 환경의 복잡성이 올라가고, 아무리 간단한 작업에 대해서도 인지적 부담을 증가시킨다. 일상적인 정상 업무 과정에서 6개 이상의 다른 시스템 사이를 전환해야 하는 것은 어려운 일이다. 이러한 복잡성은 본질적으로 낭비를 초래하며, 다음과 같은 문제를 야기시킨다.

- 이메일에서 놓친 커뮤니케이션
- 승인 지연
- 너무 많은 화면과 너무 많은 단계를 탐색
- 시스템 간 전환으로 인한 시간 낭비
- 숨겨져 있거나 찾기 어려운, 사일로화 된 정보
- 다양한 벤더 요구 사항, 비밀번호 등을 탐색

워크그리드는 업무공간이 새로운 시대로 진입하고 있다고 믿었다. 하지만 각 시대는 이전 시대를 대체하거나 지우는 것이 아니라, 이전 시대 위에 시대를 구축하고 발전시킨다. 초기 인터넷은 오늘날의 더 복잡한 디지털 환경의 기반이 됐다.

현대 직장은 조직의 프로세스와 도구를 디지털화했다. 그러나 워크그리드는 한 걸음 더 나아가 지금과 미래의 기술을 이해하고, 간소화하며, 연결함으로 인해 직원들의 삶을 단순화하고 더 원활하고 즐거운 경험을 제공할 수 있는 지능형 워크플레이스를 만들고자 했다.

워크그리드가 만든 것은 일상 업무를 단순화하는 하나의 화면이다. 즉 하나의 소프트웨어, 하나의 콘솔로 구성된 이 시스템은 디지털 정보를 통합하고 직원들의 마찰을 줄여준다. 워크그리드의 강력한 소프트웨어는 여러 다양한 채널을 통해 직원들이 어디에 있든 만날 수 있도록 지원한다.

배경 이야기

워크그리드의 창립 팀은 리버티 뮤추얼에서 온 7명의 인원으로 구성돼 있었으며, 이 중에는 최고기술책임자인 질리언 맥켄^{Gillian McCann}도 있었다. 그들은 명확한 목표를 가지고 있었다. 일상 업무를 단순화하는 하나의 소프트웨어, 하나의 콘솔을 만드는 것이다. 이제 그들은 가치 플라이휠의 두 번째 단계인 도전과 환경에 직면해야 했다.

워크그리드의 엔지니어링 팀은 단지 4명의 인원으로 구성돼 있었다. 이 엔지니어들은 각각 수많은 기업용 애플리케이션 개발에 다년간의 경험을 가지고 있었고, 복잡한 대규모 시스템을 품질과 보안을 갖춰 구축하는 방법을 알고 있었다. 하지만 목표를 달성하기 위해서는 클라우드를 활용해야 한다는 것을 알고 있었지만, AWS에 대한 깊이 있는 지식을 가지고 있던 사람은 맥켄 뿐이었다.

첫 주에 4명의 엔지니어들은 초기 아키텍처를 선택하고 결정하는 데 있어 핵심 요소가 돼야 할 것들에 대해 논의했다.

- **속도**: 팀은 제품을 빠르게 시장에 출시해 피드백, 성과 및 궁극적으로 고객의 지지를 받고자 했다.
- **저렴한 비용**: 팀이 처음 확보한 자금을 최대한 활용해야 했기 때문에, 경쟁력을 높이기 위한 것 외에는 시간이나 돈을 쓸 여유가 없었다.
- **자율성**: 팀이 최대한 빠르게 움직이고 빠르게 결정을 내릴 수 있어야 하기에 종속성을 최소화해야 했다. 가능한 한 핵심 팀은 결정에 대한 모든 소유권을 가져야 했으며, 외부 제품의 구매나 장기 계약 협상의 필요성을 줄이고자 했다. 다시 말해, 핵심은 속도였다.

- **확장성**: 팀은 적은 비용으로 더 많은 유연성을 확보하고 더 빠르게 출시하는 것에 우선순위를 두었다.

컴퓨팅 실험

팀은 속도, 저렴한 비용, 자율성 및 확장성에 초점을 맞춘 아키텍처 결정에 따라 AWS에서 SaaS를 구축하고 가능한 한 많은 기능을 활용하기로 했다. 그러나 정확히 어떤 기능을 활용할지에 대한 논의가 필요했다. 맥켄은 서버리스 쪽을 지지했지만, 팀의 완전한 동의를 얻지 못했다. 맥켄은 팀원들의 능력 강화와 권한 부여를 목표로 했고 긴 여정이 될 것임을 알기에 강제로 팀을 이끌어가는 것보다 함께 가는 것이 더 좋다고 생각했다. 그래서 팀은 맥켄이 지금 컴퓨팅 실험이라고 부르는 작업을 수행했다.

팀은 AWS의 EC2, AMI, 로드밸런서 및 오토스케일링 정책 등의 제품을 사용해보고 람다를 컴퓨트 레이어로 고려했다. 이때는 2017년이었기 때문에 람다와 서버리스 아키텍처는 오늘날과 매우 다르다는 것을 기억하자. 하루의 심사숙고 끝에, 서버리스로 가는 것을 결정했다. 팀은 실험을 하고 유저의 요구를 충족시키기 위한 최선의 결정을 내릴 수 있는 안전한 환경을 제공받았다.

당연히 이 결정을 성공적이라고 생각할 수 있지만, 그날 엔지니어들은 정말로 큰 믿음의 도약을 했다. 오랫동안 진행한 끝에 서버리스 도입이 큰 실수였다는 것을 알게 될 수도 있었다. 여기서 중요한 것은 실험을 하고 배울 수 있는 공간이 제공돼, 도전에 대처하고 현명한 결정을 내릴 수 있는 최고의 준비를 갖췄다는 것이다. 팀은 의견을 달리할 수 있고 실험하고 배워도 괜찮다는 심리적 안전을 확보하기 시작했다.

서버리스는 단순히 람다 함수들에 관한 것이 아니다. 데이터, 로깅, 이벤트, 배포와 같이 주요 컴포넌트 전반에 걸쳐 선택해야 할 것들이 있다. 이는 컴퓨팅 그 이상이다. 그리고 운영 책임의 대부분을 AWS가 가짐으로 팀은 제품에 집중할 수 있다.

아키텍처 철학

워크그리드는 2017년부터 처음 발표한 아키텍처 철학을 발전시켜왔다. 도전에 직면하고, 필요한 경우 방향을 전환하고, 유저의 니즈를 지속적으로 충족시키기 위해 노력했다. 그들의 새로운 아키텍처 철학은 다음과 같다.

- **서버리스 우선**: 가능한 한 서버리스 기술을 최대한 활용한다.
- **인프라 관리보다 서비스 관리**: 인프라 운영과 관리 대신 비즈니스 기능을 구축하고 가치를 추가한다.
- **실용적인 아키텍처**: 현재 상황에 맞는 아키텍처를 설계한다(진화적 아키텍처 전략). 때로는 그룹이 장기적으로 변경해야 할 선택을 내리기도 한다. 경우에 따라 전술적인 해결책이 주어진 시점에서 가장 좋은 해결책이 될 수 있다. 항상 던지는 질문은 "이것이 현재 구축할 수 있는 것 중 가장 단순한 버전인가?"이다.
- **진화하는 아키텍처**: 다음 최선의 일을 한다. 팀은 코드를 버리는 것에 두려움이 없다. AWS는 계속해서 새로운 서비스와 기능을 출시한다. 이를 평가하고 필요에 따라 코드를 제거한다.
- **모듈식/'레고™' 디자인**: 더 이상 목적에 맞지 않는 아키텍처 피스 제거를 두려워하지 마라.
- **보안과 운영은 모두의 일**: 워크그리드 엔지니어는 코드와 인프라를 배포한다.
- **비용 인식**: 소유 비용의 총계는 아키텍처적인 문제이며, 높은 비용은 결함으로 간주된다.

- **업계 인식**: AWS 전문가들이 공유하는 일반적인 패턴과 접근 방식을 활용한다.

이 모든 것의 핵심은 워크그리드가 서버리스 아키텍처에서 가능한 한 많은 람다 인스턴스를 제거하려는 노력이다. 미래의 아키텍처는 서버, 람다, 함수를 회피할 수 있을까? 컴퓨트 레이어를 완전히 우회할 수 있을까?

이러한 변화는 말처럼 쉽지 않다. 워크그리드가 성장통과 도전 없이 성장한 것이 아니다. 외부 제품과 회사를 구축하고, 제품 시장 적합성을 탐색하고, 엔지니어링 팀을 구성해 모든 권한을 부여하는 것은 쉽지 않은 일이었다. 워크그리드는 서버리스 아키텍처로 가능한 것이 무엇인지에 대한 기업의 마인드셋에 도전했다. 그런 다음 서버리스가 모든 엔터프라이즈 제어와 규정 준수 및 보안 기준을 충족할 수 있다는 것을 보여줬다. 마지막으로 다수의 대기업에서 보안, 법률, 개인 정보 보호 팀과 긴밀히 협력해야 했는데, 여기에는 소규모 팀은 물론 대규모 조직도 달성하기 어려운 SOC 2^{System and Organization Controls 2} 컴플라이언스 인증을 획득하는 것도 포함됐다.

서버리스 SaaS – 글로벌 기업화

워크그리드의 기술 여정 중 상당한 부분은 리버티 뮤추얼이라는 단일 고객을 대상으로 한 애플리케이션을 전 세계의 다른 고객을 대상으로 서비스하는 방식으로 변경하는 방법을 중심으로 발전해 왔다. 이 그룹은 멀티테넌트 SaaS 솔루션을 구축해야 했다. 그들은 SaaS 아키텍처를 연구하고 AWS 리소스, 백서, re:Invent 강연 및 AWS SaaS 팩토리를 활용해서 이를 이해하려고 노력했다.

비용, 내결함성, 배포 민첩성 및 관리 가능한 확장성의 장점으로 인해, 서버리스 컴퓨팅을 계속 활용하는 것이 매우 매력적인 모델이 됐다.

- 테넌트별 컴퓨팅 서비스 프로비저닝이 필요하지 않았다.
- 식별과 접근 관리IAM, Identity and Access Management 정책을 사용해 AWS 리소스에 대한 범위 지정 액세스를 제어할 수 있다.
- 다양한 테넌트 격리 모델을 실험하기가 더 쉽다.

SaaS 모델에서는 더 많은 운영 측면에 의존하거나 집중하는 경향이 있으며, 관리 및 모니터링이 기존소프트웨어 애플리케이션과 다르게 보인다.

워크그리드가 성장함에 따라, 그룹은 이러한 SaaS 운영 측면을 관리하기 위한 소규모 엔지니어 팀을 구성했다. 팀이 서버리스 SaaS 개념을 받아들이면서, 엔지니어는 비즈니스 기능에만 집중할 수 있게 됐다. 초기의 도전과 성공을 위한 환경 조성은 향후 비즈니스 성장을 위한 탄탄한 기반이 됐다. 가치 플라이휠 효과의 두 번째 단계에서 성공함으로 세 번째 단계인 다음 최선의 실행을 성공적으로 수행할 수 있는 토대를 마련했다.

서버리스 팀 확장 – 학습 여정

2021년 워크그리드는 5개 팀에 걸쳐 25명의 엔지니어를 보유하고 있었다. 그들의 새로운 과제인 가치 플라이휠의 또 다른 반복인 2단계의 핵심은 한 팀이 아닌 다섯 개의 팀에 걸쳐 서버리스 전문성과 기술을 효과적으로 전파하는 것이었다.

현실적으로 25명의 서버리스 클라우드 엔지니어를 채용하는 것은 어렵다. 높은 수준의 서버리스 우선 팀을 구축하는 것은 긴 여정이다. '풀스택 엔지니어'라는 신화적인 개념은 오늘날 비즈니스 전반에 인기가 있지만, 서버리스 전문성을 추가하는 것으로 이 신화는 더 커지고 비현실적이 된다! 워크그리드는 25명의 서버리스 유니콘을 찾는 대신, 클라우드와 서버리스 기술에 대한 교육, 지원 및 지침을 제공해서 기존 엔지니어가 모두 서버리스 우선 마인드셋과 접근 방식으로 작업할 수 있도록 했다.

이러한 팀들은 전체 개발 수명 주기를 책임지므로, 엔지니어들은 식별 및 프레이밍, 코딩, 테스팅, 성능, 클라우드 보안, 확장성, 비용 최적화, 코드형 인프라IaC, Infrastructure as a Code, CIContinuous Integration/CDContinuous Delivery & Continuous Deployment, AWS 서비스 및 기능, 서버리스 아키텍처 패턴 등 모든 문제에 대한 이해가 필요했다. 모든 사람들이 이러한 기술을 개발하는 데는 오랜 시간이 걸린다. 워크그리드의 리더십은 이러한 도전을 충족하기 위한 환경(시간과 공간, 기술 로드맵을 제품 로드맵과 동등한 중요성 부여, 기술을 최신 상태로 유지하기 위한 도움과 교육에 적극적인 투자 등)을 만들어서 팀들의 부담을 줄여 줬다.

워크그리드의 목표는 빠르게 학습하고 최신 서비스 및 기능을 실험해 보고, 신속하게 프로토타입을 개발하고, 실제 유저로부터 빠른 피드백을 통해 프로토타입을 신속하게 제품에 적용할 수 있는 안전한 환경을 조성하는 것이다. 앞서 살펴본 것처럼, 리더십은 가드레일과 보안 CI/CD 파이프라인을 통해 팀이 자신감을 가지고 '빠르게' 나아갈 수 있도록 지원했다.

교육은 매우 중요하지만, 사용 가능한 모든 리소스를 활용하는 것도 중요하다. 워크그리드 팀은 무언가를 구축하기 전에 AWS에 먼저 문의하는 것을 배웠다. 클라우드의 변화 속도는 놀랍기 때문에, AWS는 워크그리드의 엔지니어보다 빠르게 새로운 시스템을 제공할 수 있었다. 서버리스 및 서비스형 세상에서는 2주 동안의 연구, 학습 및 실험이 2개월 동안의 코딩보다 낫다.

핵심요점

워크그리드 소프트웨어의 최고기술책임자인 질리언 맥켄은 서버리스 아키텍처를 물리적 아키텍처와 비교하곤 한다. "한 번도 쉽다고 말한 적은 없습니다… 하지만 더 나은 것이라고 생각합니다."

서버리스 기술을 사용함으로써 워크그리드 팀은 제품 개발부터 제공에 이르는 전 과정에 필요한 전체적인 사항을 완벽하게 이해할 수 있게 됐다. 이벤트 기반 아키텍처는 항상 복잡한 분산 시스템으로 이어졌지만, 이벤트 기반 시스템을 구축하기 위한 소프트웨어 도구는 개선되고 있다.

워크그리드는 서버리스 팀이 곧 제품 팀임을 알게 됐다. 각 팀 내에는 높은 수준의 기술 역량을 갖췄지만 속도도 빨랐다. 워크그리드 팀은 유저 니즈에 집중하고, 클라우드 벤더에게 인프라 작업을 할당해 주의를 분산시키지 않는다. 첫날부터 인프라 할당이 가능하다는 사실을 인식하는 것은 워크그리드 소프트웨어에게 큰 전환점이었다.

하지만 워크그리드가 당면한 도전과 환경에 직면할 준비가 돼 있지 않았다면 이러한 학습과 성공은 불가능했을 것이다. 워크그리드는 가치 플라이휠 효과의 두 번째 단계를 성공적으로 탐색함으로써, 심리적 안전을 기반으로 성공 환경을 구축하고, 변화에 적응하고 대응할 수 있는 사회기술적 시스템을 만드는 데 집중했다.

---

* 궁금한 점이 있으면 개발자 지원 팀과 계정 관리자에게 문의하고, X와 유튜브에서 AWS 히어로즈와 개발자 지원 팀을 팔로우하자. 실험과 학습에 안전한 샌드박스 및 개발 환경을 사용해보라. Well-Architected Framework는 팀이 아키텍처 모범 사례에 부합하도록 유지하는 데 도움이 될 수 있다(이에 대한 자세한 내용은 17장에서 확인할 수 있다).

4

3단계
다음 최선의
실행

페르소나: 제품 리더

핵심 원칙
코드는 부채다: 서버리스 우선 사고 방식은 가치를 제공한다.
마찰 없는 개발자 경험: 생산으로 가는 쉬운 길이다.
솔루션 매핑: 고객에게 서비스를 제공할 방식을 조정한다.

13장

서버리스 우선 엣지

다음 최선의 실행(가치 플라이휠 효과의 세 번째 단계)은 가치를 제공하기 위해 지금 당장 할 수 있는 가장 간단한 일을 하는 것이다. 불필요한 것들을 모두 제거하고, 가치를 제공해야 한다. 이것은 우리가 과거에 봤던 허무맹랑한 전략적인 프레임워크를 피할 수 있는 지름길이다. 다음 최선의 실행은 조직이 빠른 효과를 만들어 내기 위해 지금 무엇을 하고 있는지 살펴보도록 요구한다. 가치를 제공하는 조직의 능력을 향상시키기 위해 개인, 팀 또는 조직으로서 할 수 있는 가장 중요하고 영향력 있는 일은 무엇인가?

오늘날 서버리스 우선은 이를 달성하기 위한 완벽한 전략으로서 바로 우리 눈 앞에서 조용히 진행되고 있다.* 서버리스 우선 마인드셋을 통해 팀은 그저 사무실을 지키는 것이 아니라 비즈니스 결과와 비즈니스 영향에 집중하게 될 것이다. 또한 코드를 줄이고 보안을 강화하며 비용 부담을 통제하는 등의 추가 이점이 있다. 서버리스 우선은 조직이 빠르고 지속 가능하게 움직일 수 있도록 하는 게임 체인저이다. 또한 개발자 마찰을 줄일 수 있으며, 이에 대해서는 다음 장에서 논의할 것이다.

---

* 나는 이 의견에 대해 칭찬과 비판 모두를 똑같이 받지만 상관하지 않는다. 오히려 비판이 부족한 곳이 위험하다. 수많은 서버리스 프로젝트가 기대 이상의 성과를 내는 것을 보아왔다. 서버리스는 소프트웨어 발전의 미래이며, 계속 진화할 것이다.

이 책의 앞부분에서 언급했듯이 가치 플라이휠 효과의 마지막 두 단계는 기술 전략과 기술 팀이 실행까지 다다를 수 있는 건전한 환경 조성에 중점을 둔다. 따라서 이 섹션에서는 방향성에 더 초점을 맞추고자 한다. 그렇다고 해서 당신이 기술 리더, 최고기술책임자 또는 최고정보책임자가 아니면 이 장을 읽지 말아야 한다는 의미로 받아들여선 안 된다. 4차 산업혁명 시대에 접어들면서 모든 비즈니스가 기술 비즈니스라는 것이 그 어느 때 보다 분명해졌다. 그리고 아마도 모든 리더는 기술 리더가 되거나 되고 있을 것이다. 따라서 조직 구조의 어느 위치에 있든 계속 읽어야 한다.

가치 플라이휠 효과 세 번째 단계의 목표는 다음 최선의 실행을 함으로서 아이디어에서부터 실제 유저 가치 및 비즈니스에 대한 실제 영향에 이르기까지 빠른 흐름의 효율성을 확보하는 것이다. 현재는 서버리스지만 언제나 그런 것은 아니다. 작업에 적합한 도구를 선택하는 것이 중요하다. 5년, 10년, 20년 후에 조직에 대한 다음 최선의 실행은 달라질 수 있다. 중요한 것은 조직을 계속 움직이는 것이다. 플라이휠은 계속 돌아가야 한다.

다음 최선의 실행 아니면 트렌드 따르기

잘 알다시피 소프트웨어는 세상을 집어삼키고 있다. 그 직접적인 영향으로 많은 회사가 클라우드로 전환하고 있다. 수많은 조직이 20세기 골드러시처럼 서부로 이동하고 있다. 명령이 전달됐다. 금은 '클라우드'라는 아름다운 야생 산에서 발견될 수 있다는 소문이 퍼졌고, 조직은 자신에게 적합한지 조사도 하지 않고 먼저 그 금을 찾겠다고 아우성을 치고 있다.

충분히 이해한다. 기술 환경은 이해하기가 너무 어려워서 무슨 일이 일어나고 있는지 파악할 수 있는 관점, 가시성, 전문성을 가진 사람을 찾기 어렵다. 새로운 기술 역량을 제대로 이해하는 사람은 거의 없다. 어떤 면에서 HR

업계는 이를 따라잡기 위해 고군분투하고 있다. 새로운 기술 트렌드나 콘퍼런스는 새로운 직업을 탄생시킬 수 있다. 자, 이것은 '새로운 것'인가? 아니면 '브랜드만 바뀐 것'인가? 이것이 우리 조직이 취할 수 있는 다음 최선의 실행인가? 아니면 공허한 약속인가?

기술 전문가는 이 토론에서 어떠한 호의도 베풀지 않는다. 벤더, 전문가 및 IT 부서 리더는 사람들을 새로운 용어로 혼동시키고, 어떤 것들의 의미를 바꾸고, 단순히 서로를 카피하는 것을 즐긴다. IT 벤더는 '기술 전문용어 마케팅'을 사용해서 새로운 아이디어에 대응한다. 벤더 A는 XYZ를 시작한다. 벤더 B도 XYZ를 위해 일한다. 두 제품은 조금 다르다. 벤더는 서로의 제품을 카피하고 가능한 한 많은 유행어를 사용하려고 한다. 최종적으로 XYZ가 무엇을 의미하는지 아무도 알지 못하며 획기적인 아이디어를 가졌던 원래 제품 관리자는 이제 기술 산업을 떠나 유기농 농장에서 일한다.

마이그레이션이 완료되고 모든 애플리케이션이 클라우드에 성공적으로 이전되면 그 이후에는 어떻게 될까? 조직의 리더들은 현재 회사를 움직이는 보이지 않는 힘을 이해하고 있을까? 조직이 최고기술책임자에 지나치게 의존하게 됐나? 기술 포트폴리오는 만족스러운가? 더 낮은 가치 실현 시간 및 총 소유 비용 절감에 대한 약속이 실현되고 있나? 아니면 기술, 프로세스 및 비즈니스 부채로 인해 그 어느 때보다 발전이 늦어지고 있나?

오늘날 성공적인 조직에서는 비즈니스와 기술적 관심이 결합돼 훌륭한 결과를 창출한다. 리더십 관점에서 이 사회기술적 시스템은 자산(부채가 아님)이어야 한다. 사람, 그들이 만드는 기술 및 이를 실행하는 서비스는 압박해야 하는 비용이 아니라 가치를 창출하는 것이다. 마찬가지로 다음 최선의 실행은 가치 실현 시간을 단축하는 데 도움이 되는 강력한 기술 전략을 제공해야 한다. 그러나 서부로 여행을 떠나 클라우드로 마이그레이션을 한 많은 사람들은 아직 약속된 혜택을 누리고 있지 못하다. 대신 다음과 같은 의문이 남는다.

- 속도를 높이지 않은 이유는 무엇인가요? 답변: 제품 전달이 여전히 느린 느낌입니다.
- 비용이 계속 상승하는 이유는 무엇인가요? 답변: 더 저렴해지지 않았기 때문입니다.
- 왜 이렇게 복잡한가요? 답변: 더 쉬울 예정이었습니다.
- 기술이 그렇게 훌륭하다면 우리는 왜 직원을 고용하지 않나요? 답변: 연봉 요구가 터무니없기 때문입니다.
- 보안과 규정 준수가 까다로운 이유는 무엇인가요? 답변: 끝이 없습니다.
- 왜 우리는 모든 것을 계속 다시 작성하나요? 답변: 변화가 계속되기 때문입니다.

클라우드로 이동하는 것은 로켓을 타는 것과 같다. 흥미진진한 모험처럼 들리겠지만, 일단 탑승하면 내리기 어렵고 점점 더 빨라진다는 사실을 기억하자. 사실 단순히 클라우드로 전환하는 것이 최선의 실행이 되는 것은 아니다. 단순히 레거시 애플리케이션을 클라우드로 옮긴다고 해서 반드시 가치 실현 시간이 단축되는 것은 아니다. 다음 최선의 실행은 서버리스 우선 사고 방식으로 애플리케이션을 구축해 운영 부담을 벤더에게 전가하고 개발자가 진정한 가치 제공에 집중할 수 있도록 하는 현대화 작업이다.

모던 클라우드

소프트웨어와 클라우드는 언어 문제를 갖고 있다. 둘 다 수십 년 동안 사용돼 왔으며 빠르게 발전하고 있다. 소프트웨어의 경우 컴포넌트를 유사하고 일관되며 서로 가깝게 유지시키는 것이 실용적이라 여겨왔다. 대신 인터넷과 클라우드가 도입되면서 분산 시스템이 대량으로 채택되기 시작했다.

샘 뉴먼Sam Newman이 2015년 『마이크로서비스 아키텍처 구축』(한빛미디어, 2017)을 출간했을 때 이 개념이 자리 잡았다. 컴포넌트 기반 개발 및 서비스 지향 아키텍처와 같은 이전의 접근 방식은 유사한 기능성을 보였고 마이크로서비스의 미래를 위한 길을 열었다. 이를테면 아이팟과 약간 비슷하다. MP3 플레이어와 디지털 음악의 발전은 수년 동안 이뤄졌지만 애플은 아이팟에 올바른 언어, 디자인 및 혁신을 적용하는 데 시간과 노력을 들였다. 시장을 변화시키려면 마케팅 및 제품 엔지니어링이 필요하다.

많은 조직에서 클라우드 마이그레이션을 통해 분산되지 않은 레거시 시스템을 클라우드로 이동시키고 있다. 이러한 마이그레이션은 클라우드 애플리케이션처럼 보이지만 여전히 레거시 기술을 기반으로 하므로, 조직은 약속된 비용 절감과 향상된 속도 제공을 놓치게 된다.

모던 클라우드Modern Cloud라는 용어는 클라우드용으로 구축된 최신 프랙티스들을 수용하는 애플리케이션 및 시스템 모두를 의미한다. 컨테이너, 관리형 서비스, 이벤트 기반 프로그래밍, 마이크로서비스 및 서버리스와 같은 프랙티스들이 모두 이 범주에 속한다. 물론 모놀리식, 레거시 애플리케이션을 컨테이너에 넣을 수는 있지만 분리하기 전까지는 모던이 아니다.

모던 클라우드를 설명하기는 어렵지만 몇 가지 특징을 간략히 살펴보겠다. 결국 조직이 그저 트렌드를 따르는 것이 아니라 진정한 다음 최선의 실행을 찾으려면 모던 클라우드의 세부 사항과 이점을 이해하는 것이 가치 플라이휠 효과의 세 번째 단계에 매우 중요하다.

모던 클라우드에 구축된 애플리케이션의 몇 가지 측면은 다음과 같다.

- **마이크로서비스**: 애플리케이션을 필요한 데이터를 포함하는 별도로 디플로이된 컴포넌트로 나누고 서비스 호출을 통해 다른 마이크로서비스와 연동한다.

- **느슨하게 결합되고 확장 가능**: 이벤트 기반 아키텍처로 구축하는 것이 이상적이지만, 강력한 종속성이 없다는 것은 애플리케이션이 필요에 따라 확장할 수 있음을 의미한다(자동화된).
- **클라우드 네이티브**: 소프트웨어는 일시적이고, 코드형 인프라이며 탄력적이다.
- **추상화**: 소프트웨어는 컨테이너 또는 서버리스 아키텍처를 통해 OS에서 추상화된다.
- **사용량에 따른 지불**: 필요한 만큼만 지불한다.
- **낮은 운영비**: 운영을 완전히(또는 거의 완전히) 자동화한다. 더 이상 컴퓨터에 로그인해서 무언가를 수동으로 구성하거나 설치할 필요가 없다.
- **프로바이더 활용**: 클라우드 프로바이더가 제공하는 서비스를 사용해 비용을 최소화한다.

모던 클라우드 관성점

플라이휠이 계속 돌아가도록 하려면 해당 관성(블록 또는 병목 현상)을 인식하는 것이 중요하다. 세 번째 단계에서는 기술 부족, 역량 부족, 보안 제약 및 기술 전략에 대한 투자 부족과 같이 진행 속도를 늦추는 몇 가지 특정 장애물에 직면하게 된다.

관성점은 조직마다 다르며 진행을 크게 방해할 수 있다. 조직을 매핑하면 조직 내 관성점을 미리 식별하고, 논의하고, 해결하는 데 도움이 된다. 15장에서 자세히 살펴볼 것이다. 지금은 클라우드 기술과 관련된 관성의 몇 가지 일반적인 예를 살펴보겠다.

레거시 클라우드

서버리스(모던 클라우드)로의 마이그레이션을 이미 완료했다면 이미 좋은 상태에 있을 가능성이 높다. 안타깝게도 클라우드는 빠르게 진화하고 있다. 3년 전에 도입된 표준이 이제는 구식이 될 수도 있다. '레거시 클라우드 기술적 부채'는 정말 현실이다.

시스템을 클라우드로 '마이그레이션'했다면 일부 비용 절감의 이점을 얻을 수 있지만 시스템을 지속적으로 발전시키려면 상당한 양의 작업을 수행해야 한다. 레거시 클라우드 시스템은 지속적인 최신화를 요구한다. 매몰 비용 오류에 주의해야 한다. 몇 년 전에 구축한 효과 있던 환상적인 시스템이더 이상 의미가 없다면 이미 그 시스템의 목적을 달성했으므로 즉시 버리고최신화해야 한다. 단호한 단순화 과정은 결코 끝나지 않는다.

기술 전환 프로세스는 종종 클라우드로의 마이그레이션으로 시작되는데이는 끝이 아니다. 반복해서 말하지만 마이그레이션이 끝이 아니다. 모던 클라우드에서 성공한 기업은 마이그레이션으로 시작한 다음 측정한다. 모든것이 클라우드에 있으면 시스템의 동작을 측정하고 관찰할 수 있다. 원격 측정이 가능해지면 혁신과 최신화를 시작할 수 있다. 최신화는 한 번 시작하면끝나지 않지만 노력을 통해 드러난 가치는 막대한 투자수익률을 보여줄 것이다.

비즈니스 정렬 부족

클라우드에 대한 모든 세부 정보를 비즈니스 파트너에게 설명할 필요는 없지만 클라우드 마이그레이션 프로세스의 일부가 돼야 한다. IT 부서가 업무의 세부 사항을 이해하기 힘들게 비즈니스 앞에 허울을 씌우고 있다면, 이를벗겨야 한다. 모던 클라우드를 최대한 활용하려면 단일 팀 정신을 가져야 한다. 원칙이 확립되면 비즈니스 파트너를 위해서가 아니라 비즈니스 파트너와 함께 시스템을 발전시켜야 한다.

하지만 진자pendulum는 어느 방향이든 너무 멀리 흔들릴 수 있다. 마이그레이션에 너무 적은 노력이 있었다면 그 이점에 대해 설명하기가 어려울 것이다. 마이그레이션을 지나치게 과장해 약속된 이점을 제공하는 데 실패하면 엔지니어에게 부담을 줄 수 있다. 비즈니스와 기술 간에 하나의 팀 정신을 형성하고 이해관계자를 조율하기 위해서는 다음 최선의 실행 마인드셋을 유지해야 한다.

벤더 락인에 대한 두려움

벤더 락인Lock-In은 오늘날 많은 조직이 우려하는 관심사다. 일부 산업에서는 필요한 경우를 대비해 워크로드 이동 계획을 수립해야 하는 규제가 있다. 이는 합리적인 위험 완화 방법이지만, 클라우드에 종속되지 않는 솔루션을 만드는 것보다 명확한 경계와 이동할 수 있는 기능이 있는 시스템을 만드는 데 시간을 투자하는 것이 더 좋다.

다른 유틸리티(전력, 전화, 은행)의 경우 빠른 전환 매커니즘을 제공하는 데 수십 년이 걸렸다. 이 회사들은 효율성을 개선하고 표준화 또는 산업화해야 했다. 그래야만 빠른 전환 체계를 구축할 수 있었다.

클라우드 산업은 여전히 진화하고 있으므로 시스템에 추가적인 유연성을 도입하는 것은 시기상조이다. 잘못 설계된 기존 시스템보다 잘 설계된 서버리스 시스템을 마이그레이션 하는 것이 더 쉽다. 역량을 활용해서 API 및 서비스 경계를 강화해야 한다. 모든 것에 종속되지 않는 것을 만드는 데 시간을 낭비하지 말자. 애그노스틱 클라우드 솔루션을 적용했지만 비즈니스를 중단한 회사에게 물어보라. 추가 지출이 그만한 가치가 있었는가?

서버리스가 핵심이 아니다!

이 장이 다소 지나치게 규범적인 것처럼 보일 수 있지만 그런 의도는 없다. 서버리스 의무화는 우리가 가장 원치 않는 일이다. 사실 조직이 서버리스를 선택하는지의 여부는 중요하지 않다. 이 섹션에서 알아야 할 점은 오늘날의 환경에서 조직을 위해 더 빠른 가치를 달성하기 위한 다음 최선의 실행이 반드시 모든 것을 직접 구축하는 것은 아니라는 것이다.

모던 클라우드를 진정으로 수용하는 데 필요한 것이 마인드셋 변화임을 과소평가해선 안 된다. 일부 엔지니어는 매우 익숙한 몇 가지 습관을 포기해야 할 수도 있다(로컬에서 테스트할 수 없을 수도 있다. 더 이상 수동 구성이 필요하지 않다. 더 이상 운영 팀을 탓할 필요가 없다!).

소프트웨어 엔지니어로서 우리의 임무는 코드를 작성하는 것이 아니고 비즈니스를 돕는 것이라고 믿어 의심치 않아왔다. 아이로봇iRobot의 수석 연구원인 벤 키호Ben Kehoe는 "중요한 것은 기능, 관리 서비스, 운영, 비용, 코드 또는 기술이 아닙니다. 핵심은 집중입니다. 이것이 서버리스의 이유입니다."[1] 라고 말했다. 다시 한번 반복되는 말이지만, 이 말을 세분화해 보겠다.

- 기능이 핵심이 아니다.
- 관리형 서비스가 핵심이 아니다.
- 노옵스NoOps가 핵심이 아니다.
- 비용이 핵심이 아니다.
- 코드가 핵심이 아니다.
- 기술이 핵심이 아니다.
- 이벤트가 핵심이 아니다.
- 아키텍처가 핵심이 아니다.
- 매핑이 핵심이 아니다.
- 데이터가 핵심이 아니다.
- 혁신이 핵심이 아니다.
- 심지어 지속 가능성도 핵심이 아니다!

서버리스는 비즈니스 가치에 집중하고 다른 모든 것(예, 인프라 및 운영)을 없앤 결과다. 서버리스 우선은 '사소한 일에 신경 쓰지 말고' 비즈니스에 집중하고, 고객에게 가치를 제공하라는 의미임을 명심하자.

엔지니어를 위한 마인드셋

서버리스는 마인드셋이다. 컴퓨팅, 데이터베이스 또는 운영하기 위해 별도의 내부 팀에 의존하지 않고 개발 팀이 모든 것을 처리할 수 있다는 사실을 깨닫는 것이다. 모든 것에 액세스 할 수 있고, 이 모든 것이 비즈니스에 적합하게 작동하는지 확인할 수 있다는 것을 깨닫는 것이다. 또한 티켓을 구매하고 물건이 올 때까지 기다리는 것이 아니라는 사실도 깨닫게 된다. 여러분은 3일 서비스 수준 계약을 받아들이지 않을 것이다.

클라우드의 힘은 여러분의 손끝에 있다. 여러분들에게는 기술이 있고, 비즈니스 문제가 있다. 어떤 속도 저하도 용납하지 않아야 한다. 우리는 이것을 기업에서 데브옵스를 확장하는 방법으로 설명하려고 했다.

데브옵스는 엄청난 약속이었지만 상당한 전문성이 필요하다. 데브옵스의 완벽한 구현은 서버리스라고 믿어 의심치 않는다. 노옵스는 오류다. 시스템을 실행해야 할 때 항상 모던 클라우드를 활용하면 그 부담이 크게 줄어든다. 서버리스 우선 전략에 따르면 다른 구현 옵션은 최적이 아니다. 뒤로 물러서야 한다면 합당한 이유가 있어야 한다, 그렇다면 괜찮다.

서버리스 속설

'서버리스 속설'이라는 용어는 '모던 클라우드 속설'일 수도 있다. 여기서 강조된 속설은 컨테이너화된 마이크로서비스 및 이벤트 기반 솔루션을 의미한다. 클라우드의 본질은 클라우드가 3~4년마다 자체적으로 재정의된다는 것이다. '오래된 것'은 사라지지 않지만 새로운 것이 나타나면서 과거의 문제는 뒤편에서 해결된다.

끊임없이 진화하는 환경은 목표가 계속 바뀌기 때문에 좋은 프랙티스를 따라가기가 매우 어렵다. 여기서 제시된 속설은 이전에 해결된 오래된 문제이거나 단순히 따라가지 못한 엔지니어익 지식 부족 결과였다. 소프트웨어에서 가장 이려운 2가지 상황은 레거시 기술 세트를 가진 매우 숙련된 엔지니어와 최신 기술 세트를 가진 매우 미숙한 엔지니어라는 점을 기억해야 한다. 상처와 호기심 모두가 필요하다.

엔지니어링/기술적 속설

속설: "서버리스에는 콜드 스타트 문제가 있습니다. 시스템의 느린 성능을 감당할 수 없습니다." — 엔지니어 혹은 아키텍트

맥락: 서버를 소유하면 24시간 연중무휴로 가동시켜야 한다. 누군가 API를 호출하면 코드를 실행할 준비가 된 것이다. 그러나 서버리스 기술을 사용하는 경우 API호출이 이루어진 후에만 코드가 준비된다. 이는 첫 번째 호출이 지연되는 이유가 된다(콜드 스타트라고 함). 그러나 일단 '펌프가 준비되면' 후속 호출(웜 스타트)에 대한 지연이 없다. 퍼블릭 클라우드 프로바이더들은 콜드 스타트 시간을 줄이기 위해 지속적으로 노력하고 있다. 코드를 작성하고 구성하는 방법도 영향을 미친다.

영향: 모든 기술에는 장단점이 있다. 콜드 스타트는 더 이상 람다 초창기처럼 더 이상 단점도 아니며 서비스로서 기능한다. 콜드 스타트는 해결된 문제이므로 이 속설은 잘못된 것이다. 서버리스는 올바른 아키텍처 선택이 아닐 수 있지만 콜드 스타트 때문은 아니다.

———

속설: "서버리스는 로컬에서 실행할 수 없어서 테스트가 불가능합니다." ─ 엔지니어

맥락: 모든 개발자는 항상 "내 컴퓨터에서는 작동했었어요!"라고 말한다. 개발환경을 로컬 노트북에 셋팅해서 사용하는 것은 언제나 바람직했다. 개발자는 변경 사항을 테스트하고 운영 환경에 바로 적용할 수 있다. 맞을까? 틀렸다. 노트북에서는 '클라우드'를 복제할 수 없다.

영향: 소프트웨어 검증은 복잡하며, 기존 단위 테스트와는 다른 전략이 필요하다. 시스템은 클라우드 환경에서 작동되고 있어 클라우드에서 테스트돼야 한다. 검증에는 전문가가 설계한 또 다른 접근 방식이 필요하다. '모든 것을 로컬에서 실행'하는 것은 게으른 옵션이며 문제가 있다. 로컬에서 기능을 실행하려는 노력은 개발자에게는 도움이 될지 모르지만 정답은 아니다.

───

속설: "모던 클라우드에서는 무슨 일이 일어나고 있는지 알 수 없습니다. 당신은 뭐가 돌아가고 있는지 몰라요." ─ 엔지니어

맥락: 기존의 많은 모니터링 접근 방식에는 에이전트 또는 특정 소프트웨어를 애플리케이션에 설치하는 것이었다. 이는 기본 시스템에 대한 액세스 권한이 없어서 많은 최신 클라우드 솔루션에서는 작동하지 않는다. 일어나고 있는 일을 믿어야 한다.

영향: 이 관성점은 클라우드를 플랫폼으로 수용하지 못할 때 발생한다. 클라우드를 제대로 사용하려면 실행 모니터링 시스템이 아닌 이벤트 기반 모니터링 시스템을 사용해야 한다. 많은 경우 최신 클라우드 플랫폼에는 사용가능한 시스템에 대해 더 많은 데이터를 사용할 수 있다. 관찰 가능성에 대해 다르게 접근하는 것이 문제일 뿐이다.

───

아키텍처적인 속설

속설: "서버리스/쿠버네티스는 차세대 대세가 아닙니다. 기술X입니다. 이를 뒷받침하는 보고서를 읽었습니다. 게다가 우리의 기술 세트는 기술X에 더 잘 맞습니다." — 아키텍트

맥락: 변화의 시기에 아키텍트가 관련성을 유지하시 못하나면 "새로운 기술로 전환하지 말고 현재 기술의 다음 버전을 사용하자"는 조언을 할 수 있다. 컨설턴트도 비슷한 조언을 할 가능성이 높다.

영향: 이는 단기 목표에 대한 훌륭한 조언이지만 장기적인 안목을 갖는 것이 더 중요하다. 향후 5년 간의 예상 지출을 계획하고 교육, 개발, 운영, 인프라 등에 얼마나 많은 투자를 할 것인지 결정하는 것이 좋다. 오늘날에는 간소화와 숙련도 향상에 투자하는 것이 평소와 같은 비즈니스보다 훨씬 더 나은 투자 수익을 가져올 수 있다.

속설: "우리는 X클라우드 프로바이더에게 종속되고 싶지 않습니다. 해당 서비스를 사용하면 프로바이더들을 절대 변경할 수 없어요." — 모두

맥락: 여기에서 살펴봐야할 2가지 필수 용어는 멀티클라우드와 클라우드 애그노스틱이다. 멀티클라우드는 기업의 일반적인 전략이 돼야 한다. 예를 들면, 많은 회사에서 오피스 제품은 애저에서 실행하고 워크로드는 AWS에서 실행한다. 이것이 바로 멀티클라우드다. 클라우드는 여러 다른 벤더들의 통합 서비스로 취급되어야 하고, 최고의 서비스를 사용할 수 있어야 한다. 클라우드 애그노스틱은 모든 클라우드에서 실행 가능한 소프트웨어 컴포넌트를 만든다는 의미이다. 일반적으로 이는 클라우드 프로바이더가 지원하는 오픈소스 플랫폼을 기반으로 구축하는 것을 의미한다. 물론 클라우드 프로바이더의 기능 중 상당수는 사용되지 않는다. 엔지니어

는 클라우드 애그노스틱 방식으로 코드를 작성해 프로바이더 X가 가격을 인상할 경우 프로바이더 Y로 전환할 수 있어야 한다는 의견이 널리 퍼져 있다. 이것은 마치 "기름값이 오를지도 모르니 차를 운전하지 않겠습니다. 그냥 걸어 다니겠습니다."라고 말하는 것과 같다. 합리적으로 들리지만 비현실적이다.

영향: 첫째, 퍼블릭 클라우드 주요 프로바이더들은 지속적으로 가격을 낮춘 기록을 갖고 있다. 둘째, 소프트웨어의 목표는 비즈니스의 중요한 문제를 해결하는 것이어야 한다. 2가지 시나리오를 살펴보자.

시나리오 A: 벤더에 대한 종속성을 타개하기 위해 한 회사가 100만 달러를 추가로 지출했다. 문제가 발생하면 클라우드 프로바이더를 변경할 수 있다. 하지만 클라우드 프로바이더를 변경하지 않을 가능성이 매우 높다.

시나리오 B: 회사는 클라우드 내의 상위 서비스(서버리스 포함)를 사용한다. 시나리오 A보다 6개월 앞서 출시하고 100만 달러를 절약한다. 어떤 일이 발생하더라도 느슨하게 결합되고 잘 설계된 시스템을 갖추고 있어 새로운 시나리오에 빠르게 적응할 수 있다.

———

속설: "우리는 다릅니다. 우리는 높은 품질을 유지하기 위해 맞춤형 표준을 만들 것입니다." — 아키텍트

맥락: 일부 아키텍처 팀은 자신들이 직면한 문제가 이전에 해결된 적이 없다고 믿는다. 대개의 경우 이미 해결된 문제지만, 적절한 조사를 하지 않았을 뿐이다.

영향: 업계 표준을 사용할 것. 표준은 공개돼 있고, 확고하며, 모두가 이해하고 있다. 맞춤형 표준은 팀을 교육하고 유지관리하기 위해 새로 만들고 소통해야 한다. 이런 추가적인 노력의 가치가 있는 경우는 거의 없다.

엔지니어링 관리 속설

속설: "서버리스/오토스케일링은 더 비싸고, 비용을 통제할 수 없습니다." — 아키텍트

맥락: 이 경우 해당 아키텍트는 이전에 서버리스를 사용해 본 적이 있거나 클라우드 비용이 많이 발생한 프로젝트에 대해 읽어봤을 가능성이 높다. 안타깝게도 많은 클라우드 구현에 있어 비용 최적화가 제대로 이뤄지지 않는 경우가 많다. 이를 방지하려면 트래픽과 비용을 예측할 수 있는 능력이 있어야 한다. 트래픽이 예기치 않게 증가한다면 이는 유저가 늘어난다는 의미이며, 좋은 일이다.

영향: 일관된 클라우드 관리 전략을 수립해서 트래픽 증가에 대처하고 그에 합당한 비용을 관리할 수 있도록 한다.

———

속설: "엔지니어들은 내가 시키는 대로 하지 않을 겁니다." — 엔지니어링 부사장

맥락: 서버리스 패러다임은 빠르게 움직이는 팀을 요구한다. 이 부사장은 아마도 기술환경에서 일해 본 적이 없을 것이다(빅테크 기업 출신이 아니라면). 모든 계획이 정해진 상태에서 팀을 유사 목포수 방식으로 움직이게 하면 개발자는 좌절할 것이다. SAFe*, 프로그램 증분, WIP제한, 팀 보호 등 어떤 애자일 유행어를 사용하든 효과는 동일하다. 우리는 팀을 세밀하게 관리하고 애자일 방식에서도 형편없는 기술을 선택하도록 강요할 수 있다. 하지만 우리는 전문 엔지니어를 고용하고 있기 때문에 그들 자체가 문제를 소유하게 된다.

---

* SAFe가 적용된 개발환경에서 과도한 재설계 및 지연이 없도록 단기 기능을 구현하는 데 필요한 기존 코드, 컴포넌트 및 기술 인프라를 구축하는 것 – 옮긴이

영향: 엔지니어가 서버리스에 능숙하다면 모든 클래스나 함수를 지정하고 싶은 유혹을 뿌리치고 만들 수 있는 동작이나 결과물을 제공한다. 뛰어난 엔지니어에게는 권한을 부여해야 한다. 속도를 늦추면 안 된다.

———

속설: "우리 엔지니어들은 비즈니스와 단절돼 있습니다." — 엔지니어링 부사장

맥락: 엔지니어는 높은 인지 부하를 처리해야 한다. 비즈니스와의 연결은 다음에 수행해야 할 작업에 대한 최고의 통찰력을 제공한다. 엔지니어가 관심이 없어 보인다면 다음 행보를 파악하기 어렵기 때문일 수 있다. 엔지니어에게 필요한 지표가 있는가? 엔지니어의 작업에 명확한 목적이 있는가? 엔지니어가 중요한 토론과 의사결정에 참여하는가? 일부 대규모 애자일 프레임워크의 경우, 팀이 애자일 행사로 너무 바빠서 비즈니스와 연결할 시간을 갖지 못한다.

영향: 만약 엔지니어가 목적의 명확성을 갖지 못하면 잘못된 것을 만들 가능성이 높다.

———

속설: "기술X는 지난 역할에서 마법처럼 작용했습니다. 이걸 대신 사용합시다." — 엔지니어링 부사장

맥락: 모든 프로젝트와 문제는 맥락을 고려해서 평가해야 한다. 이전에 효과 있었던 것을 맹목적으로 사용하는 것은 언제나 좋은 전략이 아니다.

영향: 아키텍처는 위험 완화에 관한 것이다. 기술을 최신화하지 못하면 상당한 위험이 따른다. 장단점을 포함한 기술 전략을 수립해서 아키텍처를 지원해야 한다.

———

속설: "우리는 멋진 일만 합니다." — 엔지니어링 부사장

맥락: 한 팀이 새로운 기술을 탐색하곤 이전 기술로 돌아가고 싶어하지 않는다. 엔지니어링 경영진은 이런 의견을 잘못 해석하는 경우가 많다. 훌륭한 엔지니어는 문제를 받아들이고, 어떤 기술이든 합리적으로 사용해야 한다.

영향: 엔지니어링 경영진이 기술을 지시하거나 엔지니어가 기술을 지시해서는 안 된다. 기술 리더들이 참여하고 권한을 받아 기술 결정을 주도해야 한다.

조직적 속설

속설: "우리는 인원이 부족합니다." — 엔지니어링 부사장

맥락: 인력 담당자가 충원을 했지만 충분하지 않다. 엔지니어링 관리에 대한 주요 주제는 '자원'(사람에 대한 끔찍한 용어)의 부족이며, 이는 업무에 대한 집중력이 충분치 않다는 것을 나타내는 신호이다.

영향: 제국을 건설한다고 해서 비즈니스 성과가 나타나는 것은 아니다. 만약 팀이 문제에 대한 소유권을 갖고 있고 적절한 수의 팀원이 있다면 해결책을 찾을 수 있다. 좋은 서버리스 팀은 잘못 설정하지 않는 한 많은 인원이 필요하지 않다.

———

속설: "보안이 서버리스를 막습니다." — 엔지니어링

맥락: 복잡한 보안 모니터링 시스템이 있으며 서버리스는 지원되지 않는다. 엔지니어는 서버리스가 좋은 선택이라고 느끼지만 보안이 이 새로운 기술을 승인하지 않는다.

영향: 기존에 구현된 프로세스가 발전을 막는다. 엔지니어링과 보안 모두 제어권을 되찾고 서버리스 친화적인 접근 방식으로 프로세스를 다시 구현해야 한다. 이전 프로세스는 클라우드 네이티브가 아닐 가능성이 높다.

———

속설: "우리의 재무 모델은 운영적 지출^{OpEx, Operating Expenditure}을 지원하지 않습니다." — 최고재무책임자

맥락: 재무 모델은 시간이 지남에 따라 감가상각되는 자산인 자본적 지출^{CapEx, Capital Expenditure}을 고려해 설계됐다. 매월 변동되는 청구서는 수치를 나쁘게 만든다.

영향; 이는 서버리스 문제가 아니라 클라우드 도입을 막는 장애물이다. 클라우드가 창출할 추가 수익에 초점을 두도록 전환해야 한다.

———

속설: "우리는 X를 구축하는 데 2년을 소비했습니다. 돈 낭비였나요?" — 이해관계자

맥락: 무언가를 구축하기로 결정한 경우, 구축 과정에서 배운 것이 구축 자체보다 더 중요한 경우가 많다. 이런 사실을 인정하거나 이해하는 경우는 드물다. 기술은 버려지는 것으로 간주돼야 한다.

영향: 추가 가치가 없는 기존 투자를 계속 유지하는 것은 상당한 비용이 든다.

———

속설: "컨설팅X는 12주 동안 참여해 방향을 설정합니다." — 이해관계자

맥락: 컨설팅 업체는 수 년간 지속될 수 있는 확장가능한 개방형 프로젝트를 시작하지만 비즈니스 성과는 제한적이다. 컨설턴트는 종종 결과에 대한 조언이 아닌 내부 조율을 이끌어내는 데 익숙하다.

영향: 기술과 비즈니스 전략을 소유해야 한다. 외부의 평가를 받는 것은 필수적이지만, 통제권을 포기해서는 안 된다.

핵심요점

조직을 위한 클라우드 전략을 정의하는 것은 쉽지 않다. 두 단어로 된 서버리스 우선 전략을 소통하는 능력은 강력하고, 우아하며, 기억에 남는다. 불행히도 이 전략은 너무 우아해서 약간의 풀이가 필요하다. 서버리스 우선은 전략, 마인드셋, 기본 원칙이다. 서버리스를 이해하려면 클라우드 네이티브의 의미를 잘 알고 있어야 하고, 엔지니어는 예리하고 다재다능 해야 하며, 제품 팀은 소규모 팀으로도 엄청난 가치를 제공할 수 있다는 믿음을 가져야 한다.

서버리스 혹은 모던 클라우드는 트랜드가 아니라 이 장에서 살펴본 일련의 혁신적인 원칙이 이면에 깔려 있다. 이러한 원칙이 자리를 잡고 앞으로 나아가는 길을 만들 때 가장 중요한 장애물(모든 변화와 마찬가지로)은 사람들에게 내재된 관성이다. 흔히 기술은 단순하지만 기술은 복잡하다고 말한다. 이 장에서는 최신 클라우드와 서버리스에 대한 많은 오해와 논쟁을 정리하고 불식시키기 위해 노력했다.

단순한 진실은 기술이 매우 빠르게 진화하고 사람들이 그 속도를 따라잡는 경우가 거의 없다는 것이다. 많은 사람들이 이 장에서 설명한 속설(그리고 새로운 속설이 등장할 것이다)은 왜 변화하는 것이 좋지 않은 것인지 보여준다. 성장 마인드를 가지고 있다면 고정된 마인드셋을 극복하고 인내할 수 있다. 변화를 주도하는 것은 어렵다. 강력한 의견을 가지고, 느슨하게 유지하며 반복적인 논쟁이 자주 일어날 것을 예상하라!

14상

마찰 없는 개발 경험

높은 성과를 달성하는 가장 효과적인 방법에는 개발 팀이 가치를 제공하는 데 방해가 되는 장애물을 지속적으로 식별하고 제거하는 것이 있다. 4명의 팀이든 수천 명의 기업이든 소프트웨어 생성에 관련된 모든 그룹은 소프트웨어 품질 수준에 대한 집단적 동의가 있어야 한다.

모든 사람이 지속 가능한 속도로 움직이려면 엔지니어들은 코드 형식 및 문서화 방법, 코딩 표준 및 테스트 표준, 아키텍처 무결성 등과 같은 단순한 것부터 정리해야 한다. 이는 마케팅이 브랜드 표준을 준수하거나 편집 부서가 옥스포드 영어 사전Oxford English Dictionay 대신 메리엄-웹스터 사전Merriam-Webster Dictionay을 준수하기로 (또는 그 반대로) 선택하는 것과 다를 바 없다.

소프트웨어를 개발은 사람 중심의 과정이다. 게다가 협업이라는 고차원적 속성이 있다. 이 수준의 코드는 한 명의 개발자가 작성할 수 없다. 그룹이 효과적으로 가치를 제공할 수 있는 기반을 마련하기 위해서는 조직에서 관리자를 포함한 모든 구성원이 엔지니어링 우수성 마인드셋을 필수적인 역량으로 정의하는 것이 중요하다.

가치 플라이휠 효과의 핵심 단계인 다음 최선의 실행을 하려면 개발자 경험이 회사의 고유한 니즈와 문화에 적합해야 한다. 좋은 개발자 경험을 설계하는 방법은 여러 가지가 있지만, 목표는 낮은 마찰 경험을 만드는 것이다.

개발자들이 간단한 작업을 하는 데 시간이 오래 걸리는가? 개발자들은 워크플로우의 어떤 부분 때문에 좌절하고 있나? 특정한 사람만 특정 작업을 할 수 있나? 수작업 단계가 너무 많은가? 이 중 하나라도 예라고 대답했다면 개발자 경험을 개선하는 데 투자할 시점이다.

엔지니어링 우수성?

만약 소프트웨어 개발을 조직의 역량으로 생각한다면, 이를 규정하고 환영할 수 있다. 많은 회사가 자체 소프트웨어를 만들 수 있는 역량을 보유하고 있지 않거나 필요로 하지 않는다. 소프트웨어를 아웃소싱 하기로 결정하고, 대부분은 완제품 소프트웨어를 구매한다. 하지만 소프트웨어는 여전히 이해해야만 하는 중요한 영역이다.

소프트웨어 개발을 자동차 구입과 비교해 보자. 차를 구입할 때는 차를 원하는 이유와 필요한 특성에 대한 지식과 이해가 필요하다. 전문 지식 수준은 필요한 자격을 갖춘 정비사에서 완전한 초보자에 이르기까지 다양하다. 확실한 것은 자동차는 복잡하고 끊임없이 변화하기 때문에 모든 수준은 경험을 통해서 배울 것이라는 것이다.

자동차 구입 경험 중 일부는 수년 동안 자동차를 유지하고 돌봐야 한다는 이해이다. 구입한 모델이 어떻게 작동하는지 배우는 것도 경험의 일부다. 소프트웨어도 다르지 않다. 기업은 1년치의 소프트웨어를 구입한 후 이를 잊어버릴 수 없다. 일단 소프트웨어나 자동차를 구입하면 유지보수, 학습 및 일반적인 관리에 전념해야 한다.

소프트웨어 개발도 하나의 역량으로 가지고 있다면, 팀에 자부심을 심어주고 우수한 엔지니어링에 대한 기대를 걸어 그것을 행할 수 있도록 하는 것은 어떨까? 엔지니어링 우수성에 대한 기대치를 설정할 때 고려해야 할 몇 가지 주요 특성이 있다.

결승선이 없다. 소프트웨어 개발은 발견과 개선의 끝없는 여정이다. 숫자보다 추세가 더 중요하다. 장기간의 작은 개선이 우수한 최적의 결과이다.

정의할 수 없다. 엔지니어링 우수성이 무엇인지 정확하게 설명하는 데 오랜 공을 들이면, 사람 또는 시스템의 변화로 인해 정의가 바로 쓸모 없게 된다. 엔지니어링 우수성을 관리하는 더 나은 방법은 비교적 입문 단계인 AWS의 Well-Architected Framework처럼 목표나 기둥으로 생각하는 것이다. 예를 들어, 특정 보안 조치를 요구하는 것보다 보안의 목표나 원칙을 설정하는 것이 훨씬 낫다.

통제가 아닌 지원. 마지막으로, 엔지니어링 우수성은 팀을 통제하는 것이 아니라 팀을 돕는 메커니즘이다. 품질 관리에는 2가지 차원이 있어야 한다. 첫 번째는 팀 내에 있다. 이는 매우 잘 정의돼야 하고 구체적이어야 한다. 기술 리더에 의해 주도되므로 팀에게 많이 좌우되고 팀마다 다를 수 있다. 두 번째는 부서 또는 조직 차원이다. 팀의 결함을 드러내거나 우수성을 축하하는 탐색적 대화에 가까워야 한다. 엔지니어링 우수성이 누군가 여러분의 숙제를 채점하는 것처럼 되기 시작하면, 문제가 있는 것이다.

소프트웨어 산업은 변화가 심하다. 새로운 기술과 프레임워크가 등장하고 사라진다. 어떤 것은 완전히 혁신적이고 어떤 것은 엉망일 것이다. 초기에는 아무도, 심지어 전문가들조차 차이를 구분하지 못한다. 가장 좋은 방법은 훌륭한 소프트웨어를 만드는 데 필요한 학습과 이해를 돕는 환경을 만드는 것이다. 좋은 소프트웨어를 만드는 기본 원리는 50년 동안 변하지 않았다. 제럴드 와인버그^{Gerald Weinberg}가 1985년에 쓴 『컨설팅의 비밀』(인사이트, 2004)이란 책을 추천한다. 그가 제시하는 기본 원칙은 여러분의 성공을 위한 출발점이 될 것이다.

엔지니어링 우수성 축하

엔지니어들은 어리석지 않다. 만약 당신이 엔지니어들을 비용처럼 대하고 돈을 절약하기 위해 끊임없이 속박하려 한다면, 엔지니어들은 당신을 원망할 가능성이 높다. 절약은 필요 하지만 절약을 바르게 측정하는 것은 어렵다. 때로는 100달러짜리 책 한 권의 구입으로 회사는 2백만 달러를 절약할 수도 있다. 호기심과 게으름을 구별하는 것이 중요하다. 조직이 심리적 안전 문화를 장려하는 것과 마찬가지로 우수한 소프트웨어 엔지니어의 훌륭한 프랙티스를 축하하고 채택을 촉진해서 팀이 엔지니어링 우수성의 새로운 프랙티스를 지속적으로 찾도록 장려하는 것도 중요하다.

팀 토폴로지로 팀 우선 명확화

9장에서 다룬 팀 우선 접근 방식에 대해 자세히 설명하려면, 이제 매튜 스켈톤과 마누엘 페이스의 저서 『팀 토폴로지』(에이콘, 2020)에서 요약한 관련개념을 논의해야 한다. 4가지 기본 팀 유형과 3가지 팀 상호작용 패턴을 기반으로 한 조직 설계의 적응형 모델을 설명한다.

4가지 팀 유형은 다음과 같다.[1]

- **스트림 정렬 팀**: (일반적으로) 비즈니스 도메인의 한 부문에서 단일 업무 흐름에 집중한다.

- **활성화 팀**: 스트림 정렬 팀이 장애물을 극복하도록 돕고 누락되거나 부족한 역량을 강화하도록 지원한다.
- **난해한 하위시스템 팀**: 상당한 수학/계산/기술 전문 지식을 갖춘 전문가 팀.
- **플랫폼 팀**: 스트림 정렬 팀을 가속화할 수 있는 강력한 내부 제품을 제공하는 다른 팀 유형으로 구성된 팀.

수행을 잘 하는 팀은 대개 그들의 주요 우선순위가 매우 명확하다. 팀이 단일 목표를 가지고 있는지 여부를 판단하는 것이 어렵지만, 『팀 토폴로지』 모델을 사용하면 해당 질문에 답할 수 있다. 4가지 팀 유형을 팀원들과 공유하고 팀원들에게 스스로 구분해보라고 요청해보자. 많은 팀이 "우리는 스트림 정렬 팀이지만 다른 팀도 돕고 있고, 플랫폼도 구축한다."라고 대답할 것이다. 다음 코칭도 매우 중요하다. 1가지 일을 제대로 하자. 팀은 종종 스스로 과도하게 확장을 하기 때문에 그 결과로 인해 엔지니어링 표준에 대한 어려움을 겪는다. 팀 우선은 팀의 목적에 대한 절대적 명확성을 의미한다.

동기부여 및 추진력

소프트웨어 산업이 성장함에 따라 관리자들은 종종 팀 동기부여에 어려움을 겪는다. 팀에게 설문조사를 해보지만 돌아오는 대답은 "돈을 더 주고, 코드만 쓰게 내버려 두어 달라."는 경우가 많다. 이 요구를 받아들이는 회사들은 결국 잘못된 것을 만드는 팀들에게 엄청난 돈을 지불하게 된다.

다니엘 핑크의 드라이브: 창조적인 사람들을 움직이는 자발적 동기부여의 힘은 진정한 동기 부여의 3가지 요소인 자율성, 숙달 그리고 목적 의식에 대해 고찰한다. 흥미롭게도, 드라이브는 일단 사람들이 일에 대해 공정하게 보상을 받으면, 다음의 다른 속성들이 그들의 주된 동기부여가 된다고 설명한다.[2] 소프트웨어의 경우, 자율성은 팀이 필요한 것을 만들 수 있는 자유이고, 숙달은 팀 기술 개발을 위한 지원이며, 목표는 팀이 구축하는 것에 대한 강력한 비전 또는 이유이다.

엔지니어링 우수성의 관점에서, 임금 인상에 대해 개인과 논쟁하는 대신, 다른 접근법을 생각할 수 있을까? 팀과 상의해서 자율적으로 작업할 수 있도록 적극적으로 지원하자. 시간, 멘토, 자원 등 일을 잘하기 위해 무엇이 필요한지 알아보자. 일의 비전과 목적에 대해 논의하자. 고객에게 미치는 영향은 무엇인가? 우리는 누구를 돕고 있나? 엔지니어들이 최종 유저를 만나서 그들이 문제를 해결해 주려고 하는 사람들과 공감대를 형성할 수 있을까?

DORA와 4대 핵심 지표

애자일 소프트웨어 개발 선언이 작성된 이후로 '좋은' 측정의 핵심은 소프트웨어가 간단하고 명확하게 작동하는 것이다. 언제든지 작업 환경에서 소프트웨어를 사용할 수 있어야 한다. 소프트웨어가 이 기준을 충족하면 DORA의 4가지 주요 지표를 살펴볼 수 있다. 이 4가지 지표는 니콜 폴스그렌 박사, 제즈 험블 및 진 킴이 저술한 『디지털 트랜스포메이션 엔진』(에이콘, 2020)에 요약돼 있다.[3]

4가지 지표가 있지만, 2가지 범주로 나눠봤다. 첫 번째 처리량은 배포 빈도와 리드 타임으로 정의된다. 새 소프트웨어는 얼마나 자주 배포되나? 시간당/일/주/월/년에 여러 번인가? 이것은 매우 간단하지만 깊이 있는 질문이다.

두 번째 범주는 안정성이다. 플랫폼에 지속적으로 문제가 발생되면 소프트웨어를 개발할 수 없다. 변경 실패율과 평균 해결 시간으로 정의되는 안정성은 올바른 품질 프로세스를 갖추고 있는지 확인한다.

우리가 업무 수행의 책임을 가지고 있는 곳은 아니지만, 여러분 회사의 품질 프랙티스 결과를 안정성으로 측정하는 것은 필수적이다. 흔히 사람들은 둘 중에 하나로 생각한다. 빠르거나 아니면 안전하거나. 소프트웨어는 조금 다르다. 여러분은 안전하게 매우 빠르게 움직일 수 있다. 지속적이고 사소한 수정을 통해, 진행 중에 일킨의 문제가 발생하더라도 제속 진행 상황을 추적하고 개선해 나갈 수 있다.

코드는 부채

모던 시스템이나 서버리스 시스템에서 작업할 때 핵심 문구는 '코드는 부채'다. 문구 자체는 우물처럼 깊지만 설명하기는 꽤 간단하다. 당신이 비즈니스 부문을 담당하고 있으며 기술적인 역량이 필요하다고 가정하자. 당신은 시장을 평가한 결과 구매할 수 없다고 판단했다. 이제 소프트웨어를 개발할 사람을 고용해서 직접 개발해야 한다. 소프트웨어는 당신 전문이 아니기 때문에 자연스럽게 개발자들이 어떻게 일하고 어떤 결과물을 가져올지 궁금해진다. 그들은 소프트웨어 개발자 또는 코더이므로, 당신은 그들이 작성하는 코드가 가치 있다고 가정한다. 당신은 결국 소프트웨어에 100만 달러를 지불하게 되는데, 이것은 처음 예산했던 것보다 더 많은 금액이다. 얼마나 많은 코드가 작성됐는지 물어봤더니 개발자들은 백만 줄의 코드를 작성했다고 대답한다. 합리적으로 들린다. 하지만 훨씬 더 나은 해결책은 만 줄의 코드였을 수도 있다. 시와 다를 바 없이, 뛰어난 코드는 우아하고 정확하다.

더 많은 코드 행의 값을 결정할 때는 다음 사항을 염두에 두는 것이 좋다.

- **코드는 부채다**: 작성되는 모든 코드 행은 비용이다.
- **엔지니어들은 돈을 많이 받는다**: 코드 라인을 작성하는 데 걸리는 시간은 비용이다.
- **코드를 테스트하고 문서화해야 한다**: 이는 추가 비용이다.

- **코드는 지속적으로 보안을 유지해야 한다**: 코드는 다른 코드를 호출하므로 향후 취약성이 나타날 수 있다.
- **코드는 유지보수가 필요하다**: 라이브러리가 변경되면 업데이트가 필요하다. 요구사항이 변경되기도 한다. 코드가 많아지면 유지보수에 더 많은 작업이 필요하다.
- **운영 비용이 발생한다**: 코드를 디플로이해야 하고, 모니터링 및 업데이트해야 하며 호스팅 비용을 지불해야 한다.

소프트웨어 팀에 무언가를 만들어 달라고 요청하면 코드 라인이 아닌 시스템을 제공한다. 자산은 코드가 아니라 시스템이다. 시스템의 코드가 적을수록 총비용이 줄어든다. 일부 개발자들은 자신들이 얼마나 많은 코드를 작성했는지 자랑할 수 있지만, 이것은 자랑할 만한 것이 아니다. 마크 트웨인Mark Twain이, "짧은 편지를 쓸 시간이 없어서, 긴 편지를 썼다."라고 말한 것과 같다.

성과 공유 및 인정

팀의 성공은 조직의 성공과 정렬돼야 한다. 소외감을 느끼는 버림받은 팀을 만들고 싶지는 않을 것이다. 팀을 하향식으로 구성해야 할지 상향식으로 구성해야 할지 고민할 수도 있다. 하지만 둘 다 옳은 생각이 아니다. 우리와 그들로 대치되는 것이 아니라, 분산되고 정렬된 목표를 갖는 것이 좋다. 회사 내에서 파벌을 형성하는 것을 피해라. 때로는 부실한 팀이 수익성 있는 소프트웨어를 만들기도 하고, 훌륭한 팀이 손해를 보는 소프트웨어를 만들기도 한다. 엔지니어링 노력에 대한 보상은 비즈니스 성과에 대한 보상과 다르다.

감각 점검: 광부의 카나리아

조직의 기술적 리더십은 팀들이 수행하는 작업을 확인할 수 있는 방법이 필요하다. 각 팀은 기술 리더십이 있어야 하지만 작업은 교차 점검돼야 한다. 단지 소프트웨어 개발만 그런 것이 아니다. 예를 들어 의료 산업에서는 임상 동료 검토를 선호한다. 이 모델을 사용하는 방법은 여러 가지가 있지만, 의료 전문 작업을 검토하는 핵심 원칙은 높은 성능을 보장하고 안전성이 유지되도록 하는 것이다.

이것이 기술적 프랙티스에서 사라졌는가? 회사의 다른 부서에서 신뢰할 수 있는 전문가들이 당신의 업무를 검토할 수 있는 메커니즘이 마련돼 있다고 상상해 봐라. 검토는 투명하고 건설적이며 의미가 있다.

이 모델의 정확한 실행은 팀마다 다르며 개성들, 성숙도, 회사 규모, 문화 및 사용 가능한 도구에 따라 크게 다를 것이다. 하지만 논점은 간단하다. 당신의 엔지니어링 프로젝트를 위한 광부의 카나리아는 무엇인가? 품질 문제로 리더십에 가장 먼저 경고하는 신호는 무엇인가? 이런 의미에서 품질은 매우 막연하게 정의된다. 소프트웨어가 부실하게 되는 길들은 많다. 종종 팀은 문제와 해결책에 너무 가까이 있기 때문에 이를 깨닫지 못한다.

방법: '조직'은 엔지니어링 품질에 대해 팀을 어떻게 코칭하나? 해당 팀의 직접적인 리더는 그렇게 하기에 가장 좋은 위치에 있지만, 기술, 제품 또는 사람에 대해 편견을 가질 수 있다. 다른 분야의 기술 전문가가 팀에 피드백을 제공하면 다양한 문제를 제기하고 보다 공정하게 성공을 축하하는 데 도움이 될 수 있다. 이것이 효과가 있으려면 심리적으로 안정된 환경에서 시작해야 한다. 피드백의 목표는 팀을 돕고 지원하는 것이지, 비판하고 결점을 찾는 것이 아니다. 또한 조직 전체에 걸쳐 엔지니어링 표준에 대한 공통된 이해가 있어야 한다.

속도: 팀 동료 검토 세션은 일회성 활동이 아니다. 주기를 실험해 보라. 아마도 매주 또는 매 분기여야 할 것이다. 팀에 부담을 주지 않고 팀 전체가 가능한 한 투명하게 참여해야 한다.

지표: 사전 정의된 회사 엔지니어링 표준이 있는 경우 대시보드 등에서 지표를 사용할 수 있다. 검토 중인 내용은 무엇인가? 이상적으로는 모든 팀이 정성적 및 정량적 지표를 표시할 수 있다. 이런 지표에 대한 데이터 수집은 가능한 자동화해야 한다. 많은 소프트웨어 수명 주기 도구에는 이미 의미 있는 지표가 내장돼 있다. 하지만 지표가 중요한 만큼 좋다는 지표를 너무 많이 관리할 수도 있다. 어떤 지표가 중요하며 필요에 따라 즉시 확인할 수 있나? 팀과 진정으로 관련 있는 지표가 있다면 지표를 관찰하고 의사 결정에 사용할 수 있다.

형식: 조직이 팀 동료 검토를 지원하고 인정하는 것은 아주 중요하다. 일반적인 함정은 검토가 너무 형식적이기 때문에 엔지니어들이 안건을 공개적으로 논의할 수 있다고 느끼지 않는 것이다. 고위 경영진이 많은 사람들을 리뷰에 초대하거나 리뷰를 기록할 때, 원활한 상호작용 수준이 저하될 수 있다. 반대로, 검토가 너무 비공식적이어서 선택 사항으로 간주될 수 있다. 이 양극단들 사이에서 균형을 찾으려고 노력해야 한다.

모멘텀과 한계 이득

팀 동료 검토의 이점은 제한적으로 보일 수 있지만, 다음과 같이 생각해보자. 기술 리더가 자신의 팀과 다른 팀을 검토한다. 리뷰는 회사 일정표에 예약되고 표시된다. 검토자가 더 많은 정보를 수집하면 어떤 문제가 있는 패턴을 확인하게 된다. 이는 팀이 표준과 도구를 개선하고 향상시켜야 한다는 귀중한 신호이다. 또한 조직 전체에 걸쳐 지식을 공유할 수 있는 매우 귀중한 방법이다. 훌륭한 기술 리더들은 마찰점을 발견하고 제거하기 시작할 것이다.

엔지니어를 위한 첫 번째 원칙

소프트웨어 엔지니어링 팀이 효과적으로 작동하려면 모든 사람이 엔지니어링 마인드셋을 가지고 있어야 한다. 부서는 그들이 해결하고 있는 문제에 같은 태도를 취해야 한다. 자신의 역할에 지나치게 집중하는 사람들은 목적에 집중할 필요가 있다. 주목할 만한 경고 신호는 "나는 단지 시스템을 테스트할 뿐이다."와 같은 말이다. "나는 보안만 관리한다." 또는 "나는 관리자이고 그렇게 기술적이지 않다." 또는 "나는 솔루션을 이해하지 못한다." 코드를 작성하지 않는 사람이 있더라도 엔지니어링 팀 전체가 엔지니어링 마인드를 가져야 한다.

프로그래머를 고용하는 조직에서 자주 발생하는 문제는 결국 코드가 많아지는 것이다. 이것이 좋은 결과처럼 보일 수 있지만, 코드는 자산이 아니라 부채임을 기억해라. 작성된 모든 코드 라인에는 비용이 따라온다. 항상 의문을 품고 그 가치에 대해 질문하고 찾아봐라.

자동화를 통한 마찰 제거

조직에서 엔지니어가 안전하고 확실한 방식으로 코드를 쉽게 변경할 수 있게 할 때, 가치를 더 빨리 제공하고 플라이휠을 계속 가동할 수 있다. 자동화는 개발자의 마찰을 줄이는 핵심이다. 체계적인 소프트웨어 개발 프로토콜을 갖춘 조직은 다음과 같은 2가지 원칙을 준수할 가능성이 높다.

1. **코드로서의 인프라**: 개발자는 클라우드 인프라를 수동으로 구성하지 않는다. 예를 들어 그저 AWS 대시보드를 열고 무언가를 변경할 수는 없다.
2. **딜리버리 파이프라인**: 모든 것이 통제된 방식으로 변경된다.

두 프로토콜 모두 매우 합리적이지만, 사용되는 언어가 단지 텍스트 구성 YAML*일 경우 답답함, 속도저하, 마찰이 발생할 수 있다.

이것을 다르게 설명해 보자. 당신은 개발자이며 5개의 데이터 필드를 반환하는 간단한 API 서비스를 만들라는 요청을 받았다. 이 서비스의 코드는 단순하다. 이미 작성 및 테스트가 완료됐다. 클라우드 인프라를 만들고 디플로이하기만 하면 된다.

클라우드 이전인 2010년에는 이것이 상당히 힘든 일이었다. API를 만들려면 코드를 작성해야 했다. 간단하지만 시간이 많이 걸리며, 디플로이할 서버를 확보하고 다른 팀과 협력해서 모든 구성 작업을 해야 했다. 구성은 유저의 통제 범위를 벗어났고 며칠에서 몇 달까지 걸릴 수 있었다. 운이 좋다면, 복잡하고 값비싼 제품 자동화를 설정할 수 있었다. 이후로는 API를 쉽게 디플로이할 수 있었다. 이 모든 프로세스는 잘해도 몇 주가 걸렸다.

2017년에는 클라우드가 있었다! CloudFormation 또는 Terraform을 사용하려면 API에 1,500줄의 구성 코드(텍스트)가 필요했다. 이 코드는 한 번만 작성하면 되는데 직접 할 수 있기에 아주 괜찮았다. 다른 곳에서 예제를 복사했는데 약 98% 정도는 거의 정확했다. 나머지 몇 가지 특성을 변경하니, 코드는 깨졌다. 다음 날 코드를 변경하고 왜 실패했는지 알아내려고 했다. 이미 자동화 기능을 갖추고 있었기 때문에, 이틀 후에는 코드별로 완전

---

* 거의 10년 동안 클라우드 엔지니어들은 YAML을 사용해서 클라우드 인프라를 구축했다. (YAML이 무엇인지 모른다면 정말 다행이다. 당신은 운이 좋은 사람이다. 간단하게 말하면, 또 다른 마크업 언어의 약자이다. 그렇다. 끔찍하면서 매우 느슨한 형식의 텍스트일 뿐이다.)

히 자동화된 클라우드 인프라를 마음대로 생성하고 삭제할 수 있었다. 굉장하지만, 클라우드 구성 코드를 올바르게 만드는 데 시간이 좀 걸렸다.

2022년으로 빨리 넘어가자. 여기 14줄의 클라우드 개발 키트CDK, Cloud Development Kit 코드 예제가 있다. 이것은 타입스크립트이브로 통합 개발사 완경IDE, Integrated Developer Environment에서 확인할 수 있다. 단위 시험을 작성해 작동하는지 확인할 수 있다. 코드 리포지터리에서 복사했을 때 바로 작동했다. 디플로이 파이프라인이 이미 설정돼 있었다. 한 시간 안에 새 API를 활성화시킬 수 있었다!

잠시 과거로 돌아가 보자. 이전에는 소프트웨어 엔지니어가 API를 만들어야 할 때 그레고르 호페의 『기업 통합 패턴』(에이콘, 2014)의 신뢰할 수 있는 예제를 가져와 패턴을 찾은 후 Java를 사용해서 코딩했다. 이로 인해 API가 만들어졌지만 3주가 걸렸다. 책 속의 코드였던 것이 이제는 소프트웨어가 됐다. 또한 이러한 소프트웨어 컴포넌트를 결합할 수 있었다. 즉, 클라우드 개발에 빌딩 블록 개념을 적용하는 것과 같다.

오늘날 클라우드 네이티브 서비스로 API를 만들 때는 깃허브GitHub에서 패턴을 간단히 가져와서 실행하기만 하면 된다. 30초 이내에 디플로이할 수 있는 인프라를 갖춘 API를 사용하고, 소스 코드를 가져와서 로직을 추가할 수 있다.

이러한 자동화는 개발자의 마찰을 제거하는 데 핵심적인 역할을 한다. 마찰이 적고 개발자가 API를 작성하는 데 며칠 또는 몇 주를 쓰지 않을 때는, 조직에 가치를 제공하는 다음 최선의 실행으로 관심을 돌릴 수 있다. 개발자가 출발지점에 발이 묶이지 않고 조직이 미래로 나갈 수 있는 플라이휠을 계속 돌릴 수 있다. 그런데 우리는 어떻게 여기까지 왔을까?

클라우드 개발 키트

CDK와 CDK 패턴의 기원에 대해 알아보자. CDK는 기본적으로 해적선 레고® 키트와 같다. 여기에는 해적선을 빌드하는 데 필요한 모든 연동 및 재사용 가능한 조각(클라우드 컴포넌트)과 도면이 포함돼 있다. 즉, 조직은 이미 테스트되고 신뢰할 수 있는 코드를 사용하고, 이 코드를 결합해서 고유한 니즈에 따라 만들어 클라우드를 통해 가치를 제공할 수 있다.

CDK는 서버리스와 밀접한 관련이 있다. CDK는 개발자가 다른 개발자들의 마찰을 제거하기 위해 필요한 더 높은 수준의 추상화 방법을 보여준다. 이것은 수십 년 동안 일어났고 앞으로도 계속될 것이다. 변화의 속도는 더 빨라지고 있으며 오픈 소스 프랙티스는 이러한 고차원적 패턴을 더욱 가속화한다. 2019년, 리버티 뮤추얼은 가속화를 위한 접근법으로 CDK를 실험하기 시작했다.[*] 그런데, 전문가가 이미 작성하고 테스트한 코드를 사용할 수 있으면서 왜 처음부터 직접 코드를 작성할까? 2020년, 리버티 뮤추얼의 수석 아키텍트인 매트 콜터Matt Coulter는 CDK 패턴 오픈 소스 프로젝트를 만들었다.[†]

CDK 패턴은 고차 구조의 한 예이다. 이 패턴은 그레거 호프와 같은 사람이 만든 아키텍처 패턴을 가져와서 CDK를 사용해 구현한다. 이제 이 패턴은 클라우드 환경에서 작동하는 언어로 실행할 수 있다. 이는 코드 접근 방식이 실패하거나 구성 변경이 필요했던 이전 인트라스트럭처에 비해 크게 개선된 것이다. CDK 패턴은 클라우드 진입 장벽을 상당히 낮췄고, 마찰을 제거해 개발자와 조직이 다음 최선의 실행에 집중하도록 했다.

오늘날의 고딩 환경이 얼마나 달라졌는지 이해하는 것이 중요하다. 과거에는 CDK와 유사한 소프트웨어 개발 모델(예: Linux)이 존재했지만, 이제는

---

[*] 이 이야기의 일부는 서론과 16장의 리버티 뮤추얼 사례 연구에서 다룬다.

[†] 더 많은 정보는, CDKPatterns.com을 방문하라.

오픈 소스 프로젝트가 더 접근하기 쉽고 내부적으로도 더 많이 받아들이고 있다. 개발자 커뮤니티는 진화하고 도구를 산업화하고 있다. 스스로 진화하는 것이 아니라 업무를 더 쉽게 만들고 마찰을 제거해가는 것이다. 왜 그럴까? 개발자들이 그저 자리를 지키는 것이 아니라 비즈니스 가치에 더 집중할 수 있도록 하기 위해서다.

속도와 안정성 확보

적어도 한 명 이상의 소프트웨어 엔지니어를 고용하고 있는 회사에 영구적 질문은 간단하다. 어떻게 하면 엔지니어들의 업무 속도를 높일 수 있을까? 외부에서 볼 때 소프트웨어 엔지니어링은 쉽게 가속화될 수 있는 장기적인 활동처럼 보인다. 비록 이것이 정확한 사실은 아니더라도, 리더십은 지연 비용과 엔지니어들의 엄청난 소진율에 대해 우려하는 것이 당연하다.

하지만 기업들이 소프트웨어 엔지니어를 고용해 오는 동안 '더 빠르게 만드는' 것에 대한 대체 산업이 존재해 왔다. 많은 사람들이 "더 빨리 코드를 입력하게 할 수 있을까?" 또는 "다른 프로젝트의 코드를 복사해서 붙여 넣을 수 있다면 시간을 절약할 수 있을 텐데"라는 말을 들었을 것이다. 안타깝게도, 이러한 시간 절약 아이디어들은 수십 년 전에 반증됐다.

다른 문제 해결 활동과 마찬가지로, 소프트웨어를 만드는 것은 경험이 풍부한 정원사와 같은 우아함이 있다. 경험이 풍부한 정원사는 일이 어디로 가야 하는지, 언제 해야 하는지, 무엇을 하지 말아야 하는지 본질적으로 알고 있는 것처럼 보인다. 그들이 주먹구구식으로 일하는 것처럼 보일 수도 있지만, 그들은 수년간의 경험을 바탕으로 일하고 있는 것이다. 다른 수학 공식과 마찬가지로 코드에도 2가지 우선 요소가 있다. 정확하고 효율적인가? 이 2가지가 항상 함께 지켜지는 것은 아니다.

템플릿 또는 레퍼런스 아키텍처 아이디어는 클라우드 이전 시대에 널리 사용됐다. 레퍼런스 아키텍처는 종종 문제를 해결하는 새로운 방법을 설명한다. 초기에는 엔지니어가 다이어그램이 있는 책 한 페이지를 읽은 다음 수천 줄의 코드를 작성하면서 책의 제안을 따르는 방법을 알아냈다. 책은 도움이 됐지만, 엔지니어가 세부 사항을 놓치거나 오류가 발생할 가능성이 높았다. 레퍼런스와 구현 간의 차이가 너무 커서 과정에서 캡슐화가 충분하지 않았다. 엔지니어는 여전히 많은 추가 코드를 작성해야 했다.

우리가 말했듯이, 엔지니어를 가속화하는 데 도움이 되는 '소프트웨어 컴포넌트 제작자' 산업은 항상 존재해 왔다. 문제는 이러한 컴포넌트가 얼마나 유연한가 하는 것이었다. 컴포넌트가 너무 단단하면 전체 솔루션이 우아하지 않게 돼 비효율적이다.

클라우드 기술의 첫 10년 동안 일부 가속화 포인트는 이전 세대의 성숙도 부족이었다. 대부분의 경우 초기 솔루션은 미숙하기 때문에 추가적인 개선이 필요하다. API 뒤에 기능을 캡슐화하는 것이 이상적이다. 그러나 클라우드에서 어떻게 인프라를 프로그래밍 방식으로 정의할 수 있는가? 많은 엔지니어들이 'YAML로서의 인프라'와 싸우는 동안 잠을 이루지 못했다. 즉, 누군가 코드로서의 인프라를 캡슐화해 달라고 외치고 있었기 때문이었다.

CDK 및 CDK 패턴으로 경험한 것은 빌딩 블록이다. 이는 바로 사용 가능한 컴포넌트를 제공하므로 레퍼런스 아키텍처보다 강력하다. 이 기능은 유저가 동의하지 않는 모든 항목을 변경할 수 있고, 구현에 제약이 없기에 어노테이션보다 훨씬 강력하다.

기본적인 강제 기능으로서, 코드로서의 인프라는 빠른 속도로 이동하거나 클라우드에서 작업할 때 필요하다. 일부 기존 인프라 엔지니어들은 "우리의 전문 분야를 무시하고 우리를 소프트웨어 개발자로 만들려고 한다."라고 반발하지만, 이것은 요점을 놓치는 것이다. 코드는 구성의 수동적 특성을 제거한다. 프로세스가 아무리 훌륭해도 누군가가 잘못된 버튼을 누르거나 잘못된 박스를 클릭할 가능성이 항상 있다. 개발자들의 실수로 회사가 순식간에 수백만 달러의 손실을 입게 된 사례가 수없이 많다. 클라우드의 특성은 일시적이며, 무언가가 손상되면 즉시 삭제된다는 것이다. 이는 즉시 다시 만들어야 함을 의미한다. 따라서 자동화는 앞으로 나아갈 수 있는 유일한 방법이다.

여기 데브옵스 동향으로 인한 아주 구체적인 마인드셋이 작용하고 있다. 한두 가지 요소만 구현하는 것만으로는 충분하지 않다. 모든 것이 서로에게 의존하기 때문에 전체 그림을 함께 구성해야 한다.

- 디플로이 파이프라인은 자동화가 가능하다.
- 빌딩 블록(즉, 클라우드 플랫폼)에는 디플로이의 일부로 실행할 수 있는 테스트가 포함된다.
- 프로덕션으로 가는 단일 생산 경로를 만든다.
- 다른 프로세스 또는 거버넌스 작업을 포함한다. 서버리스 마인드셋은 서비스 선택을 가능하게 한다.
- 코드는 부채이므로, 거대한 맞춤형 솔루션을 만드는 것에서 벗어나라. 컴포넌트에 대한 친밀도가 떨어진다.
- 잘 설계된 아키텍처는 품질을 향상시킨다.
- 적절한 기본값(잘 설계된 설정 및 태그)을 패턴의 일부로서 포함해라. 예를 들어, 관찰 가능성, 보안 및 성능 특성을 기본값으로 활성화할 수 있다.
- 클라우드 보안 정책은 자동화된 보안 조정을 가능하게 한다.
- 모든 자산에 대한 역할 기반 분리, 불변의 인프라 및 모든 곳에서의 자동화를 요구하는 미래형 보안 정책을 적용하라.
- 단일 플랫폼을 통해 속도를 높일 수 있다.
- 통합을 통해 복원력이 향상된다.

- 모든 변경사항 또는 향후 버전은 자동 재디플로이로 통합할 수 있다.

이 모든 것은 '코드는 부채'라는 마인드셋과도 일치한다. 소프트웨어 엔지니어가 작성하는 코드가 적을수록 오류가 발생할 가능성이 줄어들고 유저가 관리해야 하는 작업도 줄어든다. 소프트웨어 엔지니어의 속도를 높이려는 이전의 많은 시도는 엄격한 영역에서 제한됐다. 소프트웨어 엔지니어의 선택을 제한함으로써 소프트웨어 엔지니어가 생성할 수 있는 창의성을 제한하고 두려움, 불확실성 및 의심을 유발한다. 소프트웨어 엔지니어들은 커버 아래를 들여다볼 수 있는 옵션이 필요하다. 많은 기계 공학자들은 어렸을 때 물건들을 분해하는 것을 좋아했다. 소프트웨어 엔지니어도 다르지 않다. 우리는 사람들이 커버 아래를 볼 수 있도록 해야 한다. 그리고 CDK는 클라우드에서 이것을 허용한다.

레퍼런스 아키텍처는 엔지니어가 새로운 아이디어를 전달하는 데 도움이 되지만 소프트웨어 엔지니어의 일상적인 작업 속도를 높이지는 못한다. 일부 기성 프레임워크은 흥미로운 개념을 포함하지만 제대로 이해하려면 상당한 노력이 필요하다. 많은 프레임워크가 비대하거나 지원되지 않거나 불완전하다.

소프트웨어 엔지니어의 속도를 빠르게 만들 수 있는 유일하면서 빠른 방법은 빠르게 가르치는 것이다. 빌딩 블록(예: CDK 패턴, IaC)을 사용하면 후드 아래에서 무슨 일이 일어나고 있는지 이해하는 데 도움이 된다. 시간이 지나면, 그들은 자신의 빌딩 블록을 만들고 다른 사람들을 가르치는 데 사용할 것이다. 소프트웨어 엔지니어는 동료들을 가르치는 데 많은 시간을 할애한다. 모든 교육이 강의실에서 이루어지는 것이 아니다.

여기서 주의해야 할 핵심 관성 포인트는 명령과 제어의 문화이다. 엔지니어링 부서는 공장이 아니다. 더 빠른 기계를 만들 수 없으며 생산성 증가를 기대할 수 없다. 엔지니어링에 대한 더 나은 비유는 학교다. 엔지니어링 부서에 혁신, 생성 및 탐색을 위한 리소스와 공간을 제공해라. 그러면 실제 가속화를 달성할 수 있다. 거버넌스가 가속화와 결합돼서는 안 된다. 항상 서로 보완해야 한다. 빌딩 블록은 직접적인 세척으로 엔지니어의 글라우드로의 여정을 가속화하는 데 도움이 된다.

맵

로라와 클라이브의 조직에서 개발자 경험을 보여주는 예제 맵을 살펴보자.

> **로라:** 엔지니어를 위한 간단한 가치사슬을 만들어 봅시다. 그들은 본질적으로 발생에 있는 비즈니스 문제를 해결해야 합니다. 관성 브로커는 회사의 목표와 일치하지 않으며 리더십의 피드백이 부족한 경우로, 대개 정책 및 우선순위 지정 문제로 인해 발생합니다. 가련한 엔지니어는 무엇을 왜 만들어야 하는지 잘 모릅니다. 그 후에는 시장의 제약이 있을 것입니다. 여기서 관성은 집단의 규칙입니다. 기대치는 기록되지 않습니다. 시장의 제약을 피할 수 있는 방법이 있지만 엔지니어는 이를 모를 수 있습니다. 다음은 엔지니어의 작업 소프트웨어 구축 능력입니다. 여기서 관성점은 지식의 부족입니다. 그리고 물론, 구축하기 위해서는 엔지니어가 일할 수 있는 훌륭한 환경이 필요합니다.
>
> **클라이브:** 좋습니다. 아래쪽(유저와 가장 멀리 떨어진 컴포넌트)에서 시작해 x축을 가로질러 왼쪽으로 이동해 보겠습니다. 맨 위에서 시작할 수도 있지만 근본적인 문제를 피하는 것이 더 많은 문제를 야기할 수 있습니다.

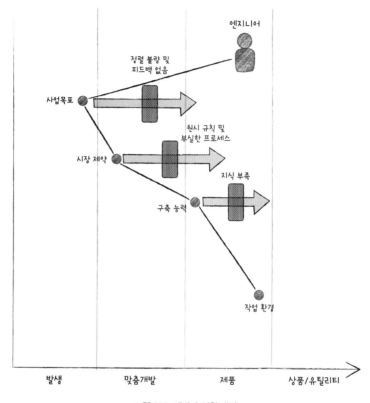

그림 14.1 개발자 경험 매핑

로라: x축을 따라 오른쪽으로 능력을 끌어당기는 역할을 하는 새로운 지식 가치사슬을 만들어 봅시다(발생이나 떠오르는 지식에서부터 여기서는 주제별 전문 지식을 나타내는 상품으로). 지식 가치사슬에는 셀프 서비스 솔루션이 포함돼야 하며, 엔지니어를 중심으로 우수한 팀이 있어야 혁신을 위한 안전한 공간을 만들 수 있습니다.

클라이브: 그러면, 우리는 시장 제약(유효하지만 종종 보기 어려운 것)을 제약 활성화(명백해야 함)로 바꿀 수 있습니다.

로라: 차이점이 무엇인가요?

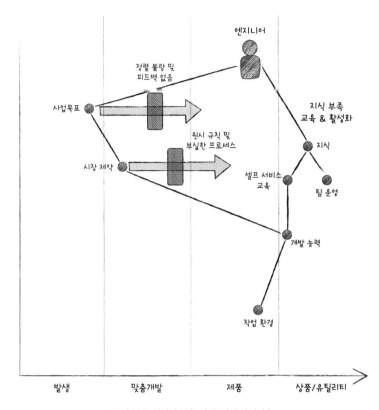

그림 14.2 개발자 경험 매핑: 지식 가치사슬

클라이브: 시장 제약은 보안 또는 재무 감사일 수 있습니다. 이는 코드
로서의 인프라와 같은 제약 활성화, 즉 엔지니어는 콘솔 액세스 권
한이 없는 것 등과 연결될 수 있습니다. 둘 다 관련이 있지만, 엔지
니어가 더 이해하기 쉬운 것은 제약 조건 활성화일 겁니다.

로라: 좋아요. 제약은 표준, 아키텍처 패턴, IaC에 의존합니다.

클라이브: 구축 기능에 대한 링크도 있습니다. 이러한 링크를 통해 소
프트웨어 개발 프로세스를 보다 쉽게 만들 수 있습니다.

로라: 이제, 엔지니어를 비즈니스 목표에 맞게 조정해 차단을 해제해
봅시다.

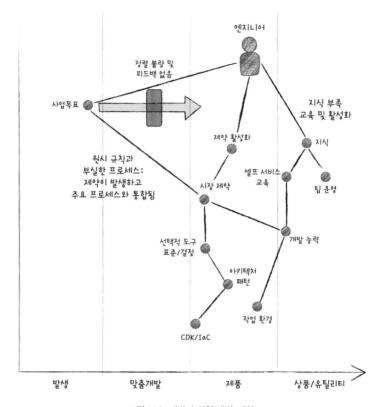

그림 14.3 개발자 경험 매핑: 제약

클라이브: 가장 중요한 것은 빠른 피드백 루프입니다. 이 루프는 양호한 DORA 점수(디플로이 처리량 및 안정성)와 관찰 가능성 데이터에서 얻을 수 있습니다. 높은 DORA 점수를 받으려면 종속성과 핸드오프를 최소화해야 합니다. 이를 통해 대기 시간을 최소화하면서 흐름 효율성을 높일 수 있는 환경을 설정할 수 있습니다.

로라: 그리고 엔지니어에게 해결해야 할 명백한 문제를 제공하는 것을 결합하면, 진전을 이루기 시작하게 될 겁니다.

클라이브: 마지막 부분은 지식 공유에 대한 기대입니다. 이렇게 하면 조직 내 사일로를 방지해 비즈니스 목표를 달성하는 데 도움이 됩니다.

로라: 개발자 경험의 또 다른 중요한 부분은 훌륭히 임무를 완수하는 것에 만족하는 것입니다. 그들은 자신들의 일이 효과를 냈고 헛되게 끝나지 않았다는 것을 알아야 합니다. 그리고 환경에도 만족해야 합니다. 이 모든 요소들이 갖춰지면 직무 만족도는 더 쉽게 달성할 수 있으며, 이는 생산성, 유지, 우수한 인재 유치 등에 도움이 됩니다.

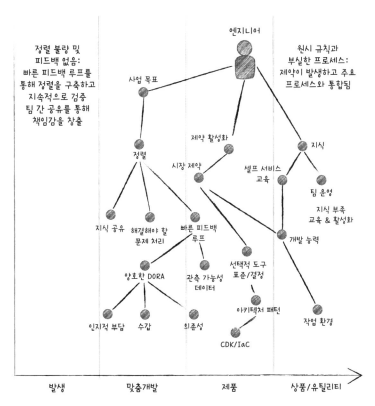

그림 14.4 개발자 경험 매핑: 비즈니스 목표 달성

클라이브: 이 모든 것이 잘 따라올 것이라고 생각합니다. 또 다른 핵심 요소는 지향하는 비즈니스 목표와 추구하는 기술 선택 및 표준을 전반적인 조직/부서/팀 전략과 일치시키는 더 큰 전략의 정렬입니다. 일상 업무를 전체 전략과 연결할 수 있다는 것은 놀라울 정도로 강력한 힘을 발휘합니다.

핵심요점

마찰이 없는 개발자 경험이 고성능 조직과 저성능 조직 간의 가장 큰 차별화 요인일 가능성이 높다. 얼마나 많은 개발자들이 나쁜 개발자 경험을 가지고 회사에서 일하고 있는지 그리고 이로 인해 회사들이 얼마나 많은 비용을 지불하는지 알면 놀랄 것이다. 가치 플라이휠 효과의 세 번째 단계에서는 마찰과 장애물로 가득 찬 나쁜 개발자 경험이 기어에 렌치를 꽂아 추진력을 멈추게 한다.

우리는 엔지니어링 우수성을 인정하고 우리가 할 수 있는 최고의 개발자 경험을 만들기 위해 노력해야 한다. 팀, 동기부여 및 4가지 DORA 지표에 집중하는 것으로 시작하는 것도 좋다. 엔지니어들에게 '코드는 부채'라는 마인드셋을 심어주는 것도 중요하다.

동시에 엔지니어링 팀에 상업적인 사고를 촉진해야 한다. 이것이 말처럼 쉽지 않다. 엔지니어들의 주요 고충 중 하나는 조직 내 마찰이다. 우리는 자동화를 통해 마찰을 제거하고 환상적인 개발자 경험을 창출하는 좋은 예로 CDK와 CDK패턴에 대한 이야기를 공유했다.

어디서부터 시작해야 할지 아직 잘 모르거나, 우리 조직에서 개발자 경험이 어떤 모습인지 잘 모르겠다면 개발자와 함께 앉아서 소프트웨어 개발 경험을 매핑해. 개발자를 좌절하게 만드는 것들과 일을 더 쉽게 만드는 것들을 정리하라. 로라와 클라이브의 맵과 동일한 작업을 하는 것만으로 엔지니어의 문제가 해결되지는 않겠지만(매핑 솔루션은 다음 장에서 다룬다), 모든 사람이 같은 생각을 갖게 하고 지향하는 개발 프로세스를 만드는 데는 도움이 될 것이다.

15장

솔루션 매핑(스택 매핑)

솔루션 매핑을 기술 스택 매핑이라고도 한다. 이 활동은 새 빌드 및 기존 빌드에 대해 수행할 수 있으며, 해야 하는 것이다. 이를 연습하는 가장 효과적인 방법은 팀이 모여 화이트 보드에서 진행하거나, 뮤랄Mural, 미로Miro와 같은 서비스를 통해 온라인으로 진행하는 것이다.

가치 플라이휠 효과의 다음 최선의 실행 단계에는 2가지 핵심 목표가 있다. 첫 번째는 즉각적인 효과를 창출하고 개발팀의 마찰을 줄이기 위해 할 수 있는 모든 것을 하는 것이다. 두 번째는 팀에게 지금 시도하지 않고 있는 미래 변화에 대한 개념을 소개하는 것이다. 즉, 다음 최선의 실행은 앞으로 있을 수많은 다음 최선의 실행 중 첫 번째 다음 최선의 실행이라는 것이다. 다음 최선의 실행은 '한 번에 끝나는' 이벤트가 아니다. 체스 게임에서 첫 번째 수다. 체스에서와 마찬가지로, 체크메이트로 이어질 수 있는 단계를 순서대로 진행하는 것이 중요하다. 이때 기술 스택 또는 솔루션 매핑이 필요하다. 물론 도중에 전환점과 장애물이 있을 수 있지만, 맵은 팀이 이러한 장애물을 함께 탐색하고 목표에 집중할 수 있도록 도와준다.

기대치 설정 및 팀 준비하기

와들리 매핑에 대해 들어본 적이 없는 팀이라면 핵심 개념에 대한 한 페이지 분량의 자료와 동영상을 공유하라(벤 모시오르의 LearnWardleyMapping.com 참조). 진화 축(발생단계에서 상품으로) 개념에 익숙해지는 것 외에 팀이 준비해야 할 것은 없다. 그리고 팀이 맵의 목표를 이해하고 있는지 확인하라. 예를 들어, "'우리의 삶을 더 편하게 만들기 위해 무엇을 현대화해야 하는지 결정하기 위해 발견 매핑 세션을 갖겠다.'"라고 말해 워크숍을 설정할 수 있다.

매핑을 처음 접하는 경우라면, 오전 시간이나 하루 종일 매핑에 몰두하고 싶은 유혹에 빠지지 마라. 엔지니어는 바쁜 사람들이므로 60분에서 90분 정도의 시간을 예약하고 여러 세션에 걸쳐 맵을 만들 준비를 해야 한다.

화이트보드는 오프라인, 온라인 모두 중요하다. 맵을 어떤 용도로 만들든, 맵을 만드는 동안 팀 전체가 볼 수 있도록 하는 것이 중요하다. 매핑하는 동안 컴포넌트를 스티키 노트 메모로 추가해서 팀 전체가 참여할 수 있도록 하라. 처음 매핑할 때 컴포넌트가 올바르게 배치됐는지 여부는 중요하지 않다. 대화가 성숙해지면 팀이 함께 컴포넌트의 위치를 조정할 수 있다.

기억해야 할 가장 중요한 점은 시간을 절약하기 위해 회의 전에 미리 맵을 만드는 것은 효과가 없다는 것이다. 팀이 함께 맵을 만드는 과정에서 맵을 소유하고 앞으로 나아갈 길을 선택하는 데 도움이 된다.

다음은 스택/솔루션 세션 매핑을 위한 몇 가지 팁이다.

- 맵의 앵커를 위해 유저 페르소나로 시작하라.
- 아키텍처 다이어그램을 다시 그리고 싶은 유혹을 뿌리쳐라. 참조를 위한 자료로 가까이에 두는 것은 유용하지만, 맵에 넣어서는 안 된다.
- 단순화, 단순화, 단순화. UI가 10페이지인 경우 모두 'UI' 컴포넌트

로 표시하라. 맵을 실행하지 않을 것이므로 일반화해도 괜찮다.

- 이 대화에서 중요하지 않은 경우 시스템의 일부가 생략될 수 있다.
- 회사 전체를 하나의 맵에 추가하고 싶은 유혹을 뿌리치고 앱 또는 아워 시스템으로 넘위를 안성하라.
- 가볍게 생각하고 끝까지 해내려고 애쓰지 마라.

애플리케이션의 진화

여러분이 대형 은행의 경영조직 팀원이라고 가정해 보자. 매핑하기 위해 선택한 애플리케이션은 은행 고객을 위한 대출 견적을 생성하는 레거시 시스템이다. 이 앱은 은행 직원이 사용하며 몇 가지 백엔드 시스템을 서로 연결한다. 이 앱은 잘 설계됐지만 일부 컴포넌트는 상당히 오래돼 수정이 느리다. 운영 비용이 많이 들고 내년 '차세대' 프로젝트를 위해 확장하기가 어렵다. 팀은 개선을 시작하기 위한 지원을 받고 있지만 어디서부터 시작해야 할지 잘 모른다. 다음 최선의 실행으로 취할 수 있는 조치를 찾아야 한다.

착수 시나리오

팀을 모아서 너무 격식을 갖춰 진행하지 않도록 한다. 4~5명의 엔지니어가 공유 공간에 앉아 있거나 접속 중이면 완벽하다. 맵의 축을 위로 올리고 가치사슬을 옆으로 나열하기 시작하면 팀에게 첫 번째 패스를 할 수 있는 기회를 주고, x축에 어떤 것을 넣을 것인가 하는 어려운 결정을 미룰 수 있다. 먼저 y축에 집중하라.

항상 유저의 니즈에서 시작하므로 유저에 대한 일반적인 페르소나를 입력하라. 온라인 고객, 지점 직원, 대출 전문가 등 여러 페르소나 중에서 선택할 수 있을 것이다. 일반 페르소나를 선택하고 서너 명의 앵커 유저를 추가하고 싶은 유혹에 빠지지 말라. 일단 '은행고객'으로 시작하자.

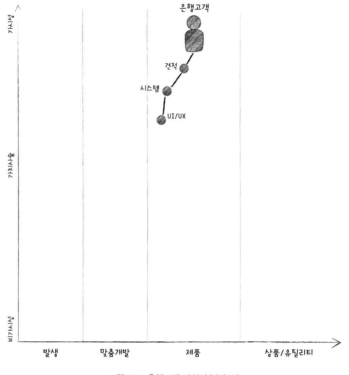

그림 15.1 은행고객 가치사슬(파트1)

이제 사슬의 흐름을 시작해보자. 유저는 견적을 받고, 견적에는 시스템이 필요하고, 시스템에는 UI와 UX가 필요하다(이름이 잘못 지정된 컴포넌트가 있을 수 있다. 이번에는 그냥 넘어가라)(그림 15.1 참조).

견적 애플리케이션 시스템은 두 곳에서 제공된다는 것이 밝혀졌디(2개의 종속성이 있다). 몰랐던 사실이다. 우리는 이미 배우고 있다!

UX는 현대적으로 다시 작성됐으며 복잡한 네트워크 홉이 많이 있다. 팀원들이 상당히 열심히 디자인했지만 만족스럽지 않아서 10분짜리 사이드바를 만들게 됐다. 긴장감을 느끼고 맵의 컴포넌트를 GW-게이트웨이로 일반화했다.

UI 아래의 컴포넌트는 좀 더 전통적이며 오래된 백엔드인 메인프레임을 가리킨다. 이러한 컴포넌트 중 일부는 다른 팀에서 소유하고 있으므로 팀에서는 기본 사항만 알고 있을 수 있다. 괜찮다. UX와 UI에서 분기되는 최신 시스템과 구형 시스템에 대해 2개의 개별 가치사슬을 그리면 된다(그림 15.2 참조).

이 토론 중에 팀은 직면한 고충을 언급할 수 있다. 지금은 컴포넌트에 집중하되, 고충을 놓치지 않도록 맵의 한쪽에 '기후 패턴'이라는 영역을 만든다. 팀이 나열했지만 아직 맵에 명확하게 표시되지 않은 문제점을 여기에 추가한다. 나중에 다시 확인하게 될 것이다.

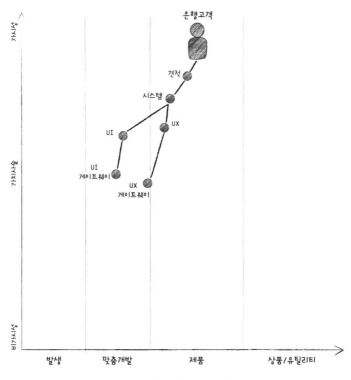

그림 15.2 은행고객 가치사슬(파트2)

대화를 통해 팀의 성숙도에 대한 좋은 아이디어를 얻을 수 있다. 가치사슬이 완성되면 이를 단순화해 다음단계에서 새로운 컴포넌트를 매핑한다. 제품단계의 새로운 컴포넌트로 가치사슬을 매핑하고, 맞춤개발단계의 오래된 컴포넌트로 가치사슬을 x축으로 매핑한다. 진화 축(x축)을 따라 시작 위치를 추측함으로써, 컴포넌트가 제자리에 있지 않다고 느끼면 팀에 조정할 기회를 줄 수 있다. 팀에게 각 컴포넌트를 x축에 배치하도록 요청하면 시간이 오래 걸릴 수 있으므로 이 단계는 매우 중요하다. 하지만 정확한 위치는 중요하지 않으며, 해당 컴포넌트가 어떤 단계(맞춤개발 또는 제품)에 있는지가 중요하다는 점을 기억하라. 이제 스택 맵이 완성됐다(그림 15.3 참조)!

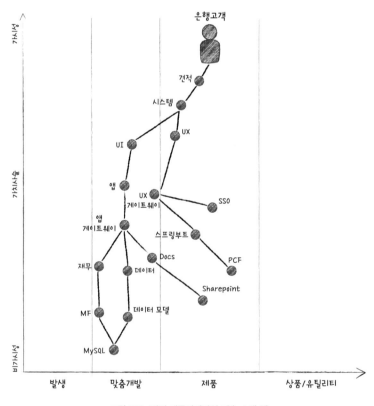

그림 15.3 견적 애플리케이션 기술 스택 맵

고충

작성한 기후 패턴(고충Pain Point) 목록을 기억하는가? 이제 팀과 함께 그 목록을 다시 살펴볼 때이다. 팀원들은 UI가 매우 오래돼 변경하기 어렵다는 것을 금방 알 수 있다. 싱글사인온SSO, Single Sign-On 시스템은 구성하기가 어렵다. 클라우드 파운드리Cloud Foundry*는 그저 디딤돌에 불과했다. 문서는 관리하기 어렵다. 백엔드 서비스를 다시 작성해야 하고, 약 9개월 후에 새로운 백엔드 서비스를 추가해야 한다!

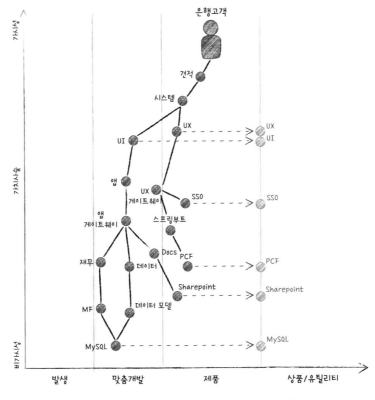

그림 15.4 견적 애플리케이션 기술 스택에 기후 패턴 적용

---

* 개방형 소스 기반의 PaaS(Platform as a Service)이다. PaaS는 개발자가 애플리케이션을 개발, 배포 및 관리하기 위해 필요한 인프라와 플랫폼을 제공하는 클라우드 컴퓨팅 모델을 말한다. – 옮긴이

이 모든 것은 팀이 다음 최선의 실행으로 무엇을 해야 하는지 알기 위해 도움이 되는 귀중한 인사이트다. 그러나 진화 축(x축)에서 오른쪽으로 이동할 수 있는 컴포넌트를 식별함으로써 이 맵은 단지 예술적 가능성에 대한 연습이 된다. 이제 각 컴포넌트에 대한 실제 진화 경로를 작성해 보자(그림 15.4 참조).

가벼운 이동

이제 이러한 고충에 대한 실제적인 해결책을 살펴보자. 다음 최선의 실행을 찾는 데 한 걸음 더 가까워졌다. 팀은 시도해보고 싶었던 몇 가지 최신 클라우드 아키텍처 패턴을 알고 있다. 이들은 운영 부담을 줄이기 위해 클라우드 프로바이더에게 무엇을 오프로드할 것인지 논의한다.

매핑 세션 중에 내린 결정은 되돌릴 수 있어야 한다. 기능, 비용, 성능 또는 기타 비기능적 요구사항이 만족스럽지 않을 경우 팀이 철회할 수 있는 솔루션이어야 한다. 다시 말하지만, 이것이 바로 우리가 이를 올바른 조치가 아닌 다음 최선의 실행이라고 부르는 이유이다. 모든 사인은 이것이 우리의 명확한 목적에 부합하는 비즈니스 가치를 제공하기 위해 앞으로 나아가는 좋은 길임을 의미한다. 하지만 새로운 지식이 새로운 장애물을 제시한다면 방향을 선회해 경로를 변경할 수 있다(맵 재작성).

이제 가능한 기술 솔루션의 맵을 만들었으며(그림 15.5), 클라우드 공급업체에 오프로드 할 컴포넌트를 맵의 맨 오른쪽(제품)으로 이동했다. 하지만 이는 여전히 몇몇 엔지니어와 맵을 통해 이루어지는 대화라는 점을 명심해야 한다. 우리는 "만약에?"라는 질문을 던지는 안전한 환경에 있는 것이다. 보드 위의 단순한 선이 현실에서는 2년의 작업이 될 수도 있다. 이 단계에서 중요한 것은 구현을 넘어 앞으로 나아갈 방향을 그리는 것이다. 구현을 완료한 후에는 이동의 영향과 이동을 통해 얻을 수 있는 다른 이점을 평가할 수 있다. 매핑은 프로세스의 다양한 부분이다. 나중에 수렴될 것이다.

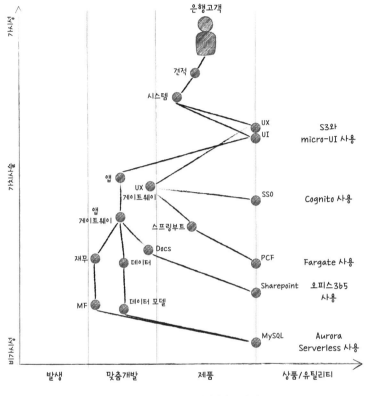

그림 15.5 견적 애플리케이션 솔루션 맵

진화적 아키텍처

번거로운 컴포넌트를 맵 전체로 옮기는 작업은 '이제 무엇을 할 것인가' 단계에 접어들었다. 이러한 컴포넌트가 상품으로 이동돼 더 이상 개발자의 시간을 차지하지 않게 되면 그 다음에는 무엇을 할 수 있을까? 이 단계에서는 팀이 하고자 하는 가치 있는 작업에 대해 이야기하기 시작한다.

게이트웨이 컴포넌트들은 기존 서비스를 메인프레임에서 분리하기 위해 상당한 작업을 필요로 한다. 또한 엔지니어는 데이터 모델을 현대화해야 하는데, 이는 아직 시작되지 않은 미래의 대규모 작업에 필요하기 때문이다. 팀은 진화 축(X축)을 따라 오른쪽으로 이동하기 위해 어떤 작업에 투자해야 하는지 화살표로 표시한다.

팀이 이러한 레이어를 파헤치는 데 시간이 좀 걸리겠지만 이는 정상적인 현상이다. 이 맵(그림 15.6 참조)은 팀이 도전적 과제를 제시하고 체계적으로 진행할 수 있도록 도와주는 역할을 충실히 수행했다.

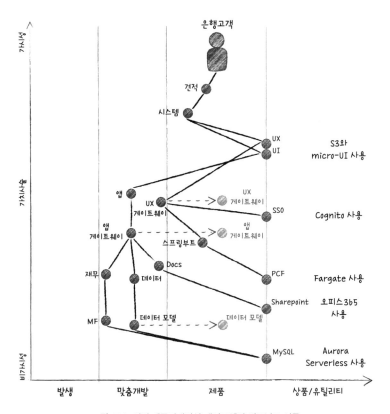

그림 15.6 견적 애플리케이션 게이트웨이 컴포넌트 이동

중요 영향력 창출

이제 다년 로드맵의 윤곽이 보이기 시작했다. 너무 복잡해서 어디서부터 개선을 시작해야 할지 파악조차 할 수 없었던, 끔찍하게 오래된 레거시 시스템이 이제 일련의 명확한 디딤돌로 바뀌었다.

이 성노로 상세한 로드맵을 만드는 과정은 한 번이 아니라 서너 차례에 걸쳐 진행해야 한다. 이 과정이 끝나면 팀의 중요한 관찰 사항을 추출해서 경영진을 위한 로드맵을 구현할 수 있다(그림 15.7 참조).

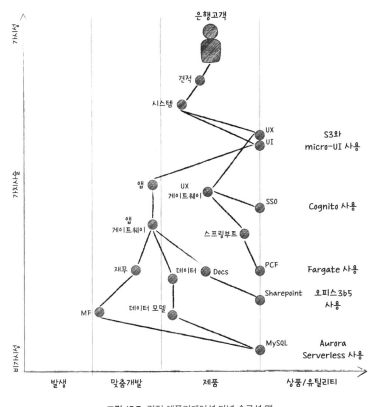

그림 15.7 견적 애플리케이션 다년 솔루션 맵

현대화를 위한 이러한 유형의 로드맵을 만드는 간단한 방법은 3가지가 있다. 첫째, 방금 설명한 대로 팀과 함께 스택을 매핑한다. 둘째, 아키텍트에게 요청한다(그들이 일부를 임의로 구성할 가능성이 높다는 점을 염두에 두라). 셋째, 컨설턴트에게 요청한다.

첫 번째 방법은 며칠이 걸리고, 두 번째 방법은 부정확하며, 세 번째 방법은 몇 달이 걸리고, 손상을 입을 정도로 완전히 부정확하며, 막대한 비용이 들지만, 적어도 슬라이드는 멋질 것이다.

팀과 함께 매핑하는 것은 어려울 수 있지만, 기술 스택을 이해하고 앞으로의 솔루션을 매핑하는 가장 정확하고 빠른 방법이다.

핵심요점

솔루션 또는 기술 스택을 매핑하는 것은 개선해야 할 사항과 다음 최선의 실행을 취하기 전에 부족한 부분을 결정하는 데 매우 중요하다. 엔지니어는 항상 애플리케이션에서 마음에 들지 않는 부분과 다시 작성하고 싶은 부분이 있을 것이다. 매핑 접근 방식은 컴포넌트가 제공하는 기능을 식별하는 좋은 방법이다. 엔지니어가 매핑 접근 방식을 이해하면 올바른 질문을 하기 시작할 것이다. "정말 이 기능을 빌드해야 할까? 아니면 SaaS를 사용하는 공급업체에 맡길 수 있는가?"라는 올바른 질문을 던지기 시작한다. 종종 팀은 잠재적인 변화를 경영진이 이해할 수 있는 언어와 내러티브로 표현하는 데 도움이 필요하다.

이러한 유형의 진화적 아키텍처(소프트웨어 시스템이 시간이 지남에 따라 어떻게 진화해야 하는지 미리 살펴보는 것)는 최신 클라우드를 구축할 때 필요해지고 있는 중요한 접근 방식이다. 엔지니어가 스택 매핑에 어려움을 겪는다면 와들리 매핑 그리드 기법(3장 참조)을 사용해 컴포넌트를 분류하고 맵에 대한 공유된 이해를 활용하도록 할 수 있다.

16장

사례 연구:
리버티 뮤추얼 보험회사

우리의 세 번째 사례 연구는 이 책의 서론에서 소개한 가치 플라이휠 효과의 세 번째 단계인 다음 최선의 선택 효과를 보여준다. 리버티 뮤추얼은 최고 수준의 개발자 경험을 구축하고 서버리스 우선 전략을 채택함으로써, 비즈니스와 기술 전략을 도출해 실질적인 가치 플라이휠 효과를 실현했다.

———————

요약하면, 매년 400억 달러 이상의 연간 수익을 올리는 리버티 뮤추얼은 세계에서 여섯 번째로 큰 손해 보험 회사이며 기술 혁신의 업계 선두 주자이다. 글로벌 디지털 기업이 되기 위한 목표를 달성하기 위해 리버티 뮤추얼은 디지털 전환의 3가지 주요 영역인 고객 중심, 민첩성, 그리고 클라우드 네이티브 개발에 집중했다. 이를 위해 서버리스 우선 접근 방식을 추구하기로 전략적 비즈니스 결정을 내렸는데, 이는 경쟁이 치열해지고 더 디지털화되는 글로벌 시장에서 우위를 점하기 위한 결정이었다. 리버티 뮤추얼의 보안 데브옵스 플랫폼 수석 디렉터인 저스틴 스톤^{Justin Stone}과 몇 가지 관점에 대해 이야기를 나눴다.

실행 선언

리버티 뮤추얼에서는 2013년 공용 클라우드를 탐색하기 전부터 클라우드 엔지니어링에 대한 지식이 축적되기 시작했다. 그 시점까지 이미 그들의 많은 프랙티스를 현대화했다. '프로덕션으로 가는 단일 경로' 원칙은 거버넌스 단계의 많은 부분을 자동화할 수 있게 해주고 인식을 바꾸는 기반을 마련하는 데 도움이 됐다.

그들은 '기술 인력의 75%가 코드를 작성'하고 '새로운 코드에 대한 당일 생산 배포'와 같은 목표를 세워 일찍부터 데브옵스 여정을 시작했다. 이를 가능하게 하기 위한 여정에는 모든 인프라 개선도 포함됐다. 2013년 퍼블릭 클라우드 프로바이더인 AWS와 애저와 함께한 후, 그들의 네트워크, 보안 및 운영 능력이 더욱 향상되기 시작했다. 소프트웨어 개발에서 가드레일 개념은 마인드셋의 핵심적인 변화였다. 중앙집중식 교통 통제에서 잘 정의된 고속도로로 이동해 원하는 속도로 빠르게 또는 느리게 움직일 수 있었다. 그들은 고속도로에 머물러 있었다!

디지털 인프라가 구축된 다음 단계는 더욱 중요했다. 시스템 현대화는 오늘날 많은 기업이 직면하고 있는 도전으로 인력, 프로세스, 기술 및 솔루션을 포함한다. 디지털 생태계의 약속과 진정한 디지털 역량을 제공하는 능력 사이에는 미묘한 균형이 존재한다.

서버리스는 리버티 뮤추얼의 목표가 아니었다. 목표는 퍼블릭 클라우드를 플랫폼으로 사용해서 빠르게 기능을 제공할 수 있는 팀을 갖는 것이었다. 회사의 여러 부문에서 이 목표를 달성하기 위해 다른 방식의 접근이 필요하다는 것을 알게 됐다. 하지만 리버티 뮤추얼과 같은 다른 회사의 사례는 없었다. 팀들은 어떻게 빠르게 움직이는 세계에서 디지털 능력을 제공하는 클라우드 애플리케이션을 효율적이고 안전하며 안정적이고 효과적인 방식으로 개발할 수 있을까? 가장 중요한 원칙은 보험계약자, 보험금 청구인, 대리인, 중개인, 직원 또는 일반인까지 모든 유저를 최우선으로 생각해 사람들이 더 안전하고 안정적인 삶을 살 수 있게 돕는 것이었다.

2016년에는 이미 변화가 잘 진행되고 있었다. 이제 기반 작업이 대부분 완료됐다. 리버티 뮤추얼의 최고정보책임자인 제임스 맥글레넌^{James} McGlennon은 경영진과 함께 '우리의 기술 선언문 – IT 전환 가속화'라는 식스 페이저 문서를 작성했다. 이 문서는 전환의 약속과 방향을 보여주고 모두에게 앞으로 나아갈 권한을 부여했다. 애자일 개발, 교차기능 팀, 제품 중심, 클라우드 네이티브 컴퓨팅, 데이터 주도 방법론 및 기술 리더십의 중요성을 강조했다.

이 간단한 문서의 영향력은 엄청나며, 마라톤의 시작과 같았다. 모든 사람들이 같은 방향으로 각자의 속도로 나아갔다. 기업 전체에서 흥미와 권한이 커짐에 따라 다양한 부서에서 다양한 영역에 대해 더 발전시키고 새로운 영역을 개척하기 시작했다. 맥글레넌은 학습과 실험을 위한 환경을 조성했다.

마라톤은 좋은 비유다. 마라톤은 출발 신호가 울리는 순간 시작되는 것이 아니라 그보다 몇 달 또는 몇 년 전부터 준비, 훈련, 학습, 개선, 의지를 쌓는 등의 작업을 시작한다. 선언문 발표도 이와 비슷해 수년간의 준비 작업이 있었다. 그리고 2016년 선언문 발표는 마치 출발 신호를 울리는 것과 같았다.

이후 몇 년 동안 다른 보고서들이 선언된 비전을 바탕으로 대응력을 높이고, 인공지능/머신러닝, 서버리스 우선, 적극적인 구식 시스템 폐기 등 비즈니스 내에서 과감하고 대담한 움직임에 집중하자는 비전을 제시했다. 기업 내부에서 대담하고 야심차게 움직여야 한다는 것이다. 혁신, 속도, 가치 및 학습에 중점을 둔 전사적 변화의 물결이 이어졌다. 강력한 기술 기반 덕분에 팀들은 올바른 방향으로 움직이게 됐다. 가드레일은 방해자가 아니라 완충제 역할로 작동했다.

일부 기술 리더들은 서버리스와 클라우드 응용 프로그램 아키텍처의 장점을 탐구하기 시작했으며 초기의 성공은 새로운 길과 새로운 전략을 열어

줬다. 즉, 서버리스 우선이다.

어떤 전환 프로그램에서도 큰 폭포수 같은 전환 계획은 없었다. 실험, 학습 및 공유를 포함하는 점진적인 움직임이 있었다.

2015년부터 2017년 사이에 리버티 뮤추얼의 일부 기술 리더들은 서버리스 아키텍처를 사용한 솔루션을 만들기 시작했다. 이벤트 기반 아키텍처는 항상 목표였으나 이전 기술에서는 어려움이 있었다. 서버리스 아키텍처를 사용해 새로운 시스템을 구축하거나 기존 시스템과 연관된 다양한 시스템을 구축할 수 있게 됐다.

운영 비용, 확장성 및 달성 가능한 잠재력에 눈을 뜨게 만들었다. 우리와 같은 일부 팀은 이러한 프로젝트에서 와들리 매핑으로 기술 변화를 예측해 효과적인 기술을 선택하고 기술적 부채를 줄일 수 있었다. 이 선구자들은 후에 많은 다른 팀들을 코칭했다. 전환 초기에 전문가를 양성함으로써 존경받는 기술 리더들이 명확한 비전을 가질 수 있었다.

핵심 조력자

서버리스 구현 초기에는 일부 마찰점을 극복해야 했다. 배포 파이프라인에 프로덕션으로 가는 단일 경로 사용이 필수적이었다. 이는 제어가 가능하고 새로운 서비스를 배포 아키텍처에 빠르게 추가돼야 했기 때문에 파트너십이 필요함을 의미했다.

처음부터 코드로서의 인프라가 요구됐기 때문에 CloudFormation을 사용해서 인프라를 생성하고 구성했다. CloudFormation은 높은 학습 곡선으로 인해 초기에는 상당한 진입 장벽이 있다. 리버티 뮤추얼은 이러한 진입 장벽을 낮추기 위해 소프트웨어 가속기를 만들어 배포와 스캐폴딩에서 일관된 경험을 제공했다. 또한, CDK를 활용했다. 리버티 뮤추얼의 아키텍트 매트 콜터는 인프라의 코드 반복성을 도입하고 CDK 패턴을 만들어 개발자의 마찰을 줄이는 데 기여했다. 내부적으로 리버티 뮤추얼은 자체 CDK 패턴을 가지고 있었으며 모든 요구사항과 표준(태그 및 보안 정책 등)이 포함됐다. 수천 개의 애플리케이션이 이 쉬운 방식을 사용해서 인시던트 누아를 줄이고 개발자의 시간만 수백만 달러를 절약할 수 있었다.

리버티 뮤추얼은 매우 초기부터 팀이 좀 더 왼쪽으로 이동하는 것을 기대했다. 팀을 분리하는 사일로를 제거하고 프로덕션 중 필요한 핸드오프의 수를 줄였다. 이는 팀이 자신들의 솔루션에 대해 더 많은 책임을 지게 됐음을 의미했다. 보안 개발(개발자의 위협 모델링)과 Well-Architected Framework(개발자의 자체 감사)에 대한 상당한 투자를 통해 팀은 문제를 조기에 발견하고 자체적으로 개선할 수 있었다.

가드레일과 점검은 여전히 외부 전문가 팀의 도움이 필요하지만, 팀별 자체 검증은 품질 기준을 높이는 데 도움이 됐다. 2020년에 리버티 뮤추얼은 배포 횟수가 300% 증가했으며 장애율은 0.5% 증가에 그쳤다. CI/CD 파이프라인을 사용하는 모든 애플리케이션과 DORA 지표 추적이 결합돼 비즈니스 목표 실현을 가능하게 했다.

엔지니어 역량강화

리버티 뮤추얼은 기술을 핵심 자산으로 여기는 기업이다. 직원들이 고수준의 업무를 수행하려면 역량과 교육이 매우 중요하다. 따라서 리버티 뮤추얼의 엔지니어들이 클라우드 네이티브 원칙을 배우고 실제 프로젝트에서 기술을 실행할 수 있도록 광범위한 교육 프로그램을 제공했다.

숙련도를 높이기 위해서는 직원에게 투자하고, 흥미를 유발하며, 팀의 역량을 강화하는 것이 중요하다. 일부 교육은 전통적인 강의실 환경에서 진행됐으며 팀 기반 역량에 중점을 두었다. 팀들은 워크숍, 코딩 도조coding dojos*, 오픈 스페이스 이벤트open-space events†, 린 커피Lean coffees‡ 등을 진행했다. '말하지 말고 보여주기'와 '불가능을 가능하게'라는 태도를 통해 많은 엔지니어들이 함께 일하고 진행 상황을 공유함으로써 활력과 동기부여를 받는다는 사실을 일찍부터 확인할 수 있었다.

엔지니어들에게 학습할 시간과 공간을 제공하는 것은 중요한 결정이었다. 오픈 스페이스와 '언콘퍼런스unconference' 이벤트는 엔지니어들이 서로 배우고 자신감을 쌓을 수 있는 시간을 제공했다. 외부 콘퍼런스도 중요하지만, 사내 이벤트는 회사 환경에서 새로운 기술을 활용하고 어떤 것이 가능할지 보여줄 수 있는 기회를 제공한다.

리더십

재정적으로 중요한 시스템을 포함하는 대규모 프로젝트에서는 상당한 변경이 이뤄질 때 항상 위험이 따른다. 리더십은 일을 새로운 방식으로 진행하겠다는 의지를 가져야 하며, 어려움을 만났을 때 용기를 내야 한다. 새로운 기술에는 언제나 문제가 발생하기 마련이지만, 리버티 뮤추얼은 기술 선언문과 헌신적인 리더십을 가지고 있었기 때문에 초기 문제를 극복할 수 있는 의지가 있었다. 리더십에 대한 기본적인 마인드는 니콜 폴스그렌 박사, 제즈 험블, 그리고 진 킴이 저술한 『디지털 트랜스포메이션 엔진』에서 설명한다.

---

* 소프트웨어 개발자들이 협력해 코딩 기술과 능력을 향상시키는 과정이다. 주로 작은 그룹에서 진행되며, 문제해결과 테스트 주도 개발 같은 개발 방법론을 사용한다. – 옮긴이

† 참가자들이 함께 주제에 대해 토론하고 지식을 공유하는 기법이다. 이벤트의 특징은 참가자들이 참여하고자 하는 세션을 직접 만들고 주도할 수 있다는 것이다. 이벤트는 사전 정해진 일정이나 주제가 없으며, 참가자 들은 자신의 관심사와 지식을 공유하고 다른 참가자들과 협력해 해결책을 찾아낸다. – 옮긴이

‡ 참가자들이 함께 모여 주제에 대해 토론하고 의견을 나누는 기법이다. 일반적으로 아침 회의나 브레인스토밍 세션에서 사용된다. – 옮긴이

이 책은 높은 소프트웨어 제공 역량이 강력한 비즈니스 성과와 관련이 있다는 것을 증명한다. 빠르면서도 안전할 수 있다. 리버티 뮤추얼의 경영진에게는 배포 속도를 측정해 리스크를 줄이는 것이 중요했다.

전파

리버티 뮤추얼의 가치 플라이휠의 속도가 빨라지면서, 더 많은 팀이 서버리스 마인드셋에 참여하고 탁월한 비즈니스 성과를 내기 시작했다. 이로 인해 더 많은 내부 공유와 동료 검증, 새로운 기술 탐구와 추가적인 성공을 거뒀다. 학습 환경이 이미 마련돼 있었기 때문에 내부 플랫폼에서는 성공을 축하하고 다른 팀들을 도왔으며, 엔지니어들은 자부심을 느끼게 됐고, 비즈니스 소유자들은 중요한 성과를 실현하고, 기술 리더들은 역동적인 추진력을 구축했다.

성공

리버티 뮤추얼에는 혁신의 혜택을 받은 대규모 업무 포트폴리오가 많이 있었다. 글로벌 리스크 전문 부문 최고정보책임자인 존 헤버런^{John Heveran}은 익사이트^{Excite} 프로그램의 몇 가지 이점을 우리와 공유했다.

> 클레임 현대화 프로그램의 일환으로 핵심 클레임 시스템의 지속적 진화를 위해 시니어들로 구성된 교차기능 팀(Cross-Functional Team)을 만들있다. 전환 이전에는 이러한 프로젝트가 막대한 노력, 지연 및 복잡성을 수반해 10년이 소요될 수 있었다. 보험 업계에서는 클레임을 제기하는 보험 계약자에게 제공되는 서비스가 최우선순위다. 익사이트 프로그램의 고위 경

영진의 일원인 존은 '모든 사람이 한자리에 모이는' 느낌과 민첩하고 고객 중심적인 방식으로 빠르게 움직일 수 있는 가능성에 대해 언급했다.

팀은 디자인 씽킹과 도메인 주도 설계^{DDD, Domain Driven Design}를 사용해 유저 니즈를 파악하기 위한 워크숍을 진행했다. 팀이 빠르게 진행할 수 있도록 모든 것을 이벤트 기반으로 하기로 초기에 결정했다. 수십 년 된 복잡한 시스템이므로 리버티 뮤추얼은 다양한 시스템과 200여 개 이상의 통합을 수행했다. 서버리스 우선 접근 방식을 채택하면서 팀들은 작동하는 소프트웨어를 정기적으로 제공하기 위해 놀라운 속도로 움직였다. 재사용과 오케스트레이션이 많았기 때문에 커스텀 빌드의 양은 상당히 적었다.

팀은 CDK 패턴을 사용해서 개발을 가속화하고 빠른 피드백 주기를 가졌다. 자동화는 핵심 개발 원칙이었으므로, 팀은 최소 기능 제품^{MVP, Minimum Viable Product}으로 시작해서 점진적으로 확장했다. 팀은 자율적으로 문제를 해결하고 모든 이해관계자를 위해 시스템이 잘 작동하는지 확인할 수 있었다.

품질 관리를 위해 리버티 뮤추얼에서 구축된 기반은 팀이 빠르게 움직이는 데 도움이 됐다. 서버리스 및 잘 설계된 원칙도 프로그램 전반에 걸쳐 광범위하게 사용됐다. 그 결과 비용 최적화, 관찰 가능성 및 성능에 중점을 두게 됐다. 교차기능 팀은 시스템을 구축하는 동안 중요한 데이터 포인트들을 시각화해서 정보에 기반한 결정을 내릴 수 있게 했다.

이처럼 광범위한 이벤트 기반 시스템으로 인해 아마존 EventBridge, AWS AppSync 및 AWS X-Ray와 같은 서비스를 사용해서 모든 이벤트 지원 작업을 퍼블릭 클라우드로 이전했다. 퍼블릭 클라우드에 모든 운영 부담을 오프로드해서 리버티 뮤추얼 팀에 상당한 역량이 확보됐다. 이렇게 확보된 추가 역량은 기본 인프라가 아닌 비즈니스 문제에 집중할 수 있게 했다.

앞으로 나아가기

2021년 기준, 리버티 뮤추얼은 글로벌 디지털 생태계, 중앙 집중형 금융 서비스, 사연어 처리를 이용한 가상 비서, 다양한 인공지능 솔루션 및 수많은 소규모 프로그램 등 다양한 주제를 다루는 서버리스 우선 포트폴리오를 보유하고 있다. 대기업이 서버리스 우선 기업으로 자리매김하는 것은 단순한 기술 그 이상이다. 고객 중심, 민첩성, 직원 참여, 팀 역량 강화 및 비즈니스 집중의 조합이다. 리버티 뮤추얼의 경영진은 기술이 비즈니스 목표를 달성하는 데 중요한 원동력이라는 사실을 잘 알고 있다. 이는 기술 행사에서의 발표가 엔지니어들에게 자부심을 심어주고 다른 이들이 회사에 합류해 이 여정을 함께하고자 하는 욕구를 불러일으키기 때문에 외부 시장에도 영향을 미친다. 2020년 Serverless-First Function 행사에서 아마존 최고기술책임자인 버너 보겔스는 리버티 뮤추얼을 클라우드 인프라 및 클라우드 애플리케이션 아키텍처 접근 방식에 대해 '조직적 열반'의 경지에 올랐다고 설명했다.[1]

가치 플라이휠 효과는 계속된다. 미래에는 더 많은 식스 페이저들과 대담하고 야심찬 목표들이 있을 것이다. 재능 있고 기술적인 반항아에 대한 관심은 여전히 강하며, API 우선, 디지털 제품 및 서버리스 우선과 같은 핵심 엔지니어링 원칙들이 여전히 가장 우선되고 있다. 리버티 뮤추얼은 많은 대기업들과 마찬가지로 기본 데이터 엔지니어링과 결합된 인공지능 및 머신러닝에 계속 집중하고 있다.

이 모든 것을 고려할 때 리버티 뮤추얼은 사람들이 안전하다는 느낌을 받을 때 발전이 이뤄진다고 믿는다. 예상치 못한 상황에 대비한 보호 기능을 제공하고 세심하게 배려해서 사람들이 오늘을 받아들이고 자신 있게 내일을 살아갈 수 있도록 돕는다. 그들은 임직원들을 가장 중요한 자산이라고 여기기 때문에 창의성, 포용성, 그리고 혁신이 실제로 영향을 미칠 수 있는 환경을 조성했다. 최고의 인재를 유치하고 참여를 유도하고 관계를 유지하면서 사람들이 가장 선호하는 글로벌 최우수 기업이 되기 위해 노력한다. 서버리스 우선은 목표가 아니다. 단지 하나의 기여 요소일 뿐이다.

핵심요점

이 장은 조직을 근본적으로 변화시키는 데 필요한 마인드셋과 헌신에 대해 설명한다. 리버티 뮤추얼은 현대화, 표준화, 우수한 개발자 경험 창출에 관한 몇 가지 핵심 원칙으로 시작해서 리더십을 발휘하는 여정을 진행했다. 이 여정은 서버리스 우선 전략으로 끝나게 됐는데, 이것은 혁신의 결과와 성공에 결정적 역할을 했다. 코드형 인프라, 프로덕션으로 가는 표준 경로, 엔지니어들을 위한 학습 환경 조성, 헌신적인 리더십 팀과 같은 핵심 조력자들이 있었다. 이 모든 요소들이 결합돼 가치 플라이휠 효과를 실현했다.

이 장은 또한 최신 기술을 수용하는 것이 반드시 실리콘밸리의 우량기업만 하는 것이 아니라는 것을 보여준다. 2011년에 누군가가 100년이 넘은 보험 회사인 리버티 뮤추얼이 세계 최대 기술 콘퍼런스인 AWS re:Invent의 기조연설자로 초청받게 될 것이라고 이야기했다면, 아마도 비웃음이나 비아냥거림이 있었을지도 모른다. 하지만 2021년에 이런 일이 실제로 벌어졌다.

5

4단계
장기적 가치

페르소나: 최고기술책임자

핵심 원칙

문제 예방 문화: 잘 설계된 공학 기반 시스템이다.

탄소 발자국 줄이기 유지: 지속 가능성

새로운 가치를 매핑하라: 차세대 기업은 앞을 내다볼 수 있다.

1/상
Well-Architected Framework를 통한 문제 예방 문화 조성

가치 플라이휠 효과의 마지막 단계는 단기적인 이익보다 장기적인 가치를 창출하는 데 중점을 둔다. 이 단계에서는 잘 설계된 시스템과 지속 가능성을 결합해서 일시적인 관리가 아닌 문제 예방 문화를 조성한다. 시스템의 장기적인 가치는 설명하기 어려운 경우가 많지만, 팀이 문제 예방에 집중할 때 팀의 태도나 장애 횟수를 보면 쉽게 알 수 있다.

비슷한 방식으로 아키텍처는 항상 큰 혼란의 원인이다. 역할인가? 책임인가? 시스템의 속성인가? 중요한 것인가? 그리고 더 이상 어떤 것이 필요한가? 그림인가? 도대체 무슨 의미일까? 그러나 좋은 아키텍처를 이해하고 집중하는 것은 문제가 발생하기 전에 예방하고 향후 발생할 수 있는 문제를 예측하고 방지할 수 있도록 구축하는 것이 핵심이다.

끝없는 논쟁을 멈추기 위해 3대 주요 클라우드 프로바이더(AWS, 애저, 구글 클라우드 플랫폼)들은 모두 팀과 조직이 플랫폼 내에서 올바른 엔지니어링 및 아키텍처 접근 방식을 안내할 수 있도록 Well-Architected Framework를 만들었다. 다행히도 이 3가지 프레임워크는 거의 동일하므로 각 프레임워크를 따로 살펴볼 필요가 없다. 대신, 이 책의 목적에 따라 AWS의 Well-Architected Framework에 초점을 맞추겠다. 이전에 서버리스 엣지 웹 사이트에서 모든 아키텍처에 대해 광범위하게 논의한 바 있으며, 더 자세한 내용은 해당 웹 사이트에서 확인할 수 있다.

AWS Well-Architected Framework란?

Well-Architected Framework는 클라우드 아키텍트가 애플리케이션과 워크로드를 위해 안전하고, 고성능이며, 복원력이 뛰어나고, 효율적인 인프라를 구축할 수 있도록 지원한다. 고객과 파트너가 아키텍처를 평가하고 시간이 지남에 따라 확장할 수 있는 설계를 구현할 수 있도록 일관된 접근 방식을 제공한다.

Well-Architected Framework는 단일 백서로 시작됐지만 도메인별 렌즈, 실습 랩, 워크로드를 정기적으로 평가하고, 고위험 문제를 식별하고, 개선 사항을 기록하는 메커니즘을 제공하는 AWS Well-Architected Framework 도구를 포함하도록 확장됐다. 이 프레임워크에 포함된 내용을 간단히 살펴보겠다.

프레임워크는 6가지 기둥을 중심으로 구축된다.

1. 운영 우수성
2. 보안
3. 신뢰성
4. 성능 효율성
5. 비용 최적화
6. 지속 가능성

프레임워크는 각 기둥에 대해 세부 섹션(보통 3~4개)을 제공하며, 각 섹션에는 2~3개의 질문이 있다. 이러한 개방형 질문은 백서 또는 베스트 프랙티스에서 솔루션을 찾을 수 있도록 안내한다.

Well-Architected Framework는 합의된 표준을 상품화한 것이므로, 표준이 게시되기 전에 표준을 만들고 합의하는 데 많은 시간을 투자할 필요가 없다. 클라우드 프로바이더의 노매인별 선문가들이 이미 그렇게 해왔고 앞으로도 플랫폼을 통해 계속 발전시켜 나갈 것이다. 이런 표준이 항상 적용되는 것은 아니지만, 기술 리더는 특정 도메인*에 적용되는 원치과 지침에 집중하는 것이 중요하다.

Well-Architected Framework는 이식성을 지원한다. 개발자가 한 팀에서 다른 팀으로 이동하거나 한 지원 조직에서 다른 별도의 조직으로 이동하는 경우에도 개발자의 경험과 기대치가 일관적으로 유지되게 지원한다. 과거에는, 개발자가 자신이 속한 팀이나 조직의 특정 아키텍처 프랙티스에 대해 전문가가 돼야 했다. 하지만 Well-Architected Framework는 조직과 상관없이 개발자의 기술과 경험을 훨씬 더 쉽게 이전할 수 있다.

아키텍처 검토의 일부로 프레임워크에 대해 논의할 때, 팀 내에서 학습과 협업의 정신이 형성돼야 한다. 검토를 지속 가능하고 마찰이 적은 경험으로 만드는 것이 중요하다. 경험 및 역량 측면의 각 위치에서 팀을 만나 학습과 협업의 정신을 함께 모아서 신중하고 점진적인 개선을 통해 얻게 되는 작은 성과들을 칭찬하도록 하자.

조직이 프레임워크의 지침을 어떻게 수용하는지가 중요하다. 프레임워크를 체크해야 하는 항목으로 생각하는가? 프로세스인가? 아니면 차별화 요소로 보는가? 팀이 아키텍처 및 엔지니어링 프랙티스에 Well-Architected Framework를 수용하도록 장려하는 것은 정말 훌륭한 진전이다. 조직이 이를 대규모로 적용하면 규모의 경제가 더욱 중요해지고 팀을 위한 더 건강한

---

* 서버리스, 핀테크, 머신러닝, 사물 인터넷과 같은 특수한 도메인에 맞게 조정된 잘 설계된 프레임워크의 필수 하위 집합인 렌즈가 유용할 수 있다.

개발 환경을 조성할 수 있다.

조직이 성숙 단계에 이르렀을 때, Well-Architected Framework는 훌륭한 팀을 만드는 원초적인 습관인 지속적 개선과 같이 취급돼야 한다. 가설을 세워 보겠다. 조직이 잘 설계된 프레임워크를 핵심 업무 방식에 통합하는 데 투자한다면 팀의 실행 품질과 결과 품질이 정량적으로 개선될 것이다.

팀의 기술 리더가 프레임워크 사용을 주도해야 한다. 하지만 다른 책임도 있다. 잘 설계된 인프라를 만드는 것은 아키텍처를 넘어 고성능 환경을 만드는 것이다. 다음을 수행하는 것이 좋다.

- 가장 효율적인 팀과 가장 효율적이지 않은(신흥) 팀 사이의 거리를 줄인다(일반적으로 DORA 지표로 측정).
- 엔지니어링 표준의 일관성 및 벤치마킹을 포함해 모든 팀을 안내할 수 있는 아키텍처를 정의하고 지원한다.
- 문제 해결 방법을 간소화하고 팀 간의 상황 인식(재사용 포함)을 촉진해서 효율성(효율성 및 효과성)을 창출한다.
- 우수한 엔지니어링 엄격성을 강조하고 환영하며 숏커팅*과 기술적 부채를 드러낸다.
- 보편적 엔지니어링 숙련도를 설정하고 이러한 숙련도를 개발한다.

모든 팀이 동일한 표준을 준수하도록 지원함으로써 조직은 문제 예방 문화를 조성하는 데 한 걸음 더 가까워져 위험을 낮추고 신뢰성을 높일 수 있다.

---

* 숏커팅(Shortcutting)은 소프트웨어 분야에서 개발 작업을 신속하게 완료하기 위해 더 쉽고 덜 엄격한 접근 방식을 취하는 관행을 의미한다. 시간과 노력을 줄이기 위해 사용되는 숏커팅은 코드 품질 저하, 오류, 보안 취약성 증가와 유지보수 유지 및 확장의 어려움 등의 부정적인 결과를 가져오게 된다. − 옮긴이

Well-Architected Framework 구축

코드에 대한 일반적인 Well-Architected 리뷰에 대해 생각해 보자. 먼저 '좋은' 소프트웨어가 무엇인지 정의하는 것부터 시작한다. 다음은 외부 그룹의 팀을 리뷰한다. 대부분의 회사는 이 단계를 거치지 않는다.

팀이 스스로 리뷰할 수 있다면 어떤 일이 일어날지 상상해 보자! 비즈니스의 기대치가 너무 잘 이해돼 경영진의 추가 개입 없이도 팀이 합의된 품질 표준을 충족할 것이라고 믿을 수 있다고 상상해 보자. 이 정도 수준의 신뢰가 형성되면 리뷰는 일상적 업무가 되고, 팀은 좋은 분위기로 전환될 수 있다. 팀이 이런 유형의 지속적인 개선 메커니즘을 갖춰야 Well-Architected 시스템을 잘 유지할 수 있다.

소프트웨어는 진화하고, 복잡하며, 복합적이기 때문에 '단번의 리뷰' 방식은 장기적인 해결책이 아니라 시작점에 불과하다. 장기적인 해결책은 지속적인 반복 개선이다. 그렇다면 이제 아키텍트는 무엇을 해야 할까?

아키텍트를 '숙련된 기술 전문가'로 대체하면 어떨까? 이 전문가는 팀 외부에 있을 수도 있고, 회사 외부에 있을 수도 있고, 팀 내부에 있을 수도 있지만, 팀을 지원할 수 있다면 어디에 있든 상관없다. 팀이 기술 전문가와 안전하게 도전 과제, 성공 및 경험에 대해 논의할 수 있는 메커니즘이 필요하다. 우리가 책임감을 부여할 수 있을까?

팀이 개발 함정을 탈출하는 것이 중요하다(멜리사 페리Melissa Perri의 동명의 훌륭한 책 참조).[1] 빠르게 움직여야 하는 팀에서는 일반적으로 제품 출시에 집중하기 때문에 Well-Architected Framework의 6가지 기둥에 대한 엔지니어링 우수성에 투자하지 않을 수 있다. 지속적인 개선(즉, 사전 예방성)에 초점을 맞추기보다는 대응적 보완과 신속한 출시에 더 중점을 둘 수 있다. 다른 경우에는 팀이 작은 워크로드로 시작해 데브옵스 오버헤드가 무시할 수 있는 수준일 수도 있다. 그러나 시간이 지남에 따라 팀의 워크로드가 확장되고 데브옵스 오버헤드가 크게 증가한다. 이러한 경우 팀은 기술적 부채 또는 안정성 문제를 해결하기 위해 항상 대규모 프로젝트*를 완수해야 한다.

기술을 이끄는 디렉팅을 책으로 하거나 분기마다 한 번씩 만나 기술 리뷰를 하는 것으로는 이러한 추세를 바로잡을 수 없다. 팀은 일반적으로 일상적인 딜리버리 압박에 굴복한다. 이러한 추세를 반전시키려면 리더십이 직접 딜리버리 프로세스 자체에 관여해야 하며, 명확한 방향성을 제시하고 팀이 자신과 성과, 행동 역량을 지속적으로 성찰할 수 있는 방법이 필요하다. 지속적인 개선의 동력을 잃으면 다시 되돌리기 어렵기 때문에 마인드셋의 변화가 필요하며, 이는 참여 방식에 관계없이 모든 팀에 일관되게 적용돼야 한다.

제임스 클리어의 책 『아주 작은 습관의 힘』(비즈니스북스, 2019)은 느리고 신중하며 지속 가능한 점진적 개선의 심리가 어떻게 유용한지 설명한다.[2] 'Well-Architected'를 업계에서 인정하는 표준으로 사용해서 팀의 개선 여정을 인도할 수 있을까?

우리는 Well-Architected Framework에 기반해 작동하는 접근 방식이 있다는 것을 발견했으며, 이를 SCORPS 프로세스라고 부른다. SCORPS는 보안Security, 원가Cost, 운영적 지출OpEx, 신뢰성Reliability, 성능Performance의 약자다. SCORPS 프로세스는 팀의 개선을 촉진하는 데 도움이 되는 가벼운 프로세스의 필요성을 해결하기 위해 2021년에 개발됐다. 지속적인 학습과 품질 향상을 위해 시간을 투자하는 것이 문제가 발생하기 전에 예방하는 문화 조성의 핵심이라는 점을 기억하라.

---

* 한국에서는 차세대 프로젝트에서 자주 보이는 모습이다. – 옮긴이

SCORPS 프로세스란?

SCORPS 프로세스(그림 17.1)는 2가지 주요 케이던스를 기반으로 한다. 매 분기마다 Well-Architected 리뷰 벤치마크를 목표로 삼는다. 그리고 매 스 프린트마다 그룹 SCORPS 팀 대시보드 리뷰를 목표로 한다.

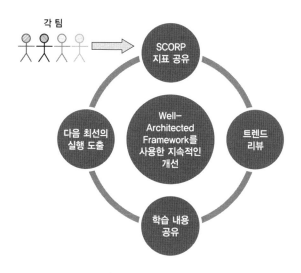

그림 17.1 SCORPS 프로세스

알다시피 분기별로 진행하는 Well-Architected 리뷰 프로세스는 솔루션 아키텍트(주로 팀 외부인)와 함께 팀의 워크로드를 표준적으로 리뷰하는 것이 다. 이는 프레임워크의 6가지 기둥 각각에 대한 철저한 심층 검토를 목표로 한다.

SCORPS 리뷰 프로세스를 통해 팀의 운영 지표를 더 자주 리뷰할 수 있 다. 이 빈도는 개발자 운영 및 프로덕션 워크로드 성능에 대한 경험, 프랙티 스, 접근 방식 및 학습을 공유하기 위한 정기적인 팀 간 협업을 목표로 한다. 리뷰를 통해 엔지니어는 다른 사람의 실수로부터 배울 수 있다. 하지만 리뷰 는 많은 성공 사례로부터 배우기 위한 것이기도 하다.

SCORPS 리뷰는 2주마다 실시하는 것이 좋다. 그 근거는 다음과 같다.

- **왜 모든 팀에서 같은 문제를 해결해야 할까?** 문제를 공유하면 문제가 절반으로 줄어들고, 모든 팀에서 엔지니어링 우수성에 대한 상황 인식을 높이는 것은 선한 영향력을 발휘할 수 있는 강력한 힘이 된다.
- **개발자들과 팀들을 연결하라.** 이상적으로는 함께 협력해서 더 많은 규모의 경제를 달성하고 개선해야 한다. 팀들은 서로의 발전을 도와줘야 한다.
- **선한 싸움에 중점을 두라.** 운영 및 성능과 관련된 문제는 정기적으로 드러나야 한다. 때로는 개선을 위해 개발 백로그의 작업을 뒤로 미루거나 공간을 만들어야 할 수도 있다.
- **탁월함을 향한 열정을 키워라.** 호기심을 불러일으키고, 아이디어를 공개하고, 작은 성공을 축하하고, 잘한 일에 대한 자부심을 키워라.
- **정렬.** 프로세스는 팀 레벨에서 작업을 계속할 수 있도록 아키텍처를 정렬시키는 도구로 사용될 수 있다.

SCORPS 리뷰 프로세스 흐름

앞에서 살펴본 내용에 근거해 2주간의 협업 주기 프로세스가 작동하도록 만들어야 한다. 다음은 이 프로세스에 대한 개략적인 설명과 현재 이 프로세스를 채택한 조직에서 어떻게 작동하는지에 대한 설명이다.

- 모든 팀은 팀의 수석 엔지니어와 스크럼 마스터가 이끈다.
- 아키텍트, 수석 책임자, 엔지니어링 디렉터 등이 세션의 퍼실리테이터 역할을 수행한다.
- 대시보드가 아직 완전히 자동화되지 않은 경우, 세션 전에 리드 엔

지니어가 팀의 SCORPS 보고서/대시보드를 리뷰할 수 있도록 준비한다.

- 리뷰는 약 1시간 30분에서 2시간 정도 소요된다(팀당 약 10분에서 15분 정도 소요되는 것이 이상적). 각 팀은 일반적으로 비전 보고서와의 차이점에 초점을 맞춰 중요한 동향에 대해 논의하는 것에 10분이 소요된다.

- 퍼실리테이터는 모든 개발자들에게 중요한 공지 사항을 전달한다. 여기에는 전사에 미치는 영향, 보안 의무 사항 또는 파이프라인 변경 사항 등이 포함된다.

- 그룹은 각 팀의 현재 데브옵스 작업을 리뷰하고 진행 상황을 간략하게 요약한다. 리뷰 중에 팀에서 조사하고 싶은 사항이 있으면 후속 조치를 취한다.

- 테스트 방법론, 분석 도구 설정 검토, 제어 흐름 그래프 등 좀 더 심층적인 주제가 나올 수도 있다. 이러한 주제는 포트폴리오 요약에 추가된다. 그런 다음 리드 엔지니어는 일반적으로 해당 주제에 대한 미래 기술 공유를 설정한다.

퍼실리테이터의 역할

퍼실리테이터는 중요한 역할을 한다. 기능적 수준에서 퍼실리테이터는 프로세스를 순조롭게 진행해야 할 책임이 있는데, 10개의 스쿼드가 있다면 결코 쉬운 일이 아니다. 이를 위해서는 규율을 지키고 프로세스를 현명하게 사용해야 하며, 무엇을 선택하고 무엇을 시작해야 하는지 알아야 한다. 앞서 언급했듯이 퍼실리테이터는 데브옵스 및 Well-Architected Framework에 대한 풍부한 경험을 가진 기술 전문가가 이상적이다. 그리고 또한 팀의 작업 우선순위를 정하는 데 영향을 미칠 수 있는 권한을 가지는 위치에 있어야 한다. 그 이유는 다음과 같다.

- 퍼실리테이터는 질문을 해야 한다. 퍼실리테이터는 지속적인 개선을 염두에 두고 비용, 성능 또는 응답 시간과 같이 추세가 좋지 않은 영역을 살펴볼 수 있도록 팀을 편안하게 이끌어야 한다.
- 퍼실리테이터는 항상 엔지니어들과 팀들을 연결하려고 노력해야 한다. 예를 들어, 한 팀이 환상적인 행태 주도 디자인^{BDD, Behavior-Driven Design} 기술을 가지고 있고 다른 팀도 이 기술을 활용할 수 있다면 퍼실리테이터는 두 팀이 짝을 이루도록 제안해야 한다.
- 퍼실리테이터는 SCORPS 프로세스를 지속적으로 발전시켜야 한다. SCORPS 리뷰 프로세스의 모든 측면은 모든 엔지니어들과 팀들에게 가치를 더해야 한다. 프로세스의 일부가 작동하지 않거나 가치가 추가되지 않는다면 퍼실리테이터는 이를 해결해야 한다.
- 퍼실리테이터는 제품 책임자 또는 경영진과의 리뷰 또는 사후 리뷰에서 팀들이 달성하고자 하는 목표에 항상 관심을 가져야 한다.
- 아무리 작은 것이라도 각 팀의 성공과 승리를 그룹과 함께 축하해야 한다. 진전은 진전이다! 스킬이 향상되고 있다면 팀과 엔지니어는 리뷰를 통해 큰 보람을 느껴야 한다.
- 모든 목소리가 들리는 긍정적인 공유 환경이 조성될 것이다. 실패는 결코 부정적인 것이 아니다. 실패는 우리가 하는 일을 더 잘하고 배울 수 있는 기회이다!

이 역할을 수행하기는 쉽지 않지만, 프로세스의 성공을 보장하는 것이 중요하다.

SCORPS 프로세스 데이 제로

모든 개선 노력에서 명심해야 할 가장 중요한 점은 '그들의 위치에서 팀을 만나야 한다'는 것이다. 어떤 팀은 오랜 기간 함께 일해 왔으며 높은 수준의 자동화와 인사이트를 갖춘 훌륭한 데브옵스 프랙티스를 가지고 있을 것이다. 그렇지 않은 팀도 있다. 새로 구성됐거나 어떤 이유로든 주변의 숙련된 팀과 같은 운영 성숙도를 달성할 시간, 전문성 또는 역량을 갖추지 못했을 수 있다.

경영진과 비즈니스가 이니셔티브의 목적과 목표를 알고 있는지도 확인해야 한다. 이 프로세스에는 팀의 참여와 투자가 필요하기 때문이다. 간혹 올바른 일을 하기 위해 속도를 늦춰야 할 때도 있는데, 납기일을 맞춰야 할 경우의 논의는 항상 쉽지 않다.

리드 엔지니어들이 SCORPS 프로세스를 소유하는 것이 매우 중요하다. 그들은 반드시 프로세스에 대한 이해와 지분을 가지고 있다고 느껴야 한다. 그들은 다음 사항에 동의할 수 있어야 한다.

- **업무 계약 방식**: 계약서에는 프로세스의 일반적인 타임라인, 안전한 공간 제공 약속, 출석 가이드라인, 회의록 샘플 등 일반적인 업무 계약서에서 볼 수 있는 모든 항목이 포함돼야 한다.
- **SCORPS 보고서 템플릿**: SCORPS 보고서에는 팀 및 워크로드 성과와 관련된 모든 중요한 운영 지표가 포함돼 있어야 한다. 이 보고서는 모든 팀에 영향을 미칠 수 있는 인사이트를 수집하며, Well-Architected Framework의 6가지 기둥을 중심으로 구성돼 있어야 한다. 지표는 자동화돼야 하지만 자동화를 기다리지 마라. 위키 페이지를 사용해 수동으로 수집하는 것도 좋은 시작이다. 오히려 이것이 자동화를 촉진할 것이다.

고성과 팀이 되려면 시간과 노력이 필요하다. 팀 역량에 투자하고 팀의 성공과 실패, 그리고 다른 사람들의 성공과 실패를 통해서도 배워야 한다. 이 프로세스는 완벽하지 않으며 진화하고 변화해야 한다. 팀이 이 프로세스를 따르기 시작하면 다음과 같이 될 가능성이 높다.

- 대부분의 팀들이 자동화된 대시보드(예: Data-Dog, Splunk)를 개발할 것이다. 활성화된 데이터 포인트 세트를 통해 개선을 주도할 것이며, 이러한 데이터 포인트의 소유권은 팀이 대시보드를 간결하게 유지해야 함을 의미한다.
- 팀은 성능 개선에 더 집중할 수 있다. 성능에 민감한 비즈니스 크리티컬 워크로드가 전면에 배치되고 향상된 가시성과 모니터링의 대상이 된다.
- 테스트 자동화는 항상 문제가 있었지만, 팀 간 협업을 통해 테스트 기술과 품질은 항상 개선된다.
- 보안이 최우선 과제가 될 것이다. 위협 모델링과 식별된 위협의 완화 촉진에 대한 투자가 늘어날 것이다.
- 운영 우수성의 관점에서 보면 릴리스 프로세스와 지원 프로세스에 대한 투자가 증가하면 팀 사기와 고객 만족도가 향상될 것이다.
- 팀의 진행 상황을 추적하고 성공을 축하하라.

앞으로의 전망

지금까지 차세대 엔지니어링 팀에 대해 이야기했다. 차세대 엔지니어링 팀은 여러 면에서 높은 성과를 내는 팀이 될 것이다. 기술은 비즈니스의 필수적인 부분이며, 우리는 이를 활용해 회사를 발전시키고 이를 실현할 수 있는 환경을 조성해야 한다.

미래를 내다보면 비즈니스 세계의 미래 트렌드가 어떻게 우리의 행동을 유도할 지 예상할 수 있다. 과거의 계획적이고 예측 가능한 세상은 빠르게 사라지고 있다. 우리는 이미 복잡성, 시스템, 속도의 세계에 살고 있다. 전략을 세우려면 다른 마인드셋을 가져야 한다. 우리는 계획과 SWOT의 세상을 뒤로하고 와들리 매핑, 탐색, 실험의 세상으로 들어섰다. 이 세상에 필요한 인재는 항상 존재해 왔다. 하지만 아마도 학습, 다양성, 도전을 장려하는 기업은 충분하지 않을 수 있다. 우리는 새로운 시대에 들어왔다.

마무리하기 전에 2040년의 팀의 모습을 살짝 살펴보자. 물론 틀린 예측이겠지만, 적어도 2040년에 이 글을 읽는 누군가는 우리가 얼마나 틀렸는지에 대해 재미있어 할 것이다. 기껏해야 자신의 선입견에 대해 다르게 생각보는 정도일 것이다.

문제 예방: 2040년의 우리 팀은 문제 발생보다 문제 예방에 중점을 둔다. 시스템을 추적하는 것은 쉬우며, '검은, 마법상자'라는 개념은 이미 오래 전에 사라졌다. 복원력, 데이터, 엔지니어링을 사용해서 소프트웨어 시스템의 안정성과 처리량을 유지한다. 팀원들은 문제를 해결하는 것이 아니라 장애를 방지하는 것에 대해 보상을 받는다.

기술 스택: '서버리스'라는 용어는 이미 오래 전에 사라졌고, '퍼블릭 클라우드 공급자'라는 개념은 오래된 용어이다. 클라우드는 이제 어디에나 존재하며 운영 모델은 오늘날 전기와 마찬가지로 소수의 전문가들만 관심을 갖고 있다. 클라우드는 업계의 중추이다. 물론 레거시 소프트웨어와 '컨테이너'는 여전히 존재하지만 이는 전문가들의 전문 영역이다. 기술의 소비 모델은 크게 다르며, 기업은 소프트웨어 솔루션을 만들 때 극도의 창의성을 발휘한다. 팀은 클라우드 프로바이더와 기술

에 대해 이야기하는 것이 아니라 시스템 및 성능에 대해서 소통한다. 고객 경험은 여전히 가장 중요하며 여전히 상당한 투자가 필요하다.

엔지니어링 및 아키텍처: 우리는 여전히 시스템을 설계하고 있으며 처리량, 안정성, 보안, 비용, 운영 등 오늘날과 같은 고민을 안고 있다. 우리가 사용하는 방법은 다르다. 우리는 코드를 많이 작성하지 않는다. 작성하는 코드의 추상화 수준도 높다. 테스트는 여전히 어려운 과제이며 많은 사람들이 필요로 하는 역량이다.

지속 가능성: 아키텍처의 핵심 품질은 지속 가능성이다. 기업들은 지속 가능성을 높이기 위해 더 많은 비용을 기꺼이 지불한다. 기업이 얼마나 많은 컴퓨팅 탄소를 연소하는지 측정할 수 있으며, 많은 소비자는 이 정보가 공개돼 있기 때문에 구매 과정의 일부로 활용한다. 최고의 아키텍트들은 과거의 서버리스 접근 방식과 같은 이벤트 기반 기술을 사용해 지속 가능한 아키텍처를 설계할 수 있다. 자체 장비로 데이터 센터를 운영한다는 생각은 막대한 탄소 비용을 발생시키지만, 일부 기업은 여러 가지 이유로 이러한 리스크를 기꺼이 감수한다.

서비스 및 제품: 업계의 백오피스와 소비자를 대상으로 하는 제품 회사에 초점을 맞춘 기업들은 다른 기업들이 사용할 수 있는 서비스를 만들고, 소비자를 위한 새로운 기능을 창출하는 것보다 소비자를 위한 경험 구축을 더 선호하고 있다.

핵심요점

팀에 올바른 행동을 심어주고 문제 예방 문화를 조성하기 위해 Well-Architected Framework를 도입했다. 좋은 아키텍처에 대한 업계 표준 의견은 팀이 해야 할 일을 이해하는 데 도움이 될 것이다. 조용한 성공은 축하하고 시끄러운 성공은 분석하는 것이 중요하다. 주요 클라우드 프로바이더들은 모두 잘 설계된 아키텍처를 가지고 있으며 모두 훌륭하다.

일회성 감사가 아닌 지속적인 개선 프로세스를 구축하라. SCORPS 프로세스는 성공적으로 사용해 온 것이므로 그대로 사용하거나 필요에 맞게 조정하라. 중요한 점은 팀에게 힘을 실어주기 위해 이 프로세스를 사용하되, 팀원들을 다그치지는 말아야 한다는 것이다.

지속 가능한 프로세스와 지속 가능성에 초점을 맞춘 아키텍처를 지금 도입하면 향후 큰 보상을 받을 수 있다. 이는 일시적인 관리의 사이클에 갇히지 않고 문제가 발생하기 전에 해결하는 데 핵심적인 역할을 할 것이다. 다음 장에서는 지속 가능성과 미래 트렌드에 대해 더 자세히 살펴보겠다.

18장

지속 가능성과 혁신을 위한 공간

마리아나 마추카토^{Mariana Mazzucato}는 저서 『The Mission Economy』(Harper Business, 2021)에서 흥미로운 질문을 던진다. 자본주의는 위기에 처했는가? 마추카토는 기업의 단기적 사고(예: 분기별 운영)가 리더십과 전략적 사고의 부족을 초래한다는 주장을 제시한다.[1] 이러한 유형의 단기적 사고는 지속 가능한 장기적 가치를 창출하는 대신 잠재력의 가장자리만 땜질하는 중임을 의미하는 것으로 장기적인 가치를 창출하지 못한다.

기업이 진정한 변화를 일으키고 혁신하기 위해서는 강력한 미션 또는 북극성이 필요하다. 진정한 혁신을 이루려면 미션이 단순히 '이번 분기 목표 달성' 또는 '주가 1포인트 상승' 그 이상이어야 한다. 생각해 보라. 우리는 변곡점에 와 있는가? 더 많은 직원이 장기적인 관점이나 설득력 있는 미션을 요구할까?

소프트웨어와 기술의 문제는 그것이 회사의 일부일 뿐이라는 점이다. IT 부서는 서버리스, 도메인 주도, 하이퍼 컨버전스, 응답성이 뛰어난 닌자가 될 수 있지만 경영진이 운전석에서 잠들어 있다면 아무 소용이 없다.

내부 효율성이라는 말은 예전과 같은 의미가 아니다. 최고재무책임자가 모든 예산을 짜내던 시대는 지났다. 이제는 비용 절감보다 검소함에 초점을 맞춰야 할 때다. 전략적이고 장기적으로 행동하되 돈을 낭비해서는 안 된다. 우리 기술 업계에서는 종종 돈을 절약하는 데 너무 집착하느라 수익도 창출해야 한다는 사실을 잊어버린다. 수익을 창출하려면 일정량의 게임플레이가 필요하다. 더 중요한 플레이는 무엇일까? 무엇이 큰 영향을 미칠 수 있을까? 새로운 트렌드, 새로운 프랙티스, 새로운 가치를 발견힐 수 있을까?

장기적이고 지속 가능한 가치와 혁신은 명확하고 설득력 있는 비전이 있고 팀이 미션을 완수할 수 있는 건강한 환경이 갖춰져 있을 때 달성할 수 있다. 서버리스 조직은 오버헤드를 줄이고 이러한 모멘텀을 가속화할 수 있다. 이것이 가치 플라이휠 효과의 목표이자 마지막 단계이다. 여기서 목표는 가장 효과적이고 적절한 기술을 사용해서 목표를 향해 단호하게 일하는 정렬된 조직이다.

여기 혁신이 발전할 수 있는 이상적인 공간이 있다. 실제로 조직이 여기까지 왔다면 우리의 일은 여기서 끝낼 수 있을 것이다. 그렇지 않나? 플라이휠을 돌렸고 네 번째 단계에 도달했다. 목표에 도달했으니 이제 편안히 앉아서 즐길 수 있게 됐다.

그러나 안타깝게도, 아직 멀었다. 외부 시장은 완전히 다른 상황이다. 우리가 산업이라고 정의할 수 있는 모든 분야는 경쟁이 치열하고 변동성이 크며 빠르게 진화하고 있다. 우리 배가 동급 최고의 배일지라도, 아무리 좋은 배라도 우리가 항해하는 거친 바다를 이겨낼 수는 없다. 물론 모든 기업에게 기술은 매우 중요하다. 그렇다면 내부의 기술적 부담을 시장 경쟁의 거친 바다로 끌고 가고 싶지는 않을 것이다. 하지만 걱정하지 마라. 최고경영자가 앞으로 항해하기 위해 파이썬 코더가 될 필요는 없다.

기업은 가치사슬의 구성요소와 역량을 이해하고 회사의 가치 제안에 핵심이 되는 요소에 능숙해야 한다. 내부의 비효율성이나 관성이 걸림돌이 될 수 있다. 경영진은 성장과 효율성, 즉 최고 수준과 최저 수준을 모두 고려해야 한다. 경영진은 '조직을 들여다보고' 실제 데이터를 관찰해서 효과적으로 배를 조종해야 한다. 또한 선행 지표와 후행 지표를 모두 이해해야 한다. 유능한 선원이 아니라 전문 항해사가 경영진의 테이블에 앉는 것이 더 좋다. 항해사에게는 북극성이 필요하다. 항해에 순풍을 불어넣는 데 도움이 될 몇 가지 영역을 살펴보자.

혁신과 장기적 가치를 위한 공간 창출

ILC 주기를 활용한 혁신

기업의 모든 성장 스토리는 아이디어와 혁신, 즉 노력의 불꽃으로 시작된다. 혁신이 성공하면 기업은 혁신을 확장하고 자산을 활용하게 된다. 다음 단계는 매우 중요하지만 항상 이뤄지는 것은 아니다. 자산을 상품화해 두 번째 혁신의 물결을 위한 공간을 창출하는 것이다. 이 프로세스를 혁신/레버리지/상품화 사이클ILC Cycle, Innovate/Leverage/Commoditize Cycle이라고 새로운 것은 아니지만, 많은 기업이 이 사이클을 인식하지 못해 두 번째 중요한 영향력을 창출하는 데 실패한다.

이는 음악계에서 유명한 '어려운 두 번째 앨범'이나 유럽 축구의 '두 번째 시즌 신드롬'과 같다. 팀이 디비전으로 올라갈 때 첫 시즌은 살아남을 수 있지만 두 번째 시즌에는 다시 강등되는 경우가 많다. ILC 사이클을 작동하고 '시스템 작동'을 활용하는 능력은 종종 기업의 성공의 척도이며 단기적인 이익보다 지속 가능하고 장기적인 가치를 창출하는 데 핵심적인 요소이다. 예를 들어 아마존은 이 기법을 반복적으로 시연해 보인다.

그림 18.1에서 볼 수 있듯이, 15년 동안 아마존은 도서 분야에서만 ILC 사이클을 여러 차례 거쳤다. 온라인으로 책을 주문하는 새로운 생태계를 만들었을 뿐만 아니라 그 생태계를 상품화했고, 킨들Kindle과 전자책 마켓플레이스를 도입해 자체 역량에 대해 도전했다. 킨들 출시 직후에는 오디블Audible을 인수하는 등 오디오북 시장에 혁신을 일으켰다. 이 이야기에는 더

많은 내용이 있지만, 큰 틀에서 보면 현실에 안주하지 않고 스스로를 혁신하는 훌륭한 예시라고 할 수 있다.

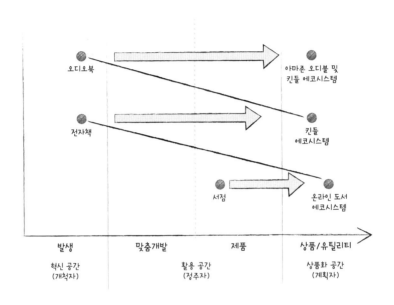

그림 18.1 아마존 북스 예시 맵

비즈니스 도메인 탐색

도메인 주도 설계[2] 분야는 20년 동안 존재해 왔다. 마틴 파울러^{Martin Fowler}에 따르면, 이는 '도메인의 프로세스와 규칙에 대한 풍부한 이해를 바탕으로 도메인 모델을 프로그래밍하는 데 중점을 두는 소프트웨어 개발 접근 방식'[3] 이다. 시스템 사고는 훨씬 더 오래 전부터 사용돼 왔으며, '시스템의 구성 부분이 상호 연관되는 방식과 시간이 지나면서 더 큰 시스템의 맥락에서 시스템이 작동하는 방식에 초점을 맞춘 분석에 대한 총체적인 접근 방식'[4]으로 정의된다. 조직이 더욱 복잡해짐에 따라 소프트웨어를 만드는 것에도 다른 접근 방식이 필요하다.

닉 튠Nick Tune과 같은 기술 전문가들은 아웃사이드-인 비즈니스 도메인 환경 탐색 같은 기술을 옹호한다. 그는 "아웃사이드-인 접근 방식은 비즈니스 모델, 유저의 니즈에 따라 시작되며, 도메인의 내부 작업을 단계적으로 확대한다. 나는 이 접근 방식이 가시 수노석이기 때문에 좋아한다. "라고 설명한다.

어떤 방식을 선택하든 중요한 것은 소프트웨어와 인력에 대한 기존의 부서별 접근 방식보다 더 성숙한 접근 방식을 제공하는 많은 기술이 있다는 것이다.

이것이 왜 중요할까? 오늘날 비즈니스는 빠르게 변화한다. 우리 모두는 이를 잘 알고 있다. 이러한 급격하게 변화하는 환경에서는 구조를 만든 다음 모든 기회를 그 구조에 강제로 적용하는 것은 실용적이지 않다. 이런 상황에서 변화가 너무 빨리 일어나면 조직은 2가지 중 하나를 선택해야 한다. 기회를 놓치거나 아니면 즉석에서 조직을 재구성하고 중요한 구조를 정의하고 완성하기 위해 끊임없이 뒷걸음질을 하는 것이다. 최악의 시나리오는 비즈니스 도메인과 소프트웨어의 패키징과 상품화하기 매우 어려운 종속성과 비효율성으로 인해 확장 단계가 통제 불능 상태가 돼 제품의 상품화가 거의 불가능해지는 것이다.

도메인 주도 설계를 사용하면 문제 도메인과 연결된 시스템에 대해 이야기할 수 있다. 경계가 명확한 비즈니스 도메인의 하위 섹션인 경계 컨텍스트에 대한 이해는 필수적이다. 향후에는 이를 SaaS 솔루션으로 대체하거나 아웃소싱할 기회가 올 수 있다. 우리는 종종 주요 목표를 지원하는 기능을 구축해야 한다. 향후에 이러한 기능을 오프로드할 수 있는 옵션은 미래 성장 또는 혁신을 위한 핵심 공간을 만들 수 있는 역량이 된다.

가시성 및 지표

과거의 시스템에서는 일주일에 한 번 업데이트하더라도 자주 업데이트되는 모든 핵심성과지표KPI, Key Performance Indicators가 포함된 대시보드를 만드는 것은 꿈 같은 일이었다. 최신 클라우드 시스템에서는 대시보드 구축이 쉽고 지표를 어디에서나 확인할 수 있다는 점에서 다른 문제가 있다. 리스크는 대시보드 과부하에 있다. 비교 대시보드가 너무 많으면 중요한 지표에 대한 일관된 고품질 뷰를 얻기가 어려울 수 있다. 명확한 뷰가 부족하면 조직이 장기적인 가치를 창출하는 부분과 단기적인 이득을 창출하는 부분을 파악하기 어렵다.

비즈니스 파트너와 긴밀하게 협력하고 있는 가상의 팀을 가정해보자. 팀은 비즈니스 가치를 잘 이해하고 있다. 좋은 환경을 갖추고 있으므로 설정이나 기초 작업을 하는 데 몇 주를 낭비할 필요가 없다. 작업이 시작되면 여러 부서로 구성된 팀이 '아웃사이드-인' 접근 방식을 취하고 공동으로 식별된 여정을 진행한다. 많은 질문을 하고 문제를 탐색하는 등 정보의 흐름이 원활하다. 문제 정의는 공동으로 작성되며, 기술적 접근 방식은 비즈니스 도메인을 반영한다.

팀이 무언가를 구축하기 시작하면 가치를 어떻게 정의할지 고민하지 않을 수 없다. 몇 가지 지표들이 중요하다고 강조되기도 한다. 훌륭한 엔지니어링 팀의 당연한 첫 번째 단계는 비즈니스 이해관계자와 함께 대시보드를 만들고 중요한 지표를 가시화하는 것이다. 가시성에 대한 성숙한 접근 방식은 비즈니스, 운영 및 애플리케이션 지표를 단일 뷰로 결합하는 것이다. 비즈니스는 시스템이 어떻게 진화하는지 실시간으로 확인하고 시스템이 완성되기 전에 어떻게 운영해야 하는지를 배울 수 있다.

감사하게도, 모든 클라우드 프로바이더들은 강력한 원격 분석 또는 가시성 솔루션을 갖추고 있다. 이제 질문은 더 이상 "할 수 있는가?"가 아니라

"어떻게 보이기를 원하는가?"이다. 중요한 것은 데이터를 캡처하는 것이 아니라 무엇을 리포트하지 않을지 결정하는 것이다. 선행 및 후행 KPI에 대한 합의에 따라 구체적인 작업이나 이벤트로 쉽게 변환할 수 있어야 한다. 대시보드는 나중에 고려하는 것이 아니라 소프트웨어와 함께 설계돼야 하는 최우선 활동이다.

과거에는 부서마다 서로 다른 도구를 사용했다. 따라서 영업 팀, 엔지니어링 팀, 운영 팀은 서로 다른 대시보드와 도구를 사용했고, 이로 인해 일관성 없는 리포트가 작성되는 경우가 많았다. 이런 혼란 속에서 우리가 원하는 장기적인 가치를 달성하고 있는지 누가 알 수 있을까?

더 나은 접근 방식은 상위 및 하위 수준 대시보드이다. 고객 경험/시스템 가용성/서비스 성능에 대한 대시보드가 있으면 모든 사람이 동일한 대시보드를 보게 된다. 단일 뷰가 있으므로 문제가 발생해도 모든 그룹이 동일한 정보를 확인할 수 있다. 하위 수준 대시보드는 데이터베이스 인프라, 종속성 및 네트워크 성능일 수 있으며, 의미는 있지만 특정 구성 요소에 대해 작업하는 팀에서만 사용할 가능성이 높다.

여기서 주목해야 할 2가지 중요한 점이 있다. 첫 번째, 대시보드는 각 부서마다 고유한 것이 아니라 공유된다는 점이다. 이는 공통의 언어와 무엇이 중요한지에 대한 공유된 이해를 의미한다. 이러한 공통 언어와 공유된 이해는 대시보드 때문이 아니라 사전에 작업이 완료됐기 때문이다(플라이휠의 첫 번째 단계에서 목적의 명확성이 이미 확립됐음). 대시보드는 단순히 정렬을 반영할 뿐이다. 우리는 좋은 것과 나쁜 것이 어떤 모습이어야 하는지 알고 있다.

두 번째는 시스템이 진화하고 있다는 사실을 받아들이고 이를 지속적으로 관찰하는 것이다. 우리는 KPI를 설정하고 이를 발전시킬 것이다. 지표는 지침이 아니라 연구가 필요한 신호다. 지표의 진화하는 특성은 진화하는 시스템을 지속적으로 개선하는 데 도움이 되므로 목표는 단기적인 이익이 아닌 장기적인 가치에 초점을 맞춰야 한다.

주요 지표에 집중하면 보다 효과적인 피드백 루프가 가능하다. 아마존과 같은 기업은 주요 입력 지표에 집착한다. 아마존 프라임Amazon Prime 가입자 수는 아마존이 사용할 수 있는 가장 중요한 선행 지표다. 고객이 프라임 멤버십에 비용을 지불하지만, 아마존의 진성한 가치는 해당 고객의 향후 구매와 다른 아마존 서비스와의 상호작용이다. 지금 배송이 무료이고 빠르다는 사실은 고객이 아마존에서 주문할 가능성이 더 높다는 것을 의미한다.

시스템 및 직원과 함께 진화

의심할 여지없이 모든 비즈니스의 최우선순위는 시장을 읽고 다음에 일어날 일을 예측하는 것이다. 새로운 것에 집중하고 다음에 무슨 일이 일어날지 고민하는 것은 어렵지 않다. 경영진이 와들리 매핑을 도입하면 시장에서 새롭게 떠오르는 트렌드나 사례들을 파악하기 시작할 것이다. 종종 사례 자체만으로는 업계를 변화시키지 못하는 경우가 많으며, 게임 체인저는 대개 기존 사례 위에 새로운 제품이 구축될 때 나타난다. 잘 정리된 사례들이 많이 있다.

- 음악의 경우 디지털 음악 MP3 포맷이 애플 아이팟보다 먼저 등장했다.
- 휴대폰에서는 터치스크린 기기가 애플 아이폰보다 먼저 등장했다.
- 미디어에서는 비디오 스트리밍이라는 아이디어가 넷플릭스보다 앞서 있었다.
- 유저 인터페이스에서는 음성 인식 기술이 알렉사보다 수십 년 앞서 있었다.

- 지식 분야에서는 인터넷과 브리태니커 백과사전이 위키피디아보다 앞서 있었다.

미래 트렌드를 파악하고 싶지만 이를 실행할 인력이나 시스템이 없다면 곤란하다. 다행히도 우리가 그런 일이 일어나지 않을 수 있는 역할을 여러분들이 할 수 있도록 도와줄 수 있다. 시스템과 직원들의 진화를 가능하게 할 수 있는 2가지 중요한 속성은 회복력과 심리적 안전감이다.

회복력

생물학에서 회복력이란 변화에 적응하는 능력을 의미한다. 우리 모두는 조직이 변화에 적응할 준비가 돼 있지 않을 때 블록버스터나 블랙베리 같은 기업에 어떤 일이 일어났는지 잘 알고 있다. 이러한 관점에서 기술 시스템을 살펴보자.

시스템에는 성장하고 진화할 수 있는 공간이 있어야 한다. 회복력 있는 시스템에서는 어떤 이벤트가 시스템 일부를 손상시키더라도 복구하거나 재구축할 수 있다. 종종 아키텍트는 시스템을 보호하기 위해 시스템을 엄격하게 제약할 수 있다. 그러나 일단 시스템이 손상되기 시작하면 제약이 치유를 방해하는 역효과가 발생한다.

엔지니어링, 비즈니스, 기술이 결합된 시스템(예: 회사에서 구축 중인 시스템)을 생각해 보자. 시스템이 진화하고 확장됨에 따라 끊임없이 성장한다.

시스템을 두려워하는 조직은 시스템을 통제할 수 없을 것이라는 생각에 두려워하는 것이다. 우리 비즈니스를 이끄는 이 시스템이 우리가 원하지 않는 방향으로 진화하면 어쩌지? 시스템은 고객의 니즈에 따라 진화해야 한다. 입력 지표에 세심한 주의를 기울인다면 무분별한 확장이 아닌 올바른 진화를 보장할 수 있다.

서버리스에서 무료로 제공되는 클라우드의 기본 원칙은 컴퓨팅 용량에 대한 유연한 작동이다. 서비스는 호출될 때만 실행되고 사라진다. 따라서 서비스를 시작하고 종료하는 기능을 반복적으로 테스트할 수 있으므로 서비스의 회복력이 향상된다. 서버를 재시작하지 않고 637일 동안 운영했다고 자랑하던 과거와 비교해 보라. 멋지게 들리지만, 정전 등의 이유로 서버가 꺼지면 쉽게 켜지지 않을 수도 있다.

두 번째 두려움은 시스템 장애이다. '절대 실패하지 않도록' 설계된 시스템은 완전히 엉터리다. 모든 것은 항상 실패한다. 항공 업계에서는 절대 추락하지 않는 비행기를 설계하는 것이 아니라 시스템에 회복력과 안전성을 구축하고 장애가 발생할 때 이를 처리한다. 카오스 테스트^{Chaos Test}(라이브 시스템에 결함을 작동시키는 것)는 회복력을 테스트하는 데 탁월한 접근 방식이지만, 안타깝게도 이 프로세스는 일부 이해관계자들을 매우 불안하게 만든다! 카오스 테스트는 연례행사나 두려워할 일이 아니라고 하지 말고, 지속적인 회복력을 연습하는 것이 진짜 목표라는 것을 명심하자.

안정성 및 보안

클라우드를 사용하는 모든 조직은 설계부터 보안을 고려한 소프트웨어를 만들어야 한다. 퍼블릭 클라우드 프로바이더들은 클라우드에 시스템을 구축하는 기업을 위해 매우 성숙하고 발전된 원칙을 가지고 있다. 이러한 플랫폼에서는 보안이 절대적인 최우선순위라고 확신할 수 있지만, 우리 회사에서의 우선순위에서 보안은 얼마나 높은 수준일까?

안정성과 보안이 회복력과 연결돼 있다는 것은 놀라운 일이 아니다. 진정한 안정성은 소프트웨어에만 해당되는 것이 아니라 사람, 문화, 프로세스 및 인프라도 포함한다. 애자일 팀의 결과물과 성과는 어떤가? 팀이 일관적인 주기에 맞춰 결과물을 전달하나, 아니면 일관되지 않게 전달하나? 일관성

없는 전달은 안정성 저하, 낮은 품질, 기술적 부채, 문제 발생 및 번아웃을 조기에 알리는 신호이다.

적응

회복력과 비슷하지만, 이머전스^{emergence}라는 개념을 도입한 적응은 매우 중요한 프랙티스다. 시스템에 정비를 위한 공간을 확보하는 것은 필수적이며, 행동을 바꾸고 적응할 수 있는 여지를 주는 것도 마찬가지로 중요하다. 비즈니스 세계에서는 이를 'Being Agile[*]'이라고 표현할 수 있다. 안타깝게도 이 선의의 용어는 그 의미를 다소 잃어버렸다. 오늘날 대부분의 애자일 시스템은 매우 제한적이어서 적응을 방해할 수 있다.

여기서 중요한 것은 조직이 기술을 바라보는 관점이다. 조직이 기술을 비용 중심으로 바라본다면 표준화, 위험 감소, 자동화, 운영 우수성 및 반복 가능성을 통해 예산을 조이고 비용을 절감하는 '수익 개선'에 초점을 맞출 것이다. 이 모든 것이 매우 매력적으로 들리지만 시스템이 적응하도록 설계되지 않았다면 변화의 시도가 원활하게 진행되지 않을 것이다. 표준과 열악한 자동화로 인해 변경에 제동이 걸리거나 속도가 현저히 느려질 수 있다.

반대로, 기술을 사용해서 수익을 증대해 성장을 추진하는 경우에는 적응에 대한 욕구가 더 높다. 서버리스를 사용하면 엔지니어링이 비즈니스와 보조를 맞춰 빠르게 움직일 수 있다. 이를 위해서는 엔지니어가 서버리스 마인드셋을 가지고 전략적이고 시장과 함께 움직일 수 있는 역량을 갖춘 비즈니스 팀과 함께 신속하게 움직여야 한다.

---

* Being Agile과 Doing Agile은 애자일의 조직 적용적 개념으로 사용된다. Being Agile은 애자일 마인드셋과 원칙이 조직에 잘 내재화돼 있는 것으로 애자일의 훌륭한 가치들이 잘 실현되는 상황을 의미한다. Doing Agile은 애자일이 추구하는 근본적인 마인드셋과 그에 따른 애자일 프랙티스들의 원리적 이해와 내재화 없이 그저 애자일의 프랙티스를 따르고 있는 것을 의미한다. – 옮긴이

상황 인식

앞으로 나아갈수록 다른 스타일의 리더십이 필요하다. 분명한 것은 사람 중심이어야 한다는 것이다(가치 플라이휠의 처음 두 단계에서 이를 확인했다). 와들리 매핑의 핵심 원칙은 상황 인식을 구축하는 것이며, 이를 팀과 공개적으로 논의하는 것이다. 기존의 SWOT 분석 프랙티스는 미래가 어떻게 변화할지에 대해서는 거의 고려하지 않고 이미 일어난 일에 초점을 맞추었다. 과거를 회고하는 프랙티스다.

표 18.1의 과거 회고적, 사후 대응적 관점이 아닌 미래 지향적, 사전 예방적 관점으로 가치 플라이휠의 핵심 원칙을 다시 한번 살펴보자.

표 18.1 가치 플라이휠 효과의 핵심 원칙: 대응적 사고와 예방적 사고

	원칙	대응적 사고	예방적 사고
1단계	목적의 명확성	각 부서에는 고유한 지표와 목표(영업, 보안, 호스팅, 운영)가 있다. 경쟁은 양호하다.	조직 전체를 위해 올바른 KPI에 미리 동의한다.
	가치 창출 시간에 집중한다.	분기 말까지 모든 기능을 제공할 수 있다면 큰 도움이 될 것이다.	효과적인 실행을 촉진한다.
	시장 매핑	경쟁사가 방금 발표했기 때문에 우리는 이것을 구축해야 한다.	팀이 시장 기회를 발견하고 퍼스트 무버가 돼 시장을 놀라게 한다.
2단계	심리적 안전	아직 문제가 발생하지 않았다.	앞으로 일하기 좋은 환경을 조성하라.
	사회기술적 시스템 관점	인원을 검토하고 목표를 달성하기 위해 더 많은 인원을 채용하라.	팀 목표를 검토하고 전략이 일치하는지 확인한 다음 부족한 부분에 따라 조정하라.
	지원을 위한 조직 매핑	팀은 직감으로 문제를 예측하고 문제가 발생하면 대응한다.	팀은 매핑을 사용해 사각지대와 발전해야 할 영역을 찾는다.

3단계	서버리스 우선 마인드셋	예산 범위 내에서 운영한다.	향후 운영 및 비용 절감을 위해 노력한다.
	마찰 없는 개발자 경험	아직 릴리스를 완성하지 못했다. 개발자들은 항상 불만을 제기하는데, 그게 그들의 역할이다.	눈에 보이지 않는 마찰과 인지적 부하를 제거한다.
	솔루션 매핑	기술적 부채를 측정하지 않는다.	불필요한 작업을 피하기 위해 미리 계획한다.
4단계	문제 예방 문화	금칠할 시간은 없다. 기능을 개발하느라 바쁘다.	카오스 테스트를 환영한다.
	지속 가능성	우리 시스템은 복잡하지만 모든 것을 아는 사람이 한 명 있다. 그는 오라클 같은 존재다. 우리는 절대로 그를 잃을 수 없다.	모든 사람이 정보를 얻고 임무를 받을 수 있도록 한다. 팀은 지속 가능한 시스템에서 지속 가능한 속도로 운영된다.
	새로운 가치 매핑	매달 모든 결과가 포함된 프리젠테이션을 진행한다. 일부 그래프는 매우 풍부하고 상세하다. 과시 가득한 지표가 넘쳐나지만 경영진은 데이터 주도 조직이 핵심이라고 믿는다.	직감과 감정이 비즈니스를 주도하지 않도록 한다. 실행 가능한 지표가 있다.

이전(또는 현재의) 믿음에서 나타날 수 있는 이야기 중 일부를 볼 수 있었을 것이다. 이런 것들이 정상적으로 느껴질 수도 있다. 문제는 이런 믿음이 개인이나 조직 구조에 초점을 맞추거나(즉, 비즈니스 니즈가 아닌), 근거 없는 맹신(즉, 아직 문제가 발생하지 않았다는)이라는 것이다.

앞으로 변화의 속도는 계속 빨라질 것이므로 기업은 경직되거나 사각지대에 머물 여유가 없다. 상황 인식 능력이 뛰어난 조직은 꾸준한 정보 흐름을 파악할 수 있고, 이러한 인사이트에 따라 행동할 수 있다. 이를 다른 말로 표현하면 센스메이킹이다. 보이는 데이터(또는 신호)의 대부분은 불분명하거나 약할 것이다. 듣고, 배우고, 패턴을 발견하는 것이 팀의 책임이다.

소프트웨어의 지속 가능성

소프트웨어의 비효율성 또는 성능 저하라는 개념은 프로그래머가 아닌 사람들에게 설명하기 매우 어렵다. 모든 시스템에는 문제가 있으며, 일부는 실수로 인해 발생하고 다른 일부는 단순히 시간이 흐르면서 발생한다. 잘 개발된 소프트웨어가 현재 변화하고 있는 시스템에 존재할 수도 있고, 소프트웨어가 원래 의도한 대로 작동하지 않을 수도 있다.

30년 전, 워드 커닝햄Ward Cunningham(익스트림 프로그래밍과 애자일 소프트웨어 개발의 선구자)은 시간이 지남에 따라 나타나는 비효율성을 설명하기 위해 '부채'라는 용어를 사용했다. 이 용어는 기술적 부채로 발전해 현재는 유지보수가 필요한 오래된 소프트웨어를 설명하는 데 자주 사용된다. 물론 금융 대출과 마찬가지로 이 필수 유지보수 문제를 해결하기 위해 더 오래 기다릴수록 이자는 항상 누적되기 때문에 지불해야 하는 대가가 계속 증가된다. 소프트웨어 세계에서는 엔지니어들이 오래된 소프트웨어 위에 새로운 소프트웨어를 구축하기 때문에 더 복잡하게 얽혀 있다.

기술적 부채는 강력한 개념이었지만 비즈니스에 미치는 재정적 영향은 설명하기 어려웠다. 인터넷이 발전하면서 보안은 더욱 보편화되고, 오래된 소프트웨어는 공격에 노출될 위험이 커졌다. 개인정보보호 규정GDPR, General Data Protection Regulation과 같은 데이터 보호법이 통과됐을 때, 복잡한 데이터가 포함된 오래된 소프트웨어는 규정을 준수하는 최신 소프트웨어보다 노출 위험이 더 높았다. 클라우드로 이전하고 사용량에 따라 비용을 지불하기 시작했을 때, 오래된 소프트웨어는 비효율성으로 인해 더 높은 비용이 발생했다. 이러한 모든 경제적 이유에도 불구하고 우리는 여전히 비효율적인 소프트웨어를 유지할 방법을 찾는다. 오늘날의 시스템 중 너무 많은 시스템이 비효율적이거나 지나치게 복잡하거나 목적에 맞지 않거나 시대에 뒤떨어져 있다.

비효율적인 소프트웨어에 대한 지표가 있다면 어떨까? 비용이 그 지표가 될 수 있다. 클라우드 프로바이더들은 소프트웨어 상태가 너무 나쁜 고객들과 거래를 성사시키기 위해서 비용 절감 제안과 가격 할인을 제공하기 시작했다. 수십억 달러 규모의 고객에게 형편없는 소프트웨어를 사용한다고 불이익을 주는 것은 현명한 비즈니스 전략이 아니다. 고객은 그냥 경쟁업체로 가면 된다.

일부 클라우드 프로바이더들은 데이터센터에서 발생하는 탄소 배출량을 측정하기 시작했다. 이를 통해 우리가 더 안심하고 사용할 수 있는 에너지 효율적이고 지속 가능한 데이터센터를 설계하는 데 투자할 수 있다. 이러한 방식으로 클라우드 프로바이더들은 클라우드의 지속 가능성을 개선할 수 있다. 그러면, 클라우드에서의 지속 가능성은 어떨까? 고객인 우리는 늘 서버를 끄고 비효율적인 아키텍처를 구현하는 것들을 생각하지 않아도 된다.

클라우드 프로바이더들은 클라우드 워크로드의 탄소 사용량을 보고하는 방식을 지속적으로 개선하고 있다. 청구서에는 사용된 서비스, 가격, 탄소 사용량이 포함된다. 기업이 클라우드의 애플리케이션을 포함해서 여행, 건물, 물리적 제품, 가상 제품에서 발생하는 탄소 사용량을 보고하도록 요청하면 어떻게 될까? 일부 디지털 기업은 지속 가능성 목표를 달성하기 위해 소프트웨어 시스템을 최적화해야 할 수도 있다.

더 나아가 소프트웨어 팀은 소프트웨어가 얼마나 많은 탄소를 사용하는지 알게 될 것이며, 탄소 배출량이 많은 비효율적인 시스템에 대해 불만을 가질 수 있다. 분기별 실적 발표가 끝날 때 탄소 사용량을 보고하면 어떨까? 2021년 5월 파이낸셜 타임즈Financial Times에 보도된 바와 같이, 이미 어닝콜Earning call에서는 유행처럼 다루어지고 있다.[6] 비효율적인 소프트웨어로 인해 회사의 지속 가능성 점수가 매우 낮은 사실이 보고된다면, 소프트웨어 엔지니어를 채용하려는 구인 활동에 어떤 영향을 미치게 될까?

탄소 사용량은 최신 클라우드 효율성을 측정하는 주요 지표가 될 수 있

다. 환상적인 프리젠테이션, 화려한 마케팅, 스토리, 멋진 개발자 옹호자에
도 불구하고 분기말 발표되는 단 하나의 지표로 모든 것이 가려질 수 있다.
엔지니어가 회사에 입사한 후 기술 스택이 약속한 것과 다르다는 것을 알게
됐다는 이야기가 많다. 지금은 이런 일이 많이 일어나지 않지만, 모든 구직
엔지니어는 새 직장에서 처리해야 할 기술적 부채의 양을 평가하는 데 상당
히 숙고하고, 그 결론이 좋지 않다면 입사하지 않을 것이다.

잘 설계된 서버리스 시스템은 지속 가능성 측면에서 매우 높은 점수를 받
을 것이다. 컴퓨팅이 매우 효율적이고, 관리형 서비스(클라우드 프로바이더에서
운영)는 일반적으로 일반 기업이 달성할 수 있는 것보다 더 효율적이며, 잘
설계된 프레임워크의 이동성 요건은 저탄소 지역(즉, 미국 동부처럼 한 지역에
묶여 있지 않은)에서 실행할 수 있다는 것을 의미한다. 또한 페이로드의 크기
를 줄이거나, 더 많이 압축하거나, 약간 더 작은 기계를 사용하거나, 사용량
이 많지 않은 시간에 배치 작업을 실행할 수 있다. 컴퓨팅, 스토리지, 네트워
킹이 부족했던 수십 년 전에 사용했던 관행이 다시 떠오를 수 있다.

핵심요점

Well-Architected 시스템은 지속 가능하고 회복력이 뛰어나며 상품화하기
쉽고, 진화 추진에 직원들이 함께할 것이다. 이제 혁신과 미래 가치를 위한
공간을 만들 수 있다.

이 공간에 올바른 환경을 구축한 후에는, 해당 시스템과 신중하고 전략적
으로 상호작용해야 한다. 요컨대, 여러분은 시스템에 변화를 적용하는 것이
다. 여러분들도 이 시스템에 포함된다는 사실은 도전적이다. 훌륭한 리더는
이 2가지 역할을 분리해 수행한다.

다음 과제는 서버리스 시스템을 개발하고, 미션에 집중하는 팀을 만들고,

장기적인 목표를 달성할 수 있도록 강력한 제품 마인드셋을 수용하고, 지속 가능한 운영에 투자하는 것이 된다. 이러한 노력은 특히 실용적인 도메인 주도 설계와 결합할 때 새로운 기회를 빠르게 포착할 수 있는 준비에 도움이 될 것이다. 비즈니스, 운영, 애플리케이션, 개발의 지표들을 종합해서 조직 성과에 대한 가시성을 개선해야 한다. 또한 서버리스 마인드셋은 비즈니스 성장과 내부 효율성을 촉진할 것이다. 가치 플라이휠 효과의 12가지 원칙은 맹목적으로 달려나가지 않게 도와줄 것이다.

소프트웨어 개발자는 회사 회복력의 중추이다. 끊임없는 진화를 장려하고 지속적인 회복력을 실천하며 보안을 모든 사람의 최우선순위로 삼아야 한다. 조직 전체가 근본적인 투명성을 실천하고 도전을 환영해야 한다. 빠르게 학습하는 환경을 위해 인센티브와 목표를 조정하고 비즈니스의 인력, 기술, 비즈니스 도메인 및 고객이 상호작용하는 방식을 검토하라. 마지막으로, 소프트웨어의 지속 가능성을 고려하고 탄소 사용량 측정을 기술적 부채의 지표로 사용해서 조직의 탄소 사용량을 줄이도록 동기를 부여할 수 있는 방법을 생각해보자.

19장

새로운 가치 매핑

일부 맵에는 특정 패턴이 있다. 컴포넌트를 이동하면 조직에서 혁신이나 새로운 가치를 창출할 수 있는 공간이 생긴다. 때로는 새로운 가치(아직 확인되지 않은 가치)가 있을 때 맵을 통해 이를 파악할 수 있고, 혹은 잠재된 가치(이미 알고 있는 가치)가 있을 때 맵을 통해 이를 위한 공간을 만들 수 있다. 실제로 그림 19.1처럼 전체 가치 플라이휠 효과를 단일 맵에서 모델링할 수 있다.

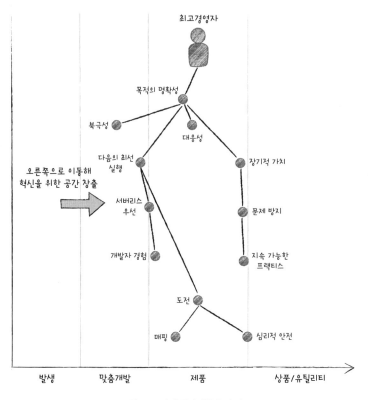

그림 19.1 가치 플라이휠 효과 맵

새로운 가치를 위한 매핑

조직에서 혁신을 위한 공간을 만들기 위해 맵에서 컴포넌트를 이동하는 개념을 대화에 적용할 시간이다. 이 시나리오를 위해 로라와 클라이브를 다시 소환해보자.

로라: 지금까지 논의한 사항을 모두 포함한 하나의 맵을 어떻게 만들 수 있을까요? 누가 맵의 앵커가 돼야 하죠?

클라이브: 최고경영자여야 합니다. 미래 비즈니스의 최고경영자요.

로라: 10년 후 비즈니스의 최고경영자라고요? 이것은 전통적인 비즈니스가 아니기 때문에 어떤 유형의 회사인지, 혹은 회사의 규모 등이 중요한 것은 이닙니다.

클라이브: 네. 기업의 핵심적이고 기본적인 니즈는 무엇인가요? 성장인가요?

로라: 그럴 수도 있지만 좋은 결과일수도 있죠.

클라이브: 성장은 많은 것을 내포합니다. 그 니즈를 어떻게 잡아볼 수 있을까요?

로라: '수렴확장'은 어떤가요? 이 문구를 사용할 날을 오랫동안 기다려 왔어요.

클라이브: 뭐라고요? 그런 말은 쓴 적이 없잖아요. '지속 가능한 운영'은 어떤가요?

로라: 네, 쉽게 설명해드리죠! 조직의 목표는 연간 목표, 즉 OKR에 맞춰 성장하는 조직입니다. 더 많은 사람, 더 나은 결과, 더 많은 제품, 더 많은 지역 등 다양한 목표가 있을 수 있지만 가장 중요한 것은 함께 일하고 성장하는 것입니다. 일반적인 비즈니스 그 이상이라고요.

클라이브: 네, 당신이 가만히 있지 못하는 이유군요. 저는 상황인식이 중요하다고 생각합니다. 사후 대응이 아닌 사전 대응이 필요해요.

로라: 좋습니다. 상황인식이 올바른 행동을 많이 유도하죠. 상황인식을 위해서는 안정성이 바탕이 돼야 하나요?

클라이브: 네, 하지만 당신은 성장을 놓치고 있어요. 저는 그 사이에 적응을 넣고 싶습니다. 적응은 성장의 여지를 제공하지만 안정성이 필요합니다. 그리고 안정성에는 항상 문제, 실패, 예상치 못한 이벤트가 발생하기 때문에 회복력이 필요합니다. 조직은 타격을 받을 때에도 안정성을 유지해야 합니다.

로라: 회복력이 핵심 원동력이라는 점이 마음에 드는데 잘 드러나지는 않는 것 같네요. 그걸 끄집어내 봅시다. 최고경영자에게 니즈가 있으면 해당 컴포넌트에도 니즈가 있는 식으로 말이죠.

로라: 최고경영자는 지속 가능한 운영이 필요합니다. 지속 가능한 운영이란 상황인식과 적응력, 안정성, 회복력을 모두 갖춘 상태를 말하죠.

클라이브: 좋아요. 최고경영자에게 더 미래지향적으로 필요한 것은 무엇일까요?

로라: 당신은 앞을 내다보고 싶어 하는군요. 이 부분을 어떻게 두는 것이 가장 좋을지 모르겠지만, 제 생각에 최고경영자는 직원들이 지엽적인 관점에서 벗어나서 앞을 내다보기를 원하는 것 같아요. 장기적인 사고가 필요하지 않을까요?

클라이브: 장기적인 목표는 어떨까요? 조직 유형과 관련해서 웨스트럼 박사의 모델을 도입할 수 있을 것 같습니다. 권력 지향적 조직은 병리적, 프로세스 지향적 조직은 관료적, 성과 지향적 조직은 창조적이라고 할 수 있죠. 우리 최고경영자는 창조적 조직이 되길 원합니다.

로라: 발전적이고 학습하는 조직이 되는 가장 좋은 방법은 다양성이 있는 조직이 되는 겁니다. 강력한 다양성은 건강한 조직의 훌륭한 증거입니다.

클라이브: 저는 다양성을 위해 윤리가 반드시 필요하다고 생각합니다. 우리가 해야 할 일과 하지 말아야 할 일에 대한 이해를 공유해야 합니다.

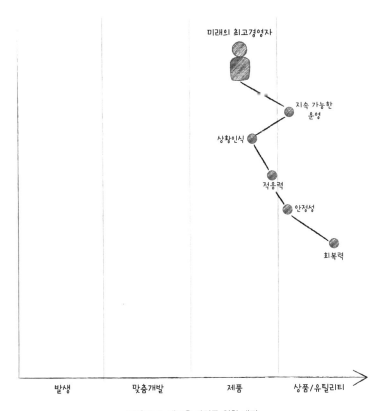

그림 19.2 새로운 가치를 위한 매핑

로라: 정확합니다. 많은 회사들이 '빠른 실패'를 하지 못하는 이유는 이 라인을 제대로 구축하지 않았기 때문이라고 생각합니다. 실험 자체가 '그냥 만들어내는 것'처럼 느껴지기 때문이죠. 다음으로 실험을 가져올 수 있을 것 같네요.

클라이브: 그거 좋네요. 실험이 들어온다는 것도 좋습니다. 실패해도 안전한 문화가 필요하며 이는 앞서 이야기한 심리적 안전과도 연결되죠. 제가 그려볼게요. 진화의 축에서 '충분히 좋은 것'을 목표로 삼는 것에 대해 지나치게 염려하지 말자고요.

로라: 좋습니다. 어떤 회사든 심리적 안전과 회복력에 기반한 기본 프

랙티스를 환영할 것이라고 확신합니다. 컴포넌트의 진화를 보여주는 몇 가지 파이프라인을 추가해 봅시다. 어떤 것을 추가할 수 있을까요?

클라이브: 어떤 파이프라인일까요?

로라: 현재 진화하고 있는 기술이나 프랙티스의 진화를 보여주는 파이프라인이요. 아직 보편화되지는 않았지만 현재 사용 중인 기술이나 프랙티스를 말해요. 지금은 소수의 사람들만 사용하고 있지만 10년 후에는 더 널리 보급될 것들입니다.

클라이브: 음, 서버리스 같은 소프트웨어 시스템이 대표적이겠네요.

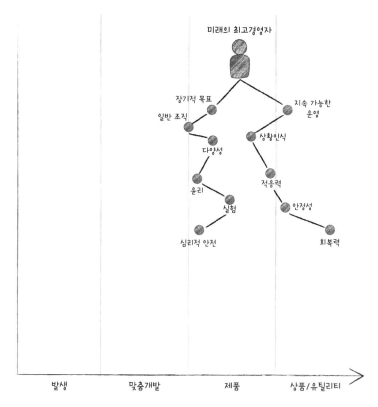

그림 19.3 새로운 가치를 위한 매핑(파트 2)

로라: 기억해보면, 대부분 서버리스 컴퓨팅에 대해서만 생각하니까, 서버리스 아키텍처는 내려놓도록 합시다. 다시 해 볼까요?

클라이브: 다시 보면 클라우드에서 호스팅되는 소프트웨어는 있지만 상위 서비스를 모두 사용하시 않는 IaaS가 될 것 같습니다.

로라: 한번 더 살펴봅시다. 기술 자체는 어떤가요? 저는 기술이 비즈니스의 일부라고 생각합니다.

클라이브: 그걸 뭐라고 불러야 할까요? 아키텍처보다는 시스템에 가깝겠네요.

로라: 그렇군요. 그 전에, 우리는 '비용 센터로서의 IT'라고만 생각했죠. 비즈니스의 일부가 아니라 그냥 회사에서 사용하는 것이요. 전화, 이메일, 공급업체 제품 등 IT를 사용하지만 제품 개발의 일부로 변경할 생각은 하지 않는 것이죠. 좋습니다. IT 시스템부터 시작해서 서버리스 시스템으로 발전해 봅시다. 어떤 컴포넌트에서 서버리스 시스템이 필요하나요?

클라이브: 확실히 회복력입니다.

로라: 다른 파이프라인은 없나요?

클라이브: 마인드셋은 어떤가요? 우리는 단순히 교대 근무자를 원하는 것이 아니라 북극성에 맞춰진 사람들을 필요로 하잖아요.

로라: 네, 믹 커스텐의 『프로젝트에서 제품으로』가 여기에 잘 맞습니다. 엄청난 여정인데, 그 사이에는 어떤 단계가 있을까요?

클라이브: 우리는 계획 외의 많은 부분을 거의 인식하지 않고 프로젝트를 시작합니다. 그러다 보면 하나의 일에 집중하게 되고, 그 하나의 일을 잘 해낼 수 있는 자율성을 갖게 되죠.

로라: 그리고 나서 결과에 집중하기 시작합니다. 여전히 프로젝트 구조에 속해 있지만 프로젝트 계획보다는 결과물이나 성과가 더 중요해집니다.

클라이브: 그런 다음 100% 결과 중심적인 제품 마인드셋으로 발전하게 됩니다.

로라: 계획은 신경 쓰지 말죠! 이것은 심리적 안전의 흐름과 관련이 있는 것 같습니다.

클라이브: 세 번째 파이프라인의 경우, 사람은 어떤 가요? 사람에 대한 혁신 여정도 있습니다. 마리아나 마추카토의 저서 『The Mission Economy』에서 말하는 '미션 기반' 아이디어가 그 여정의 목적지라고 할 수 있죠.

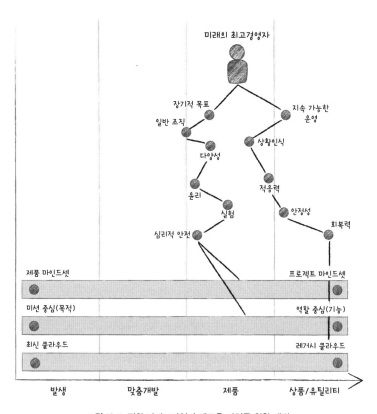

그림 19.4 진화 파이프라인과 새로운 가치를 위한 매핑

로라: 여기서 거꾸로 생각해보면, 정반대로 사람이 자신의 업무와 역할에 집중하는 것입니다. 의료 회사에서 일한다고 가정하면, 본인은 프로그래머로 일하고 있나요? 아니면 환자 치료를 돕고 있나요? 자신의 회사와 기술 사이에서 업무를 식별할 수 있어야 한다고 생각합니다.

클라이브: 네, 입력에 집중, 출력에 집중, 결과물에 집중, 그리고 반복이군요. 이것은 심리적 안전과도 연결된다고 생각됩니다.

로라: 흠, 그림이 좋아 보입니다.

클라이브: 어떤 패턴이 보이나요?

로라: 여기 개척자/정주자/계획자 그림이 있나요?

클라이브: 안 보이는데요. 이미 파이프라인에 움직임이 있어요. 여기에는 2개의 가치사슬이 존재합니다. 지속 가능한 운영(기존 니즈)은 장기 목표(강제적 니즈)의 오른쪽에 있어야 하지만 건강한 미래 기업에서는 모두 오른쪽에 존재합니다. 발전된 프랙티스 관점은 어떨까요? 이것을 강조하면요? 그리고 새로운 니즈인 무언가를 추진하도록 할 수 없을까요?

로라: 네, 2가지 가치 사슬이 건강할 때만 실제로 활용할 수 있는 새로운 프랙티스 같은 것이 있나요? 어떤 것이 있을까요?

클라이브: 속도가 있죠. 이 2가지를 모두 갖춘 기업은 빠르게 움직일 수 있습니다.

로라: 네, 그러면 '빠른 진행'은 어떤가요?

클라이브: 좋아요, 거기에 새로 등장하는 프랙티스는 '고속'이겠죠. 3가지 파이프라인을 발전시키면 정말 빠르게 움직일 수 있을 겁니다.

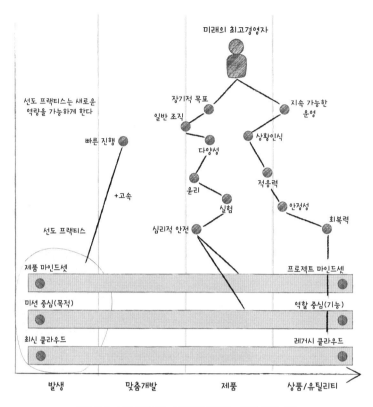

그림 19.5 선도 프랙티스가 강조된 새로운 가치를 위한 매핑

로라: 좋습니다. 그런데 최고경영자에게는 어떤 이점이 있을까요? "다 좋은데, 이렇게 해서 조직이 얻을 수 있는 이득은 무엇일까?"라고 생각하지 않을까요? 당연히 그럴 겁니다.

클라이브: 우리가 관성을 잊었네요. 관성점이 파이프라인을 막고 있기 때문에 많은 기업이 옳은 길로 나아가는 데 어려움을 겪을 겁니다.

로라: 전통적인 리더십에 대해 직설적으로 얘기해보죠. 리더가 제국을 건설하고 권력 쟁탈전을 벌이며 회사보다 자신을 우선시한다고 가정해 봅시다. 이 경우 리더는 서버리스 기술, 제품 마인드셋 또는 미션에 초점을 맞추지 않고 전통적인 리더십에 머물러 있을 것입니

다. 전통적인 리더십은 통제력 상실을 받아들이기 힘들 겁니다.

클라이브: 이러한 관성을 극복할 수 있다면 새로운 프랙티스가 새로운 가치를 창출해 비즈니스가 미래의 시장 공간을 발견하고 포착할 수 있게 해줄 겁니다. 이런 것들이 결합돼서 그런 능력을 발휘할 수 있다고 생각합니다.

로라: 네, 저는 '퍼스트 무버First mover'를 생각했지만, 틀린 것 같습니다. 많은 '퍼스트 무버' 기업이 시장 선점에는 실패했었습니다.

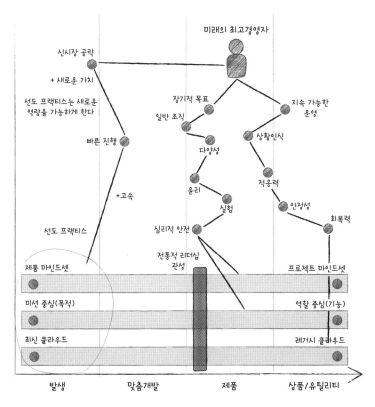

그림 19.6 새로운 가치를 위한 매핑: 최종 맵

맵 분석

맵의 가치사슬을 센스–체크^{Sense-check}*할 수 있다. 이는 맵에 도전하는 또 다른 방법이다.

첫 번째 가치사슬

첫 번째 가치사슬은 다음과 같다.

지속 가능한 운영 = 상황인식 + 적응력 + 안정성 + 회복력

또한 조직의 마인드셋, 중심, 클라우드 기술(3가지 진화하는 파이프라인)에 따라 달라진다는 것을 알 수 있다.

프로젝트 마인드셋 + 역할 중심 + 레거시 클라우드는 지속 가능한 운영을 달성하기 위해 더 많은 노력과 예산이 필요하다는 것을 의미한다.

제품 마인드셋 + 미션 중심 + 최신 클라우드는 지속 가능한 운영을 더 쉽게 달성할 수 있음을 의미한다.

두 번째 가치사슬

두 번째 가치사슬은 다음과 같다.

장기적 목표 = 창조적 조직 + 다양성 + 윤리 + 실험 + 심리적 안전

---

* 어떤 내용에 대해 논리적으로 맞는지 여부를 확인하기 위한 검토 프로세스를 의미한다. 비즈니스에서는 데이터, 전략, 실현가능성, 일관성, 리스크, 현실성 등을 확인한다. – 옮긴이

첫 번째 가치사슬과 마찬가지로 이 사슬도 회사의 마인드셋, 중심, 클라우드 시스템에 따라 달라진다.

프로젝트 마인드셋 + 역학 중심 + 레거시 클라우드는
장기적인 목표를 달성하기 위해 더 많은 계획, 예산 및 기술이
필요하다는 것을 의미한다.

제품 마인드셋 + 미션 중심 + 최신 클라우드는 더 적은 공간으로 인해
장기적인 목표가 더 현실적으로 보일 수 있음을 의미한다.

새로운 가치

제품 마인드셋 + 미션 중심 + 최신 클라우드는 빠른 발전으로
이어질 것이다.

빠른 진행은 '신시장 공략' 또는 기타 게임플레이에 요구되는 사항을 가능하게 한다. 신시장 공략 및 퍼스트 무버 등 게임플레이 패턴은 표 19.1 와들리의 게임플레이 패턴에서 볼 수 있다.

표 19.1 와들리의 게임플레이 패턴
출처: WardleyMapping.com/leadership/.

와들리의 게임플레이(유저가 적용할 수 있는 상황별 패턴)			
유저 인식	교육	번들링	인위적 필요성 도출	선택의 혼란
	브랜드와 마케팅	두려움, 불확실성, 의심	인위적 경쟁	로비/반격
가속기	시장 활성화	개방적 접근 방식	네트워크 효과 활용	협력
	산업정책			
감속기	제약조건 활용	지식재산권	제약 조건 생성	

문제 대처	확인하고 거래	부채 정리	삽질 방지	리팩토링
시장	차별화	가격정책	구매자/공급자 파워	수확
	표준 경쟁	최후의 승자	신호 왜곡	거래
방어	위협 수용	진입 장벽 높이기	미루기	방어적 규제
	경쟁 제한	관성점 관리		
공격	직접 투자	실험	핵심	진입 장벽 제거
	바보 같은 선택	보도자료 릴리스 프로세스	양다리 걸치기	
생태계	동맹	공동개발	센싱 엔진(ILC, Innovation Leverage Commoditize)	경쟁우위와 진입 장벽
	노동시장과 자본 시장	협력과 경쟁	포용과 확장	유통 채널 갈등과 직접 공급
경쟁자	복병	틈새시장 공략	경쟁자 관성 강화	약화
	속임수	규제	인재 빼오기	조사와 분석
포지션	신시장 공략	퍼스트 무버	패스트 팔로워	약한 신호/시야
악영향	라이선스 전략	도입	의도적 실패	

핵심요점

맵이 고도화된다고 해서 더 복잡해질 필요는 없다. 맵의 모든 것을 배우는 데 평생을 투자해야 할 수도 있지만 이 장에서 설명하는 내용은 빠르게 배우는 것이 좋다. 가치 플라이휠 효과는 모멘텀을 도입해 일부 컴포넌트를 맵의 상품 섹션으로 이동할 수 있게 해준다. 이렇게 컴포넌트를 매핑하고, 때로는 그 일이 일어나기 몇 년 전에 그 움직임을 예측할 수 있다는 사실은 매우 중요하다. 탐색 가능한 몇 몇의 기술과 새로운 가치의 영역을 식별하는 것은 팀, 부서 또는 회사에 매우 중요할 수 있다. 변화가 일어날 때까지 기다리지 말고 미리 매핑해서 변화를 만들어보자.

20장

사례 연구 : BBC

네 번째이자 마지막 사례 연구인 BBC 온라인 팀 사례는 가치 플라이휠 효과 네 번째 단계의 핵심 원칙 중 하나인 문제 예방 문화를 보여준다. BBC 온라인 웹 사이트는 복잡하고, 최고 수준의 아키텍처를 요구한다. 이 팀은 비즈니스 니즈와 동급 최고의 기술 접근 방식을 균형 있게 조정해, Well-Architected 솔루션을 만들고 전 세계 고객들에게 가치 있는 서비스를 적시에 제공한다.

모든 소프트웨어 프로젝트는 복잡하다. 중간 규모의 소프트웨어 시스템도 수백 가지의 기능과 상호작용 지점이 있어 예측하기 어려운 방향으로 동작할 수 있다. 우리가 사용하는 모든 컴퓨터가 가끔 애플리케이션을 다운시키거나, 프린터를 찾지 못하는 등 이상한 행동에 익숙하다. 그리고 우리가 구축하는 시스템이 너무 복잡해서 완전히 이해할 수 없기 때문에 대규모 IT 장애가 발생하는 것도 완전히 이해해 주고 있다.

그러므로 소프트웨어 시스템을 단순화하는 것은 합리적이다. 단순할수록 더 많이 이해할 수 있고, 지원, 개선 및 적응하기 더 쉬워진다(다시 말하면, 단기적 이익보다는 지속 가능한 장기적 가치를 달성하는 것이 핵심이다). 이는 올바른 주장이지만 새로운 요구사항이 등장할 때 소프트웨어 프로젝트 경험의 복잡도가 증가하는 당연한 현상에 반하는 것이다. 스티브 잡스의 말을 인용하자면, "단순한 것이 복잡한 것보다 더 어려울 수 있다."[1] 다행히도 서버리스 아키텍처는 더 단순한 소프트웨어를 만드는 데 도움이 되는 접근 방식을 제공한다.

우리는 운이 좋게노 BBC의 디지털 제품 아키벡처 책임사인 매튜 클락 Matthew Clark을 통해 이 중요한 사례 연구와 프로세스 내용에 대해 자세한 설명을 들을 수 있었다.

지난 몇 년 동안 BBC는 웹 및 백엔드 인프라의 대부분을 서버리스로 설계하는 성공적 전환을 했다. 그러면서 서버리스 컴퓨팅이 복잡한 프로젝트를 수행하는 데 얼마나 큰 변화를 가져올 수 있는지 보여줬다. 서버리스는 팀이 가장 가치 있는 일에 집중할 수 있게 함으로써 BBC가 효율적으로 구축하고 유지 관리할 수 있는 최신의 확장가능한 서비스를 만들 수 있게 했다. 이 사례 연구는 BBC가 서버리스를 사용해서 대규모 소프트웨어 제공에 필요한 단순화를 어떻게 구현했는지 보여준다.

서버리스로 가는 길

BBC 온라인은 뉴스, 스포츠, TV, 라디오 등을 제공하는 웹 사이트와 앱 전체를 말한다. 모든 사람에게 세계 최고의 유용한 경험을 제공하는 것을 목표로 한다. 매주 1억 명 이상의 유저에게 43개 언어로 수백만 개의 콘텐츠를 제공하며, 가장 중요한 BBC 뉴스는 세계에서 가장 인기 있는 뉴스 웹 사이트다. 총 200여 가지가 넘는 페이지 타입이 있으며, 각각 고유한 기능과 동작을 통해 모든 사람들을 위한 서비스를 제공한다.

대부분의 기술 프로젝트와 같이 BBC의 도전은 엄청나게 복잡하면서도 광범위한 서비스를 제공하는 데 있다. 일기예보부터 교육용 게임까지 콘텐츠가 광범위하다는 것은 그만큼 다양한 기능이 필요하다는 뜻이다. 여기에는 안정성, 보안, 성능과 같은 비기능적 요구사항도 있다. 올림픽과 같은 대목에는 동시에 수백만 명의 유저가 컨텐츠를 시청할 수 있어야 한다. 이러한 규모에서 고품질의 경험을 보장하는 것은 매우 어려운 일이다. BBC의 사이트와 앱은 단순해 보이지만 검색엔진 최적화^{SEO, Search-Engine Optimization}, 접근성, 개인화 등 다른 필수 기능과 결합된 내부를 들여다보면 전혀 그렇지 않다.

BBC가 직면한 또 다른 과제는 사이트가 극단적으로 효율적이어야 한다는 것이다. 고정 수입으로 운영되는 공공 조직으로서 시간과 비용을 현명하게 사용해야 한다. 또한 훨씬 더 많은 자원을 보유한 애플 뉴스^{Apple News} 및 넷플릭스와 경쟁해야 한다. 성공을 위해서 BBC는 중요한 것에만 집중해 빠르고 효율적으로 움직일 수 있는 기술 전략이 필요하다.

전반적으로 BBC 온라인은 규모가 크고 복잡하고 대중적이기 때문에 효율성과 경쟁력을 갖춰야 한다. 아무리 걷어내도 중요한 엔지니어링 과제로서 서버리스 아키텍처는 적어도 부분적이라도 이를 달성할 수 있는 접근 방식을 제공한다. 2021년 현재 BBC 웹 페이지의 절반이 서버리스 기술을 사용해서 렌더링되고 있다. 서버리스 기술은 안정적이고 빠르며, 무엇보다 유지관리와 확장이 간편하다.

차별화에 집중

데이터센터의 물리적 머신들을 클라우드의 가상 머신^{VM, Virtual Machine}으로 대체함으로써 유지관리 요건을 줄일 수 있다. 하지만 유지관리 이슈의 일부가 여전히 남아있다. 예를 들어, 클라우드를 사용하면 디스크가 고장 날 걱정은 없지만 디스크 공간 부족이라는 문제가 있다. 가상 머신과 컨테이너는 여전히 상당한 양의 유지관리가 필요하다. 일부 BBC 팀은 가상 인프라를 지원하는 데 최대 50% 이상의 시간을 할애해야 가능하다는 사실을 발견했다. 데브옵스의 단점은 팀에게 서비스 운영 방식을 제어할 수 있는 권한을 부여하는 대신 상당한 유지관리 오버헤드가 발생한다는 점이다. 그러나 서버리스에서는 오버헤드가 발생하지 않는다.

서버리스는 가상 머신(또는 기타 서버 기반 솔루션)의 구성과 유지관리에 드는 오버헤드를 제거한다. 시스템 운영 체계 업데이트나 로그파일 관리와 같은 문제가 사라지거나 더 간단하다. 따라서 시간을 확보할 수 있고, 무엇보다 중요한 팀이 직면할 수 있는 방해 요소가 줄어든다. 프로젝트를 간소화할 수 있는 모든 기회는 언제나 환영할 일이다. 팀이 가장 가치 있는 것, 즉 제품 차별화 요소에 집중할수록 더 큰 성공을 거둘 수 있다.

현재 BBC 온라인 시스템의 약 절반은 함수, 대기열, 데이터베이스와 같은 서버리스 클라우드 기능을 사용하고 있다. 나머지 절반은 가상 머신, 컨테이너 및 기타 서버기반 클라우드 도구들을 사용한다. 서버리스를 도입한 팀이 그렇지 않은 팀보다 더 빠르게 배포한다는 분명한 패턴도 보인다.

예를 들어 대규모 유저로 확장해야 하는 문제를 생각해보자. BBC는 뉴스 속보와 같이 갑작스럽게 트래픽이 증가하는 경우가 자주 발생한다. 가상 머신 기반 서비스는 이러한 가변적인 트래픽에 대응할 수 있는 상당한 양의 작업을 필요로 한다. 다양한 기술이 높은 트래픽 대응을 지원하지만(가상 머신을 자동적으로 배포하는 오토스케일링 기술 같은), 모두 상당한 양의 구성 작업과 테스트를 필요로 한다. 새로운 웹 사이트 기능이 높은 부하 문제로 인해 차단되는 경우가 종종 있으며, 이를 위해 부하를 처리할 수 있도록 시스템을 확장하는 새로운 프로젝트를 진행해야 하는 경우가 많다. 반면 서버리스 시스템은 거의 무한에 가까운 컴퓨팅을 즉시 사용할 수 있기 때문에 일반적으로 훨씬 더 큰 규모의 확장을 처리할 수 있다. BBC 온라인 사례가 이를 입증

한다.

　BBC 개발 팀은 서버리스 솔루션이 스케일링과 같은 문제와 디스크 사용량 관리와 같은 유지관리 오버헤드를 제거하는 데 효과적임을 반복해서 확인했다. 나는 사람이 대신할 수 있는 일을 일 필요는 없지 않은가? 서버리스 아키텍처는 팀 운영에 있어 기존의 방식을 재창조(또는 재구현)하지 말도록 한다는 철학을 잘 보여준다. 서버는 클라우드 프로바이더들에게 맡기고, 반드시 필요한 일에 집중하면 된다.

빠르게 실행

서버리스는 호스팅의 많은 문제를 처리하기 때문에 팀은 제품 혁신에 집중할 수 있다. BBC 웹 사이트 홈페이지를 예로 들어보겠다. 이 중대한 웹 사이트는 서버리스 접근 방식을 사용해서 2개월 안에 개발하고 출시했는데, 중요도를 고려할 때 상당한 성과이다. 한 번 출시되고 나서 소규모 개발 팀은 지역적 다양성, 성능 개선, 새로운 디자인을 추가해 사이트를 더욱 혁신해 나갈 수 있었다. 서버리스 기능들과 데이터베이스들 덕분에 지원해야 할 인프라가 거의 없어서 개발 팀은 기능 개선에 집중할 수 있었다. 전체적으로 BBC는 평균 20분마다 업데이트를 릴리스 한다. 업데이트 릴리스 트레인은 멈추지 않는다.

　지속적이고 효율적인 업데이트는 최신 소프트웨어 개발에서 매우 중요한 부분이다. 팀이 최소 기능 제품을 빠르게 출시하고, 유저 피드백을 기반으로 개선 작업을 반복하면 고객이 원하는 성공적인 제품을 만들 가능성이 높아진다. 성공이 어떤 모습일지 예측하기 어려운 현실을 생각하면 특히 더 그렇다. 어쨌든, 다음 킬러 모바일 앱이 뭐가 될지는 아무도 모른다. 기술과 사회가 이전보다 빠르게 진화하고 있는 이 시점에 성공적인 조직은 새로운 기회에 빠르게 대응하고 혁신하는 조직이다. 서버리스의 낮은 오버헤드는 새로운 아이디어를 실험하고 무엇이 효과 있는지 확인하기 위한 완벽한 환경이 된다. 미래를 이해하는 가장 좋은 방법은 더 빨리 도달하는 것이다. 서버리스와 빠른 반복은 서로 밀집한 관련이 있다.

BBC는 더 빠르게 실행하면서 최첨단 기술을 유지할 수 있는 역량이라는 예기치 못한 이점을 얻게 됐다. 예를 들어 BBC가 선호하는 개발 언어인 Node.js를 생각해보자. 매년 노드^{Node}의 한 버전 지원이 끝나면 해당 버전을 사용하는 시스템을 업그레이드해야 한다. 서버 기반 애플리케이션의 경우 상당한 테스트가 필요한 중대한 과제이다. 서버리스 아키텍처에서도 이런 업그레이드가 여전히 필요하지만 훨씬 더 관리하기 쉽다. 빠르게 실행하는 팀은 업그레이드를 더 빨리 적용할 수 있다. 더 작은 서버리스 기능도 업그레이드하기 쉽고, 기존 버전과 병행해서 테스트하기도 쉽다. 결과적으로, BBC의 서버리스 웹 사이트는 출시 2주 만에 최신 버전의 노드로 업그레이드됐다. 그 결과 속도가 크게 개선돼 클라우드 비용을 눈에 띄게 절감할 수 있었다.

팀 오너십

BBC 온라인은 매우 광범위한 서비스이기 때문에 모든 작동 방식을 제대로 이해할 수 있는 사람은 아무도 없다. 예를 들어 일기 예보를 담당하는 팀은 팟캐스트 제작의 복잡한 과정을 알 수도 없고, 알 필요도 없다. 팀이 각자의 책임에 효율적으로 집중하려면 최대한 의존성과 방해 요소를 줄여야 하다. 그러나 이런 독립성은 때때로 문제 해결을 위한 중복작업을 하지 않도록 하는 것과 관련 있다. 날씨 팀과 팟캐스트 팀은 서로 다른 콘텐츠를 가지고 있지만 웹 사이트를 만들 때는 많은 부분을 공유해야 한다.

BBC 온라인 팀은 데브옵스 모델을 따른다. 개발부터 운영까지 자신들이 담당하는 모든 것을 스스로 책임진다. 가능한 경우 서버리스를 사용해 운영 오버헤드를 줄인다. 같은 철학에 따라 다른 BBC 팀에서 만든 인프라와 서비스를 활용해서 이미 나온 곳에서 해결한 문제를 다시 해결하지 않도록 한다. 여기에는 투자가 필요하다. BBC는 표준 플랫폼들과 도구들을 제공하기 위해 여러 개의 새로운 팀을 만들었다. 잘 개발됐다면, '골든 패스Golden Path'가 만들어진다. 이것은 일상적인 업무를 수행하기 위한 표준이 돼 제품 팀이 다시 개발할 필요가 없어지도록 지원한다. 데브옵스 접근 방식에 따라 각 팀은 어떤 공유 솔루션을 사용할지 결정한다. 모든 작업에 적용 가능한 솔루션은 없으며, 때로는 다른 접근 방식을 선택해야 한다. 80:20 법칙을 제대로 적용하면 80%의 프로젝트에 공통 서비스를 사용할 수 있다. 공통적인 것은 쉽게, 특별한 것은 가능하도록 한다.

예를 들어, 대부분의 팀이 제품을 효율적으로 테스트하고 릴리스하는 데 필요한 지속적 배포CD, Continuous Delivery 파이프라인을 생각해보자. 과거에는 각 BBC 팀들이 각각의 자체 CD 파이프라인을 만드는 것이 일반적이었는데, 몇 주의 작업 기간이 걸리고 유지관리에 상당한 오버헤드가 발생하는 경우가 많았다. 그래서 '개발자 경험Developer Experience'이라는 새로운 팀을 구성해서 우선적으로 CD 파이프라인들에 대한 공통된 접근 방식을 만들었다. 이 팀의 솔루션은 웹 사이트, API 및 데이터 서비스를 만드는 모든 팀에 적용됐으며, 이는 전체 부서 니즈의 약 80%에 해당했다. BBC의 검색 엔진을 유지관리하는 팀과 같은 일부 전문 팀은 좀 더 맞춤화된 솔루션이 필요해 자체 솔루션을 유지관리했다. 전체적으로 소유권을 제한하거나 어떤 한 팀이 달성할 수 있는 것을 제한하지 않고 중복을 최소화했다.

프로덕션 준비

서버리스로 전환한 후 BBC 웹 사이트에 영향을 미치는 문제가 크게 줄었다. 일부 팀의 과제는 문제없이 연중무휴 24시간을 지원할 수 있는 방법을 찾는 것이다. 어떤 기술을 사용하더라도 문제를 피할 수는 없다. 그러나 서버리스를 사용하면 팀의 책임 범위가 줄어들기 때문에 문제 발생 가능성이 줄어든다.

서버리스 접근 방식은 이해하기 쉬운 더 단순한 소프트웨어 설계를 장려한다. 서버리스 기능은 일반적으로 서버 기반 애플리케이션(모놀리스 또는 마이크로서비스)보다 작다. 더 작고 단순한 부품은 고장이 날 가능성이 적고, 고장이 나더라도 수리하거나 교체하기가 더 쉽다. 물론 부품이 작을수록 완전히 작동하는 시스템을 만들려면 더 많은 부품이 필요하다. 따라서 광범위하고 분산된 시스템은 본질적으로 이해하고 관리하기가 까다롭다. 이를 완화하기 위해 BBC는 일관된 모니터링, 수집 및 추적 기능을 도입했다. 이러한 도구를 사용함으로 장애 발생 위치를 쉽게 파악하고, 발생시에는 대개 빠르고 쉽게 수정할 수 있다.

코드형 인프라

서버리스 아키텍처는 보통 더 많은 부품으로 구성되므로 부품들이 올바르게 구성됐는지 확인해야 한다. BBC 팀은 항상 테라폼^{Terraform} 혹은 CDK를 사용해서 인프라를 정의함으로써 확인한다. 이는 소스 컨트롤을 사용해 추적이 돼 무엇을, 누가, 왜 구성했는지 명확히 알도록 한다.

코드형 인프라는 계정 간에 표준화할 수 있다는 또 다른 이점을 제공한다. BBC에는 자체 클라우드 계정을 가진 수십 개의 데브옵스 팀이 있다. 이들 팀 중 다수는 조직 내 모범 프랙티스에 근거한 동일한 인프라 설정이 필요하다. 코드를 사용해 인프라를 공유하면 한 팀이 가상 네트워크 구성 방법에 따른 구성을 소유할 수 있고, 다른 팀들이 각자의 계정에서 이를 사용할 수 있다.

문제를 중복 해결하지 않도록 하는 또 다른 예를 보자. 보안 유저 액세스 관리와 같이 여러 팀이 동일한 과제를 안고 있는 경우, 한 팀이 주인의식을 갖고 모두를 위한 솔루션을 만드는 것이 가장 이상적이다. 이 방법은 더 효율적인 결과를 얻을 수 있을 뿐만 아니라, 하나의 공유 솔루션에 더 많은 투자가 이루어져 더 높은 품질을 얻을 수 있다. 문제가 발생했을 때 신속하게 '문제를 중심으로 조직화'하는 이 기능은 팀이 적응하기는 까다롭지만 의심할 여지없이 더 빠르고 더 높은 품질의 결과를 만들어 낸다.

서버리스 클라우드 비용

서버리스 컴퓨팅의 일반적인 우려는 비용이다. 모든 주요 클라우드 프로바이더의 경우 단위 컴퓨팅에 액세스하는 데 청구되는 요금을 기준으로 서버리스를 이용하는 것이 가상 머신을 이용하는 것 보다 훨씬 비싸다. (BBC가 클라우드 프로바이더를 조사한 결과, 순수하게 CPU와 메모리 사용량만을 기준으로 서버리스 기능이 동등한 가상 머신보다 2~5배 더 비싸다는 결과가 나왔다.) 서버리스는 편리하지만 대가가 따른다.

이러한 이론적 가격 차이에도 불구하고 서버리스 애플리케이션의 실제 클라우드 비용이 서버 기반 애플리케이션 보다 높지 않고 오히려 더 저렴할 수 있는 2가지 실질적인 이유가 있다. 첫째, 서버리스 비용은 일반적으로 사용되는 리소스의 양에 비례한다. BBC 웹 사이트를 다시 생각해보자. 유저가 많을수록 서버리스 기능이 더 많이 호출되고 클라우드 비용도 더 높아진다. (이것은 BBC 재무 팀에서 높이 평가하는 간단한 상관관계이다!) 반면에 서버 기반 웹 사이트는 하나의 웹 서버가 많은 유저를 처리하기 때문에 실제로는 더 복잡한 가격 모델을 가지고 있다. 한가한 시간대에는 웹 서버의 활용도가 낮더라도 비용이 발생한다. 또한 언제 유저가 더 늘어날지 모르기 때문에 서버는 항상 어느 정도의 용량을 확보하고 있어야 한다. 대부분의 운영 서버는 10~20%의 CPU 사용률로 실행되는데, 다시 말해 획득한 가상 머신 용량의 80% 이상이 사용되지 않는 경우가 많다는 것이다. 서버리스의 '사용한 만큼만 지불한다'는 가격 모델은 이렇게 볼 때 합리적이며, 더 나은 가치를 제공할 수 있다.

둘째, '총소유비용'이라는 논거가 있다. 이전 장에서 논의된 바와 같이 서버리스 아키텍처를 사용하면 팀은 인프라에 대한 부담을 덜고 중요한 업무에 더 집중할 수 있다. 대부분의 조직이 지불하는 가장 큰 비용은 직원 인건비이다. 서버리스가 시스템에 대한 더 많은 비용이 들더라도 조직의 절약되는 시간을 고려하면 전반적으로 더 나은 가치일 수 있다.

새로운 기능 구현

BBC 웹 사이트는 특정 콘텐츠의 동시접속 상황을 실시간으로 보여주기도 한다. 백만 명이 넘는 유저가 동시에 같은 콘텐츠를 읽거나 시청하는 경우도 드물지 않다. 이 유저 수를 표시하는 것은 웹 페이지의 훌륭한 기능이지만 실시간으로 계산하는 것은 엔지니어링적으로 어려운 문제이다. BBC는 이 숫자를 보여주기 위해 대규모 프로젝트를 진행할 수는 없었다. 하지만 서버리스를 통해 저비용 솔루션을 사용할 수 있게 됐다.

이 '카운팅 서비스'는 유저 이벤트를 분석해서 각 콘텐츠에 액세스 하는 유저 수를 요약해 생성할 수 있는 기능이 필요했다. 유저 수는 매우 다양하기 때문에 컴퓨팅과 스토리지에 다양한 계측이 가능해야 했다. 물론 이 부분은 서버리스의 완벽한 영역이다. 소규모의 BBC 엔지니어링 팀은 다양한 도구(이 사례에서는 AWS 키네시스Kinesis, 람다, 다이나모DB DynamoDB)를 사용해서 2개월 이내에 실시간 시청자 수를 계산하는 100% 서버리스 서비스를 만들고 배포했다. 이 서비스는 최소한의 유지관리와 예측 가능한 비용만으로 4년 동안 운영되고 있다. 이 서비스는 매우 성공적이어서 현재 다른 여러 시스템에서도 이 기능을 사용하고 있다. 복잡한 문제를 단순하고 확장 가능하며, 안정적이고 경제적인 솔루션으로 전환한 서버리스 프로젝트의 완벽한 사례라고 볼 수 있다.

제한사항

BBC 온라인 시스템 약 3분의 1은 현재 클라우드 기술로 서버리스 기능을 구현할 수 없다. 예를 들어 웹 트래픽 관리 서비스는 대량의 개방형 네트워크 연결을 처리하는데, 서버리스 기능으로 처리하기에는 까다롭고 잠재적으로 비용이 많이 들 수 있는 작업이다. 또한 BBC의 특수 비디오 트랜스코딩에는 특정 가상 머신 하드웨어가 필요하다. 서버리스를 모든 유스케이스에 적용하기엔 너무 새로운 패러다임이다(시간이 지나면 달라질 것이라고 생각한다).

　서버리스는 통제권을 포기한다는 의미이다. 클라우드 프로바이더가 궁극적으로 어떤 기능을 제공하고 얼마나 많은 것을 구성할지 결정한다. 따라서 특수한 요구사항이 있는 일부 프로젝트는 즉시 배제된다. 또한 프로젝트에서 특정 개발 언어를 사용해야 하는 등 타협해야 할 수도 있다. 이것이 올바른 타협인지 여부는 요구사항에 따라 달라진다.

　따라서 서버리스는 만병통치약이 아니다. 서버리스는 소프트웨어 설계를 위한 여러 접근 방식 중 하나이며, 다른 모든 것과 마찬가지로 다른 옵션과 함께 고려해야 한다. 하지만 앞서 설명한 모든 이점을 얻으려면 '서버리스 우선' 접근 방식이 적합하다. 다른 방법을 찾기 전까지는 서버리스를 기본 옵션으로 고려하는 것이 좋다. 일부 프로젝트에서만 효과가 있더라도 그만한 가치가 있다.

핵심요점

소프트웨어 시스템은 항상 복잡하다. BBC의 사례에서 볼 수 있듯이 서버리스 인프라는 이러한 복잡성을 줄이는 데 도움이 될 수 있다. 더 간단하고, 작은 컴포넌트는 일반적으로 더 빠른 개발, 더 쉬운 배포, 새로운 제품 기회 및 전체 비용 절감이라는 결과로 이어진다. 이는 결국 혁신과 지속 가능한 장기적 가치를 위한 공간을 창출해준다.

문제가 발생하면, 모니터링 및 수집 솔루션이 별도의 설치 없이 즉시 통합돼 문제를 더 빠르게 해결할 수 있다. 또한 서버리스에서 생성된 기능을 팀 간에 쉽게 공유할 수 있어 일관성을 유지하고 프로젝트를 더욱 최적화할 수 있다.

갈의 법칙Gall's Law을 인용하자면, "작동하는 복잡한 시스템은 언제나 작동하는 단순한 시스템으로부터 진화한 것이다."[2] 서버리스는 팀이 공동으로 풍부하고, 빠르게 움직이는 최첨단 제품을 만들 수 있는 간단한 기반이 될 수 있다.

결론

시작하기

기술 및 비즈니스 서적을 읽는 많은 독자들은 신속히 적용할 수 있고 즉각적인 성공을 약속하는 빠른 해결책을 찾고 있다. 애자일 소프트웨어 개발 초기에 스크럼 방법론은 독자들에게 정해진 단계를 그대로 따르라고 조언했다. 그렇게 하면 정해진 결과가 보장됐기 때문이었다.

나는 스크럼이 완벽하게 작동하는 것을 본 적이 있는지 잘 모르겠다. 스크럼은 사람과 회사에 맞게 프로세스를 변경해야 한다는 이해를 기반으로 하지만, 실제로 그렇게 되는 경우는 거의 없다. 인간사라는 것이 골치 아프고 엉망이기 때문에 우리가 하는 일이 매우 도전적이고 보람 있는 것이다. 모든 회사는 다 다르고 소프트웨어는 늘 새로운 문제, 즉 회사 고유의 문제를 해결하기 위해 만들어진다.

당신의 회사에 가치 플라이휠 효과가 있다 하더라도, 이를 자료실 창고에서 찾아야 한다면 의미가 없다. 기술과 비즈니스의 상반된 관심사를 통합하고, 이를 하나로 만들기 위해 노력해야 한다. 기술도 중요하지만, 기술에만 집중하지 말고 사람에게 집중하는 것이 더 중요하다. 따라서 사회적 기술이라는 개념이 다시 등장할 것이다. 이 개념은 원래 제2차 세계대전 중에 만들이졌으며 아마 앞으로는 더 짧은 이름으로 사용될 가능성이 높다. 기업의 기술이 성숙해짐에 따라 더 많은 리더가 사회(문화와 사람)와 기술적 측면을 동등하게 초점을 맞추는 것이 장기적인 가치를 제공하는 데 더 중요하다는 것을 이해하게 될 것이다.

새로운 회사 혹은 당신의 현재 회사가 변화를 주도하고자 할 때는 가치 플라이휠 효과에 초점을 맞추고 이를 원활하게 실행하는 것이 가장 중요하다. 매핑, 북극성 찾기, 발견의 한 형태인 오픈 스페이스 이벤트와 같은 기법에 집중하는 것이 좋다.

마지막으로, 가치 플라이휠을 빠르게 진행시켜야 한다. 명확한 목적이 존재하지 않거나 기록돼 있지 않은 경우가 많다. 심지어 경영진 구성원마다 다를 수도 있다. 무언가를 추정하고 다음으로 넘어가는 것을 두려워하지 말아라. 완벽함보다는 추진력에 집중하라. 처음에는 진행 상황이 흐트러질 수 있지만 계속 전진하라. 빠른 승리의 중요성은 아무리 강조해도 지나치지 않다.

갈등이 아닌 협업

팀워크, 리더십, 협업에 관한 수천 권의 책이 발간됐지만 우리는 여전히 어려움을 겪고 있다. 기술 업계에서 '우월의식One-up-manship'과 '브로그래머Brogrammer' 문화는 독이 되고, 피해를 주며, 도움이 되지 않는다. 우리는 갈등이 아닌 다양성, 포용성, 접근성을 가진 협업을 통해서만 성공할 수 있다. 이 책을 통해 그 메시지가 분명하고 명확하게 전달되기를 바란다.

비즈니스 현업에 있는 사람이라면, 엔지니어와 공감대를 형성하고, 그들의 어려움을 이해하려고 노력해야 한다. 많은 엔지니어가 모든 것을 해결하겠다고 노력할 것이다. 올바른 문제를 해결할 수 있도록 도와줘야 한다.

하지만 엔지니어링을 넘어 변화를 주도하고 전체 리더십 커뮤니티와 신뢰를 구축하기 위해서는 위협적인 존재가 되지 않도록 해야 한다. 제품 조직을 예로 든다면, 강력한 관계를 형성하고 제품 리더가 목표를 달성할 수 있도록 돕는 것이 중요하다.

IT 부서에 있는 사람이라면, IT 부서 외부를 살펴보자. 비즈니스 현업 부서에는 어떤 어려움이 있는가? 영업, 조달, 물류 등의 고충을 발견하면 놀랄 수 있다. 그리고 모안 및 규성 준수에 대해 교육해야 한다. 마살을 없앨 수 있도록 돕고, 거기에 맞서 싸우지 마라. 명령과 통제가 아닌 지원과 권한을 부여하라.

이제, 가치 플라이휠의 4단계를 살펴보고 시작하기 위한 몇 가지 간단한 힌트를 제공하겠다.

목적의 명확성(1단계)

최악의 상황은 문제를 알고 있다고 착각하는 것이다. 제럴드 와인버그는 1985년에 소프트웨어 개발에 관한 훌륭한 저서 중 하나인 『컨설팅의 비밀』을 썼다. 이 책의 재미있는 조언은 "여러분이 컨설턴트가 될 필요는 없다."는 것이다. 이 조언은 조언을 하는 모든 사람에게 적용되며, 이는 우리 모두에게 해당된다는 것이다. 흥미로운 부분이 2가지 있다.

"'고객이 어떤 말을 하더라도, 문제는 항상 존재한다."[1]

그리고 다음과 같은 망치의 법칙이 있다.

"크리스마스에 망치를 받은 아이는
두드릴 수 있는 모든 것을 찾아다닐 것이다."

이 조언은 수십 년이 지났지만 여전히 유효하다. 문제는 걱정거리가 아니라 탐구와 주의가 필요한 것이다. 문제가 한 번 파악되면 서버리스를 해결책으로 선언하는 것은 간단할 것이다. 그러나 서버리스로 문제가 해결되지는 않는다.

여기에는 집중력을 높이기 위해 고려할 만한 4가지 활동, 즉 북극성 찾기, 시장 매핑, 가치 창출 시간, 조정 달성이 있다.

목적의 명확성: 북극성 찾기

목적을 발견하는 것은 몇 사람과 이야기하고 웹 사이트를 읽는 것만큼 쉬울 수도 있고, 몇 달에 걸쳐 고심하고 고민하는 것일 수도 있다. 행동의 근본적인 목적에 동의하면 나중에 구체화할 수 있다.

앰플리튜드의 북극성 프레임워크는 매우 명확하다. 이 프레임워크가 잘 이해된 전략을 갖췄는지, 아니면 전략이 전혀 없는지, 혹은 2가지 결과를 모두 대비해야 하는지를 드러낼 수 있다. 북극성은 지표 또는 지표 집합을 나타내야 하며, 팀은 이를 이해하고 가치가 있어야 한다.

시장 매핑

이 시점에서 시장 또는 도메인에 대한 개략적인 맵을 작성하는 것은 유익한 작업이다. 시장 분위기 패턴을 파악하는 것은 팀의 관심사를 나타내므로 성공에 있어 매우 중요하다. 당장 드러나지 않는 근본적인 문제가 있을 수 있다. 이 맵은 광범위하되 너무 세부적으로 파고들지 말아야 한다.

이 단계를 일찍 시작하면 2가지 이점이 있다. 첫째, 팀이 열정을 쏟고 있는 분야와 다양한 분야에 대한 감정적 반응을 파악할 수 있다. 느린 진행에 대한 좌절감, 기회 상실에 대한 분노, 실행 부진에 대한 실망감, 잠재적 위험에 대한 걱정 등이 유용한 지표가 될 수 있다. 이러한 문제가 비즈니스에 어떤 영향을 미치는지 물어봐야 한다. 둘째, 팀 내 조화가 필수적이다. 맵에 대한 의견 조율이 잘 이루어지고 있는가? 사람들이 분석 결과에 동의하는가? 건강한 도전이 있는가? 그리고 사람들이 비즈니스에 대한 정보를 빠르게 파악하고 있는가?

시장 맵은 해당 지역의 3만 피트 높이에서 바라본 지구이다. 접근 방식과 가능한 위험을 표시해야 한다!

가치 창출 시간

가치 플라이휠 효과의 가장 중요한 지표 하나는 가치 창출 시간이다. 제품 관리자가 새로운 기능을 구체화하기 시작한 순간부터 유저가 사용할 수 있을 때까지 시간이 얼마나 걸릴까? 이 지표는 효과적으로 우선순위를 정하고 영향을 고려하기 위한 사업부 내 조율 상황을 포착할 수 있다. 또한 기능을 평가, 구축 및 릴리스하기 위한 조직의 엔지니어링 성숙도를 파악할 수 있다. 기술 및 비즈니스 부채는 잘못된 정렬과 마찬가지로 가치 창출 시간에 영향을 미칠 수 있다. 며칠 또는 주 단위로 측정하는 것은 좋지만 몇 달 또는 몇 년 단위로 측정하는 것은 문제가 될 수 있다.

이 지표를 측정하고 추적할 수 있는가? 기능 구현 시 포착할 수 있는 이벤트가 있는가? 스토리 작성, 보도 자료 작성, 제품 사양 시작 등등? 그렇다면 고객이 이 기능에 액세스해서 사용할 수 있는 이벤트는 무엇인가? 기능은 고객에게 가치 있는 것이어야 하며, 사소한 구성 변경이나 숨겨진 업데이트가 아니어야 한다.

정렬

이상적으로는 잠재적인 추진 경로를 중심으로 정렬돼 있고, 진행 상황을 측정할 수 있는 수단이 있어야 한다. 최악의 시나리오는 정렬이 잘 되지 않는 것이며, 맵은 이 부분을 강조해야 한다. 정렬이 완료되면 즉시 경로를 표시하는 것이 중요하다. 이 과정을 여러 번 반복하게 될 것이다. 앞서 말했듯이, 가치 플라이휠은 여러 번 회전해야 하므로 이 초기 단계를 계속 반복하게 될 것이다. 지금 우리가 이룬 진전은 정렬에 영향을 미치는 우려를 완화하는 데 도움이 될 수 있다. 첫 번째 울타리에서 넘어지지 않도록 하라!

도전과 환경(2단계)

빠른 승리는 언제나 중요하다. 가치를 파악하고 이를 비교적 빨리 실현해야 한다. 우리는 모두 컨설턴트가 주도하는 대형 프로젝트에 참여한 경험이 있다. 개발비가 엄청나게 많이 들고, 프로젝트가 너무 오래 진행돼 아무도 프로젝트의 목적을 기억하지 못한다. 이것이 약간 과장된 표현일 수도 있지만, 비용 모델을 보면 그렇지 않다. 실질적인 가치가 창출되기도 전에 막대한 자금이 프로젝트에 투입되는 경우가 대부분이다. 이런 상황은 피해야 한다.

심리적 안전

이 단계에서는 조직에 안전한 분위기가 조성돼 있는지 평가하는 것이 중요하다. 참여 의식이 있는가? 팀원들이 목소리를 낼 수 있는가? 탐색 대상을 안전하고 자유롭게 탐색할 수 있는 준비가 돼 있는가?

사회기술적 관점

사람과 기술 시스템 간의 상호작용이 명확해야 한다. 사람과 아키텍처 사이에서 '비즈니스 업무'에 대한 건강한 이해가 있는가? 여기서 주의해야 할 잠재적 징후는 '블랙박스' 또는 '똥덩어리' 구성요소로, 그 안에서 무슨 일이 일어나는지 아무도 모른다. 이러한 불균형은 투명성 부족 또는 사일로 형성과 함께 나타날 수 있다.

조직 매핑

방해 요소를 제거하거나 가치를 창출하기 위해 할 수 있는 일에 대한 제안이 있어야 한다. 조직의 역량을 매칭하고, 어떻게 움직일 수 있는지 살펴보자. 이 연습은 2가지 다른 목적이 있다. 첫째, 변화를 미리 테스트하고 다음에 일어날 수 있는 일을 예측하는 데 도움이 된다. 둘째, 변화에 대한 저항이나 정렬 부족을 발견할 수 있다. 이 시점에서 지나치게 복잡한 맵은 불필요한 복잡성을 나타낼 수 있으므로 비교적 단순한 맵을 준비해야 한다.

이 부분에서 잠재적인 기술 또는 지식 격차가 나타날 수 있다. 교육, 워크숍 또는 세션을 통해 사람들의 역량을 강화하고 함께 일할 수 있는 기회를 제공하는 것이 필수적이다. 많은 교육이 온라인으로 제공되며 빠르게 습득할 수 있다는 긴박감도 중요하다. 교육 습득으로 인해 진행 속도가 느려지지 않도록 하라.

도전

이 단계에서는 도전 과제를 제시하는 것이 필수적이다. 사람들이 질문을 갖게 될 것이므로, 질문을 표면화하고 우려 사항을 작업에 반영하는 것이 중요하다. 문제는 유효하므로 도전을 무시하거나 중단하지 않아야 한다. 맵은 도전을 받아들이도록 하고, 맵을 둘러싸고 질문할 수 있는 환경을 조성해야 한다. 문제를 조기에 발견하고 인지하는 것이 좋다.

다음 최선의 실행(3단계)

이 단계에서는 여러 개의 맵을 만들고, 맵들을 정렬시켜야 한다. 모든 문제가 드러나지는 않아도 진전을 이루기에는 충분할 것이다. 여기서 속도는 필수요소이다. 소프트웨어 개발과 변경은 점진적으로 이루어져야 한다. 시스템을 통해 차이점을 없애고 어떤 일이 일어나는지 관찰하는 것이 좋다. 가장 좋은 시나리오는 우리 모두가 배우고 자신감을 쌓는 것이다. 최악의 시나리오는 알 수 없었던 큰 문제가 발견되는 것이다. 어느 쪽이든 우리는 빠르게 배우고 실패해야 한다.

코드는 부채다

소프트웨어 팀은 코드가 부채라는 사실을 이해하는 것이 중요하다. 문제를 해결하기 위해서는 추가적인 노력이 필요하고, 코드는 최후의 선택이 돼야 한다. 소프트웨어에 대한 과대광고가 너무 많아서 많은 문제에 내해 "그냥 만들자"라는 접근이 허용되는 경우가 많다. 하지만 이는 기술적 부채를 발생시키는 확실한 방법이다. 팀이 불필요한 코드를 작성하지 않도록 하기 위해 어떤 견제와 균형이 마련돼 있는가?

서버리스 우선

팀은 클라우드에서 빌드해야 한다. 그런데 클라우드를 활용하고 있는가? 서버리스 우선 접근 방식은 운영 부담이 적고 피드백 루프가 빠르다는 것을 보장한다. 가치 플라이휠을 여러 번 반복해야 견고한 기술 전략을 제대로 확보할 수 있지만 시작을 빨리해야 한다. 서버리스 우선 접근 방식은 빅뱅이 아니다. 관리 서비스 혹은 클라우드 벤더의 복잡성을 제거할 수 있는 방법에 대한 검토를 시작하라.

개발자 경험/마찰 지점

첫 번째 변경사항을 배포하는 동안 개발자 환경의 속도를 늦추거나 영향을 미치는 마찰 지점을 관찰하라. 개발자 경험은 가치 실현 시간 지표의 중요한 구성요소이다.

첫 번째 과제는 개발자 경험을 보고할 수 있는 데이터를 확보하는 것이다. DORA 지표를 측정했나? 엔지니어링 팀의 흐름을 모니터링할 수 있는가? 다른 팀과의 핸드오프나 종속을 최소화했나? 다른 일반적인 마찰 영역으로는 보안 및 배포 파이프라인이 있다. 모두 올바르게 처리하는 것이 중요하지만, 커뮤니케이션이 원활하지 않거나 투자가 부족할 경우 이것들이 희생양이 되곤 한다.

스택 매핑

다음 활동은 위의 영역과 관계해 기술 스택을 매핑하는 것이다. 엔지니어는 어떤 도구, 컴포넌트 및 플랫폼을 사용하고 있는가? 무엇에서 벗어나야 하며, 목표 상태는 무엇인가? 관심섬은 어디에 있는가? 팀과 함께 기술 스택 세션의 맵을 그리는 것은 처음에는 그 가치가 명확하지 않기 때문에 어려울 수 있다. 세션이 끝날 무렵에는 엔지니어가 해결해야 할 과제에 대한 풍부한 피드백이 있어야 한다.

장기적 가치(4단계)

이제 이 새로운 접근 방식을 사용해 프로덕션에 변경 사항을 적용할 수 있음을 입증했으므로 빠르게 움직일 수 있다. 속도를 높게 유지해야 한다. 팀이 더 많은 자신감을 갖게 되면 처리량이 증가하는 것을 관찰할 수 있을 것이다.

문제 예방 문화

장기적인 가치를 위해서는 문제 예방에 대한 사고방식의 전환이 필수적이다. AWS의 Well-Architected Framework와 같은 기술과 엔지니어링 우수성을 높이 평가하는 것이 중요하다. 활동에 대한 보상방식도 마찬가지이다. 엔지니어링 문제에 대한 사전 및 사후 평가를 도입하면 심리적 안전, 도전과 학습의 환경을 조성할 수 있다. 팀은 문제없이 작동되는 시스템에 대한 보상을 받아야 한다. 문제 발생보다 문제 예방에 우선순위를 두어야 한다. 문제를 해결한 사람을 칭찬하지 말고 문제를 예상한 사람을 칭찬하라.

지속 가능성

기술을 사용하는 모든 기업은 컴퓨팅 리소스를 소비하며, 일부 기업의 경우 이 소비량이 상당하다. 경영진과 함께 친환경 엔지니어링 접근 방식을 지속 가능성 프로그램의 일부로 자리매김할 수 있도록 하라. 퍼블릭 클라우드의 서버리스는 퍼블릭 클라우드의 가상 이미지보다 탄소 배출량이 더 적다. 사무실이나 데이터센터에 서버를 구입하는 것은 가장 높은 탄소 배출을 야기한다. 효과적이고 비용이 최적화된 시스템 실계는 보다 지속 가능한 시스템으로 이어진다.

새로운 가치

기존 기업과 차세대 기업의 중요한 차이점은 새로운 가치를 인식하고 실현하는 능력이다. 팀이 매핑의 기본을 파악하면 시장의 다양한 요소를 커버할 수 있다. 복잡성을 숨기고 움직임을 예측하기가 더 쉬워진다. 현재 상태를 명확히 파악한 팀은 다른 가능성을 제시할 수 있다. 매핑을 하는 동안 새로운 가치를 발견하는 특정한 패턴이 있다.

전략으로서의 서버리스 우선

이제 경로가 테스트됐으므로 서버리스 우선에 대해 설명하고 논의하도록 도움을 줘라. 식스 페이저 문서를 작성하거나 이런 접근 방식을 알리고, 구현하고, 축하할 수 있는 방법을 생각하라. 견제와 균형을 설정해야 하는가? 람다를 유일한 컴퓨팅 방법으로 선언하지 말고 '가장 적합함' 문화를 장려하라. 팀원들은 최선의 해결책을 논의해야 한다. 여기에는 그렇게 할 수 있는 시간과 공간을 제공하고, 적이 만들어지지 않는 상황에서 이의를 제기하고 도전할 수 있는 심리적 안정감을 주는 것이 포함된다.

문화적 변화 공인하기

'퀵 히트Quick Hit* 혁신에 맞서 싸워라. 대시보드에서 가치 실현 시간을 측정

---

* 혁신적 가치가 없을 수 있는 단기적이고 급하게 구현된 혁신안을 의미한다. 이는 장기적인 목표와 목적에 맞지 않고 지속 가능한 혁신 전략과 거리가 있을 수 있다. - 옮긴이

하고, 이를 경영진의 이야기에 포함되도록 하라. 중단과 안정성을 추적하고 투명하게 처리하라. 문제 발생이 아닌 문제 예방에 집중하라.

매핑의 중요성

와들리 매핑은 이 책 곳곳에 등장한다. 매핑은 그룹으로 한 주제를 탐색하고 이해를 공유하는 데 사용할 수 있는 기법이다. 매핑은 또한 개인에게 매우 유익하고 구체적인 사고 방식이다. 이 기법에 익숙해지려면 시간이 좀 걸리겠지만 결국에는 시나리오를 생각할 때 앵커(또는 고객), 가시성, 진화, 움직임과 관성점에 대한 아이디어가 항상 떠오를 것이다. 매핑할 때 다음과 같은 질문을 잊지 마라.

- 누구를 위한 것인가?
- 그들이 이 구체적인 것에 관심이 있는가?
- 우리가 만들고 있는 이것은 어떻게 진화할 것인가, 대체될 것인가?
- 어떻게 하면 대체 속도를 높일 수 있는가?
- 무엇이 그 가속화를 막고 있는가?

매핑은 일시적인 가치와 영구적인 가치를 구분하는 데 도움이 되는 정신적 체크리스트와 같다. 매핑은 초능력이다. 우리는 종종 맵을 보고 미래를 예측할 수 있다는 농담을 하곤 한다. 그럴 수 있다고 믿지만, 맵이 언제 어떤 일이 일어날지 알려주지는 않는다.

기술이 아니라 비즈니스다

기술자로서 우리 모두는 무언가를 열어보고 고치려고 한다. 하지만 우리는 취미생활을 하는 것이 아니다. 회사에서 월급을 받는 기술자로서 회사의 비즈니스가 최우선이다. 안타깝게도 컴퓨터 과학 수업에서 이런 내용은 거의 다루지 않는다. 많은 대학 졸업생들이 이 사실을 깨닫는 데 몇 년이 걸리고 일부는 아예 깨닫지 못하기도 한다.

세계에서 가장 성공한 비즈니스 리더 중 일부는 엔지니어로 출발했다. 그렇다면 기술자 출신이 고위 임원이나 최고경영자로 있는 '일반 기업'은 왜 그렇게 적은 걸까? 대기업이 잘못된 기술 선택으로 수십억 달러를 낭비하는 것이 용인되는 이유는 무엇인가, 기술에 대한 이해가 없는 최고경영자로 인한 결과일까? 이러한 기업 중 일부가 가치 플라이휠 효과를 적용하고 와들리 맵을 사용한다면 어떻게 될까?

마지막 이야기

이 책에서 살펴본 바와 같이 클라우드 전환은 많은 조직에게 분명한 차선책이다. 하지만 많은 조직이 클라우드로 전환해서 약속된 이점을 누리고 싶어하지만 막상 클라우드로 전환할 때 무엇을 해야 할지, 심지어 어떻게 움직이는 것이 가장 좋을지 잘 모르는 경우가 많다.

그 주된 이유는 단순히 조직 자체가 잘못 정렬돼 있기 때문이다. 일반적으로 비즈니스 책임자는 클라우드나 서버리스로 전환하면 비용이 절감될 것으로 기대한다. 엔지니어는 이것이 '쿠버네티스 사용'이라고 생각한다.

이런 잘못된 정렬 대신에, 조직이 클라우드를 사용하면 비용 절감만이 아니라 비즈니스의 수익(또는 성장 이익)도 개선할 수 있다는 명확한 전략과 비전을 가지고 있다고 상상해 보라. 비용 절감과 최적화도 중요하지만, 최신 클라우드에 숨겨진 진정한 이점은 성장과 가치를 창출하는 것이다(가치 플라이휠 효과의 네 번째 단계의 핵심 원칙). 이것이 바로 조직의 목표이자 성공의 정의가 아닐까? 유지에게 가치를 제공하고 유지의 변화하는 요구에 적응하기 위해 성장하는 것이다.

우리가 모든 전환 노력에 대해 가져야 할 가장 적절한 질문은 아주 간단하다. "우리가 그곳에 도착하면 무엇을 할 것인가?"에 대한 질문에 "우리는 애자일하기 때문에 때가 되면 알게 된다."라는 대답이 나온다면 정렬에 문제가 있는 것이다. 정렬에 문제가 있다면 혁신도, 클라우드도, 파워포인트 전략도 이 문제를 해결할 수 없다. 과거에 그랬던 것처럼 미래에도 계속 어려움을 겪을 것이다.

개발 대 운영 사일로, 기술 대 제품 사일로, 기술 결정의 불명확한 이유, 단기적 사고 등은 모두 비즈니스, 기술, 조직에 부채가 쌓이게 한다. 이는 플라이휠을 막히게 한다. 톱니바퀴가 서로 맞물려 돌아가게 되듯이 추진력을 확보하는 데 어려움을 겪게 된다.

하지만 기술 리더 혼자서 비즈니스를 추진할 수는 없다. 비즈니스만으로도 해낼 수 없다. 대신 비즈니스와 기술이 서로의 생각을 결합하고 지속 가능하고 장기적인 성공을 달성하기 위해 함께 노력해야 한다.

모든 조직은 현대의 기술 비즈니스라는 지뢰밭을 헤쳐 나가야 한다. 그러기 위해서는 먼저 이러한 움직임을 추진하는 데 필요한 에너지를 구축해야 하며, 이 에너지, 즉 힘을 조직의 모든 부분에 분배해야 한다. 이것이 바로 가치 플라이휠 효과다.

우리에게는 앞으로의 거친 바다를 항해하는 데 도움이 되는 맵이 필요하다. 하지만 그 길은 항상 같은 것이 아니라 끊임없이 변화한다는 것을 기억하지. 조직의 모든 부서가 항상 이 맵을 보고 변화를 탐색할 수 있어야 하며, 도전과 기회로 발생하는 진로를 끊임없이 조정해야 한다. 원하는 목적지에 도달하기 위해 함께 맵을 계속 조정해야 한다.

비즈니스 외부의 그 누구도 이러한 에너지를 만들어내거나 맵을 대신 그려줄 수 없다. 이러한 힘과 방향감각, 적응력은 반드시 내부에서 나와야 한다. 그리고 이러한 힘은 비즈니스니 IT 부시가 아닌 조직 전체가 함께 만들어내야 한다. 탐험이라고 생각하자. 탐험에는 교리 같은 특정 패턴과 신념에 대한 동의가 있어야 빠르게 움직이고, 같은 방향으로 나아가고, 장애물을 피할 수 있다.

지난 약 3세기 동안 세 차례의 산업혁명이 일어나면서 비즈니스와 삶의 방식이 크게 바뀌었다. 하지만 이러한 전환의 빈도와 강도는 점점 더 빨라지고 있다. 지난 20년 동안 소프트웨어 제공 방식은 린에서 애자일, 데브옵스, 레거시에서 디지털, 클라우드, 서버리스 등으로 변화해 왔다.

우리는 기술을 사용하는 방식과 소프트웨어를 작성하는 방식에서 패러다임의 변화를 목격하고 있다. 모든 것이 가능하지만 그 잠재력을 발휘할 수 있는 사람의 수는 제한돼 있다. 50년간의 소프트웨어 경험을 한 권의 책에 모두 담을 수는 없지만, 이미 해결된 문제를 해결하느라 시간과 노력을 낭비하지 않도록 올바른 질문을 던지고 올바른 문제에 집중하는 데 도움이 되는 감각적인 시스템을 알려주고자 했다.

그저 사무실을 지키는 대신 혁신을 위한 공간을 만드는 데 에너지를 집중하라. 비즈니스와 기술을 적대시하지 말고 힘을 합쳐야 한다. 이 책을 통해 회사와 팀 전체에 기술을 통합해서 최신 클라우드와 앞으로 다가올 모든 혁신에서 경쟁 우위를 확보할 수 있는 더 나은 방법을 배웠기를 바란다.

저자와 매핑의 역사

나는 책을 쓸 생각이 없었다. 이 책을 써야 한다고 조언해준 아드리안 콕크로프트에게 고마움을 전한다. 우리가 처음 대화를 나누고, 조금 걷고, 생각을 한 다음, 내 나름의 규칙을 깨고 스스로 매핑을 했다.

와들리 매핑을 배우면 사물을 새로운 방식으로 볼 수 있게 된다. 마치 사물을 즉시 꿰뚫어보고 다른 패턴을 발견할 수 있는 새로운 잠재의식이 생긴 것과 같다. 사이먼 와들리는 결코 볼 수 없는 사물을 볼 수 있는 방법을 여러 사람들에게 가르쳐 준 것에 대해 매우 기쁘게 생각할 것이다.

이 책의 원본 맵(그림 A1)은 2021년 3월에 작성한 맵 그대로이다. 시작하기에 아주 적합했다. 나는 사물을 이해하기 위해 지도를 그리곤 하는데 이 패턴이 그냥 튀어나왔다.

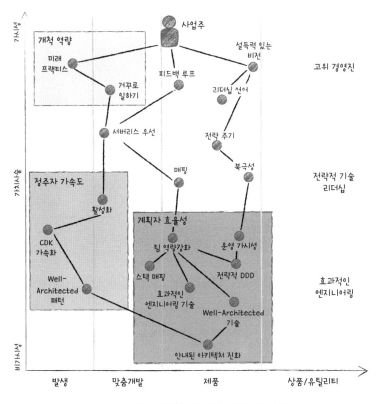

그림 A1 가치 플라이휠 효과 컨셉에 대한 와들리 맵

그 후 6개월 동안 이 맵은 그림 19.1의 지도, 즉 '혁신을 위한 공간' 맵이라고 부르는 형태로 발전했다. 가치 플라이휠의 4가지 구성 부분이 여기에있다. 원래 맵의 계획자 효율성 영역은 장기적 가치로 발전했다. 아키텍처규칙을 재창조하는 것이 아니라 이를 개선하고 상품화한다. 정주자 가속도영역은 다음 최선의 실행이 된다. 서버리스와 실행을 위한 방향은 서로 잘어울린다. 업계에서는 우수한 엔지니어링 팀을 매우 빠르게 구축할 수 있지만, 올바른 구축 방법을 찾는 데 시간이 필요하다는 사실을 서서히 깨닫고있다(제품과 엔지니어링 파트너십이 중요하다). 개척자 역량 영역은 목적의 명확성이라는 차별화 요소가 됐다. 비즈니스의 목적이 무엇인지는 자신만 알 수

있어서, 의사결정의 질에 따라 이익을 얻거나 손해를 볼 수 있다.

마지막으로 매핑은 기술과 마인드셋(도전에 대한 개방) 모두를 가져다준다. 매핑보다 도전을 받아들이는 마인드셋과 의지가 더 중요하다고 주장하고 싶지만, 워들리 매핑 기법은 대화를 시작하는 데 있어 최고의 방법이라고 생각한다.

돌이켜보면, 이 책을 그대로 따르지 않았으면 한다. 마크, 마이클, 나(데이브)는 수십 년 동안 소프트웨어 개발의 더 나은 방법을 찾기 위해 노력해왔다. 물리적인 것을 만들지 않기 때문에 엄격한 계획이 필요하지 않다. 가상 인프라에 가상 기능을 구축하기 때문에 반복하고, 배우고, 발전하고, 실패와 방향전환을 한다. 최선의 방법은 없지만 더 나은 방법은 있다.

우리가 제시한 마인드셋을 기억했으면 한다. 아직도 많은 사람들이 이렇게 생각하지 않는다는 사실이 놀랍다. 서버리스는 오늘날 우리가 사용할 수 있는 가장 순수한 마인드셋이지만, 사람들은 여전히 기능 대 컨테이너에 대해 이야기하며 요점을 놓치고 있다. 서버리스 우선이 업계를 변화시킬 것이라고 생각하지만 시간이 필요하다. 브랜드가 재설정되고 마인드셋이 바뀔 수 있다. 기술 전문가라는 허세를 버리고 인간애, 공감, 호기심의 미래를 받아들여야 한다.

지속 가능성이라는 개념은 여러 레이어에 걸쳐 작용하지만, 환경적 영향을 최우선으로 고려해야 하므로 이 용어를 존중하고 싶었다. 팀 운영방식(번아웃 방지 및 인지 부하 감소)에도 지속 가능성이 있고, 비즈니스 모델 즉 가치 플라이휠 자체에도 지속 가능성이 있다.

2022년 우리는 또 다른 '닷컴 버블 붕괴'의 조정주기에 들어서 있는 것 같다. 벤처 투자자들은 미친 듯이 자금을 쏟아 붓고 있지만, 플라이휠이 돌아가지 않는 회사들을 자주 보게 된다. 기술 전략이나 비즈니스 모델에 불균형이 있는 것이다. 이를 발견하는 것은 어렵지 않다. 웹 사이트를 살펴보면 해당 회사의 가치 플라이휠을 매우 빠르게 파악할 수 있다는 사실을 알게 됐다. 어떤 스킬을 도입하고 있는지? 시장을 매핑할 수 있는지? 다른 것과의 차별점은 무엇인지? 리더십의 질은 어떤지? 지속 가능한 접근 방식은? 약한 신호는 어떻게 봐야 하는지 알면 보인다.

코드는 부채라는 단순한 문구 뒤에 엄청난 깊이가 숨어 있다는 사실을 잊지 마라. 소프트웨어 애플리케이션 혹은 시스템을 구축하고 있는가? 많은 엔지니어가 시스템으로 생각하지 않고, 많은 리더가 팀, 소프트웨어, 고객, 비즈니스를 포함하는 사회기술적 시스템을 생각하지 않는다. 이 책을 통해 여러분이 구축하는 것에 대한 방식이 변화되기를 바란다.

처음 IT Revolution과 얘기를 나누었을 때 그들은 이렇게 말했다. "우리는 작가와 일하지 않습니다. 우리는 실무자들과 일합니다." 아주 짧은 순간 그들이 내 기분을 상하게 했다고 생각한 것 같다. "아뇨, 아뇨." 내가 대답했다. "저는 제가 실무자임을 좋아합니다!"

현재 나는 다양한 브랜드와 소비자에게 진정한 사용자 제작 콘텐츠^{UGC,} User-Generated Content를 제공하는 글로벌 커머스 플랫폼인 바자보이스에서 기술 펠로우로 일하고 있다.

마크와 마이클은 기업이 전 세계 어디에서나 인재를 채용할 수 있도록 지원하는 서비스인 글로벌리제이션 파트너스의 아키텍트다. 흥미롭게도 두 회사 모두 '다면 플랫폼 비즈니스 모델Multisided Platform Business Model'을 갖고 있다. 이 가치 제안은 2개 이상의 고객 그룹을 연결하는 것으로, 소프트웨어 또는 SaaS를 통해 실현된다. '다면 플랫폼'이라는 개념은 비교적 새로운 개념이며, 가치 플라이휠 효과로 완벽하게 설명할 수 있다.

요컨대, 우리는 지속적으로 현장에서 우리의 생각을 테스트하고, 증명하고, 새로운 것을 배우고 커뮤니티에 환원하고 있다. 우리는 이것이 거대한 패러다임 전환의 시작임을 알고 있다. 수 년 동안 호쿠사이Hokusai의 「가나가와 해변의 높은 파도 아래」 그림을 사용해서 최신 클라우드 또는 서버리스와 새로운 비즈니스 모델이 가져오는 변화를 시각화했다. 파도는 부서졌지만 파도는 한 번만 치는 것이 아니다. 앞으로 더 많은 파도가 밀려올 것이며, 이 책이 그 파도를 타는 데 도움이 되길 바란다.

우리는 언제나 이야기와 배움에 관심이 있다. X(@ServerlessEdge) 또는 온라인(TheServerlessEdge.com)으로 연락해 주길 바란다.

독자들에게 감사드립니다. 승승장구하세요!

– 데이비드

가치 플라이휠 효과를 사용해 조직을 서버리스로 전환하는 방법

다음은 조직이 가치 플라이휠 효과를 사용해 서버리스 우선 전략으로 전환하는 방법을 가상으로 표현한 것이다.

장애

로라는 극심한 압박을 받고 있다. 세일즈 프로모션이 진행되는 도중에 앱 서버가 또 다시 다운됐기 때문이다. 그녀는 몇 주 전부터 추수감사절이 싫어지기 시작했다. 로라는 수석 엔지니어이지만 그녀에게도 너무 큰 부담이었다.

일이 발생했다...

커피를 들고 사무실로 출근하면서 그녀는 앞으로의 하루가 어떻게 될지 알고 있었다. 수잔은 언제나 실용적인 사람이었지만, 영업 부사장이 그녀를 힘들게 할 이번 사태를 정당화시켜야 한다...

물론 롭은 기뻐할 것이다. 토요일 밤을 새워가며 '하루를 구해낸' 사람이니까. 그녀는 아직도 그가 테스트되지 않은 수정 사항을 배포했다는 사실을 믿을 수 없다. 진정한 상남자의 행동이었다.

그녀는 어제 약 25명의 사람들과 몇 시간 동안 통화를 했다. 정말 불필요한 일이었다. 괜찮은 엔지니어라면 누구나 예방할 수 있는 문제라는 것을 알고 있었다. 새로운 아키텍처를 승인받기 위해 두 달 동안 노력할 때 롭은 그렇게 적극적이지 않았다.

'위대한' 롭은 그녀를 끝없이 좌절시켰다. 훌륭한 엔지니어라면 충돌에 대응하는 것이 아니라 충돌이 일어나지 않도록 예방해야 한다. 로라는 팀이 안전한 방법을 택하고 이전 서버에 패치를 적용하기로 한 결정에 대해 여전히 화가 나 있다. "이전 서버에는 장애가 없었습니다." 라고 그들은 모두 말했다.

모든 일에는 처음이 있다. 이번 건은 백만 달러짜리 수업이 될 것이다.

시스템은 20시간 동안 다운됐었다. 한 시간 동안 시스템이 중단되면 5만 달러의 손실이 발생한다고 한다. 전 세계 고객과 프로모션을 고려하면 그 수치는 보수적인 수치일 것이다. 소프트웨어 개발의 첫 번째 규칙은 신뢰성이다. 시스템을 사용할 수 있어야 하고, 거래를 처리할 수 있어야 한다. 기술적 결함으로 인해 고객을 잃을 수는 없다.

로라가 엘리베이터에서 나오면서 몇 사람이 얘기하는 것을 우연히 들었다. "롭은 흥분해 있어요. 그 사람은 천재예요." 한 사람이 말했다.

"밤을 새웠다고 들었어요!" 다른 사람이 말했다.

아. 긴 하루가 될 것 같다. 어떻게 하면 팀원들의 이런 행태를 바꿀 수 있을까? 로라는 지난 주에 읽었던 한 글이 떠올랐다. 이 글에서는 조직이 심리적 안전 환경을 조성하고 데이터를 사용해서 오류가 발생한 이유를 파악하고 재발을 방지해야 한다고 했다. 좋은 말이다. 하지만 로라의 회사에서 그런 일이 일어날 가능성은 전혀 없다.

10분 후 '학습과 교훈' 회의가 시작됐다. 로라는 「왕좌의 게임」처럼 될 것이라고 확신했다. 적어도 수장은 참석할 테니까. 로라는 수장이 훌륭한 리더이자 훌륭한 최고기술책임자라고 생각했다.

로라의 예상대로 회의는 엉망이었다. 어느 순간 사우론(롭)의 눈은 불쌍한 클라이브에게 향했다. 롭이 나서서 가장 뛰어난 클라우드 엔지니어 중 한 명인 클라이브가 데이터베이스 부하를 제대로 테스트하지 않았다고 은연 중에 지적했다. 아무도 데이터를 가지고 있지 않았고, 약 5분 동안 회의는 "내가 말했잖아요. 와 그게 무슨 말이죠!'로 바뀌었다. 한마디로, 놀고 있었다. 다행히 수잔이 나서서 일단 정리했다.

앞으로 나아갈 길

그날 오후 늦게 로라와 클라이브는 데이터를 살펴보기 위해 자리에 앉았다. 클라이브는 훌륭한 클라우드 엔지니어일 뿐 아니라 아주 잘 훈련된 사람이었다.

"아키텍처 스파이크Architecture Spike*는 왜 하는 거죠?" 로라가 물었다.

"지난 번 사건은 재앙이었다고 알고 있습니다." 클라이브가 한숨을 쉬면서 말했다.

"우리는 SAFeScaled Agile Framework†에 너무 얽매여 있고, 아키텍처럴 런웨이Architectural runway라는 아이디어가 우리를 힘들게 하고 있어요"

"완전히요. 2주 개발을 위해 6주의 시간을 허비하는 것 같아요. 8주만 줬어도 이번 장애는 일어나지 않았을 겁니다. 멍청한 회의와 '보드 업데이트'에 너무 많은 시간을 허비하다 보니 실제 업무에 집중할 수가 없어요. 난장판이라고요." 로라는 데이터를 스크롤하며 말했다.

그들은 진행 중인 '애자일 극장Agile Theater'을 싫어했다. 하지만 100명의 사

---

* 소프트웨어 개발에서 아키텍처 문제를 해결하거나 소프트웨어 시스템 아키텍처에 대한 결정을 내리기 위해 진행되는 이벤트이다. 이 이벤트는 분명한 목적과 시간제한이 있으며 애자일에서 하나의 스프린트에서 시행되기도 한다. – 옮긴이

† 대규모 조직에서 사용하도록 만들어진 애자일 프레임워크 – 옮긴이

람들이 SAFe 열차에 탑승했기 때문에 두 사람 모두 빠르게 무언가를 할 수 없다는 것을 알고 있었다.

로라가 클라이브에게 말했다. "저기요, 지난 달에 이 매핑을 했죠, 이 맵을 통해 관찰한 내용을 실행에 옮겨야 합니다. 한 달 전에 이 일을 했더라면 이런 일은 없었을 겁니다."

"맞습니다. 하지만 SAFe 열차는 이 작업에 우선순위를 두지 않을 겁니다. 장애 이후에는 그럴지도 모르지만 다음 계획 세션까지 6주가 더 필요한데 기다릴 수 있을까요?"

"아니요!" 로라가 대답했다.

"우리는 지속 가능한 속도로 일하고 있지 않아요. 모두들 직감으로 알아서 일하고 있어요. 개선의 여지가 있어 보이네요." 클라이브가 머리를 긁적이며 고민했다. 잠시 얼굴을 찡그리더니 "수장과 얘기해볼까요?"라고 말했다.

로라가 말했다. "시간 좀 걸렸네요, 갑시다."

───────────

이틀 후, 로라는 자리에 깊이 앉아 깊은 생각에 잠겨 허공을 응시하고 있는 클라이브에게 다가갔다. "여기는 지상 관제소, 톰 소령 응답하라Ground control to Major Tom.*" 로라가 노래를 불렀다.

"오! 미안해요, 정신 놓고 있었네요." 클라이브가 다시 주의를 기울이며 말했다. 그는 웃기 시작했다. "지난번에 수장에게 한 말이 아직도 믿기지 않아요!"

로라가 웃었다. "글쎄요, 최고기술책임자인 수장은 제가 만나 사람 중 가장 똑똑한 사람이에요. 사탕발림도 소용없습니다. 이미 알고 있거든요. 우리가 맵을 만들어 뒀으니까, 뭘 해야 하는지 잘 알고 있습니다."

─────────

* David Bowie의 히트곡 Space Oddity의 노래 가사 - 옮긴이

클라이브는 눈을 동그랗게 떴다. "알아요, 하지만 우릴 쫓아낼 줄 알았어요. 임원에게 그런 식으로 말하는 사람은 처음 들어봤습니다."

"그래요?" 수잔이 대답했다. "전 그냥 솔직히 말한 거예요. 지난 주말에 약 백만 달러의 손실을 봤는데, 링컨이 그니키 피워포인트 슬라이드를 볼 기분이 아닐 거라고 생각했죠. 저는 이 쓸모없는 플랫폼을 최대한 빨리 버리고 서버리스로 전환해야 한다고 말했을 뿐입니다. 이미 죽은 개라는 겁니다."

"하지만 그녀는 모든 것을 설계했습니다. 자부심이자 기쁨이죠!" 클라이브가 외쳤다.

"아키텍처 접근 방식은 여전히 훌륭하지만 플랫폼이 우리를 실망시키고 있어요. 우리는 시스템을 서버리스 솔루션으로 발전시키고 있을 뿐입니다. 상황을 개선시키고 있습니다." 로라가 말했다. 자신감 있게 말하려고 노력했지만 사실은 약간 긴장하기 시작했다.

큰 발표를 하는 것 보다 더 긴장되게 하는 것은 발표가 받아들여지는 것이다. 그들은 몇 달 전부터 이 새로운 접근 방식에 대해 많은 이야기를 나누었지만 실제로 시도해볼 시간은 짧았다. 결국 실수가 있었고 사람들은 긴장했다. 모두 안전한 방안을 선택해서 돌아갔다. 당시 로라도 혼란스러웠지만 모두들 기존 시스템을 교체할 시간이 없다는 데 동의했다.

돌이켜보면, 그녀는 자신의 주장을 더 강하게 했어야 했다는 것을 알았다. 하지만 지금은 상황이 달라졌다. 추수감사절 기간에 시스템이 다운됐고, 대규모 판매 시즌이 다시 시작되기까지 길어야 3주 정도밖에 남지 않았다. 적어도 그 당시에는 모든 준비 작업을 마쳤기 때문에 먼지를 털어내고 실행하기만 하면 됐다. 좋은 점은 최고기술책임자와 경영진의 전폭적인 지원이 있었다는 점이고, 반대로 엔지니어들은 약간 긴장하고 있었다는 점이다.

회의

킥오프 회의는 그날 오후 2시에 시작됐다. 로라는 회의 전에 클라이브, 롭과 점심을 먹기로 했다. 그들은 "짐심이나 먹으러 가자"는 말에 웃음을 터뜨렸다.

"점심을 책상에서 먹지 말라는 뜻이죠?" 라고 롭이 말했다. 지난 6개월 동안 너무 정신없이 바빠서 휴게실에 앉아 있는 것조차 색다르게 느껴졌다. 로라는 마지막으로 점심을 먹으러 사무실 밖으로 나간 것이 언젠지 기억조차 나지 않았다. 이들은 거의 매일 사소한 기술적 세부 사항에 대해 의견 충돌을 빚었지만, 오랫동안 친구로 지내왔고 평소에도 늘 서로를 배려했다. 월요일에 상황이 너무 나빠진 것을 안타깝게 생각한 이들은 함께 해결해보기로 했다. 외부에서 보기엔 서로를 싫어하는 것처럼 보이지만, 이들은 모두 기술적 토론을 주고받는 것을 좋아했다. 처음 보는 사람에게는 다투는 것처럼 들리기도 하고, 폭력적인 의견 충돌로 보이기도 했다!

약간의 잡담 후, 로라가 분위기를 정리했다. "여러분, 우리가 세부적인 문제에 집중하는 것을 좋아하지만 지금은 심각한 상황입니다. 우리에게 한 번의 기회가 있습니다. 전에도 이런 일을 겪어봤어요. 우리가 시작할 수 있다면 이 혼란을 안정시키고 정상으로 돌아갈 수 있습니다. 우리 모두 끊임없는 패치와 긴급 작업에 지쳤습니다."

"100% 동의합니다." "월요일에 갑자기 부담 줘서 미안해요. 주말이 지나고 너무 피곤해서요." 롭이 말했다. "아이들과 밤새 노는 것은 힘들어요. 클라이브, 그저 난 생각이 없었어요."

"괜찮아요. 저는 로라를 믿습니다. 그녀가 수석 엔지니어이고, 드디어 서버리스 접근 방식으로 전환할 수 있게 돼 기쁩니다."라고 클라이브는 말햇다.

회의가 시작될 때 로라는 이상하게도 침착했다. 수잔은 다른 엔지니어링 리더들과 이 프로젝트에 참여를 원하는 엔지니어 몇 명과 함께 참여하기로 했다. 회의실에는 기대감이 가득했다. 월요일의 부담감이 조금은 완화됐다.

로라는 원격 엔지니어들과 소통하기 시작했다. "참여 중인 모든 분들은 제 말이 들리나요? 오늘은 다양한 분들이 모였으니 우선 원격으로 진행하겠습니다. 미리그로 말씀하시고, 말하는 분을 경청해주세요." 라고 로라가 시작했다. "아, 미안해요 수잔. 먼저 시작하시겠어요?" 로라가 제안했다.

"오! 아닙니다. 로라가 하면 됩니다. 저는 기꺼이 경청하겠습니다." 수잔이 대답했다. "저는 계획에 전적으로 동의합니다. 기꺼이 듣고, 지원하고, 제가 할 일에 대한 요청을 두려워하지 마세요! 이건 중요한 일이니까요."

"좋아요." 로라가 대답했다. "코드를 작성할 필요는 없지만 지원이 필요합니다. 우선순위 목록에서 몇 가지를 올려야 할지도 모르니 도와주세요."

로라가 마이크 쪽으로 몸을 기울였다. "몇 달 전에 이런 대화를 나눈 적이 있는데, 그때는 적절한 시기가 아니었죠. 지난 주말에 서비스가 중단됐으니 뭔가 조치를 취해야 합니다. 이미 지나간 일을 되풀이할 필요는 없지만 빨리 움직여야 합니다. 제 전 직장이 성숙한 서버리스 스택을 보유했다는 것을 아실 겁니다. 저는 우리를 위해 강력한 계획을 세웠습니다. 우리 모두는 몇 년 동안 클라우드에서 일해 왔기 때문에 여러분이 느끼는 것과 다른 기술을 갖고 있습니다. 지나치게 공격적인 계획은 아니지만 빠르게 실행하고 움직여야 합니다." 로라는 잠시 멈추고 숨을 고른 후 회의실과 원격 참석자들을 훑어봤다.

"지난 6개월 동안의 목표는 작년 매출 대비 50% 증가를 달성하는 것이었습니다. 트래픽은 증가하고 있지만 시스템이 우리를 실망시키고 있습니다. 우리 모두는 여기에 안정성 지표를 추가하는 것에 대해 비공식적인 논의를 한 적이 있다고 생각합니다. 저는 50% 증가와 함께 99.9%의 가용성, 그리고 모든 결제가 3초 이내에 완료되는 것으로 목표로 삼는 것을 제안합니다."

"우리 사이트의 문제 영역이 카탈로그라는 것을 알고 있으니까 이를 신속하게 리플랫폼하는 것과 동시에 목표 달성도 할 수 있을 것으로 기대합니다. 이 리플랫폼을 통해 연말을 대비한 충분한 용량을 확보할 수 있을 것으로 예상합니다. 당장 해야 하는 일이 2가지가 있습니다."

"하나는 목표를 실현하는 데 필요한 인프라와 대시보드를 포함해서 서비스 수준 목표Service-Level Objective인 SLO로 전환해야 합니다. 또 하니는 오늘 리플랫폼을 시작해야 합니다. 이미 기초 작업은 완료됐으니까 시작만 하면 됩니다. 내용이 많다는 것을 알지만 보다 자세한 설명에 앞서 질문이 있으신가요?"

로라는 잠시 숨을 고르고 수잔을 바라봤다. 그녀는 고개를 끄덕이고 있었다. 좋은 징조다!

클라이브는 목을 가다듬고 방을 둘러봤다. "글쎄요, 저는 이미 일부 SLO 작업을 시작했으니 소규모 팀을 꾸려서 구체화시키기만 하면 될 것 같아요. 어차피 해야 할 일이니 로라의 제안은 완벽합니다. 이제 모든 사람이 숫자를 보게 될 테니 다시 한번 확인만 하면 됩니다."

"고마워요, 클라이브." 수잔이 말했다.

"배포 파이프라인은 어떻게 하나요?" 롭이 물었다. "계획은 마음에 들지만, 그 계획이 하는 일에 비해 복잡합니다. 너무 복잡해서 추가하는 것도 걱정됩니다."

"맞아요." 로라가 대답했다. "그 문제에 대해서 살펴봐야 합니다. 당신 말이 맞아요. 코드디플로이CodeDeploy를 고려해 볼 수 있을 것 같아요. 수잔이 배포를 간소화할 수 있는 이 기능을 도입하는 데 도움을 주겠다고 했습니다. 배포 파이프라인을 전반적으로 간소화하는 시작이 될 수 있습니다."

수잔은 고개를 끄덕였다. "네, 팀에서 빨리 도입할 수 있도록 돕겠습니다. 보안 점검의 우선순위를 정해야 하겠지만 최고정보보호책임자CISO, Chief Information Security Officer도 이 사실을 알고 있습니다. 로라가 이 작업을 주도하겠지만, 지금이 현대화하기에 적절한 시기라고 생각합니다."

"좋아요, 이제 세부사항으로 넘어가죠..." 로라는 몇 달 전에 만들었던 설계를 스케치하기 시작했고, 안심했다. 좋은 설계였고, 기존 시스템의 부하를 어느 정도 덜어줄 수 있을 것 같았기 때문이다.

시급 단계

다음 날, 로라는 조금 일찍 출근해서 평소처럼 커피를 마시며 생각할 여유가 생겨서 좋았다. 그녀는 회사에 입사한 지 1년이 넘었고, 그동안 해온 일도 많고 앞으로 해야 할 일도 많았다. 전 직장은 서버리스 접근 방식이 매우 성숙했었다. 지금 회사는 성숙한 클라우드 관행이 있었지만 서버리스로의 전환을 미루고 있었다. 처음 입사했을 때 수잔이 경고했던 바로 그 부분이었다. 이제 그 경고는 완전히 현실이 됐다.

"우리에게 큰 기회가 왔지만, 시점이 문제입니다."

이런 마이그레이션은 결코 기술의 문제가 아니라 변화하고자 하는 사람들의 의지에 달렸다. 수잔은 매우 똑똑했다. 그녀는 서버리스에 대한 전면적인 추진을 준비해야 한다는 것을 알고 있었지만 모두를 움직일 명분이 필요하다는 것도 알고 있었다. 로라는 한숨을 쉬었다. 추수감사절 주말에 발생한 서비스 중단은 아마도 가장 큰 스트레스 상황이었을 것이다.

로라는 연필을 집어 들었다. 그녀는 어떤 일이 일어나야 하는지 알고 있었지만 제대로 그려야 할 필요성을 느꼈다. 시각화 시켜 보면 더 쉬울 것 같았기 때문이다.

그녀는 AWS 내의 토폴로지를 스케치했다. 적어도 모든 것이 적절한 크기의 계정에 있었고, 보안 모델도 좋았기 때문에 큰 도움이 됐다. 마이그레이션은 힘들었지만, 지금은 완료됐다. 애플리케이션이 마이크로서비스로 분할돼 있는 것도 좋지만 데이터베이스 설계가 제대로 돼 있지 않았다. 바로 그 점이 걸림돌이었던 것이다. 시스템은 괜찮았지만 판매 주문을 작성하는 동안 카탈로그 정보를 읽느라 데이터베이스에 과부하가 걸렸기 때문이다. 그녀는 여러 컴포넌트를 스케치하면서 긴장을 풀었다. 전혀 복잡하지 않았다.

그런 다음 그녀는 새로운 배포 파이프라인을 추가했다. 엔지니어가 즉시 배포할 수 있도록 낮은 마칠의 파이프라인을 만들있다. 카탈로그는 계속 변경되기 때문에, 팀은 여기서 매우 빠르게 대응할 수 있다. API, 관측 가능성과 간단한 그래프큐엘GraphQL 서비스를 위한 몇 가지 CDK 패턴을 만들었다. 팀은 바로 이것들을 연결하고, 코드디플로이를 통해 배포를 자동화하고, 기본 대시보드를 만들 것이다. 이 모든 것이 서버리스이므로 필요에 따라 확장할 수 있다. 그녀는 이 교체를 쉽게 하기 위해 사용자 인터페이스에 메타데이터를 사용해야 한다고 주장했다. 간단히 계산을 해보니, 이렇게 하면 데이터베이스에서 42%의 부하를 줄일 수 있을 것으로 나타났다. 물론 측정을 해봐야 한다.

다음 부분은 좀 더 까다롭다. 주문 매커니즘을 스탭 펑션Step Function* 흐름으로 만드는 것이다. 이렇게 하면 주문을 면밀히 추적할 수 있고, 시스템에 장애가 생겨도 복구할 수 있다. 이것을 사용자 지정 상태 머신으로 구현하자는 논의가 있었다. 말도 안 되는 소리다. 서버리스 관리형 서비스는 이 문제를 15분 만에 해결할 수 있기 때문에, 더 이상 이 문제에 대해 할 말이 없었다.

로라는 앉아서 자신의 다이어그램을 보며 감탄했다. 그래, 덕분에 목표가 훨씬 더 명확해졌다. 그녀는 종이와 노트북을 들고 수잔에게 보여줬다.

---

* 아마존 AWS의 서비스로서 서버리스 환경에서 작업을 단계적으로 조정하고 실행하는 시각적 워크플로 기능을 제공한다. – 옮긴이

장기 단계

3주 후, 로라와 수잔은 점심을 먹으러 나갔다. "사무실 밖으로 나오니 좋네요." 로라가 말했다.

"정신이 돌아왔군!" 수잔이 농담을 했다.

두 사람 모두 서버리스 시도가 잘 진행되고 있다는 것을 알고 있었다. 예상대로 구현이 빠르고 환상적으로 작동했다. 성능과 안정성은 예전보다 훨씬 좋아졌다.

수잔은 다음 단계에 대해 이야기하기 시작했다. "새해까지 기다렸다가, 앞으로 Well-Architected Framework를 도입하고 엔지니어링 팀에 다시 자부심을 심어 줄 겁니다. 나머지 아키텍처를 서버리스로 전환하기 시작하면서 팀들이 자신의 노력을 측정하고 성과를 축하할 수 있기를 바랍니다. 제가 팀들을 다그치지는 않겠지만, 그들은 이런 개선을 실현해가며 많은 자신감을 얻게 될 겁니다. 이제 한 곳에서 이를 입증했으니 삽시간에 퍼져 나갈 겁니다."

"네, 그리고 팀들을 지원하는 것이 중요합니다. 팀원들은 이 방법이 효과가 있다는 것을 알고 있으므로 우리는 방해가 되지 않는 범위에서 그들이 필요로 하는 모든 것들을 지원해줘야 합니다." 로라가 대답했다.

1년 후, 추수감사절에 대해 걱정하는 사람은 아무도 없었다. 판매량은 62% 향상됐고, 시스템은 놀라울 정도로 안정됐다. 영업팀은 블랙프라이데이 기간 베스트셀러의 가격을 인하하기로 결정하고, 실제 세일을 진행했다! 이는 전례가 없던 일이었다. 가치 창출 시간을 개선하자고 계속 이야기해 왔다. 앞으로 나갈 때 그만두지 말아라. 이것이 가치 플라이휠 효과다.

참고사료

Amazon. "Press Release: Announcing Amazon Kindle." Amazon (November 19, 2007). https://press.aboutamazon.com/news-releases/news-release-details/introducing-amazon-kindle.

"AWS Serverless-First Function | Day 1 | Dr. Werner Vogels." Video, 14:18. Posted by AWS. https://www.twitch.tv/videos/639294277.

Bryar, Colin, and Bill Carr. *Working Backwards: Insights, Stories, and Secrets from Inside Amazon*. New York: St Martin's Press, 2021.

Christensen, Clayton M., Scott Cook, and Taddy Hall. "What Customers Want from Your Products." Harvard Business School (January 16, 2006). https://hbswk.hbs.edu/item/5170.html.

"Clay Christensen: The Jobs to be Done Theory." YouTube video, 7:09. Posted by HubSpot Marketing, November 8, 2009. https://www.youtube.com/watch?v=Stc0beAxavY.

Clear, James. *Atomic Habits: An Easy and Proven Way to Build Good Habits and Break Bad Ones*. New York: Avery, 2018.

Collins, Jim. "The Flywheel Effect." JimCollins.com. Accessed May 23, 2022. https://www.jimcollins.com/concepts/the-flywheel.html.

"Complex Adaptive Systems." Human Systems Dynamics Institute. Accessed May 23, 2022. https://www.hsdinstitute.org/resources/complex-adaptive-system.html.

Cutler, John, and Jason Scherschligt. *North Star Playbook: The Guide to Discovering Your Product's North Star*. Amplitude. Accessed May 23, 2022. https://amplitude.com/north-star.

Doshi, Shreyas (@shreyas). "There are 3 levels to product work (1) The Execution level (2) The Impact level (3) The Optics level When an individual & their team are fixated on different levels, often there is conflict . . . " Twitter post, March 11, 2021. https://twitter.com/shreyas/status/1370248637842812936?lang =en.

Edmonson, Amy C. *The Fearless Organization: Creating Psychological Safety in the Workplace for Learning, Innovation, and Growth.* Hoboken, NJ: Wiley, 2019.

Emery, F. E., and E. L. Trist. "The Causal Texture of Organizational Environments." Human Relations 18, no.1 (February 1965): 21–32.

Forsgren, Nicole, Jez Humble, Gene Kim. *Accelerate: The Science of Lean Software and DevOps: Building and Scaling High Performing Technology Organizations.* Portland, OR: IT Revolution, 2018.

Fowler, Martin. "DomainDrivenDesign." MartinFowler.com. April 22, 2020. https://martinfowler.com/bliki/DomainDrivenDesign.html#:~:text=Domain %2DDriven%20Design%20is%20an,through%20a%20catalog%20of%20 patterns.

Gall, John. Systemantics: *How Systems Really Work and How They Fail.* Quadrangle, 1977.

Gothelf, Jeff. *Sense and Respond: How Successful Organizations Listen to Customers and Create New Products Continuously.* Boston, MA: Harvard Business Review Press, 2017.

Grasso, Cattie. "The Amazon Flywheel Explained: Learn From Bezos' Business Strategy." Feedvisor.com. January 15, 2020. https://feedvisor.com/resources/ amazon-trends/amazon-flywheel-explained/.

Hohpe, Gregor. *The Software Architect Elevator: Redefining the Architect's Role in the Digital Enterprise.* Boston, MA: O'Reilly, 2020.

"Impact Mapping." ImpactMapping.org. Accessed May 23, 2022. https://www. impactmapping.org/.

"In Quotes: Apple's Steve Jobs." *BBC News.* October 6, 2011. https://www.bbc. com/news/world-us-canada-15195448.

Jacobs, Justin. "Carbon Is Now a Buzzword on Corporate Earnings Calls." *Financial Times.* May 16, 2021. https://www.ft.com/content/88e9e51d-b9c7-4f0e-873f-6fa06afc13f3.

Kehoe, Ben. "Serverless Is a State of Mind." Medium.com. March 17, 2019. https:// ben11kehoe.medium.com/.

Kersten, Mik. *Project to Product: How to Survive and Thrive in the Age of Digital Disruption with the Flow Framework.* Portland, OR: IT Revolution Press, 2018.

Kroonenburg, Sam. "Back from the Future: Learnings from Three Years of Serverless." A Cloud Guru. Posted September 12, 2018. https://learn.acloud.guru/series/serverlessconf-sf-2018/view/6c7c00f8-3183-db34-83fc-f8931e070da5.

Lutkevich, Ben. "System Thinking," TechTarget.com, August 2020, https://www.techtarget.com/searchcio/definition/systems-thinking#:~:text=Systems%20thinking%20is%20a%20holistic,the%20context%20of%20larger%20systems.

"Leadership." LearnWardleyMapping.com. Accessed May 24, 2022. https://learnwardleymapping.com/leadership/.

Mazzucato, Mariana. *Mission Economy: A Moonshot Guide to Changing Capitalism*. New York: Harper Collins, 2021.

McChesney, Chris, Sean Covey, and Jim Huling. *The 4 Disciplines of Execution: Revised and Updated: Achieving Your Wildly Important Goals*. New York: Simon & Schuster, 2012.

"Microsoft Security Development Lifecycle." Microsoft.com. Accessed May 23, 2022. https://www.microsoft.com/en-us/securityengineering/sdl/.

North, Dan. "Software That Fits in Your Head." Presentation at the GoTo Conference 2016. https://www.programmingtalks.org/talk/software-that-fits-in-your-head.

O'Hanlon, Charlene. "A Conversation with Werner Vogels: Learning from the Amazon Technology Platform." *acmqueue* 4, no. 4. May 2006. https://dl.acm.org/doi/10.1145/1142055.1142065.

"Opportunity Solution Tree." ProductPlan.com. Accessed May 23, 2022. https://www.productplan.com/glossary/opportunity-solution-tree/.

Pierri, Melissa. *Escaping the Build Trap: How Effective Product Management Creates Real Value*. Boston, MA: O'Reilly, 2019.

Pink, Daniel H. *Drive: The Surprising Truth about What Motivates Us*. New York: Penguin, 2009.

Rocco, John. *How We Got to the Moon: The People, Technology, and Daring Feats of Science Behind Humanity's Greatest Adventure*. New York: Crown Books for Young Readers, 2020.

Schwab, Klaus. "The Fourth Industrial Revolution: What It Means, How to Respond." World Economic Forum. January 14, 2016. https://www.weforum.org/agenda/2016/01/the-fourth-industrial-revolution-what-it-means-and-how-to-respond/.

Sinek, Simon. Start *with Why: How Great Leaders Inspire Everyone to Take Action*. New York: Portfolio Books, 2009.

Skelton, Matthew, and Manuel Pais. *Team Topologies: Organizing Business and Technology Teams for Fast Flow*. Portland, OR: IT Revolution Press, 2019.

Smallwood, Norm, and Dave Ulrich. "Capitalizing on Capabilities." *Harvard Business Review*. June 2004. https://hbr.org/2004/06/capitalizing-on-capabilities.

Smart, Jonathan, Zsolt Berend, Myles Ogilvie, and Simon Rohrer. *Sooner Safer Happier: Antipatterns and Patterns for Business Agility*. Portland, OR: IT Revolution Press, 2020.

Snowden, David. "The Cynefin Framework." TheCynefin.com. Accessed May 2022. https://thecynefin.co/about-us/about-cynefin-framework/.

Swan, Chris. "Simon Wardley on the Cloud Landscape." *InfoQ*. Full transcript from the 2014 QCon interview with Simon Wardley. 2014. https://www.infoq.com/interviews/Cloud-Landscape-Simon-Wardley/.

Tune, Nick. "Outside-In Domain Landscape." Medium.com. May 3, 2021. https://medium.com/nick-tune-tech-strategy-blog/outside-in-domain-landscape-discovery-3ec88aeb70db.

Vettor, Robert, and Steve "Ardalis" Smith. *Architecting Cloud-Native .NET Apps for Azure*. Redmond, WA: Microsoft, 2022. https://docs.microsoft.com/en-us/dotnet/architecture/cloud-native/definition.

Wardley, Simon (@swardley). "The proverbial shit will hit the fan however when a two-person company that produces a single function that everyone uses gets acquired for $1Bn. It's only a matter of years." Twitter post. February 16, 2018. https://twitter.com/swardley/status/964650519431172098.

Weiss, Todd R. "How Liberty Mutual Is Transforming Its IT Using Serverless Computing." TechRepublic. July 14, 2020. https://www.techrepublic.com/article/how-liberty-mutual-is-transforming-its-it-using-serverless-computing/

Weinberg, Gerald M. *The Secrets of Consulting: A Guide to Giving and Getting Advice Successfully*. Gerald M. Weinberg, 2011.

"Welcome to Domain-Driven Design." GitHub.com. Accessed May 24, 2022. https://github.com/ddd-crew/welcome-to-ddd.

Willink, Jocko, and Leif Babin. *Extreme Ownership: How US Navy Seals Lead & Win*. New York: St. Martin's Press, 2015.

노트

이 책에 쏟아진 찬사: 가치 플라이휠 효과

1. O'Hanlon, "A Converstion with Werner Vogels."

들어가며

1. Rocco, How We Got to the Moon, 113.
2. Sinek, Start with Why.
3. Weiss, "How Liberty Mutual Is Transforming."
4. "AWS Serverless–First Function | Day 1 | Dr. Werner Vogels."
5. Forsgren, Humble, and Kim, Accelerate.
6. North, "Software That Fits in Your Head."
7. Schwab, "The Fourth Industrial Revolution."
8. Schwab, "The Fourth Industrial Revolution."
9. Schwab, "The Fourth Industrial Revolution."
10. Schwab, "The Fourth Industrial Revolution."
11. Schwab, "The Fourth Industrial Revolution."

1장

1. Clear, Atomic Habits.
2. Grasso, "The Amazon Flywheel Explained."
3. Collins, "The Flywheel Effect."

5장

1. Cutler and Scherschligt, North Star Playbook, Chapter 2.
2. Cutler and Scherschligt, North Star Playbook, Chapter 3.
3. Impact Mapping, ImpactMapping.org.
4. "Opportunity Solution Trcc," ProductPlan.com.
5. "Opportunity Solution Tree," ProductPlan.com.
6. McChesney, Covey, and Huling, The 4 Disciplines of Execution.
7. Swan, "Simon Wardley on the Cloud Landscape."
8. Willink and Babin, Extreme Ownership, 183?184.
9. Bryar and Carr, Working Backwards.
10. Amazon, "Press Release: Announcing Amazon Kindle."

7장

1. Christensen, Cook, and Hall, "What Customers Want from Your Products."
2. "Clay Christensen: The Jobs to be Done Theory."

8장

1. Wardley (@swardley), "The proverbial shit will hit the fan . . . "
2. Kroonenburg, "Back from the Future."
3. Personal correspondence with the authors, June 2021.
4. Personal correspondence with the authors, 2022.

9장

1. Skelton and Pais, Team Topologies.
2. Doshi (@shreyas), "There are 3 levels to product work . . . "
3. Kersten, Project to Product.
4. Edmonson, The Fearless Organization.
5. Forsgren, Humble, and Kim, Accelerate, 32.

10장

1. Hohpe, The Software Architect Elevator, xiii.
2. Gothelf, Sense and Respond.
3. Smart, Berend, Ogilvie, and Rohrer, Sooner Safer Happier.
4. Emery and Trist, "The Causal Texture of Organizational Environments."
5. Pink, Drive, Chapter 1.

6. Snowden, "The Cynefin Framework."
7. "Complex Adaptive Systems," Human Systems Dynamics Institute.
8. Snowden, "The Cynefin Framework."

11장

1. Smallwood and Ulrich, "Capitalizing on Capabilities."
2. "Microsoft Security Development Lifecycle," Microsoft.com.
3. Vettor and Smith, Architecting Cloud-Native .NET Apps for Azure.

13장

1. Kehoe, "Serverless Is a State of Mind."

14장

1. Skelton and Pais, Team Topologies, Chapter 5.
2. Pink, Drive, Part 2.
3. Forsgren, Humble, and Kim, Accelerate, Chapter 2.

16장

1. "AWS Serverless-First Function | Day 1 | Dr. Werner Vogels."

17장

1. Pierri, Escaping the Build Trap, Introduction.
2. Clear, Atomic Habits, Chapter 1.

18장

1. Mazzucato, Mission Economy, Chapter 1.
2. "Welcome to Domain-Driven Design," GitHub.com.
3. Fowler, "DomainDrivenDesign."
4. Lutkevich, "System Thinking."
5. Tune, "Outside-In Domain Landscape."
6. Jacobs, "Carbon Is Now a Buzzword . . . "

20장

1. "In Quotes: Apple's Steve Jobs," BBC News.
2. Gall, Systemantics, 71.

결론

1. Weinberg, The Secrets of Consulting, Chapter 1.
2. Weinberg, The Secrets of Consulting, Chapter 4.

찾아보기

가치 플라이휠 효과

비즈니스 가치를 최고의 속도로 달성하는 4가지 단계

발 행 | 2024년 1월 2일

옮긴이 | 김 낙 일 · 김 원 현 · 윤 승 정
지은이 | 데이비드 앤더슨 · 마크 맥켄 · 마이클 오라일리

펴낸이 | 권 성 준
편집장 | 황 영 주
편 집 | 김 진 아
　　　　임 지 원
　　　　김 은 비
디자인 | 윤 서 빈

에이콘출판주식회사
서울특별시 양천구 국회대로 287 (목동)
전화 02-2653-7600, 팩스 02-2653-0433
www.acornpub.co.kr / editor@acornpub.co.kr

한국어판 ⓒ 에이콘출판주식회사, 2024, Printed in Korea.
ISBN 979-11-6175-803-9
http://www.acornpub.co.kr/book/value-flywheel-effect

책값은 뒤표지에 있습니다.